U0841896

荆楚文庫

李廉方集（七）

李廉方 著
郭戈 編校

荆楚文庫編纂出版委員會
華中師範大學出版社

卷　下

第七　成立軍政府

武昌首義之精神，誠足以争光日月。然自軍政府成立，各同志忽視人事，自好者多有退避，除有數職務外，皆聽其各自任事；或一二人出而提名，即行决定。雖不以職位爲榮，本當時一般純潔心理。然因此任非其人，所損實大，即其中稍有出類者參加，亦不足以自拔。潘善伯對《大剛》記者言，軍政府成立，人太蕪雜，有想做官者，遂發生意見。《革命真史》亦稱軍政府人品極雜。《談往》有曰：軍事初興，衆議紛紜，一制度也，時興時廢；一職任也，或甲或乙。即軍隊建制，亦多破壞，當日部督以下職任，多由三五人主張，或憑個人熱心與興趣以執役。皆感慨之言也。所以然者，革命機關，事經十八日破壞。一夕奮起，領導者或死，或逃，或在獄，或外出，不及起而負責。間有政治才能者，其名不列於首義，趙孟能貴，趙孟能賤之，稍有聲望者自相引去。卒之爲投機與取巧者所乘，同志幾無以自存，直者黜，燥者憤，平淡者閒置，此首義成功，而湖北軍與政二大事，皆不克有所建樹，重爲後人訴病，真可太息者也。易曰："負且乘致寇至。"革命期間名器易流於濫，濫則庸者黠者害政，盜之招也。惟當時風氣，未有上下交征利者也，亦未有軍人敢於擾民者也，此亦可以覘世變矣。述成立軍政府第七。

黎元洪既被推爲都督，同時蔡濟民、吴醒漢、鄧玉麟、高尚志、張廷輔、徐達明、王憲章、王文錦、謝石欽、陳宏誥、蔡大輔等十五人組織謀略處，籌備機宜。《革命逸史》無蔡大輔，《文學社運動記實》無王憲章，《首義後臨時機構》（黄元吉作）記：鄭玉麟、蔡濟民、徐達明、吴醒漢、黄元吉、甘績熙、朱樹烈、汪秉乾、侯源英、雷洪、席正銘、蕭國寶、高尚志、馬驥雲、姚斌、熊世藩、王憲章、高建翊等爲參謀，陳宏誥、謝石欽、梅寶璣、蘇成章、孫長福等爲謀略官，李翊東司賞罰，後參謀軍務部成立，謀略處裁，翊東任事未及一周，調任軍務部參議。政事則推咨議局議長湯化龍主持。又因漢口駐有各國領事，外交爲先，其晚集議事項，對於機關設立，先設參謀、軍務、政事、外交四部及招賢館。軍政府自都督以下職員及各軍官，月薪一律二十元，兵士十元，頭目十二元，行之數月，未有異議。參謀部非軍學優越經驗豐富者不能勝任，質言之，資歷必曾任統帶管帶以上職者始得膺選。當時舊有中級以上軍官相率離職，無人争之。軍務部範圍甚廣且掌實權。有人議及此部宜爲首義人所掌握，衆以爲然。惟自十八日機關破壞，首義之舉，主持失其中心，復參臨時份子。首義諸子，大抵年少氣盛，動機雖正，計事實疏，既難容物，又輕於動作，故軍政府成立後，一切措置，頗有未盡之處。二十一日午後六時開會，先將參謀、軍務、政事、外交四部部長舉定，由部長各自組織並妥選職員。見《革命真史》。參謀部長張景良，副楊開甲、楊璽章。及景良調赴漢口指揮，開甲繼，吴兆麟副。景良、開甲，皆舊統帶也。漢陽失陷，開甲調爲顧問，吴兆麟繼，楊璽章戰死，姚金鏞繼。（十月七日）軍務部長孫武，副張振武、蔡紹忠。當時蔡濟民、吴兆麟首義最有功，其他有資歷而參加者亦尚有數人，竟未被推。武造動發難，艱苦歷嘗，其功誠不可没。惟武志大才疏，學識亦不足以濟之；時又受傷在醫院，歷二十日始出而任事，其部務已由振武布置矣。紹忠非首義人，直隸人，一號大輔，留日士官生，前督練公所課員。未甚問事，實權皆握於振武。振武，羅田師範講習所畢業，爲省垣小學教員，不嫻軍事，參加共進會不過二三月，與軍隊及秘密團體素無關係，又好逞義氣。其驟任副部長，實呈《易》爻鼎折足之象。自振武用事，釁端見矣。其初參謀部每接協部報告，不能應付；而辦事諸員繁忙，對於軍事計畫，極感困難。見《革命真史》。其後軍事發生種種騷擾，如張廷輔、向訏謨等被暗殺，以及二次兵變，蔡濟民押訊，王憲章受師長任命不得就職，曾廣大繼長軍務部而迫其辭職，多與振武直接間接有關，此其最彰明者也。軍務部設今高等法院内，鄧玉麟、聶豫、劉熙卿、夏道南、李翊東等曾爲參議。見《談往》。程漢卿、陳雲五則執法科職員也。外交部成立最早，其初未正式成部，由謀略處陳請都督派時象晉、陶德琨、楊霆垣等負責辦理，時未到，陶亦未問事，僅楊出而籌備。夏維松、劉鳳書、號仲翔。胡朝中等分任翻譯。據楊霆垣（雨亭）口述《革命實見記》：外務部部長楊雨亭。周龍驤亦爲職員。及胡瑛出獄，外交部正式成立，被推爲部長，設閱馬廠東前方言學堂東梁宅，旋約王正廷爲副部長，以其嫻英語也。聞由余日章推荐。《革命真史》記胡瑛派梁炳晨至滬請翻譯李登輝所薦。政事部由化龍負責組織，設南樓前長街中路小學堂今青年支團部，分七局，局長：内務舒祀鑑；財政胡瑞霖，副沈維周，沈辭，改吕逵先；編制張國溶；文書阮毓崧，副萬聲揚；交通馬剛侯；外交黄中塏；司法張知本，徐聲金代。編者由安陸府回省，未入府前往政事部兩日，曾晤及湯、胡、張、舒、萬、黄、馬七人。《談往》記：政事部下設内務、外交、財政、交通、教育、司法、編制七局，化龍被推爲部長，夏壽康、張國溶、胡瑞霖、阮毓崧、劉賡藻、石山儼、舒祀鑑、黄中愷等分任局長。及軍政府條例宣布，《談往》稱劉公、居正、蔣翊武於二十三日提議商洽，實則都督舉後即推人起草也。計五章，二十四條，其第一條都督府置軍令、軍務、參謀、政事、外交等部。軍令部長由都督兼任，後於九月十一日委杜錫均。條例附後。軍事雖分設三部，大概皆集中軍務部。又條例軍事與政事並立，實則政事部未行使職權，七局亦部署未完，而軍府幹部忽籌設政務機關，事出兩歧。故政事部僅財政局長胡瑞霖、副局長沈維周接收財政機關，其籌撥款項，規定領款在二萬元以上，必經都督批准，因此限制，與軍務部軍需方面，時有齟齬。及軍政府未依條例，另設財政部，由陶德琨（襄陽人，美國留學生）籌畫，瑞霖遂不視事，是爲政事部無形解散之始。後陶自請調造幣廠，整理幣制。《廣益叢報》九月紀聞：札委陶德琨爲造幣廠總經理，余先覺爲協理。汪濟舟繼之任事，汪辭，以李作棟（沔陽）任部長，潘祖裕（宜昌）副。未幾内務交通相繼設立，内務以馮開濬（南漳）爲部長，周之瀚（宣恩）副，時在舊曆九月中旬。後改任楊時傑（沔陽）爲部長，周汝翼副。交通部熊繼貞（鄂城），傅立相（穀城）副。旋又設司法部，張知本（江陵）爲部長，彭漢遺（廣濟）副。先設臨時上訴審判所及臨時江夏審判所，受理民刑案件，府廳州縣將次第籌辦，其第一號布告爲九月十九日。及議和時，又成立實業、教育兩部。實業部長李四光，牟鴻勳（利川）副。教育部長蘇成章（咸豐），查光佛（蘄春）副。後蘇、查辭，李廉方時在襄陽，都督急電李回省，李在中途晤劉公，歸晤蔣翊武，備悉演變情狀，不就，推趙儼葳（湖北省教育會副會長）代之籌備。今教育廳檔案載最初教育司長姚晉圻，副司長李廉方，實則姚正趙副也。政事方面組織經過概略如此。據九月二十六日電覆雲南蔡都督文曰："軍政府成立之初，權設軍令、參謀、軍務、内務、理財、外交、交通、司法、編制九部，軍官仍依鎮協標之法，現擬改定組織，都督之下，設政務省、軍謀府、參議府。政務省設政務長，統一軍務、外務、内務、財務、文教、虞衡、交通、司法各部。地方官制存縣，去府道，惟首都訂縣爲府，尚未開會議定。"其後文教稱教育，虞衡稱實業，政務長成民政長，大概即據此而實施者也。然政治部所以演變，固緣化龍與黨人無密切關係，組織時未相延攬。實則事定以後，非軍人而無職者，頗思活動，又化龍非三書院學生，當籌備諮議局時，與由日回國之長期法政學生，不甚相得；教育會亦因理化專科辭退教員事，被瑞霖唆其争議，爲學界一部分人所不滿。因此乘機中傷，以素主立憲排之，遂使諮議局頗有建白之湯化龍，與其友好參加起義之後，一無展布，故黄興、宋教仁二先烈，深爲湖北惋惜也。一説二十五日教育會召開大會，由居正宣布條例，逐條通過。軍民共爲九部，政事部取消，七局改爲七部，其未成立之編制局改部後以化龍爲部長。此據舒禮鑑口述，但《革命實見記》所載條例並未改局爲部，而改訂辦法則爲政事、理財、外務、編制、文書五部。《鄂州約法》，則自宋教仁到鄂後，與化龍、瑞霖等商討，由教仁起草。在起義期三君先後相告編者。共六十條，富於民主意義，經軍政府宣布，雖未竟實施，然固民國制憲之先聲也。原文附後。又依條例都督自置秘書，起義七日，都督派秘書李步青（李廉方原名）、劉賡藻、阮毓崧、萬聲揚、黄某黎之戚。五人，以李爲首席秘書，不設秘書長，劉、阮、萬皆未到。因條例規定，軍務部總務課員兼充秘書官，時大權已屬軍務部，都督之秘書，僅爲都督蓋私章，他無要務。惟素識者或與相商，如居正派赴九江，胡瑛與領事接洽，曾與李商議。故李任事不及一月，偕季雨霖赴安襄。其後楊玉如入府爲秘書長，《知之録》：十月十二日以楊玉如爲都督府秘書長，楊時傑爲内務部長，李作棟爲財政部長，李四光爲實業部長。部署秘書處，不久往寧滬，饒漢祥代之，未幾真除。至此機要之權，漸移於秘書處，成爲元洪控制一切内務之樞紐，與張振武藉軍務部權威，挾孫武組織民社，頡頏同盟會者，殊途同歸。遂與首義同志日益分離，坐使起義數千百人血染之武漢區域，於民元後被北洋軍閥不勞而獲，據其地以宰制民黨，此關於中國以後局面影響甚大。招賢館後改集賢館，設閲馬廠模範小學，今女子師範附屬小學。凡投效者皆到館登記，亦有住館者，後又收回西廠口前警道馮宅居之。館長蔣秉忠，陸軍特别小學畢業，起義前排長。任立年副。浙江人，清進士，曾供職張文襄幕僚。軍府電文布告，常分發館員擬稿送核，由此進身入府者頗有其人，如饒漢祥、孫發緒相傳孫爲皖撫朱家寶之密探，起義人蔡大輔欲殺孫，曾被黎斥責。二人最爲元洪所倚重，後皆官至省長。劉公出，别無位置，其時旅省人士籍隸鄖襄者，起義後路遠不得歸，較他縣人衆，鄂北、鄂西皆因路遠多滯留省垣，故起義時機關多有遠縣人，查以上政務長官籍貫可見。當時有“三陽開泰”之諺，三陽者襄陽、鄖陽、沔陽也，沔陽則軍界較多。多爲公不平，於是議設總監察部，以公爲總監察。後轉任北伐司令，道出襄陽。部設各屬總稽查，蔡漢卿稽查長，王子英副，號瑞夫，嘉魚人。夏斗寅時爲職員。又設各部總稽查，蔡濟民、謝石欽、蘇成章、梅寶璣、陳宏誥、高振霄、錢守範等皆爲總稽查，後甘績熙、丁人傑亦補遺缺。又成立警務籌備處，處長高元藩。漢陽兵工廠以蕭佐漢爲總辦；鋼藥廠以羅以安總辦，羅去，李達五繼；造幣廠長范鴻江，范去，時功璧繼；官錢局總辦徐榮廷；軍服廠總辦張融；武昌電報局總辦章盛愷；《廣益叢報》九月紀聞：武昌郵局管理高本恭向軍政府投效，即加札委任。漢口電報局長于郁文。又設以下見《談往》。漢口招商分局財産則於九月一日查封，並接收“快利”輪船，該局遂停航。見日領事向本國外務省電。居正、蔣翊武回省，皆未任軍政府要職。軍務部後雖畀翊武以副部長，僅爲虚名。他紀有詆翊武回省，專以膨脹勢力爲主，將文學社員隨便委派中下級軍官，各機關亦參入之，張振武亦然。《革命真史》即有此説。實則各標營士兵及下級軍官，原多屬文學社員，軍隊既經擴充數倍，而原有中級以上軍官多半離職，領率新召士兵，舊士兵升至隊官，舊下級軍官升至管帶，成爲一種普遍事例。實際上亦不得不然，觀於起義後，文學社員任軍官者，大抵在團長以下，間有一二任旅長，則其資歷應爾，曾無一人任文官者。他紀失實，即此可見。至於軍隊整編，最初成立四旅，與參謀、軍務二部部長，同時舉定，第一協統領吴兆麟，旋因軍政府軍務部無頭緒，於二十四日調吴入府，改派宋錫全，宋於漢口失陷時逃，蔣肇鑒繼；第二協統領何錫藩，九月十日何傷，羅洪升代；第三協統領成炳荣，九月二十六日成撤，劉廷璧補升，十月七日改竇秉鈞；第四協統領張廷輔，張傷，謝元愷代。何前二十九標一營管帶，成前督練公所課員，士官畢業，吴張首義人，資歷以至隊官。以上見《革命真史》。後何調水師統領，夏占奎繼。見《談往》。統帶第一標黄振中；第二標梁邦福；第三標姚金鏞，九月十日姚病，劉廷福代；第四標謝元愷，謝代協統時，胡效騫代謝；第五標劉廷璧；第六標胡廷翼；第七標胡廷佐；第八標王華國。見首義後臨時機構。案林翼支亦改委標統，疑此八人中有一人繼林爲標統者。又擴充砲隊爲兩標，以蔡德懋、尚安邦爲標統。黄元吉臨時機構：馬隊一標馬長發爲標統。又爲運輸便利起見，派張福麟爲船政監督。旋又增加一協，以熊秉坤爲第五協統領，第九標伍正林，第十標杜武庫，皆吴兆麟所推薦也。《談往》：姜明經爲砲隊司令官。工程第一營管帶李占魁；輜重第一營管帶孫宏斌；敢死隊二十三日由工程第八營及二十九標合組，分四大隊，方興、馬榮、金兆龍、徐少斌爲隊長。以上見《革命真史》。《談往》：第一隊隊長馬驥雲，副隊長方興；第二隊隊長徐少斌，副隊長程定國（正瀛）；第三隊隊長金兆龍，副隊長馬榮。陸軍中小學改編學生軍，劉繩武爲統帶，佘子祥、趙士龍、田化龍爲管帶。見《談往》。後學生軍二百餘人赴漢陽助戰，甘績熙、劉雄飛、吴兆麟、余鴻勳、高建翎（辛吾）爲隊長。見《革命真史》。陸軍測繪學校改爲測量局，朱次璋爲局長。水師趙均騰爲統領，趙去，何錫藩繼。漢口事急，添步隊六協，以楊載雄爲統領，同時又成立輸送隊兩標，高尚志偉統領，後又添派鄧玉麟爲第七協協統，羅洪升爲第八協協統。《革命真史》：九月十一日擴充步兵二協及先鋒隊一協，以鄧玉麟、羅洪升、王國棟爲協統。《廣益叢報》九月十日紀聞：都督札委曾尚武爲統帶，劉漢與劉鴻勳、吴鴻勳三人爲管帶，守衛漢口。憲兵則先以王文錦爲司令，繼由鄧賢才統率之。日領第八報轉載九月四日《新漢報》紀事：民軍已成立八協：砲、馬、工輜、軍樂、衛生、憲兵、遊擊、電訊等，兵數總計六萬人，九月一日爲發餉日，對舊兵連同未當民軍前之餉及九月份一次發放，對新兵則發九月份餉，合計支出廿餘萬兩，專就各處從前存款提付，其庫存數百萬兩則未動用也。漢陽失陷，王安瀾收編潰兵號爲奮勇軍統領，實際並未參戰。以上參照《談往》。又成立婦女北伐隊，吴淑卿、唐瓊英爲隊長。《廣益叢報》九月紀聞：文華學堂女生曹道新呈請從軍，經都督核准自募女生一隊。當是時，各省已獨立者電請組織臨時政府，一般奔競者思捷足先登，視各方勢力大小，從事逢迎，一旦與革命黨接近，則施其挑撥伎倆。革命黨不察，頗有被其愚弄，自相傾軋，久之對外來投效者不問能否，惟以是否親近爲衡，因之政務用人，反覆無常。軍隊任意添募，擅立名目，曰援助隊，曰先鋒隊，曰奮勇隊，軍名十餘種，月餉二百萬，首義精神日漸消失。然前线軍人，猶多勇於殺敵也。參照《革命真史》。其後近衛軍成立，擴編八鎮，唐克明等爲師長，皆和議以後事，不備述。惟唐克明（一名黎本唐）與王安瀾以小忠小信，固寵於元洪，參預軍事，呼引朋類，阻礙湖北民黨最甚。

漢口軍政府之設，各同志見黎元洪被推爲都督，態度不明，因而議設。見《知之録》。詹大悲出獄，渡江晤軍政府各同志，遂被推爲主任，即日組織，隨偕蔡濟民等率兵二連駐漢口四官殿。《革命實見記》《革命真史》皆稱二十三日奉命。適蔣翊武自仙桃鎮歸，共商一切事宜，分軍事、政務、秘書、參謀四處。大悲兼軍事，温楚珩任政務，吴昆任秘書，何海鳴任參謀，又羅某管理軍需。當此之時，漢口秩序尚未全復，大悲急約商會會長蔡輔卿、副會長李紫雲籌安撫事宜，紫雲侃侃陳論，願負責協助。於是由商會召集各行帮代表組織商團，協助軍隊，巡緝匪徒，保衛治安。當夜戮匪數人，秩序遂定，各商户照常營業。其舊駐漢口營兵，由大悲收撫，編爲衛隊。陽夏戰事初起，糧秣接濟，由紫雲等商由商會代辦，如饅首、鹹菜、牛餔等輒百餘筐，皆倉卒立辦。有急需款，商界分攤，無不踴躍輸將。分府布告頗多，措辭最周到者，一爲勸商團保安助餉，一爲湖北官錢銀元票流通。上二語見《革命實見記》。清軍交鋒，每日往前线督戰，事詳第九編。胡瑛分訪各國領事，常與大悲同往，故各國承認交戰團，大悲亦頗盡力。軍分府九月初向領事團提出照會，文曰："革命政府對中外商民生命財産充分注意保護，但昨日劉家廟滿軍兵艦懸外國旗幟砲擊我軍，我軍因尊重邦交不願擾害租界之故不加還擊，聞昨日薩鎮冰對英國總領事通知將砲擊武昌，如果屬實，則本軍不能不還擊，屆時租界方面如受損害，本政府不負賠償之責。"實則是日下午四時，俄砲艦"曼珠爾"號到漢，與日德英清四國艦隊交换禮炮，因此誤會。見日領事向其本國外務省報告。至分派同志赴各省促其響應，吴谷往安徽，任質存往湖南，張某往陝甘，夏某往浙江，龔某往上海，此數處皆急起光復。及清軍進抵六渡橋，縱火延燒市鎮，大悲坐府内，將以身殉，其屬員李某泣陳徒死無益，强曳以行，始與温楚珩、黄侃、陳冕亞同赴九江，旋往滬。以上參照温楚珩記録。大悲與堯澂並爲起義人傑，堯澂事前殉難，而漢口不久失陷，大悲亦未得展其事業，良可慨已。

附　　録

漢口軍政分府告示

照得商團保安，原爲保護地方治安而設，且當軍事倥傯之時，宵小乘機，肆行搶劫，若無商團保衛，爾居民其有噍類乎？但商團之責任在保安，一切經費除提撥公項外，自應由居民擔任，爲此出示曉諭爾等商民人等一體知悉：自後商團籌辦經費，必須各盡天職，踴躍輸將，勿得故意阻撓，至礙大局。毀家紓難，千古美談，本分府不能不於爾等商民有厚望也，切切此示。

黄帝四千六百零九年八月二十四日

又告諭（一）

告諭各地商民，切勿徒自虛驚。本軍此番舉動，專救久虐生民。同胞各自努力，共滅滿清仇人。各商照常貿易，紙幣官票通行。保安第一宗旨，是夜派隊巡邏。倘有無知匪類，藉端滋擾街鄰，一經本軍查獲，就地格殺無論。

告諭（二）

（一）各商家一律開市。（二）所有台票洋錢票，仍照常通行。（三）各段保安會派員巡街，遇有放火劫搶流氓，送往居仁門營中處決，以保商務。（四）各團體操員，任其領槍械巡街，不願者聽。（五）所有駐漢歆生路、餘慶里該軍一百六十人，駐四官殿六十人，駐居仁門連新招之三百人，共六百餘人；駐沈家廟二百餘人，其伙食俱歸商會供給。

中華民國軍政府條例

第一章　都督府

第一條　都督府置各部如左。

（一）軍令部（二）軍務部（三）參謀部（四）政事部

第二條　前各部均直轄於都督，受都督之指揮命令，執行主管事務。

第三條　軍令、軍務、參謀部，自下級軍官以上；政事部，自局長以上，均由都督親任。各部及各營下級軍官，由該長官呈請都督劄任。各地方行政長官，由軍事部呈請都督劄任。

第四條　關於軍政重要事項，由都督召集臨時軍事參議會或顧問會，議決施行。

第五條　都督府設置秘書官若干員，由都督自行辟用。軍務部總務課員，應兼充秘書官。

第六條　凡發布命令，及任免文武各官，均屬都督之大權。

第二章　司令部

第七條　司令部總長，由都督兼任。

第八條　司令官分二種。

（一）中央司令官若干人，由都督親任。

（二）地方司令官若干人，由各地軍事長官兼充，稟承都督，執行任務。

第九條　司令部置幕僚如左，由司令官呈請都督劄任。

（一）收掌員二人。（二）書記員四人。（三）傳達員四人。

第三章　軍務部

第十條　軍務部置部長一人，副長一人，及七科如左。

（一）總務科（二）軍事科（三）人事科（四）軍需科（五）經理科（六）執法科（七）醫務科

第十一條　總務科掌左列事務。

（一）屬於機密事項。

（二）關於軍事公文書類之收發編纂保存事項。

（三）印刷及翻譯軍事文書事項。

（四）關於徵發物件表報告及統計事項。

（五）依例規應辦庶務及不屬於各課事項。

第十二條　軍事科掌左列事項。

（一）建制及編制事項。

（二）軍隊配置事項。

（三）演習及教練事項。

（四）動兵計畫戒嚴及徵發事項。

（五）體式軍服制軍章事項。

（六）關於戰時諸規則事項。

第十三條　人事科掌左列事項。

（一）關於將校士官及附屬文官之進退任免分科定俸事項。

（二）關於各項人員名簿及兵籍事項。

（三）關於軍事恩給進位賞與事項。

第十四條　軍需科掌左列事項。

（一）關於軍事出納預算决算報告事項。

（二）關於軍官兵士俸給及旅費之規定事項。

（三）關於軍裝糧餉及馬匹給與之規定事項。

第十五條　經理科掌左列事項。

（一）關於軍裝被服之製造及檢查事項。

（二）關於戰用器械及馬具事項。

（三）關於軍事各製造廠之管理事項。

（四）關於軍事諸建築事項。

第十六條　執法科掌關於軍事裁判事項。關於犯罪事項，應用軍法會議議决施行。但都督有特赦命令者，不在此限。

第十七條　醫務科掌左列事項。

（一）關於衛生及飲水用水事項。

（二）關於醫療病院及各營療養事項。

（三）關於衛生材料及恤兵團體之組織事項。

第十八條　各科職員之配置另定之。

第四章　參謀部

第十九條　參謀部置參謀長一人，副長二人，參謀官若干，由都督於將校中選深通軍事學者親任之。

第二十條　參謀長輔佐都督參畫防戰，及關於用兵一切事項。

參謀部應行各事，經都督核准畫諾後，即移送於各該管主任部課執行。

第二十一條　參謀部關於本部文記收掌各事項人員，由部自行辟用。

第五章　政事部

第二十二條　政事部置部長一人，副長一人，及七局如左。

外務局　内務局　財政局　司法局　交通局　文書局　編制局

政事部條例另定之。

第六章　附則

第二十三條　本條例自經都督核准之日，即公布施行。

第二十四條　本條例在鄂省大定，交戰團體鞏固之日，即行廢止，另由都督令軍政府國民組織臨時議會，公舉政務委員，分負責任。

中華民國鄂州約法

第一章　總綱

第一條　中華鄂州人民，以已取得之鄂州土地爲境域，組織鄂州政府統治之。

將來取得之土地，在鄂州域内者，同受鄂州政府之統治；若在他州域内者，亦暫受鄂州政府之統治；俟中華民國成立時，另定區劃。

第二條　鄂州政府，以都督及其任命之政務委員，與議會法司構成之；但議會得於本約法施行後三月内開設。

第三條　中華民國完全成立後，此約法即取消，應從中華民國憲法之規定；但鄂州人民關於鄂州統治之域内從中華民國之承認自定鄂州憲法。

第二章　人民

第四條　凡具有鄂州政府法定之資格者，皆爲鄂州人民。

第五條　人民一律平等。

第六條　人民自由言論著作刊行並集會結社。

第七條　人民自由通訊不得侵其秘密。

第八條　人民自由信教。

第九條　人民自由居住遷徙。

第十條　人民自由保有財産。

第十一條　人民自由營業。

第十二條　人民自由保有身體，非依法律所定，不得逮捕審問處罰。

第十三條　人民自由保有家宅，非依法律不得侵入搜索。

第十四條　人民得訴訟於法司，求其審判；其對於行政官所爲違法損害權利之行爲，則訴訟於行政審判院。

第十五條　人民得陳請於議會。

第十六條　人民得陳訴於行政官署。

第十七條　人民有任官考試之權。

第十八條　人民有選舉投票及被投票選舉之權。

第十九條　人民依法律有納税之義務。

第二十條　人民依法律有當兵之義務。

第二十一條　本章所載人民之權利，於有認爲增進公益，維持公安之必要，或非常緊急必要時，得於法律限制之。

第三章　都督

第二十二條　都督由人民公舉，任期三年，續舉時得連任，但連任以一次爲限。

第二十三條　都督代表鄂州政府，總攬政務。其在會議未開設前，暫得制定法律。

第二十四條　都督公布法律；但對於議會議決之法律，有不以爲然時，得以政務委員全體之署名，説明理由，付議會再議，以一次爲限。

第二十五條　都督於緊急必要時，得以政務委員全體之署名，發布可代法律之制令，但事後仍須提出議會，歸其承諾。

第二十六條　都督於法定議會開閉時期外，遇有必要時，得召集臨時議會。

第二十七條　都督於議會開會時，得出席或命政務委員出席發言。

第二十八條　都督於外國宣戰媾和締結條約；但締結條約須提出議會經其议定。

第二十九條　都督統率水陸軍隊。

第三十條　都督除典試院官吏懲戒院審計院行政審判院之官職及考試懲戒事項外，得制定文武官職官規。

第三十一條　都督依法律任命文武職員。

第三十二條　都督依法律給與勋章及其他榮典。

第三十三條　都督依法律宣告戒嚴。

第三十四條　都督宣告大赦特赦减刑復權。

第四章　政務委員

第三十五條　政務委員，依都督之任命，執行政務，發布命令，負其責任。

第三十六條　政務委員，提出法律案於議會，並得出席發言。

第三十七條　政務委員編制會計預算，募集公債，及締結與國庫有負擔之契約時，須提出議會，經其議定。

第三十八條　政務委員遇緊急必要時，得爲非常財政之處分及預算外之支出；但事後須提出議會經其承諾。

第三十九條　政務委員於都督公布法律及其他有關政務之制令時，就於主管事務，須自署名。

第五章　議會

第四十條　議會由人民於人民中選舉議員組織之。

第四十一條　議會議决法律案，再議定條約，及會計預算、募集公債與國庫有負擔之契約；但基於法律之支出，議會不得减除。

第四十二條　議會審理决算。

第四十三條　議會得提出條陳於政務委員。

第四十四條　議會得質問政務委員，求其答辯。

第四十五條　議會得受理人民之陳請，送於政務委員。

第四十六條　議會以總數員四分三以上之出席，以出席員三分二以上之可决，得彈劾政務委員之失職及法律上之犯罪。

第四十七條　議會得自制定内部諸法規並執行之。

第四十八條　議會於議員中自選舉議長。

第四十九條　議會於每年法定時間，自行集合開會閉會。

第五十條　議會除四十六條所載外，有總員三分二以上之出席，始得開議，有出席員過半之可决，始得决議。可否同數時，議長决定之。

第五十一條　議會議事須公開之；但有政務委員之要求及出席議員過半數之議决，得開秘密會議。

第五十二條　議會議員以十人以上連署，得提出議案。

第五十三條　議會議員在會内之發言表决提議，在會外不負責任。但用他方法表於會外者，不在此限。

第五十四條　議會議員，除關於内亂外患之犯罪及現行犯外，在會期中，非得議長許諾，不得逮捕。

第六章　法司

第五十五條　法司以都督任命之法官組織之。

法司之編制及法官之資格，以法律定之。

第五十六條　法司非依法律受刑罰宣告，或應免職之懲告宣告，不得免職。

第五十七條　法司以鄂州政府之名，依法律審判民事訴訟及刑事訴訟，但行政訴訟及其他特别訴訟，不在此限例。

第五十八條　法司之審判須公開之。但有認爲妨害安寧秩序者，得秘密審判。

第七章　補則

第五十九條　本約法由議會議員三分二以上，或都督之提議，議員過半數之出席，出席過半數之可決，得改政之。

第六十條　本約法自　日施行之。

第八　各國領事宣布中立及國際情態

武昌革命，未嘗恃外力，借外資，或假外人以通聲氣。即事前漢口總機關設於租界，與普通住户無異，故機關破壞，所捕黨人，捕房照例引渡，初未以政治犯相待也。然三鎮光復，革命黨在政治立場上已爲主體，漢口爲通商口岸，自應負保護外僑責任，而且取得交戰團，亦爲首義後急需進行之要務。此在起義前籌備業經預定此種計畫，故都督舉定，外交部隨即成立，其第一任務惟此。至照會各國領事條文前四條，在今日視之，或議當時同志，毫無反帝國主義思想。實則時代相距三十餘年，不審當時情事，率議前人是非，未有當也。述各國領事宣布中立及國際情態第八。

漢口舊有英俄法德日五國租界，各派有駐漢領事，據商約而設，實則往往涉及中國内政。十九變起，因事前民黨與外人未有聯絡，而初據武昌，一切部署未定，城門緊閉，亦無若何布告，漢口又無民黨報紙宣傳真相。外人雖知無義和團排外性質，然慮如歷來會黨起事，徒滋騷擾，故頗有戒心。參照《革命實見記》。各領署及其新聞記者，派員各處偵查，及探知都督爲前協統黎元洪，與前諮議局議長湯化龍通電各省，而民軍又舉動文明，居民安堵；雖二十、二十一兩日漢口稍有縱火搶劫之事，然二十一日下午以後，即次第鎮定。又二十一日晨漢陽龜山發砲擊退瑞澂兵艦。因此對於武昌民軍，頗爲重視。故胡瑛任外交部長，代表軍政府携公文照會各國領事，當及接受。文曰：

爲照會事：軍政府復祖國之情切，憤滿清之無狀，命本都督起兵武昌，推倒專制政府，建立民國。同時對各友邦益敦睦誼，以期維持世界之和平，增進人類之幸福。所有國民軍對外之行動，特先知照，免致誤會。

一、所有清國前此與各國締結條約，皆繼續有效。

二、賠款外債照舊擔任，仍由各省按期如數攤還。

三、居留軍政府占領地域内之各國人民財產，均一律保護。

四、所有各國既得權利上一體保護。

五、清政府與各國所立條約之所許權利，所供國債，其事件成立於此次知照後者，軍政府概不承認。

六、各國如有助清政府，以妨害軍政府者，概以敵人視之。

七、各國如有接濟清政府以可爲戰事用之物品者，搜獲一概没收。

黄帝紀元四千六百零九年八月二十一日，即一千九百一十一年十月十二日

自照會送出後，軍政府外交部派員分途往訪各領事，請其承認國民軍爲交戰團。時俄領事敖康夫爲總領事，夏維松曾留學俄國，習法律，前任方言學堂俄文教員，與俄領事素有往來，因此常渡江與之商洽。其舅李國鏞，起義後向都督投效，據國鏞自述，廿三日偕維松晤俄領事，請其贊助承認爲交戰團，並要求清軍離租界三十里外作戰。俄領事云："各國國民革命，必對政府軍經過勝仗，外國始肯承認爲交戰團。現清政府有戰艦五艘泊劉家廟，瑞澂在楚豫兵艦，張彪亦在其處，蔭昌不日率軍南下，貴政府不先發制人，尚待何時，若拘於戰地遠近，是自失機宜也。"維松回府，報告接談經過，因此軍政府整軍渡江愈急。參照《國鏞日記》。又自黎元洪任都督後，外人時來訪問，一日美新聞記者來訪，適湯化龍在座，記者首問貴政府行何政體，化龍應聲代答曰："共和政體。"記者大喜而去，當即電達海内外西文報，多以大字標題。編者在政事部親聞胡瑞霖語，其大字標題則事後留學生多言之。同時因公往晤領事，促其承認戰團者有二：其一軍政分府成立，詹大悲常與胡瑛至領事署接洽。見温楚珩口述。其一赤十字會成立，外人有加入者，趙儼葳等晤領事，亦以此進言。

見伯葳行狀。又旅漢西商偵知旗軍南下，往謁元洪，議約離漢口三十里開戰，同時進言於領事。見《夏口縣志》。於是二十五日晚議决領事團承認爲交戰團。二十六日（一九一一年十月十七號）派英人盤恩持公函至軍政府謁都督，並聲言領事團歡迎中國國民軍勇敢文明，外僑又承保護，故特承認國民軍爲交戰團，各國嚴守中立云云。都督接見盤恩後，即備復文五分，派湯化龍、胡瑛、夏維松等送至各國領事署，見《革命真史》。其次日各國領事會銜發出佈告。交戰團一經承認，國民軍聲勢更震，軍政府一面照領事原文公佈各處，一面通電上海及各省響應。至此清廷臣奴聞之，日益驚惶，各省聞風繼起者，範圍日益擴大。又二十五日，清海軍提督薩鎮冰，乘江貞兵艦泊近英界碼頭，將向武昌轟擊，爲英領事阻止。見《夏口縣志》。

駐漢英俄德日領事布告文：

爲布告嚴守中立事：現值中國政府與中國國民軍互起戰事，查國際公法，勿論何國政府，與其國民開釁，其駐在該國之外國人，無干涉權，並應嚴守中立，不得藏匿兩有關係之職守者，亦不得輔助何方面之狀態。據此，領事等自應嚴守中立，並照租界規則，不准攜帶軍械之武裝人，在租界内發現，及在租界内儲藏各式軍械及炸藥等事。此係本領事遵守公法，敦結交誼上應盡之天職。爲此闔切布告，希望中國無論何項官民，輔助本領事等遵守，達其目的，則本領事幸甚，中國幸甚。謹此布告。

西曆一千九百十一年十月十八號（八月二十七日）

軍政府復文

爲照會事：貴各領事深明法理，篤愛友邦，本軍政府不勝感戴。本軍政府起義之由，全係民族奮興，改革立憲假面，建立中華共和民國，維持世界和平。凡有欲限制本軍政府之意思，使本軍政府不得獨立自由者，本軍政府縱用如何損害之手段，亦是我民族應有之權利。貴各領事既經嚴守中立，本軍政府必竭盡義務，以表敬愛友邦之微忱，除另派專員致謝外，理合備文照會。

附領事團與民清兩軍聲明中立事件之款

一、領事團宣言：勿論何方面，如將砲火損害租界，當賠償一億一千萬兩。黎都督即承認負責保護，清提督薩鎮冰抵漢後亦照此聲明簽字爲據。

二、領事團宣言：如兩方交戰，必於二十四點鐘前通告領事團，俾租界婦孺可以先期離避。

三、領事團宣言：如兩方交戰，必距租界十英里以外，勿論陸軍水軍皆然。

領事團宣布中立後，都督隨即照會各國領事，禁止洋商販賣軍用品接濟清軍。當時開列戰時禁制品：兵器、彈藥、爆發物及其材料（如鉛硝硫磺等），製造機械及塞門得土，陸海軍制服及武裝，鐵甲板船艦之製造及裝修之材料，糧食及飲用品，被服及其材料，馬匹馬具馬糧石炭及其他材料，金銀貨幣，電信電話及建設鐵道之材料。見《廣益叢報》九月《武漢紀聞》。又九月二十日前（陽曆十一月十二日），漢口領事團主席領事，對清軍馮國璋提出照會，大意以官軍占領漢口市街以來，曾有士兵一隊，占據招商局碼頭，對非戰鬥之民船與租界内沿岸碼頭加以射擊，數日來死者數人，此舉毫無必要，而使租界陷於危險之地。本領事團向貴軍統反對貴軍此項行爲，同時要求貴軍自該碼頭撤退。見日領事向本國外務省報告。又九月二十六日，清軍進犯漢陽時，駐漢領袖領事敖康夫照會軍政府，報告北京外交團來電文曰："漢口領袖領事敖康夫君鑒：各國外交團代表對於清國政府感情頗惡，因其殘殺無辜，致令各國憤怒，現各國代表擬請鄂軍政府擔負漢口交涉全權並與中國政府要求重大賠償。"即此可見外國之親近民軍，而不積極援助清政府，猶以民心向背爲主也。

漢陽失守後，英領事聯合各國領事與清軍商議停戰三日，其公文仍由前致中立照會之英人盤恩送到洪山總司令部，請都督認可。英國對民軍態度，於此可見。以上二事均見《革命真史》。當時經過情事，如上所述。

先是瑞、張逃後，張彪派四十二標標統張永漢往租界，商之日顧問寺西秀武，代爲籌策。寺西建議，彪不能用。瑞澂派員商各國領事援助，請以重砲轟民軍。因庚子條約，一國不能自由行動，乃開領事團會議，法俄等國領事主張不干涉，遂拒所請。所以然者，則以清廷政治腐敗貪污，縱其鷹犬作奸，民怨沸騰。年來標榜預備立憲，欺罔中外，派五大臣出洋考察，設資政院及諮議局，造立種種變法事項，頒布自治章則，推行義務教育，無一非掩耳盜鈴之計。尤其假國有爲名，收回商辦鐵路；假立責任内閣，重用親貴，皆爲集權中央，禍國殃民。語曰：作僞心勞日拙。又曰：多行不義必自斃。又曰：防民之口，甚於防川。自古權奸柄政，欺罔之方取途殊，而自私自利則一。非不盛極一時，其亡也忽焉。各國維持自身利益，本不欲更張中國統治者，另籌對付。然而深覺如此虐民政府，實無可以久支理由。及見武昌民軍舉動文明，既不擾民，又無排外性質，與以前兵變及會黨主動起事者情事懸殊。即起自武昌一隅，力已不可侮，其事情擴大，必足以推倒現存政府。故本其利害關係，在武昌首義數日内，即承認爲交戰團，非憑任何人臨時周旋，與外人交好，足以歆動之而得其援助也。此可由國際現勢及歷來協商事見之。

當庚戌夏季，英日同盟條約締結時，東亞大部分英僑見日本政策與英國自身利益不盡相符，頗感受其束縛。因爲英國勢利範圍，集中於揚子江及中國南部，袁世凱到漢口時，清軍雖在陽夏稍獲勝利，而英政府援助清政府之舉，却自放棄，故上海英僑爲保持商業起見，對民黨則表示親善，已轉變爲英國對外政策，其在北京方面所討論者，已非維持滿洲朝代問題，而爲變更帝制國體問題。雖共和國體，非英人所樂於贊成；然深信民黨排滿之勢，不可遏止，不如乘機助其掃蕩腐敗不堪阻礙進步之滿清官吏，較於外交有利。見王光祈譯：Die Groose Politik der Europaischen

Kabinethe. 1871—1914 P. 35。日本則自武昌首義之初，即有人主張干涉，聞英方曾温語勸戒，日方又自感單獨行動，力有未逮，然對此擴大亞洲大陸勢力之機會，則不肯放棄，此於駐華德使致其國務總理報告可見。同上。因爲日本對華一貫政策，在煽動内亂破壞統一而坐收漁人之利。先是成都激變初起，日政府派要人齋藤季治郎赴長江上游調查，武昌首義日，即齋藤行抵漢口之日，曾由其分派秘密團體往上海援助民黨起事，然而民軍逐漸擴張，東京空氣已感不快。十一月間（舊曆九月中旬後）日本報紙即開始干涉論。十二月七日（舊曆十月初）日外相内田康哉通知駐日美大使卜萊安（Bryan），有曰："對敵行爲如仍繼續，日政府認爲有考慮干涉必要。"當清廷起用袁世凱時，日政府向英美建議共同干涉，由列强擔保建立一名義上清廷政權，十二月十八日（舊曆十月中旬）駐美日代辦致美國務卿文有曰"中國情形益壞，清廷權力等於零；而革黨亦派别分歧，並無真正領袖。如任其繼續發展，不但影響商務，恐其暴發類拳亂之排外舉動，加以本年洪水爲災，饑民潰兵交相爲亂，在此情况之下，革黨絶對無力維持占領區域。中國今日正當選擇帝制或共和之歧路，依日政府意見，採用共和制度，實極困難，即使實行，亦難信中國人能運用之；另一方面則清廷無能，已無可諱言，則其恢復威權，統制國家，一如舊制，實際亦不可能。因此適應中國現狀之最善方法，應建立一名義上清廷政權之中國統治：一方尊重中國人民權利，一方限制清廷獨裁權利，並消除共和空想，制定憲法，由皇帝矢誓遵守。如此日政府以爲應勸告雙方，定立條件：一方使清廷接受上提原則，並認以此爲維持政權之善策；一面使革黨瞭解建設共和，不合實際，且得危及中國生存及人民自身福利，必須維持現在朝廷，並重人民地位，交由主要列强保障。"見 Foreign Relation of United States 1912 P. 567。此爲日本主張國際共管中國之建議，未經英美兩國採納。於是日本又退一步提一方案，主張劃中國爲二；北部仍維持清廷，共和制則限於江南，然英政府亦不附和，駐日英使竇納樂（Clande Mac Donald）三次奉命向日外務省阻止日本非中立行動，第一次抗議日本駐華公使伊集院維持清廷聲明；第二次抗議日本擬貸款清廷；第三次抗議日本擬用武力干涉，竇納樂對英人波萊（A. M. Pooley）談英政府意見：有曰："日本當局以爲中國革命，爲一種單純的地方事情；英國則深信中國革命正在發展，爲一種革命運動。此種運動，得成爲汎濫之江河；而日本則視爲不過涔滴之水易於遏塞。"見 Lapans torcegn Policios F. 69。英日侵略策略本不相同，其對中國觀察懸殊，於此可見。

美國伸張勢力於遠東，較列强獨後，故對中國主張領土保全，門户開放，機會均等。見俄租旅大據東三省爲已有，深嫉視之。所以當日俄戰争，左袒日本，且借助鉅款。及日本戰勝，竟繼俄國而獨占東三省南部，自召美國反感。于是一九零九有諾克斯（P. C. Knox）滿鐵中立，提議英美法俄德日六國借款收買南滿及中東鐵路，由國際委員管理，而政治權利則完全屬之中國，雖遭日俄兩國聯合反對而失敗，美國乃又合英法德三國組織四國銀行團共同投資，打破日俄兩國獨占之局。及辛亥次年二月，聞日本將單獨行動出兵滿洲，實行武力干涉中國内政，德以在華利益與美國相同，因促美國發出宣言，聲明尊重中國主權、保全領土、開放門户、利益均沾等語，德國遂以公文詢美國對東亞時局之態度（一月三十一日），美國答文於二月八日在華盛頓、柏林同時發表。文曰：……中國自革命發動以來，敝國政府，每遇機與列强交换意見，尤其是法英意日俄及貴政府商討何法保護共同利益，無不主張一致行動；又於各國報紙上得悉列强互换意見，因此敝政府明瞭對中國時局，彼此共同協作，不但無單獨行動以及干涉中國内政之舉，而且與平日和約尊重中國主權、保全領土之言相符。現在中國方面清皇室及革命黨皆保護外人生命財産，既不因外力干涉而然，則將來亦無必須出以干涉。倘若將來竟違一切期望，不得已而必干涉，則敝國政府深信先由列强協商，然後共同行動，堅定保持其政策，庶一切誤會自行掃除……此外敝國政府嘗覺中國貸款不易輕予，實爲嚴守中立之當然結論，除非對於借款確可保證用於戰争雙方以外之正當事項方可。又覺現在時機，宜特别適應借款政府所抱原則，凡對於其國民向華投資，有與自國政府所遵列强協調政策不合者，當加以阻止。見王光祈譯：Die Groose Politik der Europaischen Kabinethe 1871—1974. P. 29—37。此項聲明，無異對日本干涉之舉，加以干涉。日本既以英國反對於前，美德二國又激烈反對於後，因以原定“清廷傾覆後滿洲發生騷亂即藉妨害鐵路利益爲辭積極進兵”之政策，不得不暫行停止，進而利用共同行動之美名别作秘謀。此則屬於以後演變，不備述。不過外國政府之扶助中國現存政府，至相當限度而轉移方向；而且扶助本旨，仍爲自身利益起見，以及共管中國，可於不得已時而實現。由上所徵引，可以鑒矣。以上徵引參照曹弼《辛亥革命史》。

孫先生在海外籌款，於武昌首義次日晚，抵美國哥羅多省典華城。其翌日（即二十一日）午前十一時，入飯廳，見報載“武昌爲革命軍占領”，先生默察國際情勢，決定從外交着手，遂往紐約覓船渡英。到英後，向其政府提出三事：一、廢止清廷一切借款；二、制止日本援助清廷；三、取消英屬政府之放逐令，以便取道回國。皆得英政府允許。見《中山先生自傳》。孫先生對於國際情勢，洞若觀火，深有助於建立民國。惟漢口各國領事宣告中立，固在先生未到英倫以前早經宣布也。

第九　陽夏戰事及吴禄貞與黄興

編《辛亥首義紀》，叙及陽夏戰事，不禁掩編太息曰：湖北自首義後一落千丈，肇興民國而變成武人亂政，皆由陽夏戰事失策有以致之。所以失策者，則由當時革命青年，不自審其不知軍事，輕率議事，鑄此大錯。當八月二十七八兩日，民軍奮其神勇，一舉而掃蕩劉家廟殘敵與初到豫軍，漢口防禦已得伸至近郊二十里以外。《兵法》云："禦人者必禦之於門外。"使首義諸子，知彼此，明利害，逆料清廷南下之軍，其人數與兵力，遠過於武漢現有軍旅。而重砲與機關槍，尤我軍所缺乏者。又有敵艦協助陸軍，可以威脅我之右翼，如其在諶家磯以北，與敵鏖戰，則敵艦失其協攻之效。如此審時度勢，我軍開始進攻，以第二旅當正面，其第三旅屯兩望青山間，即當調其大部，由青山渡江，自諶家磯至灄口北面，接近鐵路沿綫，分隊遊擊而四出擾之；另以五旅接防省垣，而調四旅赴漢口，在淪河南北布防。一俟正面驅敵退至灄口方面，三四兩旅即可與二旅會師諶家磯以北，依鐵橋迤西曠地延長十餘里，一在灄口橋南岸，一在諶家磯北之鐵橋北岸，發動數萬民夫，由輜工營領率施工，深溝固壘，限三五日竣工。然後再於諶家磯附近，由造紙廠西沿淪河南岸抵揚兒頭，與夫劉家廟東北而西迤三台湖濱，亦施同樣工程。《易》曰："王公設險以守其國。"險而不設，無以爲守。苟如此布防，則敵援既集，於九月五日發動攻勢，我軍以六七八之三日大犧牲，移於諶家磯以北設險之處。即使節節後退，敵軍不得越險長驅，而且諶家磯以北鐵路兩側多湖水，敵之兵力不能展開，惟憑設險衝要處作爭鬥戰，最後決勝於白刃，則敵之優越火力失效，而我之士氣實足以勝之。在九月十號左右，我軍或尚不致退抵劉家廟也。當此之時，黄興已到，湘援亦來，海軍且投誠，黄興必可坐鎮劉家廟，整軍與北洋頑敵決雌雄。即令再戰而敗，而時期已延至一周以後，各省多已光復，局勢大變，西南援軍不久北上，再兼旬而南京亦克，甯漢聯軍分路北伐之勢已成，敵軍必自行撤至孝感以北。即不然，我軍退守漢陽，亦可爲有實力有計畫之防禦，與頑敵憑江漢而長期對峙。顧計不出此，當時首義青年，一見開始戰勝，以爲敵不足擊，堅持乘勝長驅，進取武勝關，直指顧問耳。而無敢力主守禦者，即主守而無有以大規模之設險爲言者。馴至九月六日一敗，敵軍即直達市鎮，欲設險而勢已不行。及黄興到而無兵可用，湘援來而無能爲役。至退守漢陽，徒憑漢水天險，勉力支持。卒之敵探明真相，乘虚而入，戕我死守義士，陽夏盡爲敵有，震撼武昌。遂使袁世凱憑藉戰勝餘威，號召國人，操縱民清兩方弱點，控制和議，以致民國虚有名號。袁系屠狗，寖至皆握軍符而掌省政，演成武人禍國殃民之局，萬劫難復。然自九月五日以後，我首義軍人，因軍府戰略失策，而成仁取義者，不可勝數。惟有壯烈之氣，精誠之心，長存天壤，而無人追述。無名英雄之纍纍朽骨，充塞荒丘蔓草間，而無人憑弔。此不惟後死者之羞，抑鄂人所當永痛勿忘者也。若夫爲生存人立首義紀念，而戰死先烈，置不過問，其可痛更何如耶？兹編取日領逐日報告戰情文電，及《革命真史》《夏口縣志・兵事志》，於漢口戰事則參取《革命實見記》，漢陽戰事則參取《六十談往》。更參以當時親自聞見，與采訪所得，綜合條貫，芟其牴牾之點，間亦有微異而並見者：粗具戰事始末。至個人戰況，則疏漏已多矣。惟可鄭重聲言者，首義後成立之軍，爲陽夏戰事犧牲者，究竟何屬？與夫何者犧牲最烈？何者實不堪戰？何者並未參戰？事實昭然。讀者細繹戰紀，亦可以知其概矣。述陽夏戰事及吴禄貞與黄興第九。

一、我軍開始勝利之戰争

（一）我軍布防

四協既設，其次日（八月二十二日，即十月十三日），即分劃防區：

第一區漢陽，第一協擔任；第二區漢口，第二協擔任；第三區武勝門外兩望至青山，第三協擔任；第四區武昌省城，第四協擔任。又擴充砲馬各二標，戰時分隸各協指揮，子彈被服甚充足，槍支野砲山砲要塞砲亦不少，惟馬匹缺耳。其時召募新兵補充。因湖北創練新軍有年，先後離營散在鄉間者不少，聞革命軍起，皆踴躍從戎，故召募五日即足額。是日黎明，蔡德懋率砲隊一營，胡廷佐率步隊一隊，往武勝門外兩望占領陣地，上午八時敵有楚豫、楚材、江清兵輪停泊江岸，蔡令砲兵向各兵輪測準，開始轟擊，兵輪亦向兩望還擊，砲戰約二時餘，中外觀者如堵，旋楚豫、江清負傷，即向下遊遁。及接清軍南下報告，次日（二十三日，即十月十四日），第二協奉令在漢口布防，蔡德懋率砲隊一標隨往，受何協統指揮；又派黄冠群率馬隊一營，李忠孝率工程一隊，同赴漢口，亦隸第二協。但是時該協召募未竣，一面補足，一面布防。軍隊既經擴充，各標營所需軍官，皆以首義四千餘士兵升任，新募者不及充分訓練，故額數難增，骨幹已不如舊時强整。且新兵非盡知射擊，難以應戰。不得已，酌留老兵爲基本隊伍，俾便戰時指導新兵作戰，因規定每協選老兵一營，縮小編制，每營二百四十人，每隊六十人，每排二十人，專備督戰之用。蔡濟民、吴兆麟又將二十九標及工程第八營老兵徵選一部分，組敢死隊，以備作戰。

（二）駐漢殘餘敵軍及最先南下敵軍

張彪遁往漢口劉家廟，第八鎮輜重營殘餘隊伍亦退駐其地。八月二十一日（十月十二日）軍政府派蕭國寶、姚斌、熊世藩、李國樑四人便服往漢口偵查張彪情形，並勸輜重營反正。同時派人持都督函送四十二標統帶張永漢及其三營管帶樊毓英，勸速歸順。又齊寶堂曾充輜重營管帶，頗爲張彪信任，黎都督親函勸張反正，由齊携往面陳，張怒拒之。蕭國寶等到輜重營運動兵士，被其管帶蕭安國察覺，即拿問蕭等。李國樑髮辮未剪，釋去，即回軍政府報告，蕭、姚、熊三人則押至劉家廟江岸槍斃。蕭受一槍倒地，旋死而復生，至夜深潛回。姚熊之死，蕭之傷，事雖輕微，然其爲民族犧牲，固未可以尋常視之也。

當時報告清軍南下，由陸軍大臣蔭昌統率，前敵軍統馮國璋，先率第二鎮至信陽城内設糧台，司令部擬設彭家灣。第二鎮統制馬龍標，協統王占元、鮑貴卿。後又派第六鎮南下，統制吴禄貞。第四鎮統制王遇甲先來，其軍隊尚未行。又稱清軍由京漢南來軍隊尚不多，沿途觀望。武勝關向南架有大砲，聞即永平秋操軍隊，又稱蔭昌之先鋒隊抵武勝關者一標，統帶馬繼貞；抵信陽者一標，統帶賈德耀，又稱統制吴禄貞、王遇甲及協統李純、鮑貴卿、王占元、陳光遠陸續南下。自彭家湾以下各站，皆貼有布告，又《大漢報》二十四日天津電，蔭昌帶兵一萬五千乘車南下。

豫軍三營於二十二日早八時乘車抵劉家廟，與張彪殘餘隊伍會合。先是豫撫寶芬接武昌新軍首義電，即調巡防營自衛，將協統應龍翔（黄陂人）看守，派張錫元代，即令率三營赴漢應援。錫元沿途探聽，人民皆稱革命軍舉動文明。及至漢口，見革命軍聲勢浩大，已擴充至四協，瑞澂兵艦又被擊退，即外人亦盛稱之，以故不敢動作，又慮革命軍攻擊，遂派人講和。軍政府派李國鏞、畢鍾等携數千元往豫軍犒賞，錫元詐稱願降，一面秘電豫撫請示，是晚軍政府開會决議收降辦法，仍派李、畢等送達。其辦法：（一）先通電聲明響應並出布告；（二）開往武勝關布防；（三）本軍政府擔任糧餉接濟；（四）響應後擴充爲一協，槍支由本府補充。張接函後，頗遲疑，雖表面未拒絶，然聲稱俟準備妥當，再行動作。軍政府覺其有詐，一面防禦，一面仍虚與委蛇，而密報已探知其詐降之意，爲掩護南下清軍也。

（三）開始戰勝之經過

八月二十四日（十月十五日）吴兆麟調回參謀部，第一協改派宋錫全繼任。軍政府預備掃蕩漢口敵軍，其晚開會決議，由都督發布命令。

於此應申明者，此役據《革命真史》稱二十五日進攻，他紀後出，多仍其説。惟查日領當時向外務省電告，則稱自二十七日起連戰二日，始將敵軍擊退至灄口方面。《革命實見記》及《夏口縣志·兵事》大致相同，皆民初出版，互證當較確實。且新成各協於二十二日開始召募，越一日即整隊進攻，事實上似亦未能。故以下專據《革命真史》所紀者，不標時日，俾與其他事實配合一致。

第二協依照命令占領漢口，其司令部設在鐵路外劉家花園。所派馬砲工及敢死隊，分途往漢口聽何協統指揮。該協遵都督命令指示，發布命令如左：

一、在大智門劉家廟之敵，約共一標兵力，著灰色服裝，似在該處占領鐵路，掩護清軍南下。

二、本協今晚擬在漢口新停車場附近宿營。

三、步隊第三標標統姚金鏞，率該標在劉家花園附近宿營，派前哨警戒，右翼自法租界車場，左翼至劉氏堤防西端一帶，但須派一部占領漢水故道。

四、其餘各隊之宿營地如左：

協司令部——劉家花園

步隊第四標——歆生路西北端

馬隊一營——跑馬廠

砲隊第一標（欠一營）——跑馬廠東端附近

工程一隊——新停車場南端

敢死隊二大隊——跑馬廠南端

宿營司令官步隊第四標統帶謝元愷警戒集合場各宿營地前端

五、今晚糧食由各部隊在漢口市街補充。

六、本協統在劉家花園，今晚九時各隊須派員來領命令。

何協統於發布命令後，細思士兵勇於殺敵，各級軍官多由目兵升充，雖未盡善指揮，而對士兵維持甚熱心，夜間亦分途訓導，勉可對付。惟勢在急於進攻，新募士兵過多，不易指揮，誠恐在戰場上發生危險。即向都督辭職，都督認爲不可。而軍政府同志不知兵者，群議紛起，有謂何膽小畏戰，有謂不應派何擔任，至有謂何爲張彪舊部，恐誤戎機。惟臨敵易將，最犯兵家之忌；而命令已發，萬難收回。幸參謀部主持者瞭解何之用意，力爲解説。於是公推吴兆麟、徐達明、蔡濟民、吴醒漢、甘績熙、陳偉、耿丹、高尚志八人到漢監視，幫同指揮。並持都督函加意慰勉，遂與何商定進攻事宜，續發命令如左。

一、軍政府綜合各方情報，清政府派陸軍大臣率兵由京漢鐵路南下，其先頭部隊約一標今日抵武勝關附近，但在漢口之敵情同前宿營命令

二、本協明日擬先攻擊在漢口之敵。

三、黄冠群率馬隊一營明早□時以前由宿營地出發，搜索劉家廟大智門附近之敵情。

四、步隊第四標統帶謝元愷率該標明早□時以前，在農務試場集合，且向北警戒。

五、步隊第三標統帶姚金鏞率該標（欠一營）明早□時以前，在新停車場附近集合，且向北警戒。

六、砲隊第一標統帶蔡德懋率該標明早□時以前，在跑馬場東端森林附近，選擇陣地，以能射擊劉家廟大智門附近爲要。

七、李忠孝率工程一隊附屬砲隊。

八、其餘諸隊爲預備隊，明早□時以前在跑馬場集合。

九、本協統明早□時在跑馬場東端。

右命令發出後，各部隊即趕緊籌備，各兵士皆帶子彈六十枚，又派人在漢口市面定饅頭二萬個。時則外人已探知民軍準備進攻，張彪、張錫元亦多方探聽消息。錫元一面電馮國璋請援，一面與彪在劉家廟以南占領陣地並挖戰壕。同時軍政府則懸賞緝拿，賞格張彪一千元，敵軍主將五百元。當此之時，張彪部下約一營，河南新到軍隊約二千餘人，主

力分駐劉家廟停車場及度支部造紙廠附近。薩鎮冰率艦隊楚有、建威、楚同、楚泰、江利停泊日本租界下游（廿七日來漢者尚有建安、蘇亨二艦）。時派建安、湖隼、湖鷹、湖鶚及辰宿各雷艇，遊弋於漢陽、武昌間之江面，民軍渡江頗陷入困難狀態中。當此以下參照日領十月十八日，即八月二十七下午三時電。

八月二十七日（十月十八日）午前第二協隊伍依命令指定地點集合，向北警戒並派探分途搜索。其敵情與地形，則經何協統偕吴兆麟等實地查看加以研究，發布進攻命令如左：

一、前面之敵步隊共約一標，在劉家廟以南占領陣地，其後方之敵尚未見到來。

二、我馬隊一營，經漢水故道，前進搜索劉家廟之敵情，本協即時進攻前面劉家廟以南之敵。

三、步隊第四標統帶謝元愷，率該標即時出發，沿京漢鐵路向劉家廟以南之敵，前進攻擊。

四、步隊第三標統帶姚金鏞，率該標即時出發，與步標第四標左翼聯絡，前進攻擊劉家廟以南之敵。

五、砲隊統帶蔡德懋，率該標及工程隊，即時在跑馬廠附近布置放列，以射擊劉家廟附近爲要，援助我步隊進攻。

六、其餘諸隊爲預備隊，歸胡效騫指揮，隨步隊第四標後行進。

七、本統領在法租界西端車場。（以上均採《革命真史》）

先是前一日我軍有進至車站附近者，與張彪駐漢劉家廟殘隊發生斥候戰，敵稍有死傷，即退，我軍亦未追擊。見《夏口縣志》。二十七日兩軍正式交戰，其上午三時開始行動，據觀戰者稱我軍步兵約二營由後城馬路向歆生路後面去，前一營頗整齊，後一營則未經訓練者。其後有砲兵一隊，攜五生的砲四尊，野砲一尊。見《革命實見記》。此當爲二協姚金鏞所率之第三標及炮兵一隊。是隊行後，第一協駐漢之林翼支一標亦出發，其餘慶里朱振漢一營，因軍服未全，有着便衣者。同上。第一協本以守漢陽爲主要任務，但戰時則兼負接濟械彈之責，其林翼支一標又駐漢口市街，當開始與南下清軍接戰，人人具有滅此朝食之概。林標職司漢口守衛，當然出而協攻，此當爲預備隊或爲别動隊，在左翼姚標之西北面布防。其正面進軍，以炮四門，步兵一千三百餘名，向敵根據地江岸火車站出動。見日領是日下午三時電。此當爲二協謝元愷所率之第四標及砲兵一隊，其砲隊排列於跑馬場，步兵受其掩護，沿德日租界後面鐵路綫向劉家廟方面挺進。上午八時，肉搏至車站附近，其時敵馬隊一部與张彪殘隊，河南軍一部共約二千人，分爲左右二隊，作攻勢防禦戰。敵由江中軍艦開炮掩護，戰鬥約一小時，至上午九時許，我軍稍却，退於大智門附近，砲隊一部退至漢口市街後方。見日領是日下午三時電外務省第一報。據觀戰者稱，是日黎明時車站附近，我軍甚多，皆下伏，跑馬場南端有砲二尊在平阜上，軍官數人以望遠鏡瞭望，指揮發砲，表尺在二千米達以上。其跑馬場北端沿稻田一帶，皆火綫界。進至友仁義社西北端，戰线最劇烈地也。距此千餘米達，敵一大隊伏其左方樹林内，其大部分在丹水池一帶布横綫陣，地勢頗利，砲彈難以命中。我軍進愈逼，戰愈烈，勢幾不支。上午十時許，我軍一軍官率壯士數十人，自右冒死進攻，鋭不可當，其前鋒因之乘勢勇進，敵乃急退，奔據鐵路乘車遁。《夏口縣志》：民軍蛇行而前，愈薄愈進，砲兵同時發砲，敵引退，民軍窮追，敵乃避入火車駛去。我軍遂集聚成團而追之，敵車忽停，車窗中亂槍齊發，我軍頗有死傷，猛進之軍官遂中彈死，此軍官即林標三營管帶趙承武是也。見《革命實見記》。《知之録》稱承武後爲標統，於九月四日漢口陣亡，實誤。杜詩曰：出師未捷身先死，長使英雄淚滿襟。此爲首義同志出師最先犠牲之一人也。敵復有支隊由左側攻，我軍乃大挫，死傷亦衆，陸續退至大智門一帶。時畢鍾立大智門車站，大呼曰“同胞何處去？何處是同胞去路”。林翼支在跑馬場南端涕泣勸阻，後詹大悲趕至歆生路更加慰勉，於是逐漸復返，集合前進。據觀戰者。以下見《革命實見記》。是役敵死亡二十三人，傷八十人；我軍死傷相等。《革命實見記》小註我軍約死百五十人，傷三百人，又姚標頗有散亡，林標一營許退跑馬場南端鐵路左側曠地。王纘承《紀録》一協林標死者趙承武外，尚有督隊官夏占奎，其由漢陽來參戰而死者則有隊長王家麟及排長二人，兵目死傷頗多。同時武昌方面，我軍步兵一標砲四門，在長江下游南岸，向敵之兵艦轟擊，彼此對擊，從上午六時至九時止。我軍炮彈系購自德國者，火藥不良，缺爆炸力，遂停止。見日領是日午後三時電。

是日正午，何總指揮據馬隊探悉敵步兵約二百餘人，由丹水池向劉家廟之敵右翼增加並占陣地，料係敵之後方援軍馳至，非先擊敗前面之敵不可。於是命敢死隊二大隊，分在第四標第三標之後面展開，督同前進。午後一時餘，前綫逐次前進，占領農務試驗場以北，彼此對擊甚烈。我軍新兵不善用地形，行進遲緩，死傷頗多，漸有動摇；老兵及敢死隊竭力鼓導，奮勇前進。至午後三時許，前進約五百米達，敵利用散壕不退，敢死隊遂全體加入火綫，砲隊一部又前進占領陣地，向敵右側不斷猛轟。《革命實見記》稱由武昌增援兵一標，炮四尊，始轉敗爲勝。案似非事實，因敵艦在江心，由武昌運兵至漢，渡江頗難，一二小時内亦不及赴援，而且當時我軍之力尚無需請援也。戰至下午四時，《革命實見記》及《夏口縣志》皆稱三時左右。敵有火車一列，載步兵一標，砲兵一隊，向劉家廟前來。見《革命真史》。初我軍後退時，稻田中伏百餘人，並有鐵路工人多名，起而毁路，頃刻間毁十餘丈，見《夏口縣志》。至《革命實見記》則作丈餘。敵車將至劉家廟，加速火力而進，我砲兵連轟二砲，未中；又一砲擦車頂而過，車仍駛行不已；及行近毁路處，我砲隊瞄準火車，各砲齊發，轟然一聲，車頭脱軌，列車盡倒軌外，敵紛紛逃出，死傷者無算。我軍群起奮擊，齊聲喊殺，沿途人民亦奔赴驅敵，砲聲、槍聲、馳驟聲、吽喊聲、歡呼聲，混爲一片，敵乃如鳥獸散。其在散壕接戰者，聞聲四顧，見援軍大潰，遂亦急退，直至三道橋而止。見《革命實見記》。是役敵死四百餘，傷未詳；我軍亦死傷三百五十餘人，敵之列車所載武器衣被粮食，約一標軍需以上，盡爲我軍所有。見《革命真史》。然敵雖退向丹水池以外，後又增援而來，布横陣相抗；更出二支隊圖攻我軍側面，其勢頗盛。惟陣基已摇動，建築物又爲我砲轟毁，我軍之猛更過之。故接戰未久，二支隊皆潰走，正面隨即披靡，北向灄口退却。當是時，敵艦二艘急發砲援敵，傷我軍三十餘人，我軍乃以野砲還擊，一彈中其尾部，即駛向下游而去。日領第二報：是日下午九時電，我軍在距日界西北里許，敵艦開炮，自側面阻止我軍前進；《夏口縣志》：薩率兵艦六艘，開炮擊民軍；民軍發五六炮，中艦，遂轉向下遊開駛。時已將夕，兩軍遂休戰。日領報告及《革命實見記》《革命真史》皆作下午六時左右，《夏口縣志》稱夜半二時停止。

次日（八月二十八日，即十月十九日）晨，我軍以步兵約二千八百人，砲工馬各隊，合計三千餘人，開始進攻。其初一如昨日攻勢，大砲數門，布列砲馬場附近，在砲兵掩護下，以馬隊爲先鋒，步兵右翼沿鐵路綫；正面及左翼則散布於鐵路綫外村落與田野，進攻目標爲劉家廟方面敵之防禦陣地（約日界北面二千五百米達），總指揮何錫藩。日領是日下午六時電第三報。敵在丹水池一帶，布横陣，分左右兩翼迎戰。更出支隊包抄我軍後方。我軍於戰前已得確報，乃别出一軍伏中途，斷其包抄之隊，而以兩翼捲攻其左右，炮隊轟其中堅，更出散隊紛擊之。見《革命實見記》。上午七八時，僅有前哨小衝突。敵艦則於上午十時開向上游，對我軍略加砲擊；遠不及昨日激烈，僅一二小時即停止，駛返下游，故我軍進攻益利。日領下午六時電。敵不支，紛紛竄入棚户内，鑿孔開槍，我軍傷四十餘人，一排長死焉。砲隊管帶見之大憤，親率壯士百餘人，繞道潛達其旁縱火，時風色正順，頃刻火焰飛舞，棚户盡成火山，乃大亂。見《革命實見記》。至下午一時左右，我軍砲兵陣地已進至日界北面極近地點，二時半，我軍前鋒抵劉家廟江岸軍站，敵之豫軍逐漸潰退，我軍遂於三時占領車站。日領下午六時電。敵棄甲曳兵，退至二道橋。見《夏口縣志》。豫軍遺棄帳幕、糧食，貨車約十輛，火車頭一輛，山砲及彈藥若干，向劉家廟車站北約七千米達沙口方面潰走，主力則退沙口西北約七八千米達灄口車站。我軍以馬隊一營追擊沙口潰敵，砲隊則以劉家廟爲陣地，轟襲灄口方面退却之敵軍主力部隊。豫軍之馬隊亦慘敗，棄馬百餘匹，其失戰鬥力而投降者數十人。於是我軍留步兵半數一千二三百人在劉家廟，助馬隊進擊敵軍；其餘半數則護運戰利品，而樹星旗於火車頭上，以所得火車載戰利品凱旋。見日領是日下午六時電。林翼支又以兵繞出姑嫂樹旁，擊向灄口方面潰敵，敵死傷頗多，捕其軍官三人，甏管帶一人。劉家廟附近人民，莫不雀躍歡呼，其代運戰利品至歆生路餘慶里，多有不受酬者。見《革命實見記》。漢市商民見我軍戰勝，家家慶賀，商會且備酒肉犒賞，並備紅綵多件送各部隊，漢陽、武昌亦懸旗挂綵，各報遍發號外，宣揚勝利情事。見《革命真史》。

瑞澂楚豫兵艦昨日尚停泊下游六十華里之羊樓。是日下午五時，與江利同時下駛，其他兵艦六艘，則移泊於下游三十里之草水磯。見日領是日下午六時電。

是日晚第二協發布命令如左：

一、據探報清軍敗退於三道橋以北灄口附近

二、本協今晚在造紙廠附近宿營

三、步隊第四標謝統帶在一道橋，以戰鬥形徹夜，但派一部於二道橋爲前進哨

四、其餘各隊宿營地如左

協司令部——造紙廠西南端

步隊第三標——造紙廠北端

馬隊一營——造紙廠南端

砲隊第一標及工程一隊——造紙廠西端堤防附近

五、宿營司令官步兵第三標標統姚金鏞

六、各部隊給養以及漢口商會與軍政分府所辦之糧秣在劉家廟車站領取

七、本協統在造紙廠西南房屋内，今晚十時以前各派隊員來領命令

（以上均見《革命真史》）

最初驅逐漢口近郊敵軍，爲武漢存亡所繫，亦即奠定首義基礎，促

動各方響應之先聲，此一戰之勝敗，影響甚大。所以能勝者，蓋最初擴充之四旅，第一旅以原來之四十二標一營二營爲基本主體，第二旅第三旅以原來之二十九標三十標各營底爲基本主體，第四旅以原來之四十一標三營及留守營底爲基本主體，並皆參有其他標營之士兵。砲馬工亦以原來隊伍爲基本主體，各標營中下級軍官，大抵皆首義同志，成分比後來擴充者遠爲健全。敢死隊之爲工程營第八營與第二十九標結合組織，參加其他標營士兵，更無論矣。防守漢口之主力第二協協統何錫藩及第三標統帶姚金鏞、第四標統帶謝元愷、砲兵統帶蔡德懋、馬隊管帶黃冠群，皆學識優長，奮勇殺敵，故一戰而掃蕩敵鋒，震動中外。惟因諶家磯北沿鐵路正面左右，軍政府未曾分派隊伍布防，又北多小丘，敵易守禦，孤軍不敢突進，加以何協連日戰疲，故宿營皆退至距敵較遠地點。此在軍事上勢所必然，而軍政府熱心少年即起物議，書生見解尤然。胡石庵《辛亥革命實見記》時作如此批評。

二、我軍攻守策後之戰事

（四）與陽夏戰事有關之主要人物

袁世凱——中日戰争後，清廷命胡光棻練新軍，成立十營於天津，號定武軍。光緒二十一年冬，由袁世凱統率，增至七千人，號新建軍，駐天津小站，北洋派盛稱之小站練兵始此。軍官多係北洋武備學堂出身，其後成爲袁系中堅，如起義時先後犯鄂之馮國璋、段祺瑞，與民國後繼段督鄂肆虐之段芝貴皆是。二十四年，戊戌變法，世凱本附維新派以自重，臨時告密，賣友求榮，其居心叵測，可以概見。次年，榮禄督直，練武衛五軍，其前後左右四軍，以聶士成、董福祥、馬玉崑及世凱分統，是年世凱即率所部赴山東巡撫任。其次年，拳匪亂作，士成戰死，福祥遣戍，玉崑勢孤，惟世凱勢力日熾。又二年升任直隸總督，其次年會辦練兵處，先後成立北洋六鎮，多方餌其官，使人人心目中惟知有袁宫保一人，與張文襄在鄂練新軍惟以强國爲務者異趣。時逆跡已著，鄂臬梁鼎棻專摺參劾，有曰“狼抗朝列，虎步京師”。及三十二年，清設陸軍部，鐵良爲尚書，一、三、五、六等四鎮直隸陸軍部，世凱勢力爲之稍挫。宣統立，以世凱附后，幽禁光緒至死，免其職。然而袁系爪牙，猶多任六鎮將弁，軍方潛勢力固存在也。及武昌首義，清廷張皇失措，有人建議起用失職漢奴，藉緩和人心之名，而實行以毒攻毒之計。狼子野心之世凱，利用時機，其羽翼徐世昌等復爲周旋，遂於首義後三日，簡授世凱爲湖廣總督，並節制調遣各軍。世凱佯以足疾辭，及清廷敦促，乃要求條件六項：一、明年即開國會；二、組織責任内閣；三、寬容此次起事之人；四、解除黨禁；五、須委以指揮水陸各軍及關於軍隊編制之全權；六、須與以十分充足之軍費。一、三、四不過應付之文，二、五、六等則司馬昭之心具見。迨清廷九月八日接受所請，即由彰德南下，統兵犯鄂，十二日被任爲内閣總理大臣。至是全權在握，陽夏之戰成爲民黨與袁系勢力初步之鬬争，以後將於第十二編叙述。

兹將世凱調遣軍隊，附誌於下。計近畿六鎮將領，第一鎮統制趙國賢，駐南苑；第二鎮統制馬龍標，駐保定府，協統王占元、鮑貴卿，標統馬繼貞；第三鎮統制曹錕，駐長春；第四鎮統制王遇甲，駐馬廠，協統陳光遠、何豐林，砲兵標統蔣廷梓，馬隊標統張九卿，步隊標統劉起垣、李厚基、吴長植、臧致平；第五鎮統制張懷芝，駐小站，協統賈賓卿、張樹元；第六鎮統制吴禄貞，協統李純、周符麟；第二十鎮統制張紹曾，駐灤洲。在九月六日開始犯漢口者，第四鎮一部分，王遇甲自統；第二鎮一混成協，王占元指揮，標統馬繼貞；第六鎮一混成協，李純指揮，馬隊標統賈德耀，步隊標統吴鴻昌；河南步隊張錫元指揮，管帶朱鳳藻。總司令部先設信陽，次設孝感，再設灄口，復移劉家廟大智門。其後犯漢陽，王占元率約一團由蔡甸進；李純率約一混成協由沱落口進；何豐林率敢死隊約一千人，由正面渡河，繞道仙女山進。

吴禄貞——湖北雲夢人，武備學堂高材生，派赴日本留學士官學校，庚子之變，禄貞在大通失敗，逃回日本，畢業後回鄂，提倡革命運動，事已見第一編。鄂留學界有雄才大略者，首推禄貞，惟恃才傲物，頗遭時忌。及調委練兵處監督，輾轉升調第六鎮統制，時爲宣統二年冬，袁世凱免職將二年矣，湖北留學士官畢業，先後任職北洋各鎮者，王遇甲爲第四鎮統制，藍天蔚爲駐奉之新軍協統，應龍翔爲駐豫之新軍協統，易迺謙爲高級參謀。在同盟會未創立以前，留學生密結排滿盟約，藍應易諸人皆曾加入，其通顯後態度則非所知也。此密約在湖北留日學生自組者約十餘人，軍方有藍天蔚、應龍翔、易迺謙、劉成禺等，學方有王璟芳、范鴻泰、程家檉、屈德澤、王鵠人、張鴻藻、周維楨、萬聲楊、王式玉、李書城、李廉方、黄軫（即黄興）、周龍驤等，時吴禄貞已回國。劉成禺提議立隱語暗號，但未决定，惟每月集會一次，事與《湖北學生界》、昌明公司有關，他人鮮有知者。禄貞雖欲刷新六鎮官長，而未深思六鎮本袁系段棋瑞統率，培植黨羽，已根深蒂固，與軍部亦有結納。徒憑職權以謀更張，最先撤協統周符麟，軍部改派吴鴻昌，非禄貞意也；繼撤標統，薦李書城補充，軍部不允；因此禄貞憤不問事。及於武昌變起，禄貞與紹曾等不揣袁系之禍，甚於滿清，而集議灤州威脅清廷立憲，固爲援助革命，實則助長世凱掠奪政權。以致紹曾罷免，禄貞自領之六鎮，亦調赴前綫矣。迨禄貞前往石家莊，守衛猶爲袁系舊部，馬蕙田爲衛隊長。漫不加防，故周符麟受袁系指使，據聞周謀刺吴，段不謂然，然不敢抗袁命，後段長陸軍，對周終不擢用。與馬蕙田合謀，因得以刺殺之。時九月十六日，據黨史編委會稿。但錢基博作傳爲十七日，孔庚作《吴禄貞殉難記》爲十八日。即漢口失陷後之四日，而世凱赴漢口之後八日也。一説禄貞之刺爲其同學某供職軍諮府者，進言良弼所爲。此事在朱价人都督任内有案，吕公望力主追究，朱擱置之，或謂袁系移禍淆聽，實則其所舉發者灤州事也。時閻錫山軍抵娘子關，約定即日來會。其友於被刺前一日自北京來，密告以加害陰謀，禄貞不介意；未遇害前數小時，禄貞稱心跳，有人勸其先赴閻軍或移居暫避，禄貞以爲不可，故及於難。

黄興——首義前與武漢革命運動有關，事略已分見以上各編，武昌發難事，同盟會同志不明悉鄂事，而秘密時期軍方内情亦不得外洩，故贊成者絶少。興曾肄業武昌四年，湘人又多投湖北新軍爲士兵，故對鄂事獨能深信。自廣州失敗，專與武漢革命團體聯絡，由其和譚石屏（人鳳）詩可以概見，詩云："懷錐不遇粤途窮，露布飛傳蜀道通。吴楚英豪戈指日，江湖俠氣劍如虹。能争漢上爲先着，此復神州第一功。愧我年年頻敗北，馬前趨拜敢稱雄。"此詩耿伯釗今尚能背誦，當係四川争路潮正烈黄花崗失敗後而作，惟揣詩之語氣，尚未明悉鄂事全由正式軍隊主動與鄂軍力確足以發難，其力爲一般平凡之群策力所結合，非二三人自命爲倡導者所推動也。因此興接武昌首義電，即兼程來漢。首義後到漢日期，各紀不同，《知之録》詳加考證，確定爲九月七日時漢口危急，興到，士氣爲之一振。編者於到時，曾與一晤，憶其赴漢視察，戰事已及市街；督戰僅一二日即退守漢陽。十三日黎部督築壇閲馬廠，舉行典禮，宣告黄興爲民軍戰時總司令。興登壇受職，演説慷慨激昂，全軍歡呼。先是議及任職名義，新到同盟會同志，以興代表民黨，擬稱南方民軍總司令，以便統轄各省赴援民軍。前晚各同志數十人在諮議局前院月下圍立，討論名義，編者時爲首席秘書參加在内。軍政府各員意欲其屬鄂軍大都督下，主用民軍戰時總司令。當時戰事甚緊，各同志亦未堅持，並無齟齬，黎黄二人皆未與聞也。事後竟有黎、黄不和傳説，至謂影響及於湘鄂二軍，純係極少數份子有意造謡，徐慎吾對日領館答問曾有辨明。見日領十一月五日即九月十五日二十三報。更有捏稱漢陽失守，興主張放棄武昌，造作張振武、譚人鳳等激辨之語，淆惑聽聞。《革命真史》所紀，語多失實。章炳麟撰《譚人鳳傳》亦頗失言。惟漢陽失守，興赴滬，同去者有湯化龍、胡瑞霖、李書城、陳登山、黄中愷等，以匆匆未辭而去，湯等電致鄂當局，報告安全抵滬。不意瑞霖擬電，參有憤激詞語，黄中愷實聳動之，湯李等未察，率爾拍發，後湯任陸軍部秘書長，武昌起義人聯名反對，以及湯離黄而獨立民主黨，與國民隊對立，皆不爲無因。一言不慎，大增誤會，可爲來者戒，兹特揭其真相於此，《革命逸史》有言："克强之功，在堅守漢陽，以促各省響應，關係民國興亡，厥功甚鉅。其後漢陽雖以勢孤失守，然克强血戰逾月，心力交瘁，則非戰之罪也。"

（五）漢口争奪戰

漢口劉家廟方面之敵，業經我軍驅至三道橋北，屯灄口一帶待援。軍政府年少氣盛者，主張乘敵新敗，迅即前進，直取武勝關，既不令守武昌之三四兩旅渡江，在二旅正面之兩側，迂道擾敵之背；又不計及進攻受損，如何在諶家磯北及其南，設大規模之防禦，以備憑險而守；更不思二旅屢戰，有無疲乏情事。而相約多人往造紙廠方面察看，要脅何指揮下令進攻，並分赴其部隊内鼓吹速進，敢死隊長徐少斌激於公義，奮勇一試。於是挑選隊伍：一敢死隊，二大隊，二步隊一營，三炮隊一營，謝元愷爲司令，徐少斌爲前衛司令，二協其餘各隊皆準備，大約二十九日午後一時，少斌率敢死隊第一爲前衛；馬榮率第二隊繼之，步隊一營爲預備隊，砲隊一隊在二道橋沿堤附近布列。掩護各隊前進。少頃，少斌即率隊行至二道橋北，開始射擊，灄口方面之敵不還擊。少斌即率隊猛進，進至三道橋中間，敵以機關槍多架，堵塞隘路口，對我掃射，少斌當即中彈墜水而死。《秦風》哀三良有詩云“維此鍼虎，百夫之禦”，惜乎少斌死義，猶未使軍府悟戰略之非也。同時陣亡十餘人，傷二十餘人。而我之山砲威力，又遠不如敵，遂於午後四時，皆退回造紙廠。參照《革命真史》。夫敵以强盛火力，據此隘路，我軍不迂道側擊，別圖破壞，而專從正面挺進，其必敗也，固顯而易見，抑諶家磯至灄口一帶，古代本爲兵事防禦之地。河口北岸有却月城，三國時黄祖屯守處也。勝龍崗有灄陽城，齊永元末，蕭衍舉兵，胡文超起兵以應衍，即在是處。其東有牛湖城，一名漁湖城，蕭衍命梁天惠等屯兵於此。參照《夏口縣志》。此類古跡，今皆無存。然地勢北隘南衍，淪河西流入江，爲攻守漢口所必先争之地，尤以守漢口者必於是處設險爲要。惜首義諸子，對於地形與史蹟，不加考究，以致攻守失策。玆畧誌其事，俾讀者亦知以後戰事失敗之由也。有謂是日下午四時，我軍進至諶家磯造紙廠，見敵斥候相距約九百米達，即猛攻之，敵退走三道橋，遺棄機關槍一尊及軍械庫無算。見《夏口縣志》。一説是日下午三時後，我軍進攻三道橋。據觀戰者言，謝元愷率隊乘車由劉家廟出發，以輜重第一營爲前衛；砲隊第一標第一營爲中隊，附屬前衛；步兵四標三營爲本隊，距前衛六百米達續行。前衛司令爲輜重營管帶孫鴻斌，前衛則以一大排爲尖兵，由胡隊官指揮。二三兩大排爲前衛本隊，距尖兵三百米達，中隊據前衛本隊五百米達。鴻斌率尖兵先進，約半點，見敵之斥候出現於造紙廠前，相距約八九百米達，我軍進行乃稍緩。忽槍聲起，我軍右翼將校斥候長李某，率士兵十餘人猛攻之，即擊退其斥候。再進，又得斥候長孫某報告，敵有二隊據二道橋，我軍乃稍駐，由鴻斌派人馳告本隊中隊準備開戰，一面指揮前衛尖兵散開，利用鐵路溝隄爲掩護，開始射擊；而砲兵亦占領陣地開砲，槍砲飛彈，如風掃葉，然皆各據地勢，莫肯突進。忽見前方樹林中有人攀樹而上，旋匆匆而下，手持遠境，返身向中隊馳去。未幾砲聲大作，一彈墜入敵陣，煙塵起處，敵軍紛紛四竄。前衛乘之而進，敵遂退出二道橋，占一山阜，轉而對抗，我軍地勢稍劣，遂有數人受傷。繼而我軍後援馳至，並力合擊，敵乃再退至三道橋外，當敵軍潰退時，我軍有壯士八人，逐敵二十餘人至一林内，白刃相接，後竟徒手奮搏，奪其機關砲一尊而返，但死二人傷二人而已，而敵之二十餘人已死傷過半。時方六時，我軍未越橋而入灄口，即吹號停戰，退回原防，聞次日敵前哨，又進至造紙廠矣。見《革命实见记》。其晚據情報告軍府，而主張進攻者，則歸咎何指揮先未追敵至三道橋北，以致橋北隘路爲敵所據，故少斌不幸陣亡。

參謀長張景良素怠職守，前於二十四日夜半入都督室，抱都督膝痛哭，語無倫次，同志欲置之法，經解説而免。至是忽聲請殺敵立功，軍政府竟允所請，改派繼何爲指揮。見《革命真史》。或謂軍務部忌軍分府詹大悲權重功高，籍任景良爲指揮以削其勢，大悲則專管政事。是説見《革命實見記》。於是設司令部劉家廟車站，以蕭開國爲參謀。《革命真史》：二十七日命張景良爲漢口指揮。《革命實見記》：二十九日時功璧來言軍府將委張景良爲臨時總指揮來漢布置，是景良奉委當在二十八日以後，與上文證明《真史》開戰日期有誤之説相合。易將如此輕率，餘可知矣。

是晚派四協往漢口赴援，而以五協接防武昌，同時召集軍事會議，參謀部提研究事項五點：

一、敵退守三道橋北端，彼此追攻均難，我軍應攻應守。

二、敵之陸軍集中後，聯合海軍進攻，其目的在武昌抑在漢口。

三、敵如向漢口進攻，必用海軍協助。但是正面隘路，彼難前進。如由孝感繞道經新溝攻我之背，我雖危險，而敵之行動亦困難，我應如何防禦。

四、如向武昌進攻，用军艦掩護，由何處渡江，我應如何阻止防禦。

五、敵如無力進攻，我應暫時據守，抑先攻灄口方面之敵。

經多方争論，年少氣盛者，仍堅决主張進攻，由都督即發布命令。不惟在灄口以南設險布防不得議及；即迂道繞出灄口方面擾襲鐵路兩側，亦不加以研討。指揮張景良奉令後，巡將原文抄轉各部隊，見者大爲詫異。漢口軍分府詹大悲派其參議吕丹書、葉達三、黄之根等在劉家廟設第一糧台，大智門設第二糧台，羅錫炎奉軍府命爲運輸子彈隊長，皆極力布置。而指揮部迄無報告，軍府遂派楊璽章、蔡國光、蔡濟民、徐達明四人往漢查詢，景良狀甚驚惶。璽章熱忱而富有軍事學，吕丹書在旁，聲稱各部隊正符命準備，請副參謀長代指揮下令：璽章當即遵都督命令指示各點起草命令，景良自無異議。命令如左：

一、在漢口敗退之滿軍，其步兵約兩標已占領灄口附近一帶，但黄陂、孝感、祁家灣等處滿軍陸續增加防禦，海軍計兵輪五艘，在陽邏渟泊，似有與滿軍協攻我軍之勢。

二、本軍擬於明日進攻灄口之敵。

三、步兵第二協何統領率該協於明日拂曉先派一部步隊潛進，占領三道橋以北，掩護其餘隊伍陸續前進，向敵之正面攻擊。

四、步兵第四協張統領率該協（欠第七標），於明日拂曉出發，由藤子崗前進，向灄口之敵右翼攻擊。

五、砲兵第一標蔡統帶率該標於明日拂曉占領第一道橋堤防布置放列，以能射擊三道橋以北援助我軍前進爲要，但須派一部於第二道橋堤防占領陣地，亦同三道橋附近射擊工程一隊附屬砲隊。

六、其餘步隊第七標及敢死隊爲預備隊，在造紙廠西端集合待命。

七、我明日拂曉在丹水池。

軍政府復命各協準備協助，又令第三協青山砲隊阻止敵艦上駛，如我軍攻過三道橋，即派一小部隊由青山渡江，擾敵之背。青山渡江不遠即爲灄口。惜軍府不於進攻之始，即派兵渡江，側擊三道橋以北之敵。而必俟我軍攻過三道橋，始派小部隊渡江，故此令成爲虛文也。

次日拂曉，我軍又循昨日覆轍，謝標潛行由三道橋向灄口方面進，敵步哨發覺鳴槍，謝標猝進，刺死其步哨數人。及進至三道橋北端，敵以機關槍掃射，謝標死傷頗多，復衛鋒前進。敵仍頑抗不退。而我軍進至橋上成縱隊形，既不能展開，又不能前進，爲其機關槍掃射而落水者，先後死二百餘人，傷七十餘人，其第一營幾乎全没，於是仍退回二道橋隄防。少頃天明，兩軍各在三道橋兩端，用砲對轟。至四協由藤子岡（或即騰龍崗）附近，用船渡赴灄口右岸，則因地勢低窪，崎嶇難行，又敵防範嚴密，不便前進。後見正面謝標已退，故亦仍回原防。是晚派四協，以下參照《革命真史》。一説我軍與敵先在三道橋接戰，敵不支而退。我軍越橋進至灄口，與敵大戰，敵降者甚多。見《夏口縣志》八月三十日兵事。又有謂我軍渡過沙口鐵橋，與敵在沙口西北約八千米達之灄口車站前，以鐵橋爲界，自上午十時接戰，至下午三時，占領其車站，敵之大部隊伍退屯祁家灣與萬家店之間，是役敵我死傷皆輕。見日領十月二十一日（即九月一日）下午六時電（第四報）。我軍退回造紙廠防禦，以戰鬬形徹夜，發布如下之命令：

一、敵在灄口一帶陸續增加軍隊，現用機關槍及砲隊堵塞三道橋北端隘口

二、本軍擬於造紙廠一帶防禦

三、步二協占領造紙廠附近右翼由造紙廠東左翼至三道橋南端

四、步四協（欠八標之一營）占領陣地右翼與步隊第二協聯絡左翼至藤子岡附近

五、砲隊第一標占領第一道橋隄防附近，但派一部占領戴家山以能射擊三道橋北端爲要

六、工程隊附屬砲隊

七、馬隊警戒我軍左翼

八、步八標之一營及敢死隊爲預備隊在造紙廠西南端集合

九、本指揮在造紙廠

指揮部旋將本日接戰及正面進攻困難情形陳報，參謀部召集會議，諳軍事者以爲進攻徒召損失，不如暫在三道橋南據險以守，此在參謀部負責人主張最力。是時擴大規模設險，已嫌稍遲，倘能趕緊興修工程，亦可延展戰事於諶家磯附近若干日，乘時在劉家廟前後更事設險防禦，敵軍亦不能以一戰之勝，即達市鎮。無如一般熱心過度者，不顧兩次失敗覆轍，力主更換部隊進攻，不事防禦工程。旋接長沙、九江、西安獨立消息，於是決定再向灄口出師。命令以下參照《革命真史》。以數日内，敵我對峙，無甚衝突。據報敵漸向第二道橋推進，並布砲兵陣地。我軍未在各鐵道南岸設險，故敵便於推進。何協統則在江岸車站前挖壕，不過爲本部宿營防敵掩襲，不足言設險也。以砲六門，步兵五百，與敵對陣，其據守是處者有三千人以上。又聞是晨六時，我以船運兵至漢口下游，每船四五百人，約數艘；另方面從陸路增兵，總計有萬人。見日領十月二十三日即九月二日下午四時電（第五報）。實則何協所挖之壕，未擴大防綫及於左翼曠地；而下游增兵，其人數無多，亦未及於諶家磯以北之側面。故此一戰勝負，遂成爲漢口得失問題。

九月三日（十月二十四日）敵據二道橋北，是日上午五時，我軍沿鐵路线左側，向敵在第三道橋之前衛攻擊，敵在橋後之丘上，以砲六門迎擊。因我之砲火威力較遜，故步兵未及交綏已受損失，即退，見是日日領電（第七報）。我軍退敵則隨之進矣。次日（九月四日）微雨，無戰事。惟有砲戰。見《夏口縣志》。又次日（九月五日），兩軍各保持原狀，僅其偵察隊與斥候，時有衝突。我軍在劉家廟車站修築防禦工事，此時敵已進至防禦門内，其工事固無以阻敵之展開戰綫而攻我也。敵雖仍以灄口爲根據地，其前衛則已及於造紙廠。是晨，敵艦海籌及砲艦二艘出現下游，即下駛，其停泊漢口下游六十里陽邏附近者，計有軍艦海籌、楚泰、楚同、楚豫、楚有、江元，水雷艇、湖鵬、湖鷹、湖隼等共九艘。參照日領十月二十六日即九月五日下午七時電（第九報）。或謂敵前哨抵一道橋。因附近我有守軍一千餘人，砲數尊，盡力防禦，敵以大軍未集，遂未前進。見《夏口縣志》。其晚軍政府議決進攻，由都督下令。復新增一協，以楊載雄爲協統。次日（九月六日）午前二時指揮部遵都督令指示各點。發布命令如左：

一、敵步兵約一混成協已占領造紙廠附近，其灄口即武勝關以南陸續增加軍隊，但海軍仍停泊陽邏，由都督擬派砲隊驅逐，並通知各處不接濟糧煤。

二、本軍擬於本日拂曉，攻擊前面造紙廠之敵。

三、步二協何統領於本日拂曉率貴協由劉家廟出發，其進攻右翼自江岸起，左翼至劉家廟車站西端一帶。

四、步四協張統領率貴協於本日拂曉出發，其進攻區域右翼與第二協聯合，左翼至戴家山附近一帶。

五、步五協熊統領率貴協於本日拂曉，在劉家廟南端集合爲預備隊。

六、砲隊第一標統帶率貴標及工程隊於本日拂曉，在劉家廟以北附近占領陣地，援助步隊進攻。

七、馬隊黄管帶於本日拂曉，率貴營警戒我軍左側。

八、敢死隊第一第二兩隊於本日拂曉在第二協後面協助進攻，第三第四兩隊在第四協後面協助進攻。

九、本指揮官本日拂曉在劉家廟。（以上見《革命真史》）。

六日，敵乘我未前進時，分兵兩路：一由造紙廠方面挺進，一向姑嫂樹方面側進。上午五時，《夏口縣志》上午六點。正面之敵，約第四鎮之三千人，《夏口縣志》五千人約。與我守兵約二千人接戰，相持甚久。因我新兵不善用地形，敵亂放榴散彈，頗有命中者，其被機關槍掃射而死傷者亦不少，敵主力遂越一道橋。午前十時，戰事頗烈，我缺機關槍，又無管退炮，效力甚微，敵復由灄口增加兵力，而敵艦四艘又駛至諶家磯，水陸夾攻。《革命真史》敵艦協攻爲五日，日領電及《夏口縣志》皆爲六日。敵艦之炮，轟毁我江岸散兵壕，死傷甚多。當時編者任都督府秘書處，據報死傷三百餘人。敵兵乘隙湧進，劉家廟附近一帶地勢平坦，無險爲守，我軍遂撤去江岸，並遺棄山砲及機械不少。敵另一部隊，至戴家山一帶，布置大砲轟擊我軍左翼，久之死傷漸多，張統領亦受傷。敵進薄不已，更以馬隊追襲，我軍遂陸續退至大智門。以致日德界後方，多爲敵有。以上參照《夏口縣志》《革命真史》及日領是日第十報。使我軍開始戰勝，在諶家磯迤淪河南北，皆設深固之險，决不至如是慘敗；即敗亦可轉移陣地，憑險阻敵，亦何至一日之間，敵竟乘勝而達市鎮耶？

下午一時，敵四鎮統制王遇甲派人函達各國領事，聲稱清軍當盡力之所及，不加害租界，惟軍事行動，有不得已時，請鑒諒等語。一面乘勝緊攻漢口後方之我軍。一時三十分，敵偵察馬隊在德界後方，與我軍遇，我軍猛擊之，即退。我軍遂以跑馬場後方二百米達之考耳夫球場爲砲兵陣地，故德界後方，成爲砲火横飛之場，雙方争奪，一進一退，死傷枕籍，此時最爲猛烈，見日領是日下午七時電（第十一報）一説午後一時，我軍得武昌援軍，進攻江岸，冒敵人重砲轟擊之下，一軍出跑馬場，一軍出日界後方，相爲犄角，合力襲擊。敵排列機關砲於鐵路綫上掃射，我軍退伏跑馬場左右，俟敵前來。敵分兩路進逼，格鬭移時，我軍不利，退至大智門。見《夏口縣志》。又有謂謝元愷奮勇當先，步二協在右，四協在左，齊向劉家廟進擊，鋭不可當。敵頑强抵抗，彈如雨注。我軍節節猛進，將近劉家廟五六百米達，齊上刺刀，元愷即命吹衝鋒號，直衝至劉家廟，敵不支而退。見《革命真史》。然劉家廟至市鎮左側皆曠地，敵已在租界後方取得陣地，不專憑鐵路綫作戰。敵續取攻勢，以機關砲及野砲壓迫我軍，逐漸進展。至下午六時，敵遂進至跑馬場，並布列機關砲於堤上，猛擊我軍，我軍一隊據場之南面池堤，强烈對抗，雖迂迴三義橋之隊，爲敵擊退，而此處屹然不動。雙方砲戰尤烈。戰至下午六時，兩軍發生白刃戰，我軍因被敵圍攻，有增無已，不得不返，遂被敵占有跑馬場全部矣。見日領第十一報。有謂是役死傷者，步二協謝標死五百餘人。傷一百八十餘人：姚標死一百餘人，傷七十餘人；四協楊標及吴營死一百四十餘人，傷九十餘人；砲隊蔡標死五十餘人，傷七十餘人；敢死隊輸送隊等死一百餘人，傷五十餘人；共死傷一千餘人，敵之死傷約等。以上見《革命真史》。至《夏口縣志》則稱：是日敵我死傷各百餘人，午前、午後兩軍各死傷數百人。

次日初七日，(即十月二十八日) 我軍在大智門新停車場防禦。上午七時，向昨日爲敵所奪之跑馬場進擊，德法兩界後方，成爲劇烈戰場。敵以重兵壓迫我軍於法界後方球場附近，復用機關砲威脅沿鐵路綫前進之我軍，並布野砲四門於日本火葬場後方，猛烈轟擊。另出步隊約一千人，迂迴三義橋方面，企圖直撲我軍陣地。其砲彈不斷飛炸於大智門車站後方村落，八時半，是處大火起。我軍雖陷於惡戰，仍固守不退。其在歆生路一帶者，謝元愷令士兵匿於掩堡内，俟敵進三百米達處，衝出肉搏。正午，敵漸逼近，我士兵一齊衝出，喊殺聲震全市；其砲隊復瞄準連發排砲助戰，敵不支稍却。然以近郊空曠，敵隨退，隨以機關槍殿後掃射，我軍死傷者多，而氣不稍餒，各國僑商見之，莫不嘖嘖稱歎。下午二時半，我軍守球場者，因敵之野砲猛轟，繼以步兵進逼，撤至歆生路，故遂又占領球場，旋將野砲由火葬場移至跑馬場南端，續取攻勢。

五時，我敢死隊向大營門反攻，亦不利。是日我軍死傷亦重，傷者則收容於英界二個醫院及仁濟醫院。今球場附近烈士坟，即是役陣亡官兵也。至江防方面，是日晨六時半，我軍在南岸列野砲多門，向停泊江岸車站附近敵艦開砲，薩鎮冰以海籌、建威、江元、楚同、楚有、楚泰、楚豫及水雷艇三艘編成艦隊，雙方對轟，砲聲隆隆不斷。我之砲彈，當飛落敵艦前頭，其越過者，則落於江岸車站敵軍陣地。對轟約廿分，敵艦遂下駛，先是昨日下午三時，薩向英國東洋艦隊司令官通告，稱次日下午三時以後，將砲擊武昌、漢陽二處，難免不危及租界。英國韋提督命各國船舶，暫時投錨下游。日海軍司令川島通告日僑婦孺乘船避險，地點爲陽邏下游，信號在旗艦檣頂挂 B 旗。當 B 旗尚未升起時，薩之艦隊，除留砲艦四艘外，海容（薩坐艦）、海琛（沈司令坐）、海籌溯江而上。三時二十分，開始擊南岸我砲兵陣地，且戰且上駛，對轟約一小時，敵艦發彈約三百發。至四時十五分，殿艦、海籌先後中彈四枚，遂皆遁去。次日以下參照日領十月二十七二十八日下午電（第十二及第十三報）及《夏口縣志》《革命真史》。

軍府因青山砲隊瞭望疏忽，敵艦因得掩進轟毀我軍防禦陣地，以致正面戰綫慘敗，成協統炳榮實負其責，從輕暫記兩大過，戴罪立功。又調第五協及尚安邦率砲隊二營同赴漢口增援。以楊載雄協擔任武昌防務，派敢死隊隊長方興、楊雲開前往督戰。四協協統張廷輔傷，以謝元愷代，其標統以胡效騫代。又令工程營與敢死隊多攜器具，幫同各部隊，在漢口築堅固堡壘；派遊擊隊迂道黄孝擾敵後路。惜時機已逝，無救於漢口之失陷矣。時孫武傷已愈，到軍務部視事。見《革命真史》。

又次日（初八日，即十月二十九日），昨夜時有斥候戰，是晨六時，敵發動攻勢，置大砲八九門於大智門車站附近，轟我軍在跑馬場附近及右側鐵路沿綫之砲兵陣地。我軍亦善應戰，當敵自歆生路向新馬路張美之巷街頭進攻，我軍奮勇擊退之。嗣因敵砲猛轟不已，仍退回原防，而以士兵隱伏歆生路一帶屋後，敵近即擊，多奇中。敵遂以野砲數門，進迫考爾夫球場俱樂部，猛烈轟戰，我大別山頭亦發砲應戰，三處砲火齊飛，致歆生路一帶及其後面起火。當此之時，敵在江岸車站者，有第二第四兩鎮之兵，合計約一萬五千人。尚有五鎮廿鎮在南下中，袁世凱、蔭昌則在信陽。敵艦海容、海琛、海籌三巡洋艦渟泊陽邏下，楚豫、楚同、楚有、楚泰、江元、江利六艘停七里河口。敵之火力既優，人數亦較衆，我軍雖連戰連退，然精神振奮，與敵作殊死戰，日領報告其政府，極稱壯烈。敵既占歆生路，將步兵五千及馬隊一營，分二方面前進：其一攻我軍守華商跑馬場者；另一部分攻我軍守歆生路後方二百公尺鐵路沿綫者。攻勢益猛，我之炮火效力愈減，遂同玉帶門方面退却。謝元愷，我將領之最勇敢者也，至是與蔡統帶德懋會商，擬統率在漢各軍，拼死轉守爲攻，直驅敵於三道橋以北，各部隊亦同意。遂令敢死隊持大令督戰，退者斬。元愷冒敵之十字火網，奮勇前進，各部隊隨進，德懋亦更换砲兵陣地。前撲後繼，所向披靡，雖敵之預備隊加入前綫，亦不能阻，遂狼狽退回歆生路，而以機關槍與重砲猛轟爲掩護，不意德懋更换陣地，目標太顯，敵砲集注齊發，彈如雨下，我砲兵多有死傷。德懋見陣地不良，方欲停止放列，不幸中彈死。時元愷攻至距敵最近之地，奮不顧身，亦被敵之機關槍掃射而死。衆見蔡謝二勇將先後陣亡，士氣大沮。未幾何協統亦受傷，敢死隊隊長馬榮、工程隊長李忠孝，皆以激戰陣亡。我軍忠勇將士犧牲之烈，未有甚於此時者，時已午後五時許也。其在市街後方村落中交綏者，一進一退，戰況亦烈。其地人烟稠密，因砲火交轟，隨處起火，遂呈混亂狀態。漢口各報紙，亦於是晚停刊。計是日下午二時前之傷兵人數，收容於武昌紅十字病院及漢口三醫院，敵我共達九百人。其死亡及重傷者，此二日間，横卧於戰場者無算，可謂慘矣。參照日領十月二十九日（即九月八日）上午第十五報下午第十六報以及《夏口縣志》《革命真史》。至是敵越租界而達歆生路，漢市已成巷戰之衝。而我軍擴充軍旅，舊官兵主力幾全支配於前四旅中。現因攻守失策，英勇同志大半傷亡，殘餘者不過供巷戰中之犧牲品而已。以後成立各旅，雖陸續增援，實不堪戰。故九月八日以後戰事，雖不乏壯烈之舉，然僅以個人或部分與敵拼死一戰，消滅若干頑敵，而不足以挽回頽勢，此可爲痛心者也。是晚甘績熙回軍政府據實報告，聞者均下淚。指揮張景良則不知所之。漢口軍政分府於後城馬路偵知其藏匿所，前第八鎮參謀劉錫祺亦在是處。因迫其同到分府談話，劉拒之，强而後行。經詹大悲嚴訊後看管，其後槍斃之。軍政府召集緊急會議，派姜明經代理指揮，姜稱病。《談往》姜以後城馬路華洋賓館爲指揮部，召集作戰會議，一無計畫，旋以查防爲名離去。不得已，由各部隊暫維現狀。次晨（初九），派吴兆麟、蔡濟民渡江視察，指導防禦事宜。以熊秉坤、胡效騫、甘績熙、楊傳連、伍正林五人分區防禦，敢死隊亦分五隊督率。又令尚安邦編成砲隊，布列於歆生路隄防後，工程隊附於砲隊，趕修掩堡，林翼支標爲預備隊，蔡濟民、楊璽章、王安瀾、周定原等分途督察。見《革命真史》。上午，敵砲擊兵工廠，我軍散布者向大智門方面襲之，敵不支。《夏口縣志》。歆生路一帶前面，屋多樹密，敵派偵察隊搜索，我軍伏民房後者，俟敵近即槍擊之，時有俘獲，故敵不得猝進。及正午，敵以猛烈火力，向各房屋樹林射擊，逐漸前進。午後二時，進至隄防前面，我軍步砲齊擊，其地無掩蔽，敵乃後退。《革命真史》。而我砲隊管帶孟廣順不幸中彈而死。《知之録》。一説敵自西北方面增强壓力，至上午九時，進占大智門至玉帶門沿鐵路綫外側一帶，我軍退守鐵路東南側一帶，以中國市街爲根據地。敵以第二第四兩鎮兵力，支配於是方面，其散兵綫延長及一里。又增野砲八門。分布於考爾夫俱樂部附近及大智門車站華商跑馬場後方，終日忙於部署，與我軍無重大接觸，惟俱樂部附近時發生緩慢之砲聲而已。是日正午十二時日領第十七報。時我軍指揮由宋錫全權代，《談往》：林翼支權代指揮，後因敵攻甚烈，我軍敗，翼支出走。錫全將守漢陽隊伍抽調七成，與林標殘部合，由張步瀛率領，王纘承督戰，方擬奪取劉家廟，而敵援叢集，我軍僅能藉鐵路綫掩護，與之相持。王纘承記録。時南京學生八十餘人到漢，徐源泉《家訃》稱參加學生軍。同時來者另有非學生之奸細四人。寓稽查長劉玉堂新大方棧内，經玉堂查實捕斬。《革命真史》。

黄興接武昌首義電，整裝回國，由滬覓船來漢，各同志迎入軍政府，與黎都督晤談。初十日晨九時，興偕吴兆麟、楊璽章、蔡濟民、徐達民等往漢口視察，午後三時軍政府推興爲總司令，即晚設總司令部於漢口滿春茶園，楊璽章、查光佛、蔡濟民、徐達民偕之檢查軍隊。據檢查報告，步兵第二協約二千人，協統何錫藩傷，羅洪升代，標統胡效騫、姚金鏞，姚病，劉廷福代。第四協第七標，約一千餘人，協統張廷輔傷，標統胡廷佐，第五協約二千餘人，協統熊秉坤，標統杜武庫、伍正林，督戰官方漢農。第一協林標百餘人，其另一標守漢陽，馬隊一營，管帶黄冠群。砲隊一標，統帶尚安邦，工程營一營，管帶李占魁，敢死隊二大隊，隊長方興、楊金龍，劉英團防一千餘人，初到漢口，軍政府發給槍彈，派季雨霖督率。是晚九時，發布命令如左：

一、滿軍仍占領大智門新停車場附近，我湘軍已有步兵兩協，業已出發來鄂援助。

二、本軍今晚擬在原占領地以戰鬥隊形澈夜。

三、步隊第二協警戒綫，右翼由歆生路後城馬路起，左翼至查家墩以東火車站之隄防一帶（戰綫全面此爲右翼）。

四、步隊第五協警戒綫，右翼與二協連絡，左翼至玉帶門一帶（戰綫全面以爲左翼）。

五、其餘各隊集合地：

步七標在滿春以北空地

馬隊一營在滿春西端

砲隊一標在滿春西北端附近

工程一營在滿春北端附近

敢死隊二大隊防禦滿春本司令部

六、步隊第一標及季雨霖標警戒漢口市街各要地。

七、各隊給養用軍政府分府預備糧秣。

八、總司令在滿春茶園。（以上見《革命真史》）

敵我保守原來陣地，敵之步兵散布鐵路綫，其砲隊則布列玉帶門後方大智門兩旁，與我軍對擊。我敢死隊俟敵進至一百米達時，驟起衝鋒，敵死傷甚多。《夏口縣志》。當上午十一時半，我軍向濟生堂進擊，敵則對新馬路附近短屋中之潛伏士兵一齊射擊，經我軍猛衝，敵遂退，而以機關砲還擊，時兩軍距離不過二百公尺耳。敵之大部隊沿鐵路綫西側向玉帶門方面而進者，雖有接觸，但無激戰。因市街時被狙擊，損失頗大，及晚敵遂在英界背面及中國市街後方村落二三處，舉行放火。是日下午八時日領第十八報。又胡祖舜輜重營是日奉令赴援，祖舜到漢，僅得與王安瀾、杜武庫一晤。惟見前綫部隊零亂，無人負責，祖舜就所部從事歆生路口張美之巷口及徽州會館以下之綫布防，並派隊巡查街道，是晚甘績熙、高建翎等在滿春，敵尚未深入街市也。《六十談往》。又是日長沙内變，殺焦達峰、陳作新，擁譚廷闓爲都督。

次晨（十一）日黄總司令正與楊璽章等商進攻事宜，準備下令擊擊，而敵已於午前六時，由王家墩來攻，槍砲齊發，我軍用隄防固守，預備隊亦向前綫增加。總司令率敢死隊督戰，不准後退，退者斬，午前十時許，敵分布機關槍掃射，漸與我右翼接近，我右翼受傷者多，稍後退。敵遂放火，焚歆生路房屋，使我軍失其掩蔽，又亂發砲，於是我右翼不得不節節再退，其正面及左翼則藉抬救傷兵，亦陸續退，總司令手刃數人，而士兵竟潛向兩側而退。至午後二時，人數大減，總司令遂下令退玉帶門一帶。五時許皆退集於此，敵節節放火，燒一段則進一段。見《革命真史》。正午火盛熾，漢市中心滿春附近，化爲焦土，入夜火勢更烈。居民狼狽逃走，其狀甚慘。日領是日第十九報。火勢將延及四官殿，歆生路方面之敵加緊壓迫，徽州會館以下之敵，亦出没於怡心茶樓附近，有時隔岸向漢陽放槍。時江岸已無船隻，昨日赴援之輜重營，攔得駁船二隻，先將械彈馬匹運回，至五時許，武昌開一小輪來渡之。《六十談往》。漢口軍政分府，於是日上午撤退，焚存儲物甚多，人員亦逃散，日領是日下午八時第十九報，《革命真史》略同，《談往》則稱十日。總司令部檢查隊伍，除傷亡外，現有人數不及五千人。軍政府則於是日又擴充步兵兩協，先鋒一協，以鄧玉麟、羅洪升、王國棟爲協統，又派杜錫鈞爲軍令部長。《革命真史》。清廷於是日召蔭昌回京，以馮國璋統第一軍，段祺瑞統第二軍，皆歸袁世凱調遣。《革命真史》。自是清有軍隊，皆爲袁系將領所把握矣。又日船大利到漢，由上海沿途搭船者約三百人，到漢口上岸，多數赴混亂中之市街，並多在船上剪去髮辮，聞系留日學生及滬寧等處學生，來投效民軍者。日領第十九報。

再次日（十二日）總司令命各隊仍守後隄至玉帶門一帶，又派查光佛通知甘績熙、楊傳連、伍正林防禦張美之巷附近。午前七時，敵在歆生路劉家花園一帶，以砲轟擊，並向兵工廠及都督府發砲，故意擾亂，揚言分攻武昌漢陽；一面仍在市街節節縱火，隨風所扇，愈焚愈烈，居民陸續遷徒，至晚漸稀。《革命真史》。火延燒至馬王廟江邊一帶，打扣巷、龍王廟、沈家廟等處火光亦大。日領第二十報。敵自初九日起縱火，至本日更盛，教堂亦有被焚者，外人嘖有煩言，所餘者上僅橋口至遇字巷一帶，下僅張美之巷至花樓一帶而已。《夏口縣志》。午後一時，敵派步隊一隊並機關槍隊，由王家墩向我左翼攻轟，行至距玉帶門六七百米達地，我預備隊及敢死隊潛擾敵之右側衝出猛擊，敵不支而退，我軍亦回原防，是時敵我隔河對峙，惟時常發砲互擊。至午後六時，總司令命各隊守原陣地待援，萬不得已，得漸退漢陽沿襄河布防，並令宋錫全到漢口維持，總司令即往武昌與都督商善後事宜，軍政府召集會議，總司令報告，計有六點：

一、前日往漢口督戰，本期反攻以圖恢復，惟各隊新兵過多，秩序混亂，難以指揮。

二、軍官程度太低，多不上前指揮。

三、各隊戰鬥日久，傷亡過多，官與兵均甚疲勞，一聞機關槍聲，即往後退

四、兵士多在武漢附近招募，夜間私自回家者衆，戰鬥員減少，軍官因其倉卒召募，難以查實。

五、我軍全係步槍，無機關槍，較敵損傷更重，砲隊又係山砲，子彈不開花，射出距離亦近，效用不及敵之管退砲遠甚。

六、敵係北洋久經訓練之兵，極有紀律，又善射擊，惟衝鋒時不及我軍靈敏。每喊殺時敵即後退，我所恃者惟此。午後一時以下□《革命真史》。

漢口不守，其兵稍有逃散。團防隊未戰而走，林標傷亡已不成軍，統帶林翼支逃。協統宋錫全率隊潛往岳州，由於誤信胡瑛之策劃，今第一協生存同志多能言之，《知之録》採《文學社運動紀實》，略有記載，稱爲冤獄。《文學社運動紀實》稱：宋退岳州，係奉總司令命令，又稱詹大悲、胡瑛在兵工廠會議商定，章氏不知因何有此誤紀。案黄興於初八以後往漢督戰，十三日始受任總司令職，防禦漢陽時宋已去漢陽兩日矣。其無總司令命令不待明辨，詹大悲於撤軍政分府時且擬殉難，漢口危急，從未前往漢陽，而胡瑛獨自赴漢陽，密聳宋往岳州，張難先時在漢陽府署，已有所疑。王纘承時在協部亦驚訝其行動，事實具在，何得攀及黄詹？爲宋辨護不可不辨。胡瑛本倡導首義之一分子，但武昌首義前後，瑛皆有乖方行事，雖其心無他，而貽誤則甚大，錫全頗足有爲，一誤便成永恨。由都督電湘以臨陣退縮捲款潛逃罪正法，將首級解鄂懸示城門三日，其部署多惋惜之。昔太史公頗善李陵，紀事雖稱其勇，而對陵力盡援絶而降，隴西之士皆用爲恥，並不諱言，當時退縮者何嘗不多，然皆未逾漢陽、武昌兩方面，此錫全之所以被戮也。錫全去，軍政府派蔣肇鑑爲第一協協統，並令補充兵額，肇鑑即以守鋼藥廠戈承元營，守馬家湖張大鵬營，合併於守兵工廠之陳建章營，由建章統率之。王纘承記録。其退往漢陽各軍，命令步一協協統蔣肇鑑，約一千餘人，防兵工廠；步四標標統胡效騫，約一千二百人，防黑山割絲口一帶；步四協協統張廷輔，約二千人，防漢陽南岸嘴至兵工廠一帶；步五協協統熊秉坤，約二千餘人，防漢陽十里鋪鍋底山一帶，但派有一部警戒琴斷口三眼橋。砲兩營，一營在大别山，一營在黑山，由曾繼梧指揮；工程一營管帶李占魁，分配于布砲各隊，構築防禦工事；步三協則仍守原防，其餘在武昌補充編練。《革命真史》。當此之時各部多未全達防地，惟蔣部分防。據總司令部所見。敵擬由金龍麵粉廠渡河，陳建章營防守河沿，官長劉國材、吕家楨、黄春山、張欽福、薛占勝、趙良臣等拒之，督隊官袁金聲及劉子清、陳占魁受傷，林福生、孫正仁陣亡，然終阻敵不得渡河。王纘承記録。又袁世凱於是日抵孝感，各處遍貼告示，並運重砲數門及架橋材料至漢口。同時復派劉承思來談和平辦法，其實袁藉議和之説，鬆懈我軍防禦，俾乘便奪取漢陽也。採《革命真史》。敵兵則四處搶掠，盜賊横行，時有搶犯被敵軍斬首示衆。其敵兵亦有二人被長官槍斃者，而掠衣物潛逃者凡三四百人。武昌市面如常，惟當鋪只典布衣，不收金銀綢緞押品。其連日死傷人數，敵我相等，各死傷有二千餘人。日領九月十五日二十三報。其在争奪戰中參戰而受傷者，我軍尚未退至市街時，居正在大智門一帶，傷面部；《談往》。季雨霖指揮團防時，飛彈由胸側洞背而出。《知之録》。

（六）漢陽支持戰

茲分爲三段依次敘述：

（一）兩軍調整中之接觸

當黄總司令報告後，隨即討論防禦計劃，决定在漢陽布防，以保衛武昌。時湘軍兩協來援，第一協已於前日達嘉魚矣。因推黄興任民軍戰時總司令，防禦漢陽，並爲振作軍心起見，在都督府前建拜將壇，於十三日正午舉行典禮，各軍及各機關首長均到，黎都督與黄總司令届時登台，由都督授印，黎黄先後演説，氣象莊嚴，語亦激昂。禮成，黄總司令即往漢陽組織司令部，設於昭忠祠内，組織分參謀副官秘書三處，李書城爲參謀長，書城供職軍諮府，由載濤派其與黄郛南下調停，黄留滬助陳其美，書城來漢正漢口失陷時也。王孝縝爲副官長，《革命真史》曾昭文爲副官長，何成濬、耿覲文爲副官，實誤。楊璽章爲副參謀長，後加派吴兆麟爲副參謀長，參謀長姚金鏞、蔡濟民、徐達明、甘績熙、高建翎、賓士禮、金龍章、吴醒漢、夏維善等，秘書萬聲揚、黄中塏等，田桐、曾繼梧、程子楷等則曾到司令部議事，職員共數十人。次晨派王安瀾爲兵站司令，在歸元寺設糧台，胡恢漢（即祖舜）爲輜重營管帶，擔任後方勤務。湘軍第一協協統王隆中率軍到武昌，旋調赴漢陽布防，其第二協甘興典之軍後數日始到。參謀處首先任務，沿襄河入江處起，迤黑色以下挖壕築堡，雇用民伕數千人，不加督率，而工作晝夜不輟，當時人心傾向，於此可見。時有敵一隊，用帆布船將由黄金堂渡河，被我軍砲擊，其傷亡以被及俘者約二百人。敵一隊以下見日領二十三報。

時兩軍經連日苦戰，均感疲乏，隔江漢二水對峙。敵無船隻渡水，架橋之具尚無充分準備，彈藥尤待補充，其陸繼南下部隊亦未集中；而我軍則在漢口鏖戰之一、二、四旅與砲馬工各隊，損失過重，新成立部隊，官兵大半未受訓練，不堪一戰。故彼此言戰，皆含宣傳作用，與實際準備異趣，尤以敵軍雖勝，而各省先後獨立，長官雖秘其事，軍中已微有所聞，故南下各軍士兵，時有逃匿。而稍有知識之將領，接觸革命軍士，思想亦有摇動。觀於日領署員訪問俄界美國紅十字會病院，見有西裝青年，對敵方負傷將校宣傳革命意義並發傳單。其人去後，敵方將校與署員談話，有曰“貴國政争爲主義政綱之争，此皆立憲政治所賜。我國則爲種族之争，竟至以漢人打漢人，實乃奇恥大辱”，敵之將士心理，可見一班。談話見日領二十八報。所以敵方統軍者惟藉清廷明詔立憲，重用漢人，皇族退出内閣，即應取消革命種種冠冕之語，外淆衆聽，内結軍心。實則袁世凱必先奪漢陽，再審情事而掠奪政權，固已運籌在握矣。我同志至此，亦知用意所在，惟援軍一時難集，其殘餘及新募者，即布防亦感不足。黄興負守漢陽責任，惟力是視。在此調整十餘日中，互以槍砲遥擊，並無重大戰事可言也。事後每有人率談漢陽戰守，黄興勇而不知兵，故不能保此天險，爲敵所奪，即曾參戰者亦間有不負責之後言。其實皆未深悉當時戰情者也。

九月十五日（十一月五日）總司令部署已定，防禦工程正在趕修，總司令乃偕參謀等數人巡視，自大别山麓由右翼南岸嘴經十里鋪至左翼三眼橋。據報自孝感至新溝，昨已有敵之小部隊出現，因派偵察赴蔡甸新溝搜索。《革命真史》。十六日（十一月六日）湘軍第一協，皆受訓練之新軍，秩序尚整，調赴十里鋪防禦。《革命真史》。上午六時，我軍之砲以漢口濟生堂附近爲目標，開砲擊之，敵未應戰，十時左右停，兵工廠守兵對漢口方面之敵，亦嘗槍擊之。下午六時，我軍武昌砲擊江岸車站，連續三小時，敵亦未還擊。其晚敵乘夜以火車運軍需，我大别山砲即擊之；且與漢口市街之敵，隔河時以步槍互擊。因敵擾害我防禦工程，隔河夜襲，故我軍還擊。敵在考爾夫俱樂部附近之砲兵陣地，移至劉家花園西面柳樹繁茂之隄防上，並設臼砲四門於花園西北小丘上。又領事團因敵燒漢口，提出嚴重照會，敵馮國璋則諉稱我軍砲擊所致。日領是日二十四二十五報。十七日（十一月七日）據報敵運來重砲並架橋材料已到漢口，又在大智門及招商局附近設管退砲位，專擊武昌。《革命真史》。我黑山之砲，擊橋口方面之敵，同時漢陽漢口間亦不時以槍互擊。又武穴田家鎮砲台皆降，九江砲台亦由南昌派來軍隊扼守。日領是日上午第二十五報。十八日（十一月八日）據報漢口有敵一萬餘人，其續到五千人抵祁家灣，又有一標由蕭家港南下，《革命真史》。昨晚十時大别山兵工廠附近我軍與漢口之敵，隔河交綏，先步槍互擊，後我軍砲擊敵之歆生路砲兵陣地，敵應戰，砲聲隆隆，久之猶聞緩慢聲，至今晨始息。及上午九時，砲戰復起，先由敵在劉家花園之砲向兵工廠開砲，我大别山之砲還擊之，下午一時稍停，至三時復有稀疏砲聲。日領是日下午五時二十六報。總司令於下午三時，在昭忠祠本部發布命令如左：

一、滿軍漢口兵力約一萬人，在漢口劉家廟至橋口附近，又於上關及花樓一帶，並黑山對岸，均構築掩堡沿江岸設有砲位，又由孝感至新溝方面有滿軍出没，有清派袁世凱南下，現已抵孝感，馮國璋在大智門。

又迭接上海、浙江、江蘇、廣西、安慶來電，均已宣布獨立。

二、本軍擬在漢陽南岸嘴至三眼橋附近一帶防禦。

三、步四協統領張廷輔率該協於南岸嘴至兵工廠附近占領陣地，且派一部掩護我右側。

四、步一協統領蔣肇鑑率該協占領陣地，右翼與第四協聯絡，左翼至鋼藥廠附近。

五、步四標標統胡效騫率該標與步一協聯絡，須於黑山至割絲口附近占領陣地。

以上各隊伍須利用時間構築强固防禦工事。

六、湘軍第一協統領王隆中率該協及工程第一營，在十里鋪鍋底山附近占領陣地，但須構築强固防禦工事，且派一部警戒琴斷口三眼橋附近。

七、砲隊團統帶曾繼梧率該團須於大別山、黑山、仙女山、扁擔山附近占領陣地，以能射擊龍王廟至玉帶門及琴斷口三眼橋附近爲要。

八、步五協統領熊秉坤率該協在七里鋪爲預備隊。

九、各部隊給養派員在歸元寺糧台領取粮秣。

十、予在漢陽昭忠祠。

同時訓令糧台司令及輜重第一營管帶。按照在漢陽本軍所轄各部隊準備糧秣，以便各部隊派員領取；並須先在本司令部計算各部隊報來人數，妥籌辦理。

十九日（十一月九日）據報敵第四鎮全部駐漢口各要地，第十混成協全部駐孝感，第五鎮一協全部晨八時抵孝感。又據鄉民報告，敵一支隊似由新溝向蔡甸前進，因此司令部派祁國鈞率馬隊一營，步隊一營赴蔡甸附近防敵渡河。是日湘軍第二協統領甘興典率隊抵漢陽，該協原係巡防營，多徒手，缺乏訓練，由司令部給發槍彈。《革命真史》。敵運大砲數尊往橋口，我大别山砲擊之，敵亦以砲還擊，各有微傷。其後漢陽武昌兩處，與敵時互相砲擊。午後，敵駐江岸者，復以砲擊我青山駐軍，我軍開砲還擊，遂毁其砲位。《夏口縣志》。我兩望砲隊砲擊江岸車站之敵，中車站附近列車，起火。日領是日下午十時二十八報。二十日（十一月十日）黎都督通電組臨政府；袁世凱派蔡廷軒、劉承恩來議和，黄總司令手諭各軍闢之；皆詳第十二編。是晨，日輪沅江由長沙來，據稱昨日上午過湘陰，見小輪多艘，各拖民船數隻，滿載士兵及糧食，兵約三千，糧食爲米豬蔬菜之類，皆運往漢口者。日領是日上午二十九報。上午四時，敵南下官兵在江岸車站，因誤傳我軍往襲，與第二鎮火拼，頗有死傷。日領是日下午第三十報。二十一日（十一月十一日）招商局躉船有敵軍數百，見江中有船經過，以及渡江之船，輒開槍亂擊以爲樂，多有受傷者。我軍武昌漢陽兩處即開砲擊之，躉船上敵軍死傷甚多。《夏口縣志》。下午三時半。我武勝門舊砲兵營砲擊招商局倉庫附近之敵，極準確。同時敵在劉家花園外之砲隊，向大别山上砲擊，我軍以炮還擊。武昌亦以砲援助。我黑山則以砲擊企圖渡河之敵，砲聲斷續達旦，向來我軍之砲，每不炸裂，是日自午迄夜，砲彈炸裂者多，敵損失甚大。日領是日上午第三十一報。又據報敵馬隊數百人，步隊約三千人，企圖在毛陳渡架橋占蔡甸之金牛山。又於橋口南端及歆生路附近，構築砲壘。由北運來野砲甚多，陸續增加於戰綫上。又有步隊約千餘人，由新溝南下，午後已抵油榨坊附近。是日軍政府因第一協疲於久戰，調在武昌之第六協換防。午後四時，總司令發布命令如下：

一、綜合各種情報，敵主力仍在漢口至孝感附近一帶，另有一部似由新溝南下，

又接九江來電，海軍均已反正，擬不日來鄂協攻滿軍。

二、本軍擬仍在南岸嘴三眼橋附近一帶防禦。

三、步四協統領張廷輔率該協仍在原陣地防禦，並須利用時間加築防禦工事。

四、步五協統領熊秉坤率該協（欠第十標）右翼與步四協聯絡，須於兵工廠至鋼藥廠之間占領陣地。

五、步四標統帶胡效騫率該標於鋼藥廠及黑山西麓占領戰地，須與步五協聯絡。

六、湘軍第一協統領王隆中率該協及工程第一營（欠二隊）右翼，與步四標聯絡，須於割絲口至琴斷口附近占領陣地。

七、湘軍第二協統領甘興典率該協及工程第一營之兩隊，於美娘山三眼橋至區擔山附近占領陣地，並與湘軍第一協聯絡，但須派

偵探搜索蔡甸方面之敵情。

八、砲兵團仍占領原陣地，以能射擊漢口新停車場至東亞製粉工廠一帶，並三眼橋附近爲要。

九、步六協在七里鋪，同第十標在歸元寺附近爲預備隊。

十、各部給養仍派員到歸元寺領取糧秣。

十一、予在昭忠祠。

注意：各部隊須按規定防禦配備略固構築工事。

令下後，派參謀副官到各部隊協同指示防禦工事，旋總司令親赴視察。連日以來，敵之漢口方面砲隊，日夜不斷向兵工廠及歸元寺射擊，但無大損傷。又時用民船在黑山附近一帶，企圖渡河，俱被我軍擊沉。我之兵工廠，仍日夜興工。時没日人大元偕浪人多名投效，偵探敵情，經司令部聘用。又據敵報，以下均見《革命真史》。大元係日領館介紹而來，實則總司令部所倚重者爲萱野長知，向在東京與我國革命黨人關係甚密。

廿二日（十一月十二日），軍政府派季雨霖爲安襄鄖荆招討使，據法商報告敵約二百人搬運劉氏械器廠材料，在後湖隄築砲台。又偵探報告敵第一綫在橋口龍王廟一帶，橋口附近設砲兵陣地，有野砲十六門。另派一支隊出新溝，經蔡甸，企圖渡河。《革命真史》。是日晨，海容、海籌、海琛三艦，自七里溝附近投錨地下駛，下午二時懸白旗通過大冶。其停泊協興公司與七里溝間江貞、江利、楚豫三艦及水雷艇湖隼、湖鷹、湖鶚三艇，因不堪我軍砲火近距離轟擊，亦於下午五時離此，薩鎮冰已移坐江貞。日領是日三十三報。二十三日（十一月十三日），敵續到隊伍，凡二十四軍，皆灰布衣，駐大智門外。時遊行至花樓劫掠鋪户。敵在招商局設四砲於屋間，向漢陽射擊，我鳳凰山砲還擊，及漢陽之砲擊毁其砲位，遂停止。又在橋口設砲台二座，並設行軍鐵路一條，王家墩罐子湖等，亦置九寸口徑大砲三門，並以水塔爲瞭望台。《夏口縣志》。據日探報告，敵主要砲兵陣地在水電廠滿春茶園及劉氏隄防附近，步兵陣地在龍王廟至玉帶門一帶。劉家廟及大智門亦分布步砲隊伍，又據報敵步兵兩營在漢川蝦蟆潭擄民船四百餘隻。向蔡甸方面進。《革命真史》。廿四日（十一月十四日），昨晚大風雨，至午未停，寒氣逼人，大戰傳説甚盛。敵在招商局躉船存儲，被我鳳凰大別兩處之砲擊沉。日領第三十三報。天昏黑，敵軍大亂。《夏口縣志》。其上午一時四十分，日界後方鐵路綫外，敵哨誤會放槍，一時敵軍驚擾，槍彈四飛約一小時，兵目死者約十六七人，人民中流彈死者二人。上午九時，日驅逐艦神風上駛至七里溝，被我兩望之砲阻止。昨有國際貿易公司小輪一艘，亦因擅自開駛，爲我擊沉。其襄河兩岸，悠閑之槍砲聲不斷。下午四時，我蛇山黄鶴樓及舊砲兵營與大别山之砲，開始轟漢口市街之敵及其華商跑馬場砲兵陣地，武昌有一砲彈落馬王廟附近，起大火，黑煙爲烈風所煽，遮蓋漢陽，五時半砲停。日領三十四報三十五報。

（二）我軍渡河鏖戰

自灤洲協議之計畫失敗，第廿鎮統制張昭曾罷免；第六鎮統制吴禄貞調任山西巡撫，又在石家莊車站被刺。袁世凱除内顧之憂，而組閣之謀又成熟，清廷由其挾以自重，爲所欲爲。惟各省先後獨立，非進奪漢陽，不足以操縱民清雙方，而達到篡竊企圖。我軍因攻守失策，漢口雖爲其僥倖攻陷，然損失已重。旬日以來，袁系調集援軍，趕運械彈材料，準備亦經就緒。我方聞吴禄貞被刺消息，群情憤慨，雖明知新募各旅，極乏舊官兵領導，不堪應戰，然見湘軍已到兩協，可以協力共舉，咸欲不待敵之進攻漢陽，而先自渡河，掃蕩漢口之敵。經黎黄協議，於是軍政府於二十三日午後四時發布命令如下：

一、滿軍在漢口兵力約一鎮以上，其第一綫仍在龍王廟至玉帶門一帶，但派一支隊出新溝經蔡甸南下，另一支隊由黄陂向陽邏進我漢陽，各部隊仍沿襄河一帶，由南岸嘴至三眼橋附近防禦。

二、本軍擬防禦武昌省城。

三、步二協統領何錫藩率該協防禦武昌城，但派一部附砲兵一隊騎兵一排防禦東湖附近。

四、步三協成炳榮防兩望及青山一帶。

五、步一協及其餘各隊仍在武昌城内待命。

右令明言防禦，實際準備進攻，故將防禦事先申言之。敵向陽邏進之支隊，因海軍歸順，未前進，惟以全力配置沿襄河自新溝以及龍王廟各處，以視我軍前攻瀛口之敵，專從鐵路綫正面一路作戰，其勝負策略可以思矣。

二十四日午前九時，總司令部召集軍事會議，規定攻擊計畫，指示準備事項如下：

一、工程第一營管帶李占魁往東亞製粉工廠附近偵察，渡河準備架橋材料。

二、砲隊統帶曾繼梧派兩營準備渡河，其餘仍在原陣地援助進攻部隊。

三、步四協張廷輔準備船隻及小火輪，即由原陣地準備渡河向漢口市街攻擊。

四、步六協楊載雄準備小火輪及民船，由漢陽東北岸前進向漢口龍王廟登陸攻擊敵人左翼。

五、湘軍一協同二協及步五協，與馬隊一隊砲兩營敢死隊一營，均準備渡橋攻擊。

六、步四標防禦兵工廠及鋼藥廠。

七、各兵須帶子彈百粒乾糧一日，先派員至歸元寺領給。

八、戰鬥時各部隊應需糧食，由粮台司令王安瀾派員補充，應需彈藥由輜重營管帶胡恢漢補充之。

以上各件限明日二十五日準備齊全，以便施行攻擊。

次日（二十五日），浙滬來電組臨時政府；安慶民軍舉義，朱家寶逃。是日午後八時，總司令部會議決定如左：

通知事件有四：

一、武昌鳳凰山砲隊，當我軍施行攻擊時，即向漢口滿軍射擊。

二、海軍於我軍施行攻擊時，即向漢口滿軍射擊。

三、設信號於黄鶴樓、鳳凰山、大别山等處，以資聯絡而期迅速。

四、派吴兆麟、王安瀾專辨攻擊部隊，補充彈藥糧秣及收集情報。

通知外發布命令如左：（九月二十五日午後九時三十分）

一、滿軍在漢口龍王廟至玉帶門一帶占領陣地，其砲兵陣地在劉氏隄防水電廠及滿春茶園附近，我遊擊隊已向黄陂方面進發，擾滿軍之側背。

二、本軍擬於明（二十六）日渡襄河前進出其左岸攻擊漢口滿軍。

三、工程第一營明日午後三時，用鐵舶及民船將湘軍步隊第一標（欠一營）輸送於東亞製粉工廠，同時架設軍橋。

四、左之諸隊掩護架橋：

湘軍第一協（欠第一標“欠第一營”）明日午後三時占領趙家湖西北附近；

步五協（欠第十標）明日午後三時占領琴斷口東端附近；

砲隊第一標（欠一營）明日午後三時，於黄家灣大吴灣附近布置放列，以射擊博學書院及東亞製粉工廠、北方無名獨立家屋方向爲要。

五、步四協明日由原地準備渡河，俟我左翼部隊出襄河左岸施行攻擊時，即開始動作向漢口中國街市攻擊。

六、步六協明日由漢陽東北岸航進，與步四協協同動作，至龍王廟登岸，向漢口滿軍左翼攻擊。

七、砲隊團（欠第一標兩營）仍占領原陣地，限於明日午後三時三十分，向漢口龍王廟至玉帶門一帶及劉氏隄防附近開始射擊，援助我攻擊部隊。

八、步第四標明日防禦兵工廠及鋼藥廠，於明日午後三時向襄河對岸開始射擊，援助我部隊進攻。

九、其餘各隊須限於明日午後三時在花園附近集合待命。

十、予明日午後三時在花園。

二十六日（十一月十六日）上午七時，總司令派馬隊隊長王作賓率騎兵一排，搜索敵情；又派朱樹烈率便衣士兵數人間諜數人赴漢口，由租界登岸偵察；又派敢死隊長方興，率兵一隊，各帶手槍，潛至漢口，於本晚在車站附近擾擊之。《談往》：學生軍統帶劉繩武率隊，由兩望青山間渡江，襲劉家廟敵軍後方據點。四時，我砲隊及兵工廠附近一帶步隊，並鳳凰山砲隊，開始射擊，敵亦還擊。五時，我軍架橋工事已竣，即於五時二十分在漢陽花園發布命令如左：

一、滿軍仍占領漢口龍王廟、玉帶門及劉家廟、大智門劉氏隄防並水塔附近。

二、本軍擬於本晚向玉帶門一帶攻擊，先展開兵力於博學書院隄防之綫。

三、湘軍第一協統領王隆中率該協爲右翼進攻隊，即時由軍橋渡河前進開展於博學書院北端至襄河左岸之間，須與湘軍第二協聯絡。

四、湘軍第二協統領甘興典率該協爲中央進攻隊，俟湘軍第一協渡河畢，即由軍橋渡河前進，與右翼進攻隊聯絡，展開於博學書院以北隄防之綫。

五、步五協統領熊秉坤率該協（欠第十標）爲左翼進攻隊，俟湘軍第二協渡河畢，即陸續渡河前進，右翼與中央進攻隊聯絡向北展開。

六、砲隊第一標統帶尚安邦率該標（欠一營）及工程一隊，即時準備渡河，須於博學書院西南端附近放列，以能射擊玉帶門一帶爲要。

七、工程第一營管帶李占魁率該營（欠一隊）保護橋梁。

八、步第十標及其餘各隊爲預備隊赴博學書院西端家屋附近集合待命。

九、予午後六時在博學書院。

各部隊奉命後，即偵察地形，按規定時間次序渡河前進。是晚十時，由軍橋渡者，陸續進至展開地點。時天黑，方向不明，尤其我新兵與防營，不知夜戰戒律，彼此相詢，語聲喧囂，被敵探知我軍渡河，嚴行防禦。當渡河時大別山、鳳凰山砲隊向漢口之敵猛烈轟擊兵工廠至黑山一帶，我步隊亦不斷放槍。及我軍沿隄防展開向玉帶門一帶射擊，敵頗鎮静，惟據守掩堡，以槍砲還擊。未幾十一時，我步四協，由南岸嘴至高公橋一帶，向對岸之敵猛擊，壓倒其火力，即由教練官馬得勝，第七標一營管帶李國棟，率隊渡河。惟兵工廠以下，不便架橋，而是時我軍在上游渡河者，已達到展開地點；故敵在此方面加緊設防，布列機關槍。及我軍乘船近岸，敵即用機關槍掃射。我軍傷百餘人，即退回，至上遊已渡河者，與敵相持於玉帶門一帶，火力雖猛，頗有死傷，而勇往奮進。至十二時，總司令部通知王安瀾、胡恢漢加速運糧秣彈藥，並催四協六協渡河。至次晨二十七日午前三時，玉帶門附近之敵不支，向東北退却。總司令又催四協六協速即渡河夾擊，但四協渡江數次，皆不得登岸，且多死傷；六協先未强渡，後見四協未登岸，遂亦停止前往，具情報告。二十三日午後，以下均見《革命真史》。其統帶楊選青竟於是日新婚，未赴前綫，經總司令查實，報告軍政府，提付軍法會議正法。此事惟《談往》所紀月日與事實合。《革命真史》《知之録》《文學社運動紀實》皆叙入漢口争奪戰下者誤。時學生軍參加者不少，大概分在各隊以下督戰。或謂是晚我軍渡江，與敵交仗，時值大雨，進薄頗難，至直鐘漏三鳴，我軍始勝，占橋口。見《夏口縣志》二十六日紀事，其二十八日紀事黎明分三路進攻，約於橋口會合，全誤。近三四日起，敵乘夜間運木材洋灰，由德界向外運出。自二十四日起，日界已發生驚擾，居民多移居他處，嘗有便衣黨人，勸居民他徙。我軍則早已徵集民船多隻，匿米良（美娘）山下。二十六日上午十一時，有船若干隻，藉東亞製粉公司房屋掩蔽，在琴斷口上游架橋。下午四時半，完成工作；民船則駛至沱落口上游。入夜，湘軍爲前鋒，鄂軍繼之渡河。湘軍渡河後，即派出前哨約二隊，開始前進，沿襄河而下至羅家墩，敵尚未發覺。及達博文書院附近，始與敵以砲火接戰，時我砲隊已在土堰上布列矣。先是敵聞我軍將渡河進攻，日夜以火車運軍隊及軍需，集中兵力於大智門，分布東亞製粉公司至水電廠間沿漢水一帶村落後方，至是發生激烈砲戰。我自黑山砲兵陣地，向其俯瞰下之水電廠附近砲擊，雙方均有死傷，然我軍士氣激昂，動作一致，遂將敵驅至韓家墩；雖遭遇敵之機關槍猛擊，而奮勇前進，又將敵逐至水電廠附近；然敵死守其附近地點，我湘軍更表現其欲掃蕩敵退出市街之氣概，有進無已。不意左翼鄂軍，多係臨時召募，進至湘軍所在村落後方據博學書院隄防，經一度與敵接戰，自上午九時以後，敵以猛烈機關槍砲射擊，其後續部隊，聞聲先潰，黃總司令親至博學書院後方陣地指揮，並斬後退者二三人，卒至不可收拾。上午十一時至十二時間，大部分已越軍橋而退，至下午四時許，不見鄂軍一人，案當日鄂軍達到渡河任務者僅五協一標。軍橋亦撤去。而下游進攻部隊，又因受阻未得渡河，總司令見左翼已散，即令進至韓家墩附近之湘軍退却，湘軍激於友軍臨陣毫無責任，不願即退，仍勇敢抵抗，入夜始乘船渡河。案當日最後整軍而退者惟湘軍一協。敵見左翼無故而退，疑其詐，亦未追擊，僅以砲擊搶渡者。聞是役鄂軍在前綫死傷者不過三四十人，湘軍爲數較多。而敵則向大智門運死傷者，約三百餘人，我軍死傷較輕。分見日領二十七日上午十一時三十七報、下午十一時三十八報、二十九日下午十時三十九報。一説是日午前，湘軍一二兩協第一綫已進占居仁門之綫，五協之九標並敢死隊進占王家墩之綫，兩軍相距約千餘米達，敵用排砲交轟，我軍仍奮進。正午敵漸北退，我軍戰鬥一晝夜，力漸疲。午後二時，原文此下插入致敗原因一段，謂爲總司令特令食飯，群趨就食，一部動摇，他部遂受牽制。案每士兵自帶食糧，飢自知食，接戰與宿營不同，食飯不必奉令，且前綫正在接戰，未令其退而令其食飯，斷無此事。讀者合上日方報告，及下一説，即明當時退却真相與事後記載各依立場而存偏見，實則此兩説原文顯然不合者皆已删去。敵用機關槍掃射，秩序遂亂。敵追擊不已，復占玉帶門一帶。再追擊，我死傷已多，即退漢陽，過橋時紛紛争渡，擠毁橋樑，躍水溺斃者五百餘人。次晚總司令部據報死傷軍官五十七人，士兵七百九十二人，失山砲十八尊，步槍六百餘隻，子彈二千三百餘箱。見《革命真史》，其損失死傷應參觀下説。一説是日大舉進攻漢口，湘軍兩協爲前進步部隊，鄂軍熊秉坤一標跟進應援。先由工程營管帶李占魁率所部在沱落口琴斷口之間架設浮橋。我軍渡河後，進與敵軍鏖戰，初甚利，即進展於玉帶門之一綫，湘軍兩協皆得勢，熊秉坤所部已進占水電廠。詎天將近曙，正面之敵，時有增援，强烈反攻，我軍漸感不支。右翼多街道，我軍不能展開；左翼兼當正面，當時湘一協爲右翼，湘二協當正面，步五協第九標爲左翼，並非左翼兼當正面。敵乃得乘其優勢，愈逼愈緊，我軍因以潰退。原文下有湘二協潰不成軍語。惟湘二協係敵進蔡甸以後交戰多次而後潰，是時實未潰不成軍，並誌於此。是役我軍傷亡甚少，敵則受創較鉅。惟我軍浮橋折卸之後，兩翼撤退者未能盡渡，因之泅水而死者，較傷亡爲多。至於後方運輸接濟，先一日總司令密令内閣“計砲彈兩百箱，步槍子彈二千箱，鋼板若干方，傷兵擔架若干抬，依限運送前綫”，恢漢（祖舜）主管勤務，編爲砲彈槍彈糧食器材四大隊，每隊派輜重兵三十人五十人不等，各領輸送兵員自一百人至二百人不等。就歸元寺本部至琴斷口沿綫每隔半里至一里之間，設一分站，以歸元寺爲總站，採分途遞運之法。視軍隊之進退爲進退，由李鵬昇督同各隊隊官巡視於各分站並指揮之。恢漢駐歸元寺本部，接受總司令命令及各軍隊通報，翌午部署完成，運送未有差誤，故是役雖敗，而漢口戰場僅失砲彈兩箱，槍彈四箱，頗爲總司令所嘉許。《六十談往》。

再據總司令部參戰者所見情形，是晨總司令偕參謀長等達到漢口，其所經地方，士兵多散在民房，湘鄂軍皆有之。旋由隨從人員挨户搜索，催往前线，由學生軍多人領率前進，與敵接戰，如耿丹、萬耀煌皆當時參加分子。敵已稍却，後敵援大增，我軍遂有退者，總司令阻之不住，湘二協甘協統乘馬疾走，爲衆所屬目，於是相率隨之而退，因其未奉後退命令，故守護軍橋者，急毁其橋一部，以阻退者。然退却隊伍，竟從撤毁之處，泅水而達橋上，其沉没者聞有一百餘人。其後整軍而退者，則安全回至防地，敵亦未追，僅以砲遥擊之，並無若何傷亡也。

渡河鏖戰既經失敗，於是專籌固守漢陽，是晚午後七時三十分，發布命令如左：

一、滿軍仍占領漢口龍王廟至玉帶門一帶。

二、本軍今夜仍擬防禦漢陽以戰鬥形徹夜。

三、步四協仍占領南岸嘴至兵工廠東端附近。

四、步四協防禦兵工廠。

五、步五協在兵工廠與鋼藥廠之間占領陣地。

六、步六協占領梅山及割絲口一帶。

七、湘一協在割絲口至琴斷口之間占領陣地。

八、湘二協在美娘山、三眼橋、扁擔山附近占領。

九、砲團仍占領原陣地。

十、工程第一營將橋樑撤收後在十里鋪集合。

十一、各部隊給養用歸元寺糧秣。

十二、予在昭忠祠。

自此總司令部所發命令，各軍多未遵令布防。而敵人見反攻漢口，其力甚弱，因之謀攻漢陽益急。故漢陽不守，此役實暴露其弱點也。

二十八日（十一月十八日）敵見我軍既退，即在東亞製粉公司後方，建砲壘三處。入夜，兩軍砲火不絶。又在江岸車站沿岸列砲多門，阻投誠我軍之軍艦溯江而上，次晨（廿九日）天未明，海容、海籌及水雷艇湖鶚，已駛進陽邏，上午十一時，砲擊江岸之敵。《革命真史》記：湯薌銘、杜錫珪率三艘至青山附近與劉家廟敵交射。下午三時，海容懸革命軍旗，意氣揚揚，從容上駛，直達南岸黄鶴樓下，有大型小輪開至其側，由艦卸下機關砲，其後湖鶚繼續上駛，敵衆砲齊發，湖鶚沿南岸以全速力進。忽有敵砲一彈中其機關一部，蒸汽迸發，又有榴散彈二發在艇上炸裂，然湖鶚仍開入租界對岸之水域内，未幾海容沿江而下，將出租界水綫，忽砲火一閃，繼之全部砲門齊開，猛射敵之砲兵陣地。復進至江岸約五百公尺地，連續轟擊，其砲彈皆在劉家廟車站周圍炸裂。於是改在江岸各處砲兵陣地，塵沙飛揚，村落起火，車站後面火燄尤甚。海容遂以堂堂姿勢，悠然下駛，時下午五時半也，後據報海容艦上死一人，傷三人，其煙囪雖有彈痕，但僅二彈中其舷側，損害極微。敵方則有砲一門全毁，車站被焚，死傷軍官一人，兵多人。分見日領二十九日三十九報十月一日四十報。一説敵官兵死三四百人。《夏口縣志》。

又據《漢口觀戰記》，二十八日無甚大戰，惟兩軍時以砲互擊。昨日死傷兵士，敵死四五十人，傷二三百人，我軍死三四百人，傷者三倍。惟敵揚言擊斃三四千，實僅擊退我軍回漢陽耳。其晚十時左右，槍砲聲隆隆不絶者約一時半，流彈間有入租界者。聞某軍官言，我軍製多數鐵夾舢板排列江中，其夜各舢板順流而行，浮動水面，敵自擾終夜，槍砲亂發，疑爲隊伍渡江，不知舢板上虛無一人也。見四川《廣益叢報》十月湖北紀聞，又《夏口縣志》亦稱是日我軍繫空船三四艘由漢陽沿江而下，敵疑其暗襲，自橋口起兵，隊依河列陣，各砲齊發亂擊。又據二十八日探報，敵在美最時洋行購琵琶桶七百個，祥泰洋行購松木數百株，爲架橋材料，又稱敵由枯桐樹至漢口，向三眼橋附近之湖水内運架橋材料。又二十九日探報，敵軍南下者約三鎮，其步隊約一千餘人，馬隊一隊，砲隊一營，占油榨坊附近，並在新溝架浮橋，又有敵千餘人，擄民船百餘支，以一部經蔡甸，據城頭山。其本隊已抵馬家湖，漸向漢陽左側背繞進。《夏口縣志》敵乘虛占蔡甸。二十九日午後五時，總司令命湘二協派一隊赴蔡甸方面偵察敵情，並阻敵渡河。又命工程第一營在三眼橋仙女山附近設防禦工事。軍政府命七協往漢陽增援，由標統黄申薌率往。《革命真史》。

（三）袁系將領竭全力奪取漢陽

袁系將領，依世凱策畫，以奪取漢陽，於發展局勢最爲有利。表面上雖揚言革命軍不攻，絶對不加攻擊，一面派人講和，並求外人保證，爲促成兩軍媾和談判，佯示毫無戰意，使我戒備鬆弛；另方面則步隊實行攻擊漢陽部署。日領十一月二十五日即十月五日第四二報。三十日（十一月二十日）午前八時，敵約二千餘人，自孝感南下，由新溝渡河至蔡甸，設司令部於是處福善堂，並在城頭山築砲壘，另以民船運機關槍四桿上岸，又以一隊占沱落口，與下游隊伍相聯絡。漢口方面備有番布船數十支，劉家廟江岸則布野砲十數尊，防投誠我方之海軍。《革命真史》。其兵力逐漸向前推進，設本部於博學書院後方，以密集部隊據守土隄，最左翼爲江岸車站後方土隄，合計約一鎮。至前進砲隊，排列東亞製粉公司附近及蕭家池新家店村落中。次日，敵與我軍仙女山之砲對擊不息，餘僅步槍互擊，但不甚烈。日領十一月二十一日（即十月初一日）上午十時第四十報。先是李純率一混成協，精兵約二三千人，於上週自孝感出發，在襄河上游二十五英里處渡河，是日到蔡甸。日領第四十二報。十月初一（十一月二十一日）午前七時，湘二協報告敵約一混成協，已由蔡甸渡河。當渡河時，二協派往是方面部隊力阻之，以不勝敵砲威力壓迫，退回三眼橋守禦。《談往》：初四日敵以强大兵力配以德國管退砲數尊偷渡蔡甸，進至漢陽西北三眼橋展開攻勢。

是日，參謀賓士禮、姚金鏞將漢口敵情偵察畢，報告都督及總司令，都督即發下如左之命令：

一、敵之主力仍在漢口劉家廟至玉帶門一帶，另有一部由新溝經蔡甸向漢陽北進，我漢陽各部隊在南岸嘴琴斷口至三眼橋附近防禦。

我遊擊隊在黄陂方面擾敵之側背。

二、我軍擬陸海軍並進，由青山附近渡江，先占漢口諶家磯，然後向劉家廟滿軍施行攻□。

三、步三協統領成炳榮率該協及工兵一隊於明日由青山附近渡江，由諶家磯登陸，向劉家廟進攻。

四、海軍司令官湯鄉銘率陽邏各艦隊於明日會同步三協統領成炳榮掩護該協渡江協同攻擊劉家廟之滿軍。

五、鳳凰山及青山要塞砲隊於明日步三協與海軍進攻時即向劉家廟附近射擊，援助我軍進攻。

六、予在諮議局。

步三協協統成炳榮酣飲無度，昏庸不問事，奉令後，逕率所部轉向武昌方面進。後知其誤，再返青山一帶。而是日風雨泥淖不易行，官兵嘖有煩言，以此未能履行任務。奉令後據總司令部所見。軍政府即撤炳榮職，以標統劉廷璧升補。是日午後二時，敵由蔡甸東進者已達三眼橋南約三千米達地，總司令命祁國鈞赴三眼橋增援，與湘二協協同防禦。雙方砲多對轟，未稍息。因是處地形狹隘，天時又闇，敵雖前進，兩軍在三眼橋附近，以戰鬬形徹夜。次日（初二）午前七時，敵在三眼橋與我軍激戰，敵之漢口部隊向仙女山鍋底山附近猛烈射擊以爲策應。湘二協初猶力戰，久之守兵死傷者多，退至山麓。《談往》：三眼橋爲漢陽通蔡甸孔道，内湖外河，地極險要，據守者爲敢死隊金兆龍部，敵不得進，卒以砲火甚烈，金兆龍受傷，遽被突破。正午，敵正面與我軍相持，另一支隊則携機關槍多架，由彭家嘴兩端徒涉，潛占美娘山，側擊我三眼橋守兵，管帶祁國钧傷，官兵死傷者亦多，我三眼橋隊伍及湘二協，遂退守鍋底山與花園之綫。總司令命步四協抽調一標赴花園增援，進攻美娘山。午後三時，我第七標統胡廷佐由南岸嘴出發，五時半，抵花園，即向美娘山之敵猛攻之。旋黎都督又派第十四標及第三標赴援，總司令偕吴兆麟、賓士禮等往十里舖等處視察。六時，敵又向美娘山逐漸增援，火力盛熾，我軍傷亡甚重。仙女山與美娘山相距甚近，湘二協未固守仙女山，而退守鍋底山扁擔山附近，敵遂進占仙女山矣。是日午後七時，總司令在花園發布命令如左：

一、美娘山、仙女山、三眼橋等處之敵步兵約二千人，漢口敵軍約一鎮仍在龍王廟至玉帶門一帶。

我海軍在陽邏附近掩護武昌下游。

二、本軍今晚以戰鬥形徹夜。

三、各部隊今晚占領地如左：

湘一協在琴斷口至郭家灣一帶

湘二協在鍋底山及扁擔山附近

步七標與湘二協聯絡在花園山附近，但派一部夜襲仙女山及美娘山之敵

敢死隊一營在湯家山附近掩護該山砲隊

步四協（欠第七標）在南岸嘴至兵工廠東端

步五協在兵工廠與鋼藥廠之間

步六協在梅子山黑山割絲口之間

砲隊在大别山湯家山原陣地

工程第一營在十里鋪

四、各部隊接濟仍用歸元寺粮秣。

五、予今晚九時以後在十里鋪，各隊於十時派員來領命令

各部隊遵令防禦，步七標胡廷佐命第一營襲仙女山。午後八時，胡之七標一營管帶左國棟，由花園向仙女山夜襲，及至山之東麓，敵步哨開槍射擊，旋以機關槍掃射，左管帶派一排由山麓向南繞進仰攻，而敵於周圍滿布機關槍射擊不停，因此襲擊數次，皆被阻，共死傷官兵十餘人，退回花園山。

總司令在十里舖，見敵在仙女山可瞰制漢陽，側擊大别山，非驅逐之不可，决心拂曉再攻。於是午後十時，發下如左之命令：

一、據探滿軍抵三眼橋附近之步兵不過一標，占仙女山、美娘山者約一營，機關槍十餘桿。

二、本軍擬明日拂曉擊仙女山、美娘山之敵。

三、步七標（欠一營）明早五時以前由花園之綫向仙女山開始進攻。

四、湘一協派一標（欠一營）明早五時以前占領郭家灣之綫，同時向美娘山進攻。

五、湘二協派一標（欠一營）明早五時以前與步七標聯絡，同時由鍋底山向仙女山開始進攻。

六、在扁擔山及湯家山砲隊明早天明即向仙女山及美娘山開始射擊，援助我步隊進攻。

七、步七標第一營及湘二協（欠一標"欠一營"）爲預備隊，明早五時以前在花園山集合待命。

八、其餘各部隊仍占領原地。

九、予明早五時在十里舖。（是日參謀以下皆見《革命真史》）

初三日，（十一月二十三日）昨晚襄河上游，時有砲聲，及晚更烈。據今晨日人自上游來者言，敵軍自蔡甸方面下漢水右岸，進至米良山（即美娘山）附近，與我軍隔河對峙。漢口方面則從東亞製粉公司後方敵之砲兵陣地，與隔岸我軍之砲對轟。敵又在劉家花園後方，以德國式大砲四門擊武昌，園前面柳樹間之砲則向大別山黑山我砲兵陣地加以猛烈轟擊，蓋敵已由前此威脅之砲戰，更進一步而壓迫我軍之側面及正面矣。日領是日上午十一時半第四十一報。李純部到蔡甸，其前鋒於二日出現於米良山（美娘山）北之琴斷口附近，隔小河與我軍作槍砲戰。又出一部自沱落口以帆布小艇架橋渡河，協助由蔡甸前進之隊。我軍守米良山（美娘山）下，其晚夜半，隔河與敵交戰。是日天未明，繼續激戰，雙方一進一退，各不相下。敵更在米良山下架橋渡河，冒我黑山砲擊猛擊之火綫，不惜重大犧牲，終使大部分渡河，於下午一時占領米良、仙女各山，旋遭我敢死隊突擊，稍後退。然敵勉强支持，竟於次晨復占二山，日領十一月二十五日（即九月五日）第四十二報。是日午前五時，我第七標由花園開始進攻，至七時已占。仙女山東北，我湯家山砲隊亦向仙女山、美娘山射擊，敵死傷甚重。勢已動摇但敵陸續派兵增援，而湘軍兩協逗留不前。及八時，我第七標進至山之東南，孤立無援，加以被機關槍掃射而死傷者多，然猶强支不退。總司令派員督催湘軍前進，亦不出一兵。不得已，再令預備隊敢死隊增援。至午前十一時，胡標統廷佐傷左膀，左管帶國棟且重傷，於是派該標第二營管帶楊澤鴻代統帶，並派參謀副官幫助指揮。午後二時，敵援續增，火力益猛，並派一支隊繞攻我右側，我軍不支，退守大吳灣西北高地及扁擔山湯家山之綫，而敵又進占鍋底山矣。當是時，第三標第十四標來漢增援，總司令因抽調步四協往火綫作戰，而派第三標在南岸嘴防守，第十四標到梅子山防守。至湘一協尚有一部在花園以北占領陣地，湘二協則瓦解矣。原文下稱湘一協統領王隆中匿十里舖民房内，旋濳往割絲口去。案此説似言過其實，由次日命令可知實則由前後二命令，觀之漢口退却與漢陽前方挫敗以及以前損失由命令轉移防地已見一斑。其時我步二協一部，由青山渡江，與海軍協攻劉家廟，軍艦開砲已將丹水池附近轟毁，擊中美孚公司油槽（容七十五萬加侖）起大火，黑烟蔽天，延一晝夜未息。此三句見日領第四十二報，但稱爲四日上午九時海容、海籌二艦之砲擊中之。敵據守一道橋，我軍爲其所阻，相持數小時，至晚，我渡江之隊仍退回，軍艦亦往陽邏淳泊。因此總司令激厲各部隊進攻仙女山、鍋底山，我軍勇敢者組隊前攻，惟人數無多，每至山腰而不堪機關槍掃射，故衝擊數次，皆未得勢，聞死傷者四百餘人。其晚十時，軍務部副部長張振武激憤，學生軍極表同情，因組隊往漢陽助戰，約二百餘人。以甘績熙、劉雄飛、吴兆鯉、余鴻勛、高建翎爲隊長，約一時許渡江，往十里舖集合。

初四（十一月二十四日）總司令午前四時在十里舖發布命令如左：

一、漢陽之敵現占領鍋底山、仙女山及美娘山附近，漢口之敵仍在龍王廟至玉帶門一帶。

二、我軍仍以一部迎擊漢陽之敵，以一部防禦南岸嘴至黑山附近。

三、步四協統領張廷輔率該協本日午前四時須占領花園至扁擔山之綫迎擊前面之敵。

四、湘一協統領王隆中率該協本日午前四時須占領琴斷口郭家灣之綫，與步四協聯絡，迎擊前面之敵。

五、步三標統帶劉廷福率該標本日午前四時在南岸嘴至鐵廠一帶防禦。

六、步五協熊秉坤率該協本日午前四時左翼與步三標聯絡，左翼至西月湖端一帶防禦。

七、步四標統帶胡效騫率該標本時午前四時在鋼藥廠一帶防禦，但須與步五協聯絡。

八、步十四標統帶黄申鄉率該隊本日午前四時占領鋼藥廠以北防禦，與步四標聯絡。

九、步六協統領楊載雄率該協本日午前四時右翼與步十四標聯絡，在黑山至割絲口之綫防禦。

十、砲隊團長曾繼梧率該團砲隊本日午前四時仍占領原陣地，但扁擔山、湯家山砲隊須射擊鍋底山及美娘山爲要。

十一、敢死隊長方興率該隊在湯家山掩護砲隊。

十二、湘二協統領甘興典率該協並其餘各隊爲預備隊，在金龍嶺附近集合待命。

十三、學生軍本日午前四時在扁擔山花園琴斷口郭家灣之綫督戰迎擊最前面之敵。

十四、予本日午前四時以後在十里舖。

據報敵步兵一營，附機關槍多架，馬隊二隊。由徐家灣至三眼橋附近增加，又琴斷口附近亦有敵占領。時我步四協及湘一協與敵接戰甚久，戰鬥亦烈。午前十時，我預備隊加入火线，敵以機關槍掃射，我軍竭力抵禦，雙方傷亡皆重。至正午，我士兵乃有自行退却者，總司令在十里舖路上正法數人，士兵不敢退，然在前方不積極抵抗，士氣頗不振。是日午前，以下皆見《革命真史》。總司令逐日至前线親自督戰，每見敵砲落在咫尺，總司令不爲動，隨從人員輒强曳以避，其英勇如此。惟兵無訓練，多不用命，每有一方退却，他方多自行撤退；甚至奉令增援者，覩狀不復前進，且向後撤；其潰下者多作掩飾語，甚矣，新兵之不可用也。見《談往》。

是日湖南派協統劉玉堂（與湖北充稽查長者同名）率步兵一標來援，午後三時半，率隊到十里舖，軍容甚盛，劉協統謁總司令後，即赴花園增援，攻仙女山之敵，劇戰甚久，敵用機關槍掃射，不稍動摇。劉協統尤奮勇，身先士卒，衝鋒數次，敵爲披靡。及劉協統中數槍陣亡。一説中砲彈陣亡。官兵死傷亦重，時已午後七時，而敵竟於是晚進占我扁擔山花園之綫矣，參看下文另一記載，時日稍有歧異。但總司令仍在十里舖宿營。次日（初五），我軍守十里舖，午前六時總司令命沿襄河防禦部隊各抽四分之一，到十里舖增援。正午抽調各隊到，利用戰壕與敵相持，敵未得猝進。當是時，勇敢之士，死傷殆盡，軍無鬬志，一聞機關槍聲，即多方趨避，漢陽危在旦夕。總司令慮漢陽有失，兵工廠資爲敵用，議定將緊要機件及所存槍砲子彈運往武昌，並由參謀長李書城渡江商請都督施行。先是前一二日書城到武昌晤湘一協王協統隆中，請其率隊回漢陽，專資守禦，隆中堅不肯行。是時隊伍較整齊而有戰鬬力者，惟湘一協差强，湘一協既不赴援，故總司令部另無憑藉可以自守，書城此行，即其離漢陽之日也。其晚軍政府開軍事會議，書城以軍無鬥志，漢陽勢不能守，惟有將機械槍砲彈藥，搬運武昌，免資敵用。副參謀長楊璽章則力主深溝固壘，死守漢陽，以待外援，即戰至一兵一槍，亦不放棄。争論頗烈，實則李楊二人固無成見，惟應付危難之觀點不同耳。衆以一面力抗，一面搬運機件解之，璽章即回漢陽赴前线督戰。又電金口防營截拿逃兵及其槍械，後聞逃者皆湘二協甘興典部。參照《革命真史》。當十里舖前綫危急時，參謀甘績熙卧病武昌，聞仙女等山失，頓足忿呼。初四日下午二時，《知之録》以此事接於六日楊璽章陣亡之後，似據石庵長歌之詞而誤，因是日十里舖已失，不得再襲十里舖以外之山也。與蔡濟民、高尚志同渡江。及至十里舖見總司令，即曰："仙女等山失將如何？"總司令曰："死守十里舖，守一日算一日。”績熙曰：“敵置砲於磨子扁擔二山俯擊，十里舖烏能守耶?績熙請挑敢死隊一二百人乘夜奪獲諸山。”總司令太息曰：“勢至此，誰告奮勇?”少頃，又曰：“試往挑之，云我的命令都督亦有命令，視有人肯去否?”績熙唯唯出，邀朱樹烈同往挑選，輜重營管帶孫宏斌首告奮勇，就其拼六十餘人；又往工程營，其管帶韓某應命，又挑三四十人；又其他下級軍官及陸軍中學學生多人願同往，共約一百餘人。是晚十一時，由甘、朱、孫、韓四人率領前進，預約首襲磨子山，其山上小廟火起，總司令即派部隊前往。於是與尖兵數人摸索而上，敵軍時有槍聲，甘等不理。再上將及山頂，敵哨十餘人倦伏而卧，績熙呼曰“敵人”，當即開槍擊之，斃八人，餘亦隨被殲滅。時山上廟内尚有多數敵人，見甘等衝鋒而進，驟不及備，而我敢死隊接踵而至，喊殺聲震撼山崖，我隊遂縱火焚廟，驅散敵軍。至此扁擔山之敵，已有戒備，機關槍彈發如雨；琴斷口之敵亦用探照燈四照。宏斌率隊趕至，中流彈，以隊伍授績熙。旋湘軍劉協統來援，某營管帶周秉武亦以所部來會，併力搶奪扁擔山，一齊衝鋒而上，敵以來勢勇猛，相率棄械而逃往美娘山，我軍又進展扁擔山矣。績熙病後，跌躓數次，乃扶槍而行。當搶磨子山時，後腦已受傷，後在扁擔山衝鋒，又傷其左手食指，憊甚。劉協統謂之曰：“此山較他山高，得此足與敵抗，惟非增援不可，君頭手俱受傷可回後方就醫，便催總司令速派援兵來。”及績熙回見總司令，正擬增援，總司令持望遠鏡窺之，則見敵又上扁擔山矣，績熙大驚。後知劉協統中彈，陣亡，其官兵死傷多，相率驚潰，所奪二山遂復失，後有《大漢報》記者胡石庵《作甘侯》行記其事，詞曰：“墨雲壓天黑風吼，百八健兒啣枚走。雄獅一奮萬怪逃，笑把芙蓉握兩手。如斯壯劇問誰能，偉哉甘侯名穆卿。大志直欲仿宗慤，問年年恰儷終軍。江豚吹起浪如花，相偕一輌赴荆沙。清談不藉李邕酒，小坐同傾顧渚茶。爲言十月初六日（案：襲二山確爲初四），羽書飛馳戰甚亟。仙女美娘皆易人，磨子扁擔相繼失。黄總司令但悲惶，李參謀已離漢陽（案：上文誤爲初六，故此二語亦涉及以後事情，實則績熙襲二山時李參謀長尚未往武昌報告也）。士無鬥志群思遁，敵勢猖獗如虎狼，甘侯爾時在武昌，聞之憤氣溢胸膛，投袂而起出城走，扁舟飛渡長江長。晚風吹捲九星旗，甘侯已至昭忠祠，大聲疾呼告奮勇，東奔西馳覓男兒。斜陽如血暮煙森，百八兒郎已起行，前進前進復前進，誓與諸山共死生，任他骨肉委沙泥。甘侯言已衆皆喜，甘侯前驅衆尾馭，更有朱韓二君奇，獨能相偕作耳語。夜色冪天無寸光，冷風沁骨骨欲僵，鬼影摇摇山影寂，驚心動魄此戰場。甘侯處之若無有，邁進直前不少阻，白刃相接大激戰，智勇絶倫爲衆首。君不見磨子之山突且兀，甘侯取之如取物，數十敵兵半死亡，但餘殘酒與殘燭。又不見扁擔之山高插天，甘侯三呼躋其巔，敵軍數百鳥獸散，甘侯大笑聲瑯然。二山既得晨光起，甘侯傷頭復傷指，猶能力守待援師，熱血定多一斗許。援師至甘侯歸，風捲征塵落征衣，但知沙場有奇樂，不問人生幾往回。豈意歸途未及半，漢幟倏又趙幟换。竟夕奇勳付水流，欲哭無聲只長歎。甘侯言已情脈脈，似有牢騷難再説，我聞其言已黯然，更念浮生同惻側。吁嗟夫，異族憑陵二百秋，端賴男兒挽逝舟，寶刀割墮天邊月，鐵笛吹開江上樓。奈何臨戰輒逃去，至死不脱奴隸氣，辜負甘侯一片腸，辛苦奪來輕易棄。甘侯甘侯毋消磨，我爲甘侯作長歌，人生百年一彈指，仗有浩氣亘山河。君不見萇弘之血，子胥之睛，身死猶使賊虜驚，百千年後，黄塵白骨皆奇馨。”以上參照《談往》及《知之録》。

初六日（十一月二十六日）上午六時，敵增援，由花園以北向十里舖繞攻，其火綫上密布機關槍射擊我之右翼，加以砲隊發彈密集如雨，我右翼强支，至上午八時，漸向後退。時有漢奸張朝禧作暗探，密報我軍防禦情事，見我軍大挫，捏散謡言，摇動軍心。《文學社運動紀實》：馮國璋賄通張振成運動黑山砲隊隊官譚森林内變，馮部遂得偷渡，擊殺管帶冉超，占領黑山。上午十一時，敵益逼近，火力更猛，我傷亡者多，第三標第二營管帶王殿甲陣亡，下級軍官亦陣亡多人。尚安邦、甘興典及其他部隊陸續後退，湘一協退至武昌，湘二協則向鸚鵡洲退，雇船回湘。後二協統領甘興典到岳州，湘都督拿獲正法。湘一協統領王隆中已於前日回武昌協部，都督及總司令屢請其赴漢陽，堅辭不往。日領最近數日報告屢稱湘鄂二軍不合，幹部最相水火，致不能全面協抗敵軍，其實此事並非主要原因也。及敵進至十里舖，副參謀長楊璽章固誓言死守者，親往前綫督戰。無如大勢已非，獨力難支，午後一時，陣亡。語云："志士仁人有殺身以成仁，無求生以害仁。"璽章有焉。吴兆鯉等舁其屍，殮於平湖門外。英烈如此，不知其墓尚有人憑弔否，惜乎無友人如胡石庵者爲之作長歌也。至午後四時，十里舖失陷。於是我軍一面退據地形抵禦，一面派涂金炳、羅子清等搬運兵工廠槍彈；王安瀾則將歸元寺儲物運漢陽東門外，由船載往武昌，五時。敵又越十里舖，進占梅子山、黑山等處，追擊我軍。而橋口之敵，則以砲擊潰退密集之隊伍。少頃，敵以民船運步兵自橋口附近渡河，我六協及步四標皆不戰而退。總司令派第三標第一營管帶郭炳坤掩護歸元寺以北。六時，總司令回昭忠祠，痛苦失聲，將以身殉，經同志田桐等婉勸而止。至夜十一時，派步四標管帶黄經猷及輜重營隊官黄甲，掩護漢陽城，而渡江往都督府。次晨（初七）上午六時，我兵工廠及江岸各部隊尚未退畢，而敵由黑山之綫向漢陽城進，至十時，漢陽城亦爲敵占領矣。後集合戰報，計自九月二十八日至十月初六日在漢陽戰鬬，我軍共死軍官一百三十七人，傷八十五人；目兵死二千六百九十三人，傷四百餘人。時有留日士官生蕭鍾英，不忍見漢陽之失，摇動武昌。危機大局，自組敢死隊若干人，赴漢陽决死戰。其友龔國煌勸其保身留爲國用，鍾英不可，逕渡江赴鐵廠碼頭登岸，持槍擊敵，敵死傷頗多。後敵以機關槍掃射，鍾英及敢死士皆陣亡。壯哉！殆古者田横之流亞歟。以上見《革命真史》。是日下午一時，敵對我軍渡河而逃者猛烈射擊，死者無算。下午二時，九江援軍約三千人由小輪多艘，各曳民船，滿載士兵，抵陽邏，由海容、海琛在上游掩護，於翌日下午登岸；敵則在七里溝築掩堡防之。日領十一月二十八日（九月八日）上午十一時第四十四報。

再據後方勤務方面所見，當十里舖危機時，總司令電話囑胡恢漢速將歸元寺軍械彈藥及一切器材。移置城内漢陽府署，恢漢甚異之。後恢漢由漢陽城南門返部。則見前綫潰軍充塞沿途，即步行亦須在人叢中擠行。恢漢回部後，一面就輜重本營選曾習砲兵者三人，拖砲一尊，置歸元寺後布列施放，阻緩敵軍前進；另撥少數隊伍，向馬家湖方面警戒爲掩護。一面與糧台司令王安瀾商辦法，請示都督，當命其便宜行事。夜深，糧台奉命燒毁，火起，恢漢偕軍需官李樹芬匆匆出走。行至南門河邊，見潰兵搶渡，船隻俱爲所占。及天將近曙，其部有自馬家湖撤退而來者，負之登一已離岸之滿載小舟上，李及勤務兵則徒步涉而登。至上午十時許，始達沌口，後雇破划至白沙洲登岸。武昌城門緊閉，恢漢出關防書一護照示之，始得入城。旋晤軍務部長孫武，請其速開城門，調整隊伍，武深不謂然，恢漢拂袖出。見《談往》。

黄總司令到都督府後，黎都督召集會議，黄於此時悲憤萬分，有話亦難言之，惟自承放棄漢陽，深以爲愧，當往滬與同志謀攻下南京，爲武昌聲援耳。其時發言者多，皆主張武昌宜固守，並謂地勢亦可固守，黄惟默然無語。且其防禦漢陽之任務，業因漢陽失守而不存在，留鄂無益。故次日即乘輪去，時參謀長李書城已偕湯化龍、胡瑞霖、陳登山、黄中塏及其他諸人先一日行矣。他記多稱黄興與李書城等同行，非事實，又稱興主張放棄武昌而退攻南京，與首義人語相衝突，亦無其事，皆由事後政争，藉題加甚其辭。先是合組臨時政府之議起，當時所謂名流如張謇、湯壽潛等，集議上海。推莊藴寬往武漢參觀戰事，兼觀察革命黨人物。藴寬前在廣西爲督練公所總辦，書城則其陸軍中小學堂監督也。藴寬到武昌，察知黎不足有爲，其軍政府辦事紊亂，人亦蕪雜。及往漢陽晤黄，一見傾心，頗期望其一往上海，主持國是，已微露其意。此時維持武昌，黄已無能爲役，赴滬則於時局有利，此其又一原因也。漢陽失後四日，蘇浙聯軍攻下南京，袁系軍隊，全集於京漢車站南段，至是急需他調分防，不得專力進攻武昌，而轉移方略，擁兵自固，以操縱議和爲奪取政權之企圖矣。至武昌防禦，與議和頗有聯繫，詳見第十二編。

第十　湖北軍隊所在地之光復

武昌首義後，其各屬繼起光復，除京山、漢川二處外，無一非以軍隊爲主動，而未嘗藉助於會黨，即會黨亦未嘗因緣時會，據地自雄，此在形式表現，惟賴軍隊武力，而首義同志所以策動軍隊起而革命，其思想則本於革命基本觀念與民意所向，是爲湖北革命黨人十年來所發揚之精神，有異乎其他不擇手段以革命者之所爲，因得以獲此明效也。以此之故，各處光復，居民安堵，匕鬯不驚，未增加任何賦税，未攤派任何款項與差役，亦未有一軍人總攬政事，是以軍旅所至，農不輟耕，商不輟市，工不輟藝，婦女不輟紡績，學生不輟課業，此豈非所謂風行草偃者哉？如此現象，惟於武昌首義短時期見之，然創立民國而僅得於首義時見此現象，則首義人所最痛心者也。嗟呼！國家何自而盛衰，政治何由而隆污，吾人可以憬然悟矣，述湖北軍隊所在地光復第十。

一、黄州光復

黄州濱江，距省垣較近，未有新軍分防，僅巡防第二路派有少數部隊駐焉。先是日知會案吴貢三（之銓）遞解原籍黄岡縣獄，迭經地方紳耆保釋，迄未邀准。及武昌首義次日，縣長潘誦捷及縣紳迎之出獄，公推貢三主持地方軍政。時巡防營管帶姚福忠猶持兩端，貢三曉以大義，當即歸順，並派謝琦爲黄岡縣長，而己則馳諭黄州八屬反正。《知之録》吴貢三傳。後同案之殷子衡自夏口出獄，不久亦回黄州助其治理，改訂黄州臨時行政章程。亦見《知之録》。貢三出獄後，更名保春，率杜芳等響應，爲軍分府首領。首義後三日（八月二十二日）電達鄂軍政府，稱黄州巡防營反正，長江提督程文炳將田家鎮新式砲機關取去，軍政府派張濟安、黄楚楠二人前往慰勞。《革命真史》。其後和議告成，吴殷二人，不問事即告退，與革命老同志天門李長齡殆同一志趣云。

二、安襄鄖荆之光復

（一）各處開始響應之經過

京山南鄉永澨河一帶，爲鍾京潛天會黨嘯集處。劉英（玶述）富有資財，素相結納，共進會初意用會黨發難，以英爲主要憑藉。故有預推爲副都督之議。而且八月中旬後發難，英早預聞，有所籌備。編者時爲安陸府師範學堂監督，八月中旬一二日接玶述密函約來府城内晤談，後因十九夕首義未來。及接武昌十九夕首義消息，即號召鄉勇千餘人響應武昌，進據天門，布告署鄂軍副都督，時楊玉如因寳善里機關破獲，逃至其處，故舉兵宣言，玉如亦列名。及接以下見《談往》。孫武等以武漢上游，重關大局，請都督發給餉械，並派員協助。即派張鵬程、李濟臣等運快槍三百枝、子彈二十萬發前往。英委濟臣爲參謀長，鵬程爲參謀，依軍制編鄉勇爲二標，英自兼第一標統帶，其弟鐵爲第二標統帶，鄭桂芳、李鳳鳴、鍾仲衡、冷英奎、李青蓮、尤洪勝等爲管帶。旋派濟臣等守天門，訓練隊伍，而自率鐵鵬程等攻潛江，截擊由襄陽東下之劉藴玉部巡防營隊伍，敗之。收復潛江，進攻監利，亦擊走分防之荆州隊伍。參照《知之録》。然英舉兵故里之劉家榨，則爲巡防營隊伍所蹂躪，即家宅亦被焚，其實力大體如是。初劉部倉卒召集，無復行伍，鵬程與濟臣等多方編檢，稍稍成列。濟臣死後，又由鵬程爲總教練官，久之漸能節制。惟在行軍中而求基本調整，訓練時間殊不足也。《張鵬程小傳》。

漢川爲日知會案梁鍾漢（瑞堂）之原籍，鍾漢則遞解於其縣獄者也。首義後三日鍾漢之弟恢漢偕宋振東、高景亞等在繫馬口起兵，有衆數百人，其情事同于劉英，而人數則不及也。王守愚因武昌機關破獲，逃至其處，相率入城，迎鍾漢出獄，推爲司令，守愚爲參謀長。守愚返武昌，向軍政府請領槍彈，軍務部核發步槍三百枝子彈二十萬發，由其運回編練隊伍。編者約八月二十三四日由安陸府來省，在司令部早餐，與梁王聚談達數小時。後張卿雲在漢川方面招集之義勇隊，亦於梁部合。卿雲與守愚同學於藝師養成所。會劉藴玉部巡防營沿襄河下，其一部分抵仙桃鎮，鍾漢率隊與戰數小時，敗之，頗繳獲其槍械船隻。參照《知之録》。張難先嘗謂湖北黨人，以漢川梁家京山劉家之犧牲爲最大。然玶述死不得恤，瑞堂窮老，幾無以自存，亦可傷矣！外間論者頗責其起義時所召部屬品類較雜，其遣散歸里後，不甚爲地方所滿意，此則革命策略所致，於梁劉何責焉。

襄陽位於武漢西北，控制豫陜，自古與荆州並峙，稱爲重鎮。先是二千九標三營與馬隊八標開防襄鄖，馬隊於八月十四日抵襄陽，時駐軍實力，巡防統領劉韞玉所屬三營約千人，城守營約百人，道署衛隊約百人，馬隊駐城者亦僅百人，旋武昌總機關派謝遠達至，黄維漢、劉建一等駐離城六十里雙溝，章裕昆約其來城會商。及二十二日發生紙幣風潮，始探悉武昌首義消息。未幾漢陽協部聯絡員朱碧珍、蕭國藻亦至，裕昆向其管帶孫長齡陳説無效，乃偕謝等四人復返武昌。後有馬隊士兵張國荃，商之同隊李秀昂、許志清，以洪門關係，與巡防營通聲氣。延至九月二十六日乃殺巡防營管帶，收編其隊伍。其晚下樊城，攻襄陽。秀昂極勇，率壯士若干人攀城垣而入，殺守城哨兵，開門迎隊入城。道台喜源、統領劉韞玉、管帶孫長齡乘夜遁走，時劉部巡防營大部分已沿襄河東下矣。張國荃遂爲總司令，李秀昂爲協統，並以光化縣知縣黄仁荄組軍政分府兼署襄陽道，至此襄陽光復。參照《文學社運動紀實》。

鍾祥與京山連壤，武昌首義後，瑞張調駐襄陽之劉韞玉巡防營赴援，即有一部分進抵鍾祥，準備沿襄河而下。故劉英舉兵響應武昌，迄未往攻鍾祥。復襄陽道喜源命二十九標三營管帶張楚材移防鍾祥，馬隊章裕昆與張營班長鄭炳賢張信商洽占領襄陽，以倉卒移防，未果。及張營抵鍾祥，清軍在陽夏雖佔優勢，而各省繼起響應者頗多，楚材徘徊於敵我兩方之間，欲藉獨立以自固其優越地位，乃威脅同來之劉韞玉部離城而去。及馬隊八標三營排長白星垣率馬隊一排亦至，遂商定九月二十七日

《鍾祥縣志》作十月初五日。在鍾祥獨立，張楚材爲大總裁，白星垣爲副總裁，鄭炳賢爲參謀長，張信爲敢死隊長，又收潰兵擾害天門之錢明漢、柴占奎爲管帶，擁衆近千人。參照《文學社運動紀實》。時有安陸府知府桂蔭鑲藍旗滿洲人。與其夫人富察氏對縊於府學宫崇聖祠，清吏滿人死節者，惟此人而已。《鍾祥縣志》"宦跡"有事略。

當敵軍進攻漢陽時，袁世凱挾有近畿六鎮，雖足以壓迫陽夏。然各省先後光復已多，清室之覆不成問題，故軍政府對於所屬府縣必策安定。時唐犧支已收復宜昌，進取荆州，長江上游可保無虞，唯安襄鄖荆未定，劉梁鄉勇，其力甚微，不足以進規襄鄖，是以特派季雨霖爲安襄鄖荆招討使，沿襄河而上。並令劉佐龍一標歸其調遣，劉部李榮陞一營於十月一日出發。詎行抵仙桃鎮，漢陽失守，劉留省未赴，且調李營回，時隨雨霖同行者多老同志，張難先曰：李營在省應受劉標統調遣，在仙則當受招討使節制，宜先安李營之心，作爲基本隊伍；再梁鍾漢部近在漢川，漢陽失，與省方隔斷，可説之來歸；劉英因用副都督名號，爲黎黄陂所忌，其部下正惶惑觀望，散於襄河一帶，可往商之，使受本部節制，三者合軍力乃厚。雨霖以爲然。於是先説李榮陞，使受命，繼由難先往商梁劉。闕龍、章裕昆亦同奔走，梁即率部來仙，劉亦願以其部屬合。又李亞東亦率其衛隊來，並合陳少武所收潰兵，以胡玉珍爲管帶。招討使署分三處，劉英爲軍政處長，梁鍾漢爲民政處長，張難先爲財政處長，張未就，由汪濟舟充任，謝超武爲參謀長。及師次沙洋，唐司令攻荆州未下，雨霖率偏師援荆，難先留守。後荆州降，合委李亞東爲荆州府知事，雨霖即回沙洋，籌款十餘萬元修襄河潰隄。參照《知之録》。時張楚材據鍾祥，態度不明，擁衆約千人，槍械亦齊全。十一月雨霖率所部至，其友李廉方、曹進同來，以李曹二人與楚材舊識，由其斡旋收編，並畀楚材以重要軍職。詎楚材與星垣約李曹會議，多方支吾，李曹察其有異志，詭言歸與招討使商後定期再議。其晚與雨霖議，乘楚材等猝不及防，即密調部隊潛入城内圖之，限即刻入城，占領指定地段，以戰鬥形待命，城北部闊，多山阜，房屋甚稀；南部户口較稠密，不便用兵，張部則分駐城中心及南部。於是李榮陞部分由東門北門入城，北門入者占領從岵山，東門入者占領府城隍廟及舊縣署附近山頭。劉鐵部由西門北門入城，西門入者占領陽春台山頭，北門入者倚李部右翼占領陽春書院山頭，胡玉珍營分爲零星支隊，藉夜巡爲名，分駐從岵街左右山地，及中心各街巷要路。胡與錢明漢前在四十一標時相識，親率數人往錢處接談，及包圍布置就緒，各處槍砲齊發，胡佯作驚異狀，挽錢明漢手同出察視，參以勸誘之語，中途强其偕往招討使署，錢見沿途皆季招討兵，即屈服。柴占奎聞聲出而抵抗，當被擊斃。張部從睡夢中驚起，相率潰走，但與白部已有若干内附者，後併入季部，楚材則潛逃天主堂内。此事發動至速至密，計畫亦甚周密，故二三小時即戡定，招討使署重要職員多未知也，錢明漢前在天門謀害劉部參謀李濟臣等多人，遂處死。事定，即委闞龍爲協統，劉鐵、李榮陞分任標統，整軍而往襄陽，改編張國荃部，委張爲協統，黄仁茭辭民政職。其後議决北伐，陳報都督向河南南陽方面出兵，以曹進爲總指揮，李廉方爲襄陽衛戍司令兼署襄陽道。北伐分三路進，張國荃左路取鄧州；闞龍出右路取唐縣；雨霖自當中路，取新野；曹則親攻柳堰驛。《黎副總統政書》卷七，中路占新野及新店舖，進至瓦店舖，距宛城六十里，鄧屬孟家、樊家、林家扒皆拔之，二十七日圍攻魯家寨，旋克復鄧縣、唐縣。李廉方留守，分令各屬規復，無一邑不就範者。李秀昂收復襄陽本有功，惟粗狂驕悍，國荃頗屈就之。雨霖到，恣肆如故，及分路出發，秀昂逗留不行，遂於誓師次日，密令闞龍捕殺之。適秀昂乘馬過闞部門前，闞與軍法官劉正聲同時各放一槍，皆命中，即墜馬死。次年二月二十日，三路同時告捷。忽奉都督電，和議成，速班師，遂遵令回省。後改爲第八鎮，以雨霖爲統制，李廉方則先奉電回省。《黎副總統政書》卷七，元年二月二十日覆李電銑電，悉徒手軍隊解散二千餘人，甚慰。襄陽既有替人，望速來省贊助一切。計當日參加招討使署任務者，除以上記載外，尚有李長齡、高仲和、張英、陳重民、耿毓英、邢子文、江迪生、楊澧、汪子明、章裕昆、顧鴻、陳雨蒼、廖匯川、陳子惠、朱心佛、劉振東、施化龍、李乙吉等。

三、荆宜施鶴之光復

（一）宜昌光復之經過

荆宜據武昌上游，濱江，席建瓴之勢，自古言武昌戰守形便者必争荆宜，宜昌尤扼楚蜀咽喉，與沙市並爲通商口岸，華洋雜處。先是川路風潮肇釁，鄂督派三十二標二營兩隊四十一標一營駐宜昌分防。宜歸三百里間。川路工人聚集五六萬人，時虞蠢動。自接武昌首義消息，軍界鄧金標、黄漢卿、胡雲龍、柳克偉、柳林香、蔣方仁等（皆唐犧支隊中頭目），警界嚴午橋、張舉武，學界唐伯莊、何大嘉等，開密會於東山寺，决定響應武昌。旋由唐犧支親赴巡防營與三十二標排長沈嶽喬、彭邦棟、歐陽超等聯絡起事。《梁維亞來稿》：起義主要人胡冠南、胡漢廷、黄漢卿、唐犧支、蔡受之、嚴午橋、鄧金標、彭邦棟、唐人瑞、李子俊、柳克偉、張士魁、王正言、冉桂芬、闞克威等。當此之時，瑞澂張彪皆有秘電至宜昌，飭各屬嚴密防備，並分調巡防營赴援，各機關戒嚴甚緊，因此各界多存觀望心，經各同志奔走呼號，始稍稍默契。而駐宜統領崇歡警備尤嚴，然自知無抵抗力，内實畏懼，遂於二十六日藉援瑞澂之名，率其一部下竄，同志雇舟追緝未及而返，時宜昌人民尚未知之也。二十七日晨，犧支密遣四十一標左隊配置於荆宜道行台之側，後隊一排配置於府署附近，更於各城門要塞分派哨兵。三十二標沈嶽喬則於是時梭巡城外，彭邦棟守鹽局，杜錫貞守銀行。支配就緒，即派代表赴川路彈壓局聯合闞克威，直向其管帶楊正坤索取彈藥，楊即逸去。嶽喬又探知四川轉運主事黎邁有多數槍械彈藥上運，急派二部隊分水陸二路追獲彈藥甚多。於是宣布反正，道府投誠，即於時晚不發一彈，不擾一民，光復宜昌全城。川人在會黨有革命組織者亦來歸，先是川人趙玉龍、向竹安等因事監禁東湖縣獄，聞首義消息，即暗遣心腹運動地方死士及往來川楚會黨，預定二十八夜集合起事，先劫新軍槍彈，後分戮僞官，謀獨立。不意我新軍已於先一日起義，故相率來歸。次日（二十八日）晨，宜昌各處遍懸星旗，耳目一新，公推唐犧支爲司令官，設司令部於舊鎮署内，分設參謀處、參軍處、軍需處、庶務處、糧台處、執法處、書記處、招待處、交涉處，以張鵬飛、楊柱臣、關克盛、沈嶽喬爲參謀官，胡雲龍爲參軍官，戴治康爲軍需官，胡建勳爲庶務長，李春澄爲糧台官，丁榮學爲執法官，袁國紀、孔憲治、李一爲書記官，何大嘉、楊華五爲招待員，魯全經爲交涉員。《梁來稿》：唐犧支爲軍政分府總司令，胡冠南爲總參謀長，胡漢南爲參軍，蔡受之爲籌餉局長，彭邦棟、冉桂芬爲標統，柳克偉爲憲兵營長，鄧金標爲衛隊營長，黄漢卿、關克威、張士魁、嚴午樵等爲參謀，唐人瑞、李子俊爲秘書，王正言爲警務處署長，張伯祥爲川東行軍司令，胡紹堯爲參謀長，與《光復記》所載稍有出入，惟《光復記》係其書記官當時彙輯司令部公文編訂，對人事記載當較正確。並派多人分赴各州縣勸令反正，繳銷僞印，頒發新印，各州縣無不望風響應。是時武漢戰事已起，荆州旗人負固抗議，亟需募勇備戰。而練兵以籌餉爲先，於是照會宜昌商會總理曹耀卿及商界由資望者共同擔任籌餉，曹耀卿即以舊土局爲鄂省餉糧籌辦處，商民踴躍輸將，軍餉無缺，後奉都督電開曹耀卿兼充土膏籌餉等局總理，吴鏡海充川鹽局總理，其旗人在宜者皆先後查獲，唐司令諭令除參將倭和及在逃統領崇歡之家屬不得不加以死罪外，如前川鹽總辦李儒，前官錢局委員英勳，歸順者概免其死。其後和議告成，即予釋放，並酌給贍養之資。至於川歸間之修路五六萬工人，多有由北直一帶而來之會黨頭目，虞其乘隙騷擾，唐司令電請都督撥發銅元七萬串，會同川路總理李稷勳及宜昌商會商洽酌給工人川資，分别遣散，並押送回籍。而擇其體强壯稍明時事者補充士兵，其後攻克荆州之决死團，此次挑選之工人，益居多數云。又因川宜連壤，入川之三十一標音問阻隔，謡喙紛傳，唐司令於九月初十日派管帶阮桂芬率兵一營往巴東駐紮，以防不虞。阮軍抵巴東後，夔府紳商各界遣代表歡迎其入夔，後夔府起義，阮軍實有力焉。

（二）克復荆沙之經過

宜屬光復，各縣要地先後派隊扼守，九月十四日，派參謀關克威率一營招撫當楊等處，知事等率衆歡迎。惟荆州爲旗人駐防，有將軍都統等統率，唐司令屢次派員招撫，迄不奉命；又函英國税務司、日本領事勸令投誠，俾得和平解决，該將軍等亦無正當答復。嗣據報襄陽道喜源有聯合旗兵側擊漢陽之舉，復貽書勸降，亦置若罔聞，不得不訴諸武力。於是唐司令委參謀楊柱國辦理宜昌善後，而自率參謀沈嶽喬等從事進攻荆宜築畫，尅期出兵。及準備就緒，决定進攻事宜如左：

一、參謀關克威由當陽進攻荆門，隔斷荆州與襄陽之交通綫。

二、管帶鄧金標率一大隊由當陽河溶奪取八嶺山，向荆州方面進行威脅，使攻荆州之我軍易於進取。

三、管帶歐陽超率一大隊用船隻輸送至荆州之江口集中，即由江口登陸占領陣地襲擊荆州。

四、標統喻洪啓率一部分由小輪於黑夜輸送至沙市，占領金龍寺一帶陣地，使敵人四面受攻，有兼顧不及之勢。

五、標統喻洪啓爲總指揮官，所有攻荆各軍一律受其節制。

六、參謀沈嶽喬裝造炸彈並協同喻標統相機進攻荆州。

上列任務業經實施，乃於九月二十九日拂曉遣偵察隊偵查敵情及一般地勢，所得大要如左：

一、敵之主力約二千餘人占領陣地，由八嶺山（距城四十里）至秘師橋（距城十五里）一帶，砲兵陣地在八嶺山南端，其步哨第一綫在馬山萬城隄（距城二十里）一帶，於筲箕窪（距城五里）則有若干敵騎出没。

二、八嶺山置砲可掃射，馬山江口方面可側射，秘師橋前方馬山前方係一開敞地，萬城隄更居高臨下且有河流一道成天然障礙。

三、敵主將恒齡係其都統，其軍事學頗有研究，部下指揮官多係學堂出身，軍隊較精者係新軍一標，槍砲十分充足，開花彈亦多。

八嶺山萬城隄等原爲荆州保障，敵已有種種設備。唐司令得此報告，知晝攻不易，乃決計夜襲，選定夜間攻擊之進行目標，頒布命令，以管帶鄧金標、參謀胡冠南率一部於二十九夜間十一時左出馬山方面，向八嶺山襲擊。十一晚四十五分，歐陽超率一部向萬城堤偷渡河川，進襲梅花橋，直攻秘師橋等處。届時敵步哨驚覺，槍砲整發，我軍冒險進行，因阻於河流，未能飛渡，然其沿河對岸之步哨已擊散矣。鄧軍亦同時猛力進攻，於三十日晨克復八嶺山，敵軍死者約百餘人。十月初二三日，僅有斥候衝突。敵約有一營堅守萬城隄，歐陽軍於初三夜間分數處渡河，偷渡萬城隄之河川。先派敢死隊百餘人直入敵營，敵人尚在睡夢中，倉皇驚遁，奔向梅花橋方面。其守隄敵軍，經我軍進攻，斬首及擊斃者約數十人，奪獲其毛瑟槍十餘枝，舊砲二尊，子彈軍裝所獲尤多。初五日拂曉，更進占梅花橋（距城三十里）。時則敵軍防禦地逼迫於載家灣西南山地及秘師橋一线，我軍各部在八嶺山及梅花橋一帶，已能互相聯絡進行。而喻洪啓一標，又已由宜拔隊前進，闞克威占領荆門，殲敵六十餘人，割斷荆襄之聯絡與外竄綫。是晚召集會議，决定總攻擊事宜：

一、歐陽超軍於梅花橋進攻秘師橋。

二、鄧金標軍俟歐陽超軍進攻若干時分後於八嶺山方面側出，擊敵之右翼。

三、由宜昌到着之喻洪啓一標，直於沙市方面登陸，相機進擊敵城之公安門（即其東城門）。

初六日拂曉，敵軍驟有三千餘人，以一部固守戴家灣西南山地，一大部直向梅花橋進攻，槍砲齊發，其勢盛張。我歐陽軍拼死抵禦，而敵之開花彈亦未開花，相持約數十分鐘之久。會八嶺我鄧軍出其側面，衝破戴家灣西南山地前方之敵哨，敵軍防禦梅花橋者其後路有被襲之勢；又我喻軍已占領沙市，敵亦不能直向其西門退却，於是敵即退至東門外草市土門頭一帶固守。是役我軍傷亡數十人，敵則傷亡約六百人，其中以新軍最多。草市土門頭一帶，河流四處橫亘，戰事頗受地形限制，唐司令乃開軍事會議，决定如下之策略：

一、關於敵之通道均予遮斷，杜其糧秣一切之進入。

二、每夜抽調小部分遊擊兵使敵軍日就疲勞。

三、我軍休養数日後再行總攻擊。

是策既行，敵益困矣。米糖之外，鹽尤缺乏。始向城内居民搜索食糧，並取其木具供燃料，漢人不堪其苦，因請教會馬修德司鐸與將軍交涉，悉數遷出，其産物則聽滿人掠取而已。漢人既出城，敵再無可以搜索，而我軍因漢人已出，更向城内肆行射擊，且置砲於金龍寺方面，加緊轟擊之。當十五日，我砲每發一次，即聞城内呼號聲達於數里以外。翌日（十六）司令命喻統帶爲進攻本隊，其晚進襲草市，而以其他部隊於金龍寺及禦路口方面助攻，牽制敵軍。敵不得已，全數退入城内，我軍遂占領草市土頭門一帶矣。當此時漢陽已失，我軍雖斷其交通，然慮敵人或有偵知，更加固守，於是十九日午後四時下攻城命令，其大要如左：

一、置砲兵陣地於金龍寺，在我步兵未接近前即行搜索，並誘其兵力悉數向東南兩門轉移。

二、參謀沈嶽喬，指揮歐陽超、鄧金標兩營，於砲兵開始射擊後一小時至西門，使用土囊填塞城河，謀以炸彈轟城。

三、參謀張鵬飛會同本日到，着王正雅所統湘軍前衛司令官湯仁三，先密進秘師橋，待砲兵開始四十分時，向正北門攻擊兼用雲梯。

是晚各軍照以上計畫，各於其所取方面動作。又因駐防旗人與漢民分城居住，旗人住處皆在東南小北三門，砲兵瞄準目標，連發數砲。一彈中將軍署二堂，一彈中北門，其餘亦多中旗人住處。其時我軍攻西北兩門，雖未即下，然開戰以來敵之協領及指揮死傷者不少，其氣已餒。至此將軍連魁、都統松鶴知大事已去，遂請教會馬司鐸與日本領事接洽投降，唐司令俯允其請，令其先繳槍械及一切軍用物品，並限二十日午前十二時起至二十三日止。二十二日敵先繳槍二百桿爲保證，二十三日將軍都統及各協領到天主堂紅十字會醫院受降。其條款如左：

一、繳軍械火藥及一切關於軍用物品。

二、荆州城内旗民均須遵守軍政府法律。

三、駐防原有公田公產一律没收。

四、旗民生命財產，本部一律保護。

五、旗民中極困難者給恩餉六個月。

六、民國各種學堂旗民准投考。

條款妥訂後，滿兵槍彈陸續呈繳。十月二十六日，我鄂軍整隊入城，湘軍隨之。糧台設於沙市，仍以李春澄充糧台官。各部軍隊擇要分駐，漢人亦相率回城，城内商民照常開市，當此荆州既克復，長江上游已固。惟袁系敵軍進據陽夏，有待北伐。於是在沙市組織軍務科，以參謀沈嶽喬爲科長，檢訓軍旅，並籌備一切進行事宜，所有測量局軍需處鐵工廠縫工廠皆隸屬之。又照會前沙市檢查廳監督方忠源爲司法長，組織荆沙臨時司法署。又以朱純經、佘鼎臣爲隄工善後總協理，辦理萬城隄隄工及旗人善後事宜，並於荆州城内設工藝廠。唐司令據實呈報都督，旋奉令委任唐犧支辦理荆沙善後事宜，並節制荆宜施鶴四屬軍隊及民事財政等，改設荆宜施鶴總司令部，取消宜昌司令部，其後奉命編組援陝軍，以及改編第七鎮等，不備載，兹附録呈報都督文如下：

竊犧支遣兵攻荆，由管帶官歐陽超佔據江口萬城，鄧金標佔據八里山，喻統帶佔據沙市，各情形前已稟報在案。歐陽超佔據萬城後旋即迅佔離城二十里之梅花橋，與鄧管帶互爲聲援。初六日午前六鐘，滿兵分五路突至，約三千餘人。歐率一營兵士死力攻擊，鄧復合力併攻，大獲全勝。隨即進佔離城七里之貝子橋，而滿兵乃佔據正東離城三里之草市。十六日夜，遣喻統帶率領各營隊進攻草市，復大獲勝。滿人即退入城内，閉門不出。犧支恐日久生變，復於十九日督率各營隊向南門開砲轟擊，並命沈參謀督率鄧金標歐陽超二營合攻西門，張參謀會同王正雅統帶之湘軍，經至北門，使用雲梯及布袋貫土爲登城之計。奈滿軍防守甚嚴，城郭堅固，終屬無效。但彼糧道斷絶，不能久持，因於二十日晨偏將軍連魁、都督松鶴即函請法國馬司鐸、日本領事致意乞降。犧支仰體憲台招納真誠之至意，未便固執不允，祇以先繳軍械一事與馬司鐸往返磋商。至二十三日始在馬司鐸教堂受降，限定四日將槍械一律繳齊，迎軍獻城。降約呈電。惟人心叵測，不能保無他變，連日仍令軍士加意戒嚴。此攻荆降荆之大概情形也。其指揮出力員弁，待後詳細彙呈，以憑核奬。推降約有内有保護財産及發給恩餉兩款，撥之宜荆財政，實難籌發。擬於滿人特别殷實之家，提出經費，設立工廠，俾貧寒滿人進廠工作，以資謀生。並由司令部出具股票，以作發給恩餉之資。庶幾款有由出，經濟不致爲難，言行相符，信用不致有失。可否准照之處，理合縷情申報都督，伏乞察核施行。以上均見《荆宣施鶴光復後記》。

又據湘軍王正雅二十七日電陳鄂都督，則稱荆州駐防繳械乞降，上游可保無虞，現擬分兵北進。十一月三日長沙譚都督來電："荆州踞長江上游，爲蜀湘鄂要鎮，既經王統領正雅光復，從軍事計畫，須駐重兵以資鎮攝，况滿漢雜處，將來政治組織，尤非易事，可否請王正雅暫駐荆州籌辦一切善後事宜，敝處未便擅行，特此奉商，如承許可，即請會銜電王，俾得事權統一，尊意何如，乞復。"黎都督復電："江電敬悉，荆州克復，王統領正雅既爲滿漢歡迎，且該處爲三省重鎮，撫治得人，無憂反側，擬將該統領駐荆籌畫善後事宜，敝處甚表同情，即請由尊處會銜飭該統領駐守荆州以資鎮攝而得治理。"見《革命真史》。此與以上記載可作參證，惟荆州光復，湘軍駐於最後攻城有協助之力，並非荆州爲王部獨自克復也。沙市爲通商口岸，與荆州相距僅數里，鄂軍唐部分防地廣，王部重兵駐荆，其利甚多，故湘督力爲代請，非無故也。且聞王正雅駐荆州後，納駐防旗人女二人爲妾，得陪嫁金甚多，藉此保護旗人生命。此説亦載《革命真史》。又據民元一月二十一日（約十一月底）唐司令電陳，近荆日沙監利各處，到湘軍萬餘，並持湘銀紙幣在沙市通用，該處市面幾至倒塌，而目下湘米又禁出境，紙幣無處交换。鄂都督據情請湘都督將駐荆沙等處湘軍撤回。見《黎副總統政書》第五。此距王正雅籌辦善後之命尚不及一月，可以推想其間經過矣。

（三）施鶴招撫之經過

施鶴萬山起伏，僻處邊陲，西接秀酉，南接龍山，每有桀悍之徒嘯聚其中，施宜相距數百里，若施鶴有事，宜昌首當其衝。舊駐巡防一營，陸軍一營，武昌首義後，其傾向不明。宜昌雖定，但荆州待討，無兵力遠及施南。故唐司令一面電勸陸軍管帶李汝魁反正，一面派稽查員張渭濱前往招撫，渭濱於八月二十八日前往，及到施後，見李管帶接唐司令電，猶疑信參半，時則瑞張僞電尚指民軍爲匪黨也。施南交通不便，外間情形自不免隔膜，經渭濱愷切明告，李管帶始布置一切。集合紳學商各界，於九月初七日懸挂星旗，出示安民。追繳道府縣僞印，地方安堵如常。不意十三日曾楚藩、徐占龍等奉都督命赴施調查，因故與李管帶齟齬，竟於是晚將李槍斃，而推巡防營管帶朱楊武爲駐施司令。朱自爲司令後，百端搜括，唐司令鞭長莫及，地方由其荼毒蹂躪者數月，民不堪命，疊經施鶴士民赴省控訴，都督派馮仁佺爲施鶴安撫使，辦理善後事宜。仁佺力陳施鶴不必駐紮重兵，請將施鶴司令部撤銷，歸併唐司令節制，旋奉令照準所請辦理。見《荆宜施鶴光復記》。

在革命期間，軍人專政，最易使官府擅作威福，人權失其法律保障。然而武昌首義，革命軍人如何守法，司法獨立如何尊嚴，茲有一事不可不述。是年十一月間，宜昌有一王姓水手，涉及運私之案，爲司令部稽查探悉，王某竟於稽查衝突，胡參謀長怒甚，當以軍法處死，王某之母背負冤單，來省哭訴。適司法部長張知本於街道旁見之，訊問屬實，即傳知唐司令犧支聲辨，唐未理。旋司法部呈准都督，以違抗命令藐視法庭罪名，票傳唐犧支限期來省受訊，唐遵限來省，由司法部與都督府合組特別法庭審訊。據訊明違法槍斃，係其胡參謀長擅用職權，唐時在荆州，確不知情，有事實證明，判決唐以輕微行政處分，其參謀長仍繫獄若干月日始釋。據張知本口述。

四、資州光復

三十一標統帶曾廣大，與四十一標管帶曹進，皆湖北新軍高級官長較富於革命思想者也。廣大尤有幹畧，其部屬爲邱鴻鈞、梁維亞、曾省三、黄元吉、王訓民、向海潛、李嶽高、李建中、楊毓林、姚鴻聖、劉國祥、陳開基、陳獻斌、李子林、劉鴻藻、秦培鑫、卜光柱、余鴻翔、劉承儒、徐俊、陳文俊、李紹白、陶守瑚、汪金榮、黄正平、鄧永福、程鏡儒、孫炳、江光國、胡祖舜、曹子清、胡冠六等，或參與秘密，或同情革命，季雨霖即是標倡導最先之人也。當檄調隨端方入川，《資州舉義經過》稱：七月二十四日由武昌出發，八月二十六日一營抵夔府，九月十三日抵重慶，二十八日抵資州。《談往》稱：六月二十二日開拔，七月二十九日抵資州。即欲乘機舉義，已見前。及抵夔，武昌已首義，端方秘扣信件，而表面則多方籠絡，故過渝到資，對鄂軍一無所知。會梁瀛洲由成都密函曾統帶並分函楊毓林等，始略知其事。時端方知無可再秘，乃以别名陶齋爲證，更姓陶，自稱漢軍旗，並以陶方名刺遍散營隊。一面召集官長會議，謂將以該標移陝擴編成軍，已向自流井鹽場商借銀三萬兩，作爲開拔費，令即準備啓行。該標一營管帶陳鎮藩，號育武，安陸人。前曾派爲湖北同盟會支部長，未回。首先反對，散會後，斷然剪去髮辮，以示反抗決心，端方無如何也。陳乃約楊毓林、趙振民、李紹白、胡浩然、黄以南、陳國幹等二十餘人密赴郊外會議舉兵反正，衆從之。一説十月初一日任永生、王志强、王召林、王齊彪、魯伯超、蒲天祥、楊毓林、劉承儒、姚鴻聖、郭瑞廷、余鶴翔、丁供本、陶守瑚、王國威、劉定一、何少卿、葉青山等十七人開會討論舉義，連日緊急會議，公决旋師回鄂。至初四日一致擁入天后宫（端行轅）搜獲端方及其弟端錦，曳至宫門前丹墀下手刃之。有謂殺端方者，公推任伯雄、盧保漢、姚鴻聖、丁鶴本、孫世棟五人，殺端錦者爲賈志剛。鄧承拔、曾廣大以下官長聞變即避去。《談往》稱爲十二日發動，《革命真史》稱十月初七日接四川來電，十六協反正，端方被殺，協統鄧承拔、統帶曾廣大均在軍中，不日率隊回鄂助戰。是晚公舉陳鎮藩爲統領，通電響應武漢。一説陳鎮藩爲總代表，黄以霖爲一營代表，楊毓林爲三營代表。二營未詳。率領全標開拔回鄂，由王桂榮、李紹白、余鴻翔三人（有云陳以亭、盧保漢、孫世棟、任伯儒、賈志剛五人）將端方首級函以木匣，沿途於軍行之前，昭示民衆，川民夾道歡呼。計是役發難者以王志强、王寵彪、魯伯超、蒲天祥、楊毓林、劉承儒、姚鴻聖、郭瑞亭、余鴻翔、丁鶴本、陶守瑚、王國威、劉定一、何少卿、葉青山、王國棟、熊開鑑、夏春林、劉永生、駱秉驤、周萬世、谷玉亭、羅仁香等爲最力，我軍歸途中，遇匪即剿平之，行至郵亭舖，有匪數千人擾害地方，並圖劫槍，經我軍擊斃百餘人，餘衆潰散，人心稱快。及十月十五日回抵重慶，正副都督張培爵、夏之時郊迎十里，並饋餉銀五萬元，《資州舉義經過》稱現銀百餘萬元、鹽二十萬石非事實。十一月初三日《談往》作六日。抵武漢時，已停戰議和，以致久經訓練之軍，無所用武，改編爲教導團，以陳鎮藩爲團長。以《資州舉義經過》爲主參，以《談往》及其他記載。

第十一 各省光復

編《首義紀》而及於各省光復，綜其事實，含有二個重要意義，爲國人紀念民國與黨人昌言革命者不可不知。其一，各省先後起義，大抵皆發動於諮議局與新軍，而袖導新軍者多有高級官長。此其原因，則以武昌首義，推舉協統黎元洪爲都督，而諮議局首先通電各省，促其響應，正義所昭，故群起振奮，争先恐後。然湖北所以構成如此事實，又由武漢革命黨人十年來抱定唯一方略，不倚賴會黨而側重新軍下層運動，不輕動，不許不擇手段而動，發難後則擁戴地方有資望者爲臨時領袖，俾足以消反側面而號召全國，革命者不争政權，因此聞風興起者如響斯應，此可爲深長思者也。其二，武昌首義不及一月，而各省光復，已占全國之大半，如肇事最早之四川，與民黨多年策畫之廣東，光復反而最遲。其時袁系所能把握者，僅挾近畿六鎮，威脅清廷，控有直魯豫三省，此固由於武昌號召之力，然亦因革命目標"排滿復漢"，爲全國人心所共嚮，不含有其他政治問題，引起紛擾，故各省響應如是之速。即袁系企圖壓倒民黨，亦不敢公然反抗其革命目標，另樹旗幟，而惟以假藉行憲，與親貴退出中樞，緩和革命怒潮。事後論者往往譏誚起義諸人祇知爲民族，不知有民權民生，其革命太不徹底，甚至謂民族解放，亦未達到民生政治所企求之地位，其流血太無價值。如此不了解革命戰略，肆行詆毁，何其妄也！吾人知人論世，統治階級不先消滅，任何政治上之企求，皆無可言，而且民族革命之目標，顯然易見，而阻力最甚。政治上之企求，情形複雜，難以一致，而當逐漸解决，並不限於以武力革命求之，實則此種企求，爲起義後之一般民國同負其責，尤其更迭握政權者，與以後政治革命，不可諉卸之任務，乃以此責望於首義諸人，未免顛倒事實矣。兹特約略論及，庶讀者知民國政治之得失與其紛擾，其功罪蓋有攸歸矣，述各省光復第十一，惟此類記載，各省當有單行本詳述之，兹但表其略要，以見與武昌首義有若何影響云爾。

起義省份	月日	後武昌首義日	事　　略
长沙（湘）	九月一日	後十二日	九月一日拂曉，焦达峰率砲兵進小吴門，陳作新率步隊進北門，先占軍械局進围撫署，巡撫余城格逃，巡防統領黄忠浩抗順，殺之。翌日，各界集諮議局推達峰爲都督，作新副之。九月十日，梅馨作亂，城外兵變，陳作新往撫被殺。變兵復至都督府，殺焦，推諮議局議長譚廷闓繼任都督。
九江（贛）	九月二日	後十三日	馬毓寶爲都督，馬係前由南京派駐九江之五十三標標統，起義前由九江北路砲台總台官徐世法籌畫布置。起義後岳師門、金鷄坡、湖口及馬步營等處砲台，均爲民軍所有。二日夜十點，由金鷄坡砲台發砲三響爲號，各營發三槍以應，旋道署火起，道台保恒不知下落。知府漢良由後園出走，其眷屬七口後由商會總理鄭官桂保釋。提法使張檢來九江籌辦軍務，其衛隊四十人歸順，張隻身逃回省城。三日馬標移駐道署，稱中華民國駐潯軍政分府，分軍務、政務二部，軍務部由馬自兼，政務部公舉羅大佺任之，一説服務海關之林森爲政務處長。
西安（秦）	九月三日	後十四日	留日學生徐朗西、康寶忠、井勿幕、張益謙等聯絡會黨，原擬九月八日起義時巡撫恩銘入京，藩司錢能訓護院，凡新軍認有革命嫌疑者，悉移調外縣而代以防營，並逮捕黨人。新軍遂於一日發難，三日占領渭南、臨潼各縣，公推管帶張鳳翔爲全陝復漢軍大統領，後改稱都督。錢能訓及文武各官逃城内駐防頑抗，繼投降，皆殺之。都督府初設城東機械局，後移高等學堂内辦公，其後兩旬陝甘總督升充率回軍三十餘營進至咸陽，與民軍激戰三晝夜，重受威脅。後清帝遜位，旨下停戰。

續表

起義省份	月日	後武昌首義日	事略
太原（晉）	九月七日	後十八日	山西巡撫陸鍾琦聞陝繼武昌起義，派新軍往守潼關。九月七日發給餉彈，定翌日出發。時楊鵬齡爲一營連長，姚繼藩爲參謀，與同志商起義。八日晨發難，舉姚以價爲司令官，分攻撫署及防營，殺巡撫及其子，防營亦潰。遂舉閻錫山爲都督，温壽泉副之。二十三日清軍攻陷娘子關，雙方交戰甚烈，及清帝退位停戰。
昆明（滇）	九月九日	後二十日	武昌首義，雲南陸軍高級幹部時有密議，其消息外傳。總督李經羲與總參議靳雲鵬、統制鍾麟同及王振畿、唐爾錕等商，欲調羅佩金（七十四標統帶）、李根源（講武堂監督）外出，李烈鈞（陸軍小學監督）則早派往北洋觀操矣，並擬懲辦李鴻祥（七十三標管帶）、謝汝翼（砲隊十九標管帶）。又命唐爾錕、劉顯治由黔募兵，尚未及行而義軍已起。初約九月九日夜三時發難，七十三標（其統帶爲丁錦、靳雲鵬私人）在城内由李根源率之，協統蔡鍔率七十四標入城。是晚八時，三營管帶李鴻祥分發子彈，隊官唐元良，附丁錦者也，爲其所覺，其排長黄毓成即開槍擊斃之。槍聲震及全營，適李根源至吹集合號，三營全部出，二營管帶逃，隊官率兵來會。其統帶丁錦率標部衛兵抗拒。一營附之，力不支，錦遂逃。李整隊攻軍械局，統制鍾麟同總參議靳雲鵬、協統王振畿等率輜重營陸軍警察隊機關槍隊抵禦，勢頗危殆。時蔡鍔尚在烏家壩議事，及接都署鎮司令部電，始知北較場已發難，急統兵入城攻督署，又分兵協攻軍械局。至十一時，始克之，督署則於次日下午十一時攻下，再移攻鍾軍，血戰數小時，擒鍾麟同，但靳雲鵬僞裝輿夫肩空轎出城，乘車走矣。軍政府設於兩級師範學堂，公推蔡鍔爲都督。
南昌（贛）	九月十日	後二十一日	九江獨立，贛撫馮汝騤一籌莫展。九月十日學紳各界會議於諮議局，推協統吴介璋爲都督，劉起鳳爲民政部長。十二、十三兩日，贛州、吉安、南安、南康、瑞州等處次第光復。二十二日彭程萬繼任。未幾李烈鈞自皖回，彭辭，李烈鈞任都督。雖一月中三易都督，全省秩序如常，居民定堵。

續表

起義省份	月日	後武昌首義日	事略
貴陽（黔）	九月十三日	後二十四日	留日學生張百麟、黄澤霖組自治會，創辦《西南日報》，鼓吹革命。自武昌首義後，即與諮議局議長圖響應。於九月十三日開會議決，商請巡撫沈瑜慶宣布承認民國，即推爲都督，沈不就，自解職去。於是推楊盡誠爲都督，趙純誠副之。但《革命真史》則稱，七日接貴州電，楊伯丹、趙德全爲正副都督。
上海	九月十三日	後二十四日	李平書、陳其美早經分途聯絡，李徵五、潘月樵在會黨方面亦頗盡力，臨時又有張蓬生偕劉福標等參加，遂於九月十三日聚數千人及商團數百人起事。先占領閘北警察局，以陳漢欽爲領袖，浦東警察局陳天民、沈俠民爲領袖。上海道聞風逃，惟製造局張楚寶頑抗，民軍初進攻頗有死傷，其美因親往遊説楚寶，被拘。次晨再攻，局内工人多内應，遂攻克之，湘人李燮和亦光復吴淞砲台。十三日公舉陳其美爲滬軍都督，李平書爲民政長，後以李燮和組軍分府於吴淞，張蓬生爲北代司令。
杭州（浙）	九月十四日	後二十九日	九月十三日，諮議局沈鈞儒等請巡撫增韞獨立，增不允，次日新軍八十一、二兩標與上海派來敢死隊百餘人發難，八十二標統帶周承業占領撫署，八十一標管帶朱瑞占領軍械局，增韞被俘，駐防旗人不降。十五日以重砲轟之，即屈服。於是以諮議局爲軍政府，公推鐵路總理温壽潛爲都督，周承業副之。
蘇州（蘇）	九月十五日	後二十六日	上海獨立後，黨人章梓等五十餘人赴蘇，與新軍各標營商洽，隨邀集紳商請巡撫程德全宣布獨立。十五日晨城内外一律懸白旗，公推德全爲都督，協統艾忠琦爲司令長。次日松江光復，公推紐永建爲軍政長。清江浦則先一日晚，十三協前隊隊官趙雲亭、二十五標旗官龔振鵬起義，率領輜重營入城，聯合步六營、馬一營、砲二營、工程一營由協統魏宗瀚統率，於十六日晨與巡防營交戰敗之。道尹兼護江北提督奭良逃，舉蔣雁行爲清江浦軍分府都督。

續表

起義省份	月日	後武昌首義日	事略
鎮江（蘇）	九月十七日	後二十八日	十八協三十六標一營管帶林述慶與許崇灝協力運動，九月十七夜會議於峴山，宣布起義，公推述慶爲鎮軍都督，崇灝爲參謀長。隨由崇灝遊説，停泊附近之海軍軍艦十二艘歸順，揚州鹽務緝私統領徐寶珊，亦經李竟成、趙鴻禧勸其反正，編爲鎮軍第二師。藏①在新、韓恢則收編淮安駐軍爲一混成旅，述慶軍力甚盛，攻寧援鄂均極努力。
桂林（桂）	九月十七日	後二十八日	九月十七日諮議局議決獨立，由議長秦步衢與巡撫沈秉堃、藩司王芝祥商洽，會同新軍反正。章陶嚴、陳元伯等聯絡軍警甚力，次日晨宣布公舉沈秉堃爲都督，王芝祥、陸榮廷副之，後沈統軍北伐，與王皆辭，由陸榮廷繼任。
安慶（皖）	九月十八日	後二十九日	黨人於九月十五日光復壽州，十八日諮議局議決獨立，推巡撫朱家寶爲都督，王天培副之。旋發生糾紛，適王慶雲等在淮上聲勢甚盛，皖北皆附之，朱離皖，馬毓寶兼代，後孫毓筠、柏文蔚先後繼爲都督，皖局始定。
福州（閩）	九月十八日	後二十九日	先是彭壽松、馬景融等運動軍警起義，將軍樸壽加意防範。九月十七日謠傳旗軍圍攻統制孫道仁宅，其晚推二十協協統許崇智爲總司令，督師與旗軍戰。十九晚旗軍敗乞和，總督松壽自盡。二十一日晨一部分旗軍向漢界攻擊，又經擊潰，將軍樸壽、都統騰恩均被俘，誅樸壽，所有旗兵繳械，給資遣散。公舉孫道仁爲都督，於二十二日視事。廈門、漳州、泉州相繼光復。
山東（齊）	九月二十一日	後三十二日	山東自聞武昌起義，民黨丁惟汾、王訥等與紳商聯合以八事要求，清廷未允，遂於二十一日組織保安會，推巡撫孫寶琦爲臨時都督，但孫與袁世凱通款，未久即取消獨立。
廣州（粵）	九月二十二日	後三十三日	自武昌首義後，朱執信、胡漢民等圖規復廣州，陳炯明等更在省外積極活動。九月四日鳳山被炸，八日紳商團體集議反正，十一日東江發難，惠州、南海、順德、三水繼起，省垣附郭新軍亦躍躍欲試。十八日各界齊集諮議局議決獨立，舉總督張鳴岐爲都督、提督龍濟光副。十九夜張走避，龍不就，遂舉胡漢民爲都督，未到前由協統蔣尊簋代之，二十二日胡由香港至正式任事。

① 藏，疑爲“臧”之誤。

續表

起義省份	月日	後武昌首義日	事略
重慶（蜀）	十月二日	後四十三日	謝持朱叔癡、杨滄白、朱必謙、江岳生及夏之時、張培爵等於十月二日獨立，公舉張培爵爲都督，夏之時副
瀘州（蜀）	十月五日	後四十六日	川南宣布獨立，公舉劉朝望爲都督，温漢珍副。
關東（奉）	十月六日	後四十七日	議長吴景濂聯合士紳發起聯合保安會，舉清督爲會長，民政司張元奇擬仿山東辦法布告獨立，其餘官吏多不贊成，於是新軍協統藍天蔚於十月六日在關東獨立，稱關東都督。
成都（蜀）	十月七日	後四十六日	川督趙爾豐見清運已不可挽，十月一日釋議長蒲殿俊等。十月七日各界公推蒲殿俊爲都督，統制朱慶瀾副。後十日舊軍田徵葵變，蒲、朱走避，尹昌衡、周駿等平亂，於是公舉尹昌衡爲都督，十一月二日殺趙爾豐。
南京	十月十二日	後五十三日	先是民黨組聯軍進攻南京，蘇軍司令劉之潔、浙軍司令朱瑞、滬軍司令洪承點、鎮軍司令林述慶等統軍會於鎮江，公推徐紹楨爲總司令。十月二日分道前進，血戰多日，至十一日晚，鎮滬浙三軍圍攻天保城破之，蘇軍亦占雨花台，清將軍鐵良、總督張人駿乞和，以張勳不肯解除武裝，乞和未成，張人駿等奔徐州，聯軍猛攻城内之敵。於十二日晨懸白旗，開鳳義門，聯軍以次入城，迎程德全移督南京。
伊犁	十一月十九日	後九十日	楊纘緒原爲湖北四十二標統帶調往伊犁，陸軍協統馮特民隨往。及各省相繼光復，袁大化、升允、長庚、志鋭等謀擁宣統西遷，特民勸楊獨立，於十一月十九日反正，並照會俄領事請承認革命軍，嚴守中立。特民與黄立中占領南庫，李輔黄據東門迎馬騰霄、徐建國、周浩如等軍隊入城，郝可權率砲隊攻將軍府，馮大樹攻副都統署。旋由卸任都統廣福幹旋組五族共和會，舉楊纘緒爲會長，廣福爲臨時都督，成臨時政府，特民捕志鋭戮之。
海軍自武昌變起，提督薩鎮冰奉清廷命，調集軍艦於長江，並率多艘往武漢助敵。九江光復，開往上游之大部分軍艦，相率歸順。迨鎮江獨立，則全部懸義旗矣。海軍全屬民軍，表世凱無力以圖江南，亦其停戰議和之重要關係也。兹將當時民軍所有軍艦列表於下： 總司令官 吴應科 海軍司令部長 黄鍾瑛 海軍第二艦隊司令官 湯薌銘			

艦　種	艦　名	艦長姓名	備　考
巡洋艦	海籌	黃鍾瑛	兼任
同	海容	杜錫珪	
同	海琛	林遠謀	
砲艦	建威	鄭綸	
同	建武	饒懷文	
同	楚同	何廣成	
同	楚有	朱聲崗	
同	楚謙	王光熊	
同	楚豫	方佑生	
同	楚泰	馬鈺	
同	楚觀	吴振南	
同	江元	鄧家驊	
同	江亨	沈繼芳	
同	江利	朱天森	
同	江貞	周兆瑞	
驅逐艦	飛鷹	林頌莊	

第十二　停戰議和

此爲首義紀最後一編，亦即中華民國開國史之重要階段。當共和肇興，外而列國疑謗，内而帝制擁護，莫不以中國人民程度太低爲口實，其實民主君王，不過統治上支配之主體有別，而一以憲政爲歸，時代愈近，政制愈傾向於民治，英之君主立憲，法之共和，其主體本質固無優劣可言也。惟歐美民治，皆起於社會基層，各本其立場相互維護，其結合之力，足以對抗政府不合法之行動，而政府所以約束人民者，亦惟調協社會福利是謀，非假政府威力而便私圖也。吾國辛亥革命，既以推翻滿洲統治權爲目的，自不當再襲君主制，勢固然也，然亦止於民族革命，其革命分子亦僅一時結合，而在社會方面則未擁有若何力量與政府對抗，任何政制，皆可爲争取政權者所利用，以故歐美憲法之具體條文，是否完全適用而可以實現，實在成爲問題。而且暴君與暴民，多頭與寡人，操持政柄之方式雖不同，若其禍國則一也，所以袁世凱受任内閣總理以後，斷然與民軍停戰，而藉進行和議，宰制民國。彼所圖者惟如何保持固有實力，與取得政府最高地位，至於約法有何限制，非所計較也。彼以爲大權所屬，任何不便於己者，皆可逐漸毁滅之。或多方變更之，而民黨惟斤斤於清廷遜位與限制總統大權，故在南京則採總統制，及授職袁氏則採内閣制。以制定國家永久之法，而立一時對人之條文，又無社會基層可以信賴之民衆，擁護憲法，似此空文詎足以保其信守耶？夫政治禍亂之原，必非偶起。民國所以禍亂相循，一由於武人亂政，一由於官僚害政，二者在吾國歷史上不少惡例。以言前者，黎元洪懲於起義後之弊端，痛陳利害，惟其所倡軍民分治，不合治理，故建言亦無自而行。何也？軍與民不得對立，軍政學農工商各界，何一非民，服役爲軍，本身仍爲民也。夫軍所以衛國，衛國則駐地當在邊疆，内地要塞，固無需重兵守之。防匪則爲警察職責，匪而須調軍以防，其政治之不堪問，亦可見矣。統軍者即不掌民政，而與民政長官同轄區域，未有不侵及民事者也。養兵而不以禦外而專以防内，其軍隊未有不殃民也。滿清之有駐防，設將軍都統，防吾漢人也。辛亥起義，置都督，增師旅，爲軍事期一時權宜之計，事定即須更張。惟如軍隊裁編移駐等一切問題，須立特種委員會，且附與實力處理之，尤當以起義將領最明達者主持其事，不可專憑總統職權裁决，或某一系統軍者逞其私見也。以言後者，但就表面情事言之，革命甫定，成規俱毁，新貴競進。往者勳佐開國，分茅胙土，不管民事，故治臻上理。命官非以酬庸，其理至顯。而反革命者，曾被参革者，皆依附北洋軍閥之下，彈冠相慶，又豈能置而不問。加以科舉流毒，以官爲業。若憑學校出身，爲入官等級，不惟失興學之本意，且使升學者純爲取得資格以入仕，將何以副選賢與能之期望。至民黨恃以監督政府之國會選舉，時過境遷，是否不爲政府操縱，代表成爲御用，亦無正當保障。無如當時民黨計不及此，以致和議雖成，根基未奠，而民國亦自此多事矣。不過袁氏所唱和平，雖爲一種假面具，而由真正停戰以開正式和議，猶循正當程式，亦談和平者所不容忽視之事也。至其中波瀾起伏，陰影重重，讀者可由叙述經過而尋繹之矣。述停戰議和第十二。

一、武昌保衛與停戰

漢陽失守，武漢人心非常悲憤，自是三鎮以内，無人力車上街；江岸上自金口，下至陽邏，帆船亦幾絶跡。清軍雖倖而獲勝，然見人心如此其不可侮，自亦懔然。惟城内謡傳頗多，而黄總司令又已南下，敵帥馮國璋復以龜山之砲，向武昌亂轟，各機關職員多走避，都督命萬廷獻（前南京陸軍中學總辦）代戰時總司令職。事既紛亂，人復疑忌，萬辭，蔣翊武護理總司令，参謀長楊開甲亦辭職，副参謀長楊璽章陣亡，乃以吴兆麟爲参謀長，姚金鏞副之。其夜晚特别戒嚴，孫武、張振武、劉公派員密查，凡形跡可疑者即治以軍法。十月初八日（十一月二十八日）午前十時，召集軍事會議，決議如左：

一、設戰時總司令部於洪山寶通寺。

二、規定沿江防禦區域，以專責成。

甲、由青山至大隄口爲第一區；

乙、由大隄口之鮎魚套爲第二區；

丙、由鮎魚套至金口爲第三區。

三、黄州、鄂城兩處，爲武昌下游重鎮，派黄楚楠、張濟安率兵一標據守黄州，張其亞、陳偉率兵一營據守鄂城。

四、設兵站於防禦綫後方各處，派康濟民辦第一區兵站，徐壽林辦第二區兵站，何瓛辦第三區兵站。

五、海軍須在陽邏附近遊弋，掩護武昌。（以上參照《革命真史》）

同時分電各省乞援，兹將往來電文摘録於左：

十月七日電：敝處血戰六晝夜，敵兵恃火器較利，抵死進攻，漢陽城恐不能守。我軍擬堅守武昌城中待援，事關大局，危急異常，懇立刻分别遣派海陸軍隊星夜兼程來援。

十月八日電：連日漢陽劇戰，因我軍力單薄，半係新募之兵，不能支持，只得退保武昌。竊思武漢關係中國全局，武漢危即全局難保。元洪當督率將士，誓以死守，以維大局。惟敵人以全力争武漢，同胞必以全力援助，方能取勝。懇迅速調撥老練之兵，攜帶槍彈並機關槍、新式砲，星夜來鄂援助，或另分兵他出，以牽敵勢。統希裁奪施行，並祈示覆。

長沙譚都督復電（七日到）：漢陽不利，當調集兵艦，扼長江上下，武昌乃可固守。湘當與桂、粤合謀進援，已電商胡沈都督矣。

又電（八日到）：迭電均悉。鄂湘一家，安危同繫。現在桂軍已於初七日在永州出發，兼程赴敵。敝軍已電請廣州胡都督、福州孫都督整頓海軍，聯合吴淞軍艦，直攻天津，以擊敵兵之尾，並請孫都督派精兵由海道來援。又電請貴州楊都督出兵銅仁與我軍會合，取荆襄出沙洋以擊敵兵之腰。更電請桂林沈王都督、南寧陸都督加派老練之兵與敝省會師，尅期赴援。尚望堅守武昌以圖合剿，决不稍存畛域，貽誤中華大局。

又電（九日到）：漢陽軍情緊急，請潯都督派精兵二千，由黄州登陸，直出黄陂、孝感，以斷北軍鐵道，並派兵輪保護上岸，並請粤都督迅派精兵，帶足餉械，由海道赴鄂助戰。敵情如何，並望示復。

九江馬都督電（八日到）：鈞電，催派海籌赴鄂助战，均經轉催安慶。頃准皖都督李咨稱：上游水淺，海籌不能上駛。已轉電駐滬徐總司令速派江楚兵輪，兼程赴鄂助戰等語。电闻。

又電（八日到）：連接漢陽警電，焦急萬分。現已召集各處原有老練之兵約二千人，惟缺大小輪拖送。乞貴處速撥小火輪或小兵輪或商輪來潯托運，並請多備五生七砲彈底及其底火，又毛瑟槍、德國八十八年式、日本三十年式三種子彈，以便應用。再海籌兵艦，因水淺不能上駛。並聞。

又電（九日到）：准南昌電，已續派步隊一標赴鄂，陽日出發。又電調萍鄉、袁贛二州軍隊，自湘至鄂助戰。特聞。

南昌彭都督復電（九日到）：敝處現派劉懋政領步隊一標，准十一日乘輪赴鄂助戰，惟該師或由水路運抵漢口，或繞道黄州抄敵左側，以何處爲集合點，均須先期知會，以便接洽。

鎮江林都督復電（七日到）：鏡清、保民、聯鯨、楚觀、江元、江亨、通濟、楚同、楚泰、飛鷹、楚謙、張艇、虎威、江平各艦艇，由敝處聯絡，一律歸漢。今日下午二時，在軍政府開陸海軍聯絡大會，矢志合攻金陵，並於軍政府添設海軍處，每艦艇公舉司令長，組織完備，一致進行。

又電（八日到）：陽電悉。兵艦漸歸，已令全數上駛，並速電催滬上三海軍艦。又電閩、粵運兵北上，以爲牽制。刻南京城外砲台已尅日可破，即移水陸師向武昌，望堅守以待。

又電（十四日到）：南京内容，已有頭緒。兹同黄之根與大家議決：不日即派大隊水陸並進，援助湖北。請堅守勿懈，並請將湖北戰用地圖，專送數分來。

上海陳都督復電（八日到）：陽電悉。武漢垂危，自應赴援。除由敝處飭南琛准明日上駛，並向安慶代爲乞師，已電商潯分府，立派海籌、海容、江貞三艦前來濟助矣。

杭州湯都督復電（八日到）各省已水陸赴援浙於兩三日内亦勉備一協上駛南京，昨已下請公力障東南維持全國。

清江浦蔣都督復電（八日到）：虞陽兩電均悉。前據歌電，即復徵調隊伍，厚集砲兵往援，諒邀明察。現敵軍兵將北竄，勢甚可慮，擬一面截堵竄兵，以牽敵勢，一面趕集隊伍，並共聯軍協同援鄂。

全州趙統領復電（八日電）：陽電敬悉。馬隊及步隊已於江日由全開拔，餘亦陸續前進。本部今日抵全，擬蒸日出發，迅赴前敵。惟彈藥自桂由河道輸運，較軍隊頗遲。沈都督於明日抵全，並聞。

蒙自趙統領復祥復電（十一日到）：陽電敬悉。擬即先遣一混成協，由黔入湘，會合荆襄兵隊，並電達蔡都督隨遣大兵由川東下，兼電兩粵聯合南邊諸省，星夜赴援，並祈堅守，固我根本。

海軍黄司令鍾瑛電（十八日到）：泰、同兩艦已遵令開上陽邏，裝配彈藥。江貞隨駛上，以觀動静。尚有謙、觀兩艦，到時即令上駛協同陸軍動作，掩護江岸。此間布置各事，已與楚泰馬管帶交接清楚，若有調動之處，可由其指揮。江水已涸，海籌運動不便。湖鷹機器报損，擬先下籌備北伐，再調他艦及雷艇湖鵬來鄂。（以上文電參照《黎副總統政書》卷一）

初九日蔣護總司令在洪山成立司令部，傳知各部隊，將駐地，隊號，兵數。迅速報告，是日發布命令如左：

一、清軍在漢口、漢陽沿江一帶占領陣地，其砲隊在大別山，我海軍艦隊現遊弋陽邏、木鵝州、黄州一帶，掩護武昌下游。

我江西軍第一混成協現已到陽邏占領，待命援應武昌。

二、本軍擬以主力防禦武昌附近沿江一帶，以一部防禦金口附近。

三、步隊第三協統領竇秉鈞率該協防禦青山、東北鳳凰山經青山至兩望北端一帶，特須搜索鳳凰山下遊各要地。

四、步隊第五協統領熊秉坤率該協防兩望至磚瓦廠一帶，須與步隊第三協聯絡。

五、步隊第六協統領楊載雄率該協防禦左翼，與步隊第五協聯絡左翼至大隄口附近。

六、步隊第七協統領鄧玉麟率該協（欠第十四標）防禦武昌城沿江一帶，須與步隊第六協聯絡。

七、工程第一營管帶李占魁率該營防禦鮎魚套，同第二營楊金龍率該營防禦造紙廠附近，須與步隊第七協聯絡。

八、步隊第四協統領張廷輔率該協防禦右翼，與工程營聯絡。

九、步隊第一協統領蔣肇鑑率該協防禦右翼，與步隊第四協聯絡，左翼至吉祥賓館附近，特須搜索中興洲各要地。

十、步隊第二協統領何錫藩率該協（欠兩營）防禦武昌省城，但由武勝門經平湖門至望山門一帶須多派兵防禦。

十一、步隊第八協統領羅鴻陞率該協防禦金口附近，並須與第一協聯絡。

十二、步隊第十四標統帶黄申薌率該標防禦東湖門及沙子嶺附近，並須搜索該地以東各要地。

十三、砲隊統領姜明經指揮所屬砲隊占領鳳凰山黄鶴樓及沿江一帶，須能射擊漢口劉家廟及漢陽鸚鵡洲沿江一帶爲要。

十四、馬隊第一標統帶王祥發率該標在洪山寶通寺集合候命，同馬隊第二標統帶劉國佐率該標在鮎魚套附近集合待命。

十五、其餘各隊爲總預備隊，在洪山南麓附近集合待命。

十六、衛生隊在武昌城内準備。

十七、各隊大接濟均在各隊陣地後方集合，但粮秣之補充，暫按平日方法自行辦理。

十八、予在洪山寶通寺。

注意：（一）各部隊按占領區域雇用人民協同築設防禦工事；（二）右命令如不轉取攻勢務須常川嚴密防禦；（三）各部隊對於來襲之敵不到我有效射擊距離界内，不論晝夜不得射擊，總以節省子彈爲要；（四）砲隊如未見敵人渡江施行襲擊，勿用砲擊，總以常川監視敵人爲要；（五）各部隊監視外總以集團兵力以便指揮。

是日敵架大砲與於山，轟擊武昌，都督府、軍務部俱中彈，但重要職員照常辦公，其次日（初十）漢口英領事葛福奉其公使朱爾典命出而斡旋和平，先商雙方停戰，是爲袁内閣與民軍真正和談和平之始。乃袁系之狗馮國璋不明大局，所開短期停戰條件，猶稱我民軍爲匪黨，並有匪黨須退出武昌城十五里及匪黨軍艦之砲門須卸下交與介紹人英領事收存等語，如此提議停戰，直侮辱我民軍也。時各省代表，適於是日在漢口行開幕禮，黎都督派員出席報告，經代表會决議，以"滿軍須退出漢口十五里以外及滿軍所據軍火應由介紹人英領事簽字封閉之"相當滑稽語答之。義次日（十一）龜山砲轟我都督府，穿數洞，斃工役二人，旋火起，孫武、張振武、甘績熙等乃隨都督出賓陽門而駐王家店。其日午後六時，英領事商提局部正式停戰條件之公文，派盤恩赴洪山司令部接洽，經都督决定，承認停戰三日，其條款如下：

一、範圍　武漢兩軍所占之地不得變換。

一、日期　自十月十二日上午八時起，至十五日上午八時止

（即十二月二十五日），停戰三日。

一、民軍應守條款

甲、民軍於停戰範圍日期内一律按兵不動。

乙、民軍之兵艦於停戰範圍日期内不得行駛，並將機關卸交駐漢英水師官收存，但須於十五日上午六時轉交該艦收回。

一、清軍應守條款

甲、清軍須於停戰範圍日期内一律按兵不動。

乙、清軍之火車於停戰範圍日期内不得往來作軍事上之行動，由駐漢英水師官監視。（以上均參照《革命真史》）

於此當知袁内閣所以與湖北軍政商洽停戰者，則以各省獨立已有三分之二，彼之軍力，全集於京漢一路，必須與武昌停戰，其軍始可後調，分防他路且鎮壓北部也。及南京攻下，對於江浙聯軍北上，更宜顧慮，斷無餘力再圖武昌矣。十三日上午，黎都督回城，因諮議局砲燬，移駐曇華林第二中學堂内，洪山則另設行台。十五日爲停戰限滿之期，而清軍又在黄陂方面增援，是日下午四時，蔣護總司令發布命令如下：

一、綜合各種情形，清軍兵力，由信陽至陽夏約兩鎮以上，但陽夏兵力共約一鎮，黄陂方面似已派兵增援。

我艦隊先停泊於陽邏附近。

我廣西、湖南兩軍，已由湖南出發，不日來鄂。

我江西贛州援軍，已於本月十三日起程，向武昌進發。

二、本軍擬仍防禦武昌省城沿江一帶，俟各省援軍齊到，轉取攻勢。

三、貴江西軍統領馮嗣鴻率該協向黄陂方面進展，俟停戰期滿，則派隊威脅京漢鐵路，且須掩護我軍之右側。

四、貴江西軍後方聯絡綫，即爲葛店陽邏至黄陂之道路，並須派員與葛店陽邏兵站接洽，以便補充糧秣彈藥。

停戰三日期滿，暫展期三軍。至是袁内閣又提出繼續停戰，其條款如左：

一、繼續停戰十五日（十月十九日起，十一月初五日止，即十二月九日早八點至二十四日早八點）

二、北軍不遣兵南向，南兵亦不遣兵北向。

三、總理大臣派各省居留北方之代表人民，與南軍各代表討論大局。

四、唐紹儀總理大臣之代表，與黎軍門或其他代表人討論大局。

五、以上所言南軍，秦晉及土匪不在内。

除關於議和事，劃入次章記述。茲將停戰期内軍事行動與保衛武昌有聯繫者，撮紀大要。

袁内閣所提五款，其第三款欲利用現在北方者作御用代表，牽制和議；第五款則藉議和與南方民軍停戰，乘時消滅北方民軍。故各省代表會議議決如下：

一、停戰十五日。由西曆十二月初九日早八點起，至二十四日早八點止（十月十九至十一月初五），期内秦晉蜀三省另有專條外，兩軍於各省現在駐兵地方一律按兵不動。

二、袁總理大臣派唐紹儀尚書與黎大都督或其他代表人討論大局。

三、因秦晉蜀三省電報不通，恐難即日停戰，以上停戰條件與該三省無涉，惟停戰期内兩軍於該三省各不得增加兵力或軍火，如有一軍在停戰期内違犯按兵不動或在秦晉蜀三省增加兵力之條款，則彼一省有立即開戰之權。

黎都督據上議決案通電各省，並聲明軍情瞬息萬變，所有軍事上一切籌備，仍須嚴密施行，恐一旦和議不成，難於措手。當此之時，各機關人員多星散，其先漢陽危急，有志者赴外州縣運動，策應武漢，爲數亦不少。至此投機分子，見臨時政府行將成立，而鄂軍政府又爲各省所擁戴，遂藉復員機會，奔赴省垣，大肆活動。於是文學社與共進會對立，首義人與同盟會對立，擁黎與擁黄對立，以致吾鄂軍政府與都督府秘書處，成爲若輩競逐場，多方鼓煽，播弄是非。開端則擁譚人鳳爲武昌防禦使，譚雖伉直無肆應才。取消蔣翊武護理總司令，而調爲都督府高等顧問。其後因譚與軍務部孫張二人争執權限，遂改派譚爲代表赴滬，而以吴兆麟任總司令。總司令部分設四處：一、参謀處，處長吴元澤；二、副官處，處長周定原；三、秘書處，處長李明；四、軍法處，處長陶俊。又將武昌防禦地段劃爲三區：第一區司令竇秉鈞。轄步隊第三協、第五協、第六協及馬隊一隊由青山至大隄口各砲隊，第二區司令何錫藩。轄步隊第二協、近衛軍第一協及馬一隊鳳凰山、蛇山、黄鶴樓各處砲隊。第三區司令張廷輔，轄步隊第四協第一協及工程第一營馬隊一隊由鲇魚套至石嘴各砲隊。又編二支隊，第一支隊羅洪陞，轄步隊第八協工程第二營馬隊一隊由石嘴至金口各砲隊。第二支隊司令王安瀾，轄先鋒軍第一混成先鋒軍第二協及馬隊一隊。

袁世凱受命組閣，準備議和，奏簡段祺瑞任湖廣總督兼統第一軍，調焚燒漢口之馮國璋統第二軍。十月二十五日，馮移交任務於段。其時皖北及秦晉，袁系軍隊，利用時機摧毁民軍，皖北連陷郡邑，西安垂危，太原且爲清軍侵入。但武漢方面則實行停戰以待議和，十五日停戰期滿，又繼續停戰。至十一月十二日（一二，三。）下午六時，段正式照會駐漢各國領事“奉内閣電令，本軍自現在防區撤退一百里，不日當擇定地點全軍撤退至原來占領地，仍由官軍派巡警維持治安”，照會交見日領十二月三十一日五十七報。是爲政府對民軍停戰之正當表示，即認定停戰必先自政府撤軍起。袁世凱雖狡，對國人同愛和平之願望，尚知從現實上謀所以安慰之，未可一概抹煞也。清軍於一月二日準備撤退漢口漢陽砲隊，因南京忽舉大總統稍停，三日後乃實行撤退。以輜重所需車輛過多，未能於五日内退盡。至五日，駐漢陽隊撤退，六日漢口駐軍亦陸續撤退。當其自漢口撤退時，軍容甚整，秩序亦佳。凡撤退隊伍，整裝集合於所在地之原野，每一大隊分若干排，成縱列形，伏地卧下。第一排開動，第二排起立前轉，第三排收拾槍彈，最後一排伏地，持槍實彈，作掩護狀，逐次如式退盡而止，中外觀者嘖嘖稱道不置。我軍在停戰期將滿時，十一月十一日，由都督發布訓令如左：

一、綜合各種情報，敵軍主力，仍在漢口、漢陽，黄、孝方面，亦派有軍隊據守。又黄、孝以北沿京漢綫各要地，皆有兵占領。

我廣東援軍已抵上海。

我南京、安徽軍已準備向徐州進攻。

我陝西軍已準備向河南進攻。

二、本軍擬於明十二日午前八時停戰期满，如不續行停戰，準備以主力防禦武昌附近；以一軍向黄陂進展，攻擊敵之左側；以一軍向孝感，攻擊敵之右側。

三、戰時總司令吴兆麟，率所屬軍於明日十二日午前八時仍占領青山至金口一帶防禦，但派一部占領黄州及簰州附近，並須援助左、右翼兩軍。

四、右翼軍總司令李烈鈞，率所屬部隊，明日午前八時準備由原地前進，向黄陂方面威脅敵之左側。

五、左翼軍總司令趙恒惕率所屬部隊，明日午前八時準備前進，向孝感方面威脅敵之右側。

六、海軍總司令馬埧鈺率第一、第二艦隊，明日午前八時在陽邏、青山附近遊弋，俟我右翼攻擊灄口時，即援助進攻。

七、余在武昌都督府。

是晚接伍代表電續行停戰十五日，都督轉知各軍停止進攻，仍在原地準備候命。其次日，南京政府成立，詳次章。以上參照《革命真史》。

再據外方情報所述，清軍攻陷漢陽後，並無乘勝直取武昌之企圖，惟時以砲轟擊之。當停戰三日間，聲稱革命軍不挑戰，決不先攻，即砲聲亦僅陽邏附近偶或聞之。但軍事布置未懈，砲隊在劉家花園前面鐵路綫附近者推進砲位，又由襄河所架軍橋，大量輸送隊伍與材料，砲車轉動不停。其防线自漢口市街至漢陽鸚鵡洲，延長二十里，以沌水爲界，沿江要地，皆挖塹修掩堡。船隻上下襄河者，日夜加以嚴查。又在七里溪一帶要點設哨兵，如有船於夜間偷過，則加射擊。當時防禦七里溪至漢口、漢陽各地之清軍，步騎工合計約六千餘人。其在黄陂方面，不時與民軍交綏，深覺京漢路沿綫防禦重要，故增强漢陽防禦工事，而分其駐軍移駐京漢路，其沿线警備兵額，計約灄口五百人，祁家灣二千五百人，三汊埠一千三百人，孝感縣二千人。而分布於黄陂至陽邏方面亦約二千人，與我軍在黄陂方面之江西援軍抗戰。襄河方面，則蔡甸增兵二百餘人，防新溝方面之民軍。並於四平山及其他高地，修築堡壘，加强防務。又因警戒沌水河鸚鵡洲一帶，將孝感駐軍調一部防守是處。湖廣總督改任段祺瑞兼任第一軍軍統，隨之南來者有布政使連甲、按察使祝書元、夏口廳同知淩紹彭等。我軍防禦，配置兵艦多艘於武昌上下游，不時梭巡，阻敵偷渡，除海籌、海容等因水渴不能上駛，其餘各艦則遊弋於黄州至陽邏之間。如和議破裂，敵不惟難於渡江，即漢陽亦不易固守，我江西軍在停戰前，進占黄陂附近，與敵衝突，頗佔優勢，兩方傷者分送漢口、武昌者爲數不少。飛鷹艦於十月二十五日由南京運送大艦軍器於彈藥於武昌方面，武昌防禦甚嚴，前防上游金口之隊伍，分調一部至對岸漢陽大軍山，其前哨且進至沌水方面，不時與敵遥擊；金口、青山、石嘴三處設檢查所。是方面我軍總計約二萬人，其中任武昌城内防務者約五千人，又逐漸增派沌水方面防軍，其進至蔡甸上游之新溝者亦有二百餘人，而駐於南岸大集山附近者約五百人，敵因此威脅，故亦增加蔡甸防務也。以上見日領十二月四日至二十八即十月十四日十一月九日分報外務省電。

二、議和與南京政府

帝制時傳統政策之勦撫兼施，即政府對於反抗民衆之和平政策，實則利用和平之名，消滅反抗者之力，袁世凱最初所謂和平解決，不外此例。當世凱起用後，擁有近畿各鎮兵力，壓迫武昌首義革命，派鄂人與黎都督舊識者劉承恩來漢商議和平解決。九月八日（十月二十九日）劉函有云“頃奉項城宮保諭開刻下朝廷有旨：（一）下罪己詔（二）實行立憲（三）赦黨禁（四）皇族不問政事等因。似此則國事尚有挽回之期也，遵即轉達台端務，宜設法和平了結，早息一日兵事地方百姓早安静一日，否則必兵連禍結，勝負未見，不但荼毒生靈，糜費巨款，迨至日久息事，則我國已成不可收拾之國矣”，書來不報。及九月二十日復派蔡廷幹、劉承恩與黎都督接洽，携有袁之公函，稱承認君王立憲，兩軍即息戰，否則仍以武力解決云云。經軍政府召集會議力闢其非，由都督覆書勸告之。

文見副總政書卷一。《革命真史》同《中國革命紀事本末》所載係招待時答詞。其時黄總司令防禦漢陽，恐軍士苦戰已久，爲袁系傳播和平解決之説所摇動，手諭警告。自鄂軍起義以來，不旬日間，吾同胞之響應者已六七省，足見天命已歸，滿賊立亡。乃虜廷不揣時勢，不問民心，出其貔豻之卒，敵我仁義之師。是實妄干天誅，於何我妨。漢口之戰，我師旗勝，繼雖小挫。軍家勝敗，自古常然，不必介意。現鄂軍大整，湘軍來援，恢復之功，當在旦夕。頃據保定偵探何式微來報，虜廷已命袁世凱爲内閣總理大臣，仍統陸海軍隊。袁世凱甘心事虜，根據初九日罪己詔，倡擁皇帝之邪説，先運動諮政院遍電各省諮議局，有云政府十分退讓，吾人祇求政治革命，不屑爲已甚者云云。現袁已派心腹多名，分道馳往各省發布傳單，演説諭衆，冀離間我同胞之心，涣散我已成之勢，設心之詭，用計之毒，誠堪痛恨！我同胞光復舊宇，義正詞嚴，既爲九仞之山，何惜一簣之覆，自不致爲所動摇。然恐妖情善蠱，致熒衆聽，故此密諭同胞，速飭密探查拿前項演説之人，消滅傳單，俾鼠竊之技無由而施。大局幸甚。——是文見日領十一月十日下午三時電（三十報據九江篠本巡查報告）。

此所謂和平解决者，即剿匪兼施政策之所謂撫也，以和平手段對待反抗者，而宣傳政府寬大爲懷者也，於一般國民何與。所謂兩軍息戰者，是威脅反抗者承認其所提條件，並非停戰以議和也。及見蔡劉虚言和平無效，而南北各省次第響應，知民軍已不可侮，黨人亦不易欺，而且各國外交日漸傾向民黨。非真正與民軍議和，不能保持固有實力，而且各國外交日漸傾向民黨。非真正一民軍議和，不能保持固有實力，而真正議和又必從停戰起。以故先託英使斡旋停戰，隨派代表南下商洽議和條件。

述議和事當連帶叙及臨時政府。先是九月以來，南方各省相繼獨立，軍事外交等，必須聯合商籌，武昌黎都督於是月二十日發出通電，文曰：

大局粗定，非組織臨時政府内政外交均無主體，極爲可危。前電請速派委員會議組織，諒達尊鑒。惟各省全權委員一時未能全到，擬變通辦法，先由各省電舉各部政務長，擇其得多數票者來鄂，以政府成立照會各國領事，轉各公使，請各本國承認，庶國基可以粗定。敝省擬中央臨時政府暫分七部：一内務，二外交，三教育，四財政，五交通，六軍政，七司法。其首長之條件，以聲望素著，中外咸知，並能出而任務爲必要。蓋非此不足以詔各國之信用也。現除外交首長多數省份已舉伍廷芳、温宗堯二君外，其餘首長應請協舉電知本省，候彙齊後其得多數票選者，一面電聘，一面通告。時事迫急，希即召集會議舉定。再財政首長，敝省擬舉张謇並聞。萬祈速覆。

十月三日（十一月二十四日）駐漢領袖領事敖康夫照會報告外交團來電各國代表請鄂軍政府擔負漢口交涉全權。同日山東巡撫孫寶琦忽有電來，文曰：

建設共和政體，原爲國民要求幸福；同類相殘，大非初志。近者南北意見尚無歸宿，停滯日久，戰源方長，萬一牽及外交，爲患更鉅。前因滬廷召集各省代表，曾經電達鄙意，請聯各省公電袁内閣，首先提議共和，不知此電已否照發？頃順直諮議局來電，欲另擇地點速開臨時會議，解決危局，此爲最良。而組織會議最簡便之方法，莫如仿德國聯邦議事制，先立上院以爲國民基礎，其會員由各都督府派代表人充當，若未經獨立省分，則由各諮議局派員與會。其會議即於京、津酌定一處，使北方易於加入。凡國體、政體問題，皆可於此議決，則議會兼有臨時政府之作用，外交易於締造，而會員兼收未獨立各省在内。異日以全國意見要求遜位，可無兵戈而收勝利，較之武力從事，保全實多。惟義軍之起，爲真理非爲血氣，僅効忠告。

孫在山東獨立，態度不明。此電措詞雖傾向共和，然主張會議地點在京津。未獨立省分派員參加討論國體政體，其用意可想。故武昌據電轉達各省。頗有微詞，程譚二都督亦有嚴正聲明，大意如下：

蘇州程都督電略云：清廷如不私君位，宣布共和，可派員赴鄂會議，即請黎都督主稿挈銜，電告各省。如表同意，乞迳電武昌。

長沙譚都督電略云：會議地點已確定在滬，不能移我就彼。清廷如肯遜位，當即停戰，宣布中外派員赴鄂，否則征北之師已成，不日出發。乞將此中意電達清廷爲盼。（以上文電見《黎副總統政書》卷一）

武昌召集代表，會期定十月初十日（十二月一日）。惟臨時政府之組織，倡自上海名流集議，因商討發起列名問題，故通電遲於武昌一日，事本同源，内容微殊，非上海集議對武昌通電而有異議也。九月二十一日江蘇程都督、浙江湯都督、上海程都督聯電各省舉代表集議上海，文曰：

自武昌起義，各省響應，共和政治已爲全國所公認。然事必由所取，則功乃易於觀成。美利堅合衆國之制，當爲吾國他日之模範。美之建國，其初各部頗起爭端，外揭合衆國之幟，内伏涣散之機，其所以苦戰八年，收最後之成功者，賴十三州會議總機關，有統一進行維持秩序之力也。考其第一次、第二次會議，均僅以襄助各州會議爲宗旨，至第三次會議始能確定國會，長治久安，是亦歷史上必經之階級。吾國上海一埠，爲中外耳目所寄，又爲交通便利、不受兵禍之地，急宜仿照美國第一次會議方法，於上海設立臨時會議總機關，磋商對内對外妥善方法，以期保疆土之統一，復人道之和平，務請各省舉派代表，迅即蒞滬集議。方法：

一、各省舊諮議局，各舉代表一人。

二、各省現時都督府各派代表一人，均常駐上海。

三、以江蘇教育會爲招待所。

四、兩省以上代表到會，即行開議，續到者隨到隨議。

提議大綱：

一、公議外交代表。

二、對於軍事進行之聯絡方法。

三、對於清皇室之處置。

發電之第二日又以江蘇都督府代表雷奮、沈恩孚，浙江都督府代表姚桐豫、高爾登聯電催各省代表來滬，並請公認伍廷芳、温宗堯爲臨時外交代表。九月二十五日，開第一次會議決定名爲各省都督府代表聯合會，會所仍設上海爲宜，並電武昌即派代表與會，而公認武昌爲民國中央政府，以鄂軍都督執行中央政務並請派公推之伍、温爲民國外交總副長。及十月三日，鄂代表居正、陶鳳 到滬，請各省代表赴鄂組臨時政府。於是在滬代表決定同往武昌，但各省仍留一人在滬聯絡聲氣。赴武昌代表姓名如下：

江蘇——雷奮　馬君武　陳陶怡
浙江——湯爾和　陳時夏　黄羣　陳毅
福建——藩祖彝
山東——謝鶴壽　雷光宇
安徽——王竹懷　許冠堯　趙斌
湖南——譚人鳳　鄒代藩
廣西——張其鍠
四川——周代本
直隸——谷鍾秀
河南——黄可權
湖北——時象晉　胡瑛　王正廷　孫發緒

以上參照《知之録》《辛亥革命真史》，惟查十月三日黎都督致居陶委員電，湘粤代表已到鄂贛潯即來前列，姓名無廣東、江西代表。

名代表陸續到武昌，時值漢陽失守，武昌全城皆在龜山砲火之下，因假英界順昌洋行爲代表會所。初十日開第一次會議推譚人鳳爲議長，雷奮、馬君武、王正廷起草組織大綱二十一條如下：

中華民國臨時政府組織大綱

第一章　臨時大總統

第一條　臨時大總統由各省都督府代表選舉之，以得票滿投票總數三分之二以上者爲當選。代表投票權，每省以一票爲限。

第二條　臨時大總統有統治全國之權。

第三條　臨時大總統有統率海陸軍之權。

第四條　臨時大總統得參議院之同意，有宣戰、媾和及締結條約之權。

第五條　臨時大總統得參議院之同意，有任用各部長及派遣外交專使之權。

第六條　臨時大總統得參議院之同意，有設臨時中央審判所之權。

第二章　參議院

第七條　參議院以各省都督府所派之參議員組織。

第八條　參議員每省以三人爲限，其派遣方法由各省都督府自定之。

第九條　參議院會議時，每參議員有一表決權。

第十條　參議院之職權如左：

（一）決議第四條及第六條事件；

（二）承認第五條事件；

（三）議決臨時政府之預算；

（四）檢查臨時政府之出納；

（五）議決全國統一之稅法幣制及發行公債事件；

（六）議決暫行法律；

（七）議決臨時大總統交議事件；

（八）答復臨時大總統諮詢事件；

第十一條　參議院開會時，以到會參議員過半數之決議爲準。但關於第四條事件，非有到會參議員三分之二同意，不得決議。

第十二條　參議院議決事件，由議長具報，經臨時大總統蓋印，即發交行政各部執行之。

第十三條　臨時大總統對於參議院所議事件，如不以爲然，得於具報後十日内，聲明理由，交覆議。参議院對於覆議事件，如有到會参議員三分之二以上同意，仍執前議時，應仍照前條辦理。

第十四條　参議院議長，由参議員用記名投票法互選之，以得票滿投票總數之半者爲當選。

第十五條　参議院辦事規則，由参議院自訂之。

第十六條　参議院未成立以前，暫由各省都督代表會代行其職權但表决權每省以一票爲限。

第三章　行政各部

第十七條　行政各部如左：

（一）外交部；

（二）内政部；

（三）財政部；

（四）軍務部；

（五）交通部；

第十八條　各部設部長一人，總理本部事務。

第十九條　各部所屬職員之編制及其許可限，由部長規定，經臨時大總統批准施行。

第二十條　臨時政府成立後六個月以内，由臨時大總統召集國民會議，召集方法由参議院議决之。

第二十一條　臨時政府組織大綱施行期限，以中華民國憲法成立之日爲止。

旋南京克復，代表等决議以南京爲臨時政府所在地，各代表於七日内齊集南京，俟有十省以上代表報到，即開臨時大總統選舉會。時留滬代表以武昌爲漢陽砲火威脅，臨時政府須設南京，且須急設，因於十四日選舉黄興爲大元帥，黎元洪爲副元帥，即以大元帥組織中華民國臨時政府。經上海陳都督、九江馬都督通電報告，在漢代表認爲選舉不合法定人數，由黎都督電請取消，而桂林陸、王兩都督電稱“前月有日蘇州程都督通電推孫文爲臨時大總統，已有多省贊同。查總統有統率海陸軍之權，大元帥名目似應歸總統”云云。及各代表齊集南京，決定二十六日開臨時大總統選舉會，其先一日浙代表陳毅由鄂續到，報告袁内閣主張共和，派議和代表唐紹儀來漢。於是决議緩舉大總統，而暫承認滬方代表所舉之大元帥、副元帥，並於臨時政府組織大綱追加一條：“臨時大總統未舉定前，其職權由大元帥暫任之。”但黄興則力辭大元帥職，推黎元洪暫任，實則留持孫先生回國改選也。於是改黎爲元帥，黄副之，黎駐武昌不能來甯就職，由副元帥代行職權，但黄仍並副元帥而辭之。初黎亦辭大元帥，後經代表仇亮、陳毅等赴鄂勸其維持大局，黎始勉允其請。

十一月初六日，孫先生抵滬，初九日開臨時大總統選舉預備會，翌日正式選舉，到會代表共十七省，每省有一投票權，投票結果，孫文得十六票。當選中華民國臨時大總統，後三日孫先生赴南京就職。各代表姓名如左：

江蘇——陳陶怡　袁希洛
蘇江——湯爾和　黄羣　陳時夏　陳毅
湖北——居正　楊時傑　馬伯援　王正廷　胡瑛
湖南——譚人鳳　鄒代藩　宋教仁　廖名搢
四川——蕭湘　周代本
雲南——吕志伊　張一鵬　段宇清
山西——李素　景耀月　劉懋賞
陝西——張蔚森　馬步雲
安徽——許冠堯　王竹懷　趙斌
江西——林森　趙士壯　王有蘭　俞應麓　湯漪
福建——藩祖彝　林長民
廣東——王寵惠　鄧憲甫
廣西——馬君武　章勤士

奉天——吴景濂

直棣——谷鍾秀

河南——李鎜

山東——謝鴻燾

以上參照辛亥革命史《知之録》及《黎副總統政書》卷一。

孫先生就職誓詞如左：

傾覆滿洲專制政府，鞏固中華民國，圖謀民生幸福，國民之公意，文實遵之，以忠於國，爲衆服務。至專制政府既倒，國内無變亂，民國卓立於世界，爲列邦公認斯时文當解臨時大總統之職，僅以此自誓。

大總統啓印發宣言書文曰：

惟漢曾孫，失政東胡。内侵淫虐，猾夏帝制，自爲者垂三百年。我皇漢慈孫呻吟深熱，慕法蘭西、美利堅人平等之制。用是群謀衆策，仰視俯畫，思所以傾覆虐政，恢復人權。迺斷頭戡胸，群起號召。流血見義，續法、美共和之戰史。今三分天下，克復有二，用是建立民國，期成政府。揀選民主，推置總統。僉意能尊重共和，宣達民意。惟公賢，廓清專制，鞏固自由。惟公賢，光復禹域，克定河朔，舉漢滿蒙回藏。群倫共覆於平等之政，亦惟公賢。用是投匭度情，徵壓紐之信，衆意所屬，群謀僉同，既協衆符，歡欣擁戴。要知我國久困鈐制，疾首蹙額，望民主若歲，今當公軒車蒞任，蒼白扶杖，子女加額，焚香擁彗，感激涕零者何也？忭舞自由，敦重民權也。用是不吝付四百兆國民之太阿，寄二億里山河之大命，國民之委託於公者，亦已重哉！繼自今惟公翼翼，毋違憲法，毋拂輿情，毋任威福，毋崇專斷，毋昵非德，毋任非才。凡我共和國民，有不矢忠矢信，至誠愛戴，軒轅、金天、列祖列宗，七十二代之君，實聞斯言。代表等受國民委託之重，敢不盡意，謹致大總統璽綬，俾公發號施令，崇爲符信，欽念哉！

自是頒令改用陽曆，以皇帝紀元四千六百零九年十一月十三日爲中華民國元年元月元日。以上見《革命真史》。又代表會議議定五色旗爲國旗（江浙滬聯軍攻克南京所用）、星旗爲陸軍旗（武昌首義所用）、青天白日旗爲海軍旗（陸皓東廣州革命所用）亦經正式公布，今則五色旗、星旗皆棄置不用矣。惟組織大綱只有大總統無副總統，行政各部只有外交、内務、財務、軍務、交通五部，頗嫌疏闊。於是湖南代表宋教仁提議在大總統外加一副總統，行政各部不加限制俾有伸縮餘地，經代表會議通過。一月三日（以下皆改用陽曆）開副總統選舉會，黎元洪得十七票當選。是日大總統出席代表會提中央行政設立各部及其權限案，議決後即提國務員九人請同意案，原案宋教仁長内務，湯壽潛長教育，程德全長交通，經代表會預審改爲程德全長内務，湯壽潛長交通，教育另提，於是補提蔡元培長教育。見《辛亥革命史》。其總次長名單見《革命真史》。如左：

陸軍部長　黄　興　次長　蔣作賓
海軍部長　黄鍾英　次長　湯薌銘
外交部長　王寵惠　次長　魏宸組
内務部長　程德全　次長　居正
財政部長　陳錦濤　次長　王鴻猷
司法部長　伍廷芳　次長　吕志伊
教育部長　蔡元培　次長　景耀月
實業部長　張　謇　次長　馬君武

内閣組織完成，各省代表代行參議院職權，於一月二十八日開正式成立會，名録見《知之録》如上：

議　長　福建林森

副議長　浙江王正廷

全院委員　四川李肇甫

江西　王有蘭　文群　湯漪

湖南　劉彦　彭彝允　歐陽振聲

湖北　時功玖　劉成禹　張伯烈

福建　藩祖彝　陳承澤

安徽　常恒芳　凌毅　胡紹斌

江蘇　楊汝楝　陳陶怡　凌文淵

浙江　殷汝驪　黄群

四川　熊成章　黄樹中

山西　劉懋賞　李素

陝西　趙士鈺

廣東　錢樹芬　趙土北　金章

廣西　鄧家彦　曾彦

雲南　張耀曾　席聘臣　段宇清

貴州　平剛　文崇高

山東　彭占元　劉景楠

河南　李槃　陳景南

奉天　吴景濂

直隸　谷鍾秀

臨時政府成立經過，概如上述，兹進述正式和議經過，以終是編。蓋辛亥革命，發端於武昌十九之夕，而結束於和議告成，讀者於此當知所以觀感矣。

十月十八日（一二・八）停戰已經實見，袁内閣派唐紹儀爲全權代表來武昌與民軍議和，所謂正式和平談判始此。越三日（十・廿一即一二・

一一）上午十一時唐到漢口大智門車站，清軍往迎者有軍統馮國璋、新任漢黄德道黄開文等及英德領事代理與英艦長、英民團長等。唐偕參贊楊士琦下榻於英民團公所内。隨員許鼎霖等及清廷方面所謂各省代表等七十餘人則宿於太平街嘉賓酒樓。又二日復到委員多人，同行者有《泰晤士報》北京通訊員摩理遜博士。翌午由英代理領事英艦長陪同渡江，至武昌織布局，與黎都督接談約半小時，因應伍代表之約，次日上午十時，乘洞庭號下駛往滬，武昌派王正廷、胡瑛隨往。日領十二月十四日上午十時電第五十二報。

唐代表到後，黎都督即於次日電伍代表來鄂並派來鄂代表雷奮往迎，伍因交涉甚繁，各省代表主張在滬協商，各國領事亦盼在滬談判，英領事且電英使轉商袁内閣命唐來滬，往來電見《黎副總統政書》卷二。十月二十八日（一二·一八）下午三時，唐、伍二代表在上海南京路市政廳舉行第一次會《革命真史》稱：唐之參贊楊士琦，伍之參贊温宗堯、王寵惠、汪兆銘。《知之録》稱：伍之參贊温宗堯、王寵惠、鈕永建、胡瑛、王正廷。首，由兩方代表换驗文憑，伍代表隨即提議從十九日停戰以後，凡湖北、陝西、山西、山東、安徽、江蘇、奉天各省均應一律停戰，須得切實回電，始能正式開議，如開議後再有此等事情發生，須將擅自行動之軍隊，嚴重處罰，請唐代表電袁内閣照辦，繼討論議和條件：

一、廢除滿洲政府

二、建立共和政府

三、優給清帝歲俸

四、以人道主義待滿人（《革命真史》作“優恤年老貧苦之滿人”）

十一月初一日，袁内閣承認各路停戰電已到。略云停戰命令早經通飭湖北、山西、陝西、山東、安徽、江蘇、奉天等省均歸一律自無疑義，倘於開議期内擅自行動之軍隊定即處以嚴罰，山西、陝西兩省因電報不通屬爲轉電已照轉文，見《政書》卷三。

同時德、美、英、法、日俄六國領事各以意見書勸告雙方息戰議和。乃於是日午後開第二次會議，首義決自十一月初五早八時起至十一月十二日早八時止，再停戰七日。並由伍代表提議清内閣必須承認共和始得開議，唐代表本身早有如此傾向，其隨員二十餘人，雖多屬立憲派，傾向虚君共和，然南下後見長江一帶充滿民主空氣，不敢在會議中有所主張，但唐代表亦不便在會議席上彰明承認共和，惟言變更國體，事太重大，須電達袁内閣得覆後再商。遂於初八日開臨時國會解決國體問題之説，電請袁内閣奏明，文曰：

竊紹儀前准總理大臣咨開委充總代表等因，當即馳赴漢口，嗣因議和地方改在上海，復由漢乘輪赴滬，與各省民軍總代表伍廷芳於十月二十八日、十一月初一日兩次會議，迭將情形電達總理大臣在案。查民軍宗旨以改建共和政體爲目的，若我不承認共和，即不允再行開議。默察東南各省民情，主張共和，已成一往莫遏之勢，近因新製機艇二艘，又值孫文來滬（中山先生於初六日到滬），挈带巨貲，並偕同泰西水陸兵官數十員，聲勢浩大（其實語多恫嚇清廷，並非事實），正議組織臨時政府，爲鞏固根本之計。且聞中國商借外款皆爲孫文説止各國，以致阻仰不成。此次和議一敗，戰端再起，度支之竭蹶可虞，生民之塗炭愈甚，列强之分裂必乘，宗社之存亡莫卜。倘知而不言，上何以對太后，下何以對國民乎？紹儀出都時，總理大臣以和議解決爲囑，故會議時，曾議召集國會，舉君主、民主問題付之公决，以爲轉圜之法。伍廷芳謂各省代表在滬本不乏人，贊成共和已居多數，何必再行召集。當時以東三省、直、魯、豫及蒙、回、藏等處尚未派員，似非大公，折之，伍廷芳仍未允認。現在停戰時期限已足，再四思維，惟有籲請即日明降諭旨，命總理大臣頒布各令，召集臨時國會，以君主、民主付之公决，徵集意見，以定指歸。其漢陽、漢口等處所有軍隊，並請飭下總理大臣傳令各軍統等一律撤退，以示朝廷與民相見以誠之意。紹儀自當凜遵國會，與伍廷芳議開國會公决日期及民軍不得進攻條約，以期和平議結，早息戰爭。

右電到後，清廷開御前會議，載濤、毓朗反對，弈劻則主張允唐所請，因於初九日下論召集國會公決團體問題，並命内閣迅擬選舉法施行。袁内閣據以電復唐代表，略云：

承示召集國會，公决君主、民主兩題，亦爲救危之法。但事關國體，必須朝廷允許方可議及，非凱一人所得擅專。頃經協商，召集國會須定選舉法，必有選舉合格之人選，乃可得正當之公議，切實之信用，斷非倉卒所能集事。現值地方糜爛，監督乏人，盗賊蠭起，良善匿跡。宜先設法使地方粗安，方可實行選舉之法，且中國幅員廣闊，邊遠省藩，交通不便。計程召集，亦難尅期。若邊藩不能與會，正予以反悔之隙，恐滿蒙各藩郡縣民團起而反抗，自非有數月工夫，不敷部署。希與伍代表切實討論，如有正當選舉辦法，即由尊處電奏請旨，庶上下信從，實有效力。

唐代表據袁復電通知伍代表，於初十日開第三次會議，實則贊同共和，民意業已一致，臨時召集國會解決，不過一種形式而已。惟因此罷兵，雙方具有同情，所以是日議决如下。

一、開國民會議，解决國體問題。從多數取决，决定之後，兩方均須服從。

二、國民會議擇决國體以前，清政府不得取已經借定之外款，亦不得再借新外款。

三、自十一月十二日早八點起，所有陝西、山西、湖北、安徽、江蘇等處之清軍，五日之内一律退出原駐地百里以外，只留巡警保衛地方。民軍不得進占，以免衝突。俟於五日商妥罷兵條款後，按照所訂條款辦理山東、河南等處民軍已經占領之地方，清軍不得來攻，民軍亦不得進取他處。

國民會議解决國體，業經雙方承認，惟附隨問題，尚需首先解决者有三點：（一）國民會議産生方法；（二）國民會議進行程式；（三）國民會議開會地點。第一點，伍代表主張以現時在滬之各省代表充之，所缺北方數省即速選派，不必另定選舉法。第二點，伍代表主張代表省分有三分之二到即開會。第三點，伍代表主張在上海。唐代表對此主張本同意，但不便立即承認，而須電達袁内閣請示。惟因是日孫先生當選臨時大總統，傳説袁内閣聞之不悦。翌日開第四次會議，又簽定左列各款：

一、國民會議由各處代表組織，每一省爲一處而外蒙古爲一處，前後藏爲一處。

二、每處各選代表三人，每人一票。若有某處到會代表不及三人者，仍有投三票之權。

三、開會日期如各處到會人數有四分之三即可開議。

四、各處代表，江蘇、湖北、江西、湖南、山西、陝西、浙江、福建、廣西、廣東、四川、雲南、貴州由中華民國臨時政府發電召集（上列各省皆民軍占領）。直隸、山東、河南、東三省、甘肅、新疆由清政府發電召集（上列各省在清政府支配下），並由國民政府電知該省諮議局、内外蒙古及西藏由兩政府分電召集。

十二日開第五次會議，唐伍兩代表又同意簽訂五款如左：

一、山西、陝西由兩政府派員會同前往申明和約。

二、張勳屢次違約，且縱兵燒殺奸擄，大悖人道，唐代表電知袁内閣查辦。

三、皖鄂山陝等處清軍五日之内退出原駐之地百里以外，祇留警察保衛地方，民軍不得進襲，須由兩方軍隊簽字遵守。

四、國民會議在上海開會，日期定十一月二十日，唐代表電袁内閣從速電覆。

五、上海通商銀行日前收存南京解銀約一百餘萬元，現在兩方代表議定將此款撥出銀二十萬元，交與華洋義賑會爲各處義賑之用。

依上簽定，袁内閣所能操縱者衹有北方八省，而民黨則握有十四省，幾占三分之二，因電唐代表聲明十一日以後簽定越權，唐即電請辭職，袁内閣逕電伍代表以後直接電商，伍代表請袁即來滬，袁則請伍赴北京，往返電商不決，和議遂無形停頓。南京臨時政府即籌議五路北伐，武昌方面爲各路援軍所集，準備尤急。所以停頓者，袁面上固争執國民會議問題，實則是孫先生被舉爲臨時大總統即期就職，恐雙方默契之大總統地位，或致中變，於是以停頓而不斷絶之態度出之。一方面授意段祺瑞、馮國璋等聯絡北方將校合詞電請維持君憲，否則以武力對待。一方面議和之事並不撤消，唐雖不任代表而稽留滬上，以局外之身，密圖斡旋，與伍代表時相聚談，其時所討論者已撇開國民會議問題，而集注於清帝自行退位之策劃。於是袁系方面籌得一策，主張北京君主政府與南京共和政府同時取消，另在天津設立臨時統一政府，以統一美名，爲竊國之號召工具，其取消共和政府不過藉作陪襯，一方聊以慰藉滿清皇室，一方又可除去南京障礙。故袁内閣於御前會議提此方案時並電達伍代表轉達南京政府，要求清帝遜位後二日南京政府，即行解散。民黨窺知袁之陰謀，孫先生遂於二十二日提出五條，原電如下：

文前此所云於清帝退位時，即辭臨時大總統之職者，以袁世凱斷絶滿清政府一切關係，而爲中華民國之國民，斯乃可舉袁爲總統也。然其後得由上海來電，袁之意非徒不欲廢去滿清政府，且欲取消民國政府，於北方另組臨時政府。彼所謂臨時政府，果爲君主，誰則知之？若彼自謂爲民主，誰則保證？故文須俟各國承認民國之後始可解職。蓋欲使民國之基礎鞏固，决非前後矛盾。袁若與滿政府斷絶關係，爲民國之國民，文當履行前言。今確定辦法如下：

一、清帝退位，由袁同時知照駐京各國公使，請轉知民國政府，或轉飭駐滬各國領事轉達亦可。

二、同時袁須宣布政見，絶對替成共和主義。

三、交接到外交團或領事團通知清帝退位，布告後即行辭職。

四、由參議院舉袁爲臨時總統。

五、袁被舉爲臨時總統後，誓守參議院所定之憲法，始能授事權。

前之一、二兩條，即欲使袁斷絶滿政府之關係，變爲民國之國民，此爲最後解决之辨法。袁若不能實行，即不願替同共和，無和平解决之誠意；如此則優待皇室及滿蒙各條件亦不能實行。此後戰争再起，陷天下於流血之慘，亦將咎有攸歸。

孫先生所提辦法，袁氏别無躲閃方式，但以消滅滿清皇室换取總統地位，原爲雙方默契，現竟公開討論，對於宗社黨痛恨，外人譏評，不得不稍有顧慮。及二十六日良弼炸死，親貴喪膽非逃即匿，於是授意親系段祺瑞聯合北洋將領姜桂題等四十七人，聯名通電内閣軍諮府陸軍部並各王公等，主張立即採取共和政體，以安皇室而奠大局，請其代奏。清廷接電後，即命内閣電覆嘉獎並以改變國體事關重大付國民公决以昭慎重。其實清隆裕太后已授予袁氏决定大計全權與伍代表協議優待條件，僅少數近支王公稍有阻難耳。故段祺瑞等通電一星期後，尚未頒布退位之詔，至二月四日乃由段祺瑞、王占元、何豐林、李純等又向王公發出第二通電，並歷数皇族敗壞大局之罪，而北方各巡撫及河南諮議局至此亦通電贊成共和。二月六日，袁内閣集各王公大臣，傳閲段祺瑞電文，親貴相顧失色，於是會擬贊成共和長電一通，由袁氏及各王公署名發出，阻段等率師北上。北洋將領，爲袁氏意向所左右，以此與前電維持君憲對照，前後相反若此，其人格與思想，可以概知矣。同日南京參議院修正通過優待條件咨覆臨時政府電達袁世凱、隆裕太后，遂於二月十二日率溥儀遜位並接受議定優待條件，茲附録清帝遜位詔及優待條款於下：

朕欽奉皇太後懿旨：前因民軍起事，各省響應，九夏沸騰，生靈塗炭，特命袁世凱遣員與民軍代表討論大局，議開國會，公决政體。兩月以來，尚無確當辦法。南北睽隔，彼此相持，商輟於塗，士露於野，徒以國體一日不决，故民生一日不安。今全國人民心理多傾向共和，南中各省既倡議於前，北方諸將亦主張於後，人心所向，天意可知。予亦何忍因一姓之尊榮，拂兆人之好惡？是用外觀大勢，内察輿情，特率皇帝，將統治政權公諸全國，定爲共和立憲國體，近慰海内厭亂之心，遠協古聖天下爲公之義。袁世凱業經資政院選舉爲總理大臣，當此新舊代謝之際，定有南北統一之方，即由袁世凱以全權組織臨時共和政府，與民軍協商統一辦法，總期人民安堵，海内乂安，仍合滿、漢、蒙、回、藏五族完全領土，爲一大中華民國。予與皇帝得以退處寬閒，優遊歲月，長安國民之優禮，親見郅隆之告成，豈不懿歟？宣統三年十二月二十五日

（甲）關於清帝遜位後優待之條件

第一款　清帝遜位之後，其尊號仍存不廢，以待遇外國君主之禮相待。

第二款　清帝遜位之後，其歲用四百萬元，由中華民國給付。

第三款　清帝遜位之後，暫居宫禁，日後移居頤和園，侍衛照常留用。

第四款　清帝遜位之後，其宗廟陵寢永遠奉祀，由中華民國酌衛隊保護。

第五款　清德宗陵寢未完工程，如制妥修，其奉安典禮，仍如舊制，所有實用經費，均由中華民國支出。

第六款　以前室内所用各項執事人員得照常留用，惟以後不得再招閹人。

第七款　清帝遜位之後，其原有私産由中華民國特别保護。

第八款　原有禁衛軍歸中華民國陸軍部編制，其額數俸餉仍如其舊。

（乙）關於清族待遇之條件

（一）清王公世爵概仍其舊。

（二）清皇族對於中華民國之公權及其私權，與國民同等。

（三）清皇族私產一律保護。

（四）清皇族免兵役之義務。

（丙）關於滿蒙回藏各族待遇之條件

（一）與漢人平等。

（二）保護其原有之私產。

（三）王公世爵概仍其舊。

（四）王公中有生計過艱者，民國得設法代籌生計。

（五）先籌八旗生計於未籌定之前，八旗兵弁奉餉仍舊支給。

（六）從前營業居住等限制一律免除，各州縣聽其自由入籍。

（七）滿蒙回藏原有之宗教聽其自由信仰。

清帝遜位之次日袁氏電南京臨時政府，表示贊成共和，並不能南來之意，原電如下：

共和爲最良國體，世界所公認，今由帝政一躍而躋及之，實諸公累年之心血，亦民國無窮之幸福。大清皇帝既明詔辭位，業經世凱署名，則宣布之日爲帝政之終局，即民國之始基。從此努力進行，務令達到圓滿地位，永不使君王政體再行於中國。現在統一組織，至重且繁，世凱極願南行，暢聆大教，共謀進行之法。衹以北方秩序不易維持，軍旅如林，須加部署；而東北人心未盡一致，稍有動摇，牽涉全國，諸君皆洞鑒時局，必能諒此苦衷。至共和建設重要問題，諸君研究有素，成竹在胸，應如何協商統一組織之法，尚希迅即見教。

孫先生接電後，於二月十三日，向參議院辭職，以正式諮文提出並附辦法，其文如下：

我國民之志在建設共和，傾覆專制，義師大起，全國樂從。清帝鑒於大勢，知保全君位必然無效，遂有退位之議。今既宣布退位，贊成共和，承認中華民國。從此帝制永不留存於中國之内，民國之目的亦已達到。當造民國之始，本總統被選爲公僕，宣布誓言：專制政府既倒，國内無變亂，民國卓立於世界，爲列邦所公認，本總統即行辭職。現在清帝退位，專制已除，南北一心，更無變亂；民國爲各國承認，旦夕可期。本總統當締踐誓言，辭職引退。爲此咨告貴院，應代表國民之公意，速舉賢能，來南京接事，以便辭職。附辦法條件如左：

（一）臨時政治地點，設於南京，爲各省代表所議定，不能更改。

（一）辭職後，候參議院舉定，新總統親到南京受任之後，大總統及國務各員乃行辭職。

（一）《臨時政府約法》爲參議院所制定，新總統必須遵守。頒布之一切法律及章程，非經參議院改定，仍繼續有效。

推荐袁世凱自代咨文其文爲：

今日本大總統提出辭職表，要求改選賢能，選舉之事，原爲國民公權，本大總統實無容置喙之餘地。前惟使五代表電北京，有約清帝實行退位，袁世凱君宣布政見，贊成共和，即當提議推讓，想貴院亦表同情。此次清帝遜位，南北統一，袁君之力實多。其發表政見，更爲絶對贊成共和，舉爲總統，必能盡忠民國。且袁君富於經驗，民國統一，賴有建設之才，故敢以私見薦賢於貴院，請爲民國前途熟計，無失當選之人，大局幸甚！

十五日開臨時大總統選舉會，到十七省代表，投票結果，袁世凱以十七票當選中華民國臨時大總統，二十日選舉副總統，黎元洪亦以十七票當選。時民黨對於民國前途，認爲惟一保障者惟有《約法》。先是臨時政府組織大綱，倉卒制定，諸多疏漏，參議院决定修正，名爲《約法》。及和議告成，以大總統授予袁氏，原爲大局委曲求全之舉，惟有在《約法》上約束權限藉資補救，計自二月七日起至三月八日止，經過二十二日修訂完竣，三月十一日，由臨時大總統公布，都凡七章五十六條，其與組織大綱最不同者，前者採總統制，此採内閣制。不過袁氏惟在先得攫取地位，並不重視《約法》空文也。約法全文如下：

第一章　總綱

第一條　中華民國由中華人民組織之。

第二條　中華民國之主權屬於民國全體。

第三條　中華民國之領土爲二十二行省、内外蒙古、西藏、青海。

第四條　中華民國以參議院、臨時大總統、國務員、法院行使其統制。

第二章　人民

第五條　中華民國人民一律平等，無種族、階級、宗教之區别。

第六條　人民享有左列各項之自由：

一、人民之身體非依法律不得逮捕、拘禁、審問、處罰；

二、人民之家宅，非依法律，不得侵入或搜索；

三、人民有保有財産及營業之自由；

四、人民有言論、著作、刊行及集會、結社之自由；

五、人民有書信秘密之自由；

六、人民有居住遷徒之自由；

七、人民有信教之自由；

第七條　人民有請願於議會之權。

第八條　人民有陳訴於行政官署之權。

第九條　人民有訴訟於法院，受其審判之權。

第十條　人民得於官吏違法損害權利之行爲，有陳訴於平政院之權。

第十一條　人民有應任官考試之權。

第十二條　人民有選舉及被選舉之權。

第十三條　人民依法律有納税之義務。

第十四條　人民依法律有服兵役之義務。

第十五條　本章所載人民之權利，有認爲增進公益、維持治安或非常緊急必要時得依法律限制之。

第三章　參議院

第十六條　中華民國之立法權以參議院行之。

第十七條　參議院以第十八條所定各地方選派之參議員組織之。

第十八條　參議員，每行省、内蒙古、外蒙古、西藏各選派五人，青海選派一人。其選派方法由各地方自定之。參議院會議時，每參議員有一表决權。

第十九條　參議院之全權如左：

一、議决一切法律案；

二、議决臨時政府之預算决算；

三、議决全國之税法、幣制及度量衡之準則；

四、議决公債之募集及國庫有負擔之契約；

五、承認第三十四條、三十五條、四十條事件；

六、答復臨時政府諮詢事件；

七、受理人民之請願；

八、得以關於法律及其他事件之意見、建議於政府；

九、得提出質問國書於國務員，並要求其出席答覆；

十、得咨請臨時政府查辦官吏納賄違法事件；

十一、參議院對於臨時大總統認爲有謀叛行爲時得以總員五分四以上之出席，出席四分三以上可决彈劾之；

十二、參議院對於國務員認爲失職或違法時得以總員四分三以上之出席，出席三分以上可決彈劾之。

第二十條　參議院得自行集會、開會、閉會。

第二十一條　參議院之會議須公開之，但有國務員之要求，或出席參議員過半數之可決者，得秘密之。

第二十二條　參議院議決事件咨由大總統公布施行。

第二十三條　臨時大總統對於參議院議決事件，如否認時得於咨達十日内聲明理由，咨院覆但參議院對於覆議事件，如有到會參議員三分之二以上仍執前議時，仍照第二十二條辦理。

第二十四條　參議院議長由參議員用記名投票法互選之，以得票滿投票總數之半者爲當選。

第二十五條　參議院參議員於院内之言論及表决，對於院外不負責任。

第二十六條　參議院參議員除現行犯及關於内亂外患之犯罪外，會期中非得本院許可，不得逮捕。

第二十七條　參議院法由參議院自定之。

第二十八條　參議院以國會成立之日解散，其職權由國會行之。

第四章　臨時大總統、副總統

第二十九條　臨時大總統、副總統由參議院選舉之，以總員四分三以上出席，得票數滿投票數總數三分之二以上者爲當選。

第三十條　臨時大總統代表臨時政府總攬政務、公布法律。

第三十一條　臨時大總統爲執行法律或基於法律之委任得發布命令，並使得發布之。

第三十二條　臨時大總統統帥全國陸海軍隊。

第三十三條　臨時大總統得制定官制、官規，但須提交參議院議決。

第三十四條　臨時大總統任命文武職員，但任命國務員及外交大使、公使，須得參議院之同意。

第三十五條　臨時大總統參議之同意得宣戰、講和及締結條約。

第三十六條　臨時大總統得依法律宣告戒嚴。

第三十七條　臨時大總統代表全國接受外國之大使、公使。

第三十八條　臨時大總統得提出法律案於參議院。

第三十九條　臨時大總統得頒給勳章並其他榮典。

第四十條　臨時大總統得宣告大赦、特赦、減刑、復權，但大赦須經參議院之同意。

第四十一條　臨時大總統受參議院彈劾後，由最高法院全院審判官互選九人組織特別法庭審判之。

第四十二條　臨時副總統於臨時大總統因故出職或不能視事時得代行其職權。

第五章　國務員

第四十三條　國務總理及各部總長均稱爲國務員。

第四十四條　國務員輔佐臨時大總統負其責任。

第四十五條　國務員於臨時大總統提出法律案、公布法律、發布命令時須副署之。

第四十六條　國務員及其委員得於參議院出席及發言。

第四十七條　國務員參議院彈劾後，臨時大總統應免其職，但得交參議院覆議一次。

第六章　法院

第四十八條　法院以臨時大總統及司法總長分別任命之法官組織之。法院之編制及法官之資格以法律定之。

第四十九條　法院依法律審判民事訴訟及刑事訴訟，但關於行政訴訟及其他特別訴訟別以法律定之。

第五十條　法院之審判須公開之，但有認爲妨害安寧秩序者得秘密之。

第五十一條　法官獨立審判不受上級官廳之干涉。

第五十二條　法官在任中不得減俸或轉職，非依法律受刑罰宣告或應免職之懲戒處分不得解職，懲戒條規以法律定之。

第七章　附則

第五十三條　本約法施行後，限十個月内由臨時大總統召集國會。其國會之組織及選舉法由參議院定之。

第五十四條　中華民國之憲法由國會制定。憲法未施行以前，本約法之效力與憲法等。

第五十五條　本約法由參議院參議員三分二以上或臨時大總統之提議經參議院五分四以上之出席，出席四分三之可決得增修之。

第五十六條　本約法自公布之日施行。《臨時政府組織大綱》於約法施行日廢止。

袁氏不欲離北京南下，十三日前電已有表示。實則虎已出柙，决非調虎離山之計，可以期其就範。三月十四日，參議院討論國都問題，主北主南各不相下，竟以二十票對八票，可決臨時政府設於北京，實則主北京者並非出於袁氏授意，如李肇甫、谷鍾秀圖主都北京最力者，即其明證。不過其中挾有私見者，如向以北京爲巢穴之官僚軍閥，與享有東交民巷特權之外交團，固極願定都北京者，亦即袁氏挾以自重之勢力也。然上海爲官僚資本所叢集，與所謂文化區之下江以官爲業者利其近水樓台，則願定都南京也。此二種勢力皆爲蠹國之賊，都北都南，各有利弊。孫先生則認爲南京爲有利者也，故接到參議院議决案，非常氣憤，立即咨院復議，力主遷都南京，並暗加疏解，故十五日覆議，又以十九票對七票，可決臨時政府設都南京，袁氏遂以退居要挾，向各方通電。文曰：

南行之願，前電業已聲明。然暫時羈留在此，實爲北方危機隱伏，全國半數之生命財産萬難恝置，並非倚清室爲重也。孫大總統來電所論共和政府，不能由清帝委任組織一層爲極正確。現在北方各軍隊暨全蒙代表皆以函電推舉爲臨時大總統。清帝委任一層，無足再論。然總未遽組織者，特慮南北意見因此而生，統一愈難，實非國家之福。若專爲個人職任計，舍北而南，實爲無窮窒礙。北方軍民意見尚有紛馳，隱患實繁，皇族受外人愚弄，根株潛長；北京外交團向以凱離此爲慮，屢經言及；奉江兩省時有動摇；外蒙各盟①迭來警告；内訌外患，遞引互牽。若因凱一去，一切變端立見，殊非愛國救世之素志。若舉人自代，實無措置各方面合宜之人。然長此不能統一，外人無可承認，險象環生，大局益危。反思覆維，與其孫大總統辭職，不如世凱退居。

更有段祺瑞、姜桂題、馮國璋三軍統主張定都北京之通電，以内憂外患怵惕國人，歸宿於臨時政府必設北京，大總統受任必暫難離京一步，統一政府必須旦夕組定，若僅玩味其文電，可謂情詞迫切極矣。究其實際，權奸擁有政府他位，嗾使隸屬巧言惑衆，虜聲恫喝，民國政府於此首聞其例。此則國民所當永爲殷鑒者也。

時孫先生堅持原意，派蔡元培、汪精衛、宋教仁、魏宸組、紐永建等爲專使往北京歡迎袁氏南下就職，用心良苦，無如無以轉移袁氏意向也。二十五日蔡、汪等到北京，袁氏毫不表示拒絶，且於專使初到時開正陽門迎之，惟暗使各團體紛起反對。及二十九日之夜，曹錕所統籌第三鎮竟起騷動，在東安門及前門一帶，整隊放火行劫，商民受禍者數千家，並侵入專使寓舍，幾至被害，次日天津、保定變亂亦同。其聲言則稱戰期每兵每月領特餉一兩，驟行停止，故有此變。實則停止者僅第二鎮第三鎮，如肇變之第三鎮固未停止也。因此北京外交團慮重演拳禍之亂，決議增調軍隊來京保護，日本首先將山海關及南滿駐軍一千數百人來京。蔡、汪等遂於三月二日電請南京政府及參議院速籌善策，以維北方危局。袁氏不便南下之計，至此達其目的，而孫先生所策畫者反爲多此一舉矣，三月初六日，參議院議決辦法如下：

---

① 各盟，底本無此二字，據其他史料補。

一、參議院電知袁大總統，允其在北京就職。

二、袁大總統接電後即電參議院宣誓。

三、參議院接到宣誓之電後即電覆認爲授職並通告全國。

四、袁大總統受職後即將擬派之國務總理及國務員姓名電知參議院求同意。

五、國務總理及國務員任定後，即在南京接收臨時政府交代事宜。

六、孫大總統於交代之日始行解職。

此辦法自爲袁氏所樂從，三月十日在北京宣誓就職，專使蔡、汪等參加典禮，誓詞如下：

民國建設造端，百凡待治，世凱願竭其能力，發揚共和之精神，滌蕩專制之瑕穢，謹守憲法，依國民之願望，達國家於安全强固之域，俾五大民族同臻樂利。凡此志願，率履勿渝。俟召集國會選定第一期大總統即行辭職。謹掬誠悃，誓告同胞。

此種誓言，不過官樣文章，宣誓者是否有敬畏之念，惟有於事實表見上證明之而已。袁氏就職後，提唐紹儀爲内閣總理，請電參議院同意，經多數通過。二十五日，唐赴南京組織新内閣，二十九日新内閣人選確定，是日出席參議院發表政見，並提國務員名單，除交通總長梁如浩否決，暫由唐兼，後改施肇基，餘均通過。各部名單如下：

外交陸徵祥　陸軍段祺瑞　教育蔡元培
内務趙秉鈞　海軍劉冠雄　農林宋教仁
財政熊希齡　司法王寵惠　工商陳其美
交通唐紹儀兼

唐内閣組織後，即接收南京臨時政府。孫先生於四月一日正式解臨時大總統職，四月五日參議院議決臨時政府遷於北京，中華民國南北統一，在形式上遂告完成。然未幾唐北上至天津，北洋將領聯名通電反對，發並散發宣言，唐雖組閣而不得任事，武人干政，遂創民國開元先例，而民國亦从此淪爲將領統御之官僚政治矣。以上參照《辛亥革命史》《革命真史》。四月一日孫先生往參議院行解任禮，即在院演説，詞曰：

本大總統於中華民國元年初一日來南京受職，今日四月初一至貴院解職，自一月一日至四月一日，爲期適三個月。在此三個月中，均爲中華民國草創之時代，當中華民國成立以前，純然爲革命時代。中國何爲發起革命，實聯合四萬萬人推到惡劣政府爲宗旨。自革命初起，南北界限尚未化除，不得已而有用兵之事。三月以來南北統一戰事告終，造成完全無缺之中華民國。比皆全國國民及全國軍人之力所致。在本大總統受職之初，不料有如此之好結果，也不料以極短之時期而能建立如此大事業。本大總統於一個月前提出辭職書於貴院，當時因統一政府未成，故雖已辭職，仍執行大總統事務。今國務總理唐紹儀組織内閣，已經成立，本大總統自當解職。今日特别到貴院宣布，但趁此時間，本大總統尚有數語以陳述於貴院之前。中華民國國民均有國民之天職。何謂天職？即促進世界之和平是也。此促進世界的和平即爲中華民國前途之目的。依此目的而行，即可鞏固中華民國之基礎。蓋中國人民居世界人民四分之一，中國人民若能爲長足之進步，則多數共躋於文明，自不難結世界和平之局。況中國人種以愛和平著聞於世，於數千年前已知和平爲世界之真理。中華民國有此民習，登世界舞台之上，與各國交際，促進和平，即是中華民國國民之天職。本大總統與全國國民同此心理，務將人民智職習俗一切事業，切實進行，力謀善果。本大總統解職之後即爲中華民國之一國民，政府不過一極小之機關，其力量不過國民極小之一部分，大部分之力量仍全在吾國民。本大總統今日解職，並非功成身退，實欲以中華民國國民之地位，與四萬萬國民協力，造成中華民國之鞏固基礎，以冀世界之和平。望貴院與將來政府勉勵人民，同盡天職，從今而後，使中華民國得爲文明之進步，使世界人民均得享和平之幸福，固不第一人之宏願也。

詞畢以臨時大總統印交還參議院，於是參議院至辭曰：

中山先生發宏願救國，首建共和之纛，奔走呼號於專制淫威之下，瀕於殆者屢矣，而毅然不稍輟，二十年如一日。武漢起義未一月，響應者三分天下有其二，固亡清無道所致，亦先生宣導鼓吹之力實多。當時民國尚未統一，國人急謀建設臨時政府於南京，適先生歸國，遂由各省代表公舉爲臨時大總統，受職纔四十日，即以和平措置使清帝退位，統一底定。迄今未忍生靈塗炭，遽訴之於兵戎。雖柄國不滿百日，而五大民族所受賜者，已靡有涯際。

孫大總統即發解職令如下：

臨時大總統孫令：前由參議院議決統一政府辦法第六條，孫大總統於交代之日，始行解職，今國務總理唐君南來，國務員已各任定，統一政府業已完全成立，於本月初一日在南京交代，本總統即於是日解職，是用宣佈周知。此後國中一切政務，悉取決於統一政府。本處各部辦事人員仍各照舊供職，以待新國務員接理，勿得懈忽，致多曠廢。本總統受任以來，慄慄危懼，深恐弗克負荷，有負付託。今幸南北一家，共和確定，本總統藉此卸責，得以退逸之身，享自由之福，私心自慶，無以逾此。所願吾百僚執事，公忠體國，勿以私見害大局。吾海陸軍士，謹守秩序，勿以共和昧服從。吾五大族人民，親愛團結，日益鞏固奮發，更爲宣揚國光，俾吾艱難締造之民國，與天壤共立於不敝。本總統雖亦得以公民資格，勉從國人之後，爲幸多矣。此令。以上見《革命真史》。

編首義紀既竟，因賦詩一章述意，詞曰：率土臣奴三百年，邊疆舉義總徒然。何期興漢開雙十，復見亡秦有八千。杞宋無徵誰數典，春秋可繼待新編。餘生多識當時事，述往思來慕史遷。

時民國三十六年八月　編者年六十九歲

新修京山縣志草例

《新修京山縣志草例》，湖北通志館 **1947** 年 **12** 月印行，署名“李廉方擬”。

序

本館成立以來，各縣時有函索縣志綱目凡例以爲準繩者，惟因各縣情狀各殊，未可劃定例式，使修志者咸受拘束，故從未應其所請。廉方先生近著《京山縣志草例》，其中研討指陳之處，實爲劃時代之創作。不惟破除成規，且獨抒卓見，非老師宿儒所肯輕道者。竊維近半世紀來，世界各國之政制、經濟、文化、科學、藝術各方面，皆有變革，迥非昔比。中國自改建共和以還，一切均在突變漸變中；吾人若以舊時代之體例，束範新時代之事物，必有削足適屨之嫌，茲編一出，洽可爲新修縣志之指鍼。各縣修志者，若本其以變應變之原則，而不爲示範之例式所拘，各視其方域而變通之，必能擺脱陳舊因襲之疇範，而創造新製也。

湖北通志館館長李書城三十六年十二月

草例凡三章：第一體要，第二類目，第三進行程序。

第一　體要

一、邑志在南宋時稱《富水郡志》，明洪武中重修，前志不傳。見《安陸州志》序。正德间，郡人孫司徒交修《安陸州志》，吾邑亦附之，止成化間，僅四卷，昔稱體裁嚴潔。嘉靖改州爲府，修《興都志》，邑人王太僕格取孫本稍加增輯，後徧加裒採，成二十三卷，京山始有專志，昔稱最備。及章令聚奎續修，成十二卷，時王志已散佚矣。清康熙時，吴令游龍續修，成十卷，則章志亦全書無存。上見《康熙志》例言。光緒八年沈令星標任内，曾憲德、秦有鍠諸先生續修邑志完成，凡二十七卷。今得見者僅有《康熙志》《光緒志》二種，《康熙志》版本粗劣，字形模糊，所見之本，紙頁錯落，不易讀其全文。《光緒志》據易先生本烺散輯志稿十二本，加以採輯成書，大體一仍《康熙志》編次，印刷較好，排列亦不甚善，而編纂人對於歷史文献，除增補列傳外，未及参考群書有關京山之人物事蹟；對自然與現狀，亦未稍具近代科學方法取得之資料；至其敘述程式，能免章氏志論所訾議者，蓋亦鮮矣。

二、邑志自光緒八年續修後，至今六十餘年，迄未重修，此次編纂工作，當向兩重目標分進。

（一）蒐新。自光緒初至抗戰期前，典籍蕩然，事多無從採訪，惟盡力所能及者述其概要。復員後一切事迹，凡檔案與流傳文字，以及地方人士採訪調查所能及者，必盡量搜集。

（二）葺舊。談志書者常言“新志出，舊志廢”，此當從事者：其一，舊志歸類領域頗欠分明，例如輿地及建置與古跡名勝建置與學校堤防等。叙述無條理貫串，例如賦役如記流水賬。或嫌繁蕪，例如人物類叙千篇一律，短者無事實而僅有贊語，長者書事書人乃如行狀。或文不對題，例如武備之武略無事實，而僅叙職識（似有误——編者注）姓名，又列武科爲目而記其姓名。或事非地方所專有，例如典禮學校所載公文。凡此種種，皆宜加以調整而排比之；其二，舊志疏漏或略者宜補，以輿地、人物、藝文等最爲顯明。誤或變更者宜訂。最著如富水沿《水經注》之誤，《大洪山志》《隨州志》業經訂正者竟未採録。

向來修志，後出者大抵抄録前志，增損文字，並搜集新有資料，合而成書，體例多仍其舊，補訂亦不多見，此“新志出，舊志廢”之説所由來也。由此遂生二弊。其一修志者對於繼續資料，多未多方搜採，而藉改編原有志書成爲鉅篇。其二文人好以各自見解修改體例，分散原本紀載另成篇幅，費力大而應用不加多，徒耗印費。自清末迄於民國，時代大變，近有制度與事實，非舊志類目所能統攝，或仍舊稱，或改今名，强相比附；亦有新增名稱，分裂前志其他類目之事攙入之；領域分而叙事便多拘束，文章更減色采矣。愚見以爲後出之志，自以續修爲唯一任務；續修志料，自以前志後見之事爲主。不過追溯每事本原，不得不涉及前志所記載者，因此續修志料，是否合前志成篇，抑以前志各篇，分别附録於本文之後，或與前志各自成書備用，由主編人任取一式爲之可也。於是對於前志漏者補，誤者訂，衹爲附帶工作。假使前志盡毁，或太繁蕪，或太簡陋，而續修之人，自信識力超過前人，其考訂及搜集又有充分圖書參考，自可將前志改編，與新輯志料合而成書，否則惟有專輯續修時期志料，而以補訂前志特立一篇附後。所以志書續修，猶之《續三通》之於《三通》，《皇朝三通》之於《續三通》；不同《新唐書》之於《舊唐書》，《新五代史》之於《舊五代史》。《漢書》紀傳抄録《史記》，固以漢爲斷也。然而向例一般後出志書，陳陳相因，以爲新志出而舊志廢，何其罔也？《方志今議》以續、補、創三者爲三術，各有説明，實則三者爲續志應表現之特徵，非術也。如前志無存，即無續補可言，創亦衹對舊出一般志書體例之改革而已。如前志尚存，則續之工作，自以續修時期志料爲主，其類目製訂不以前志之例爲限，亦不必合前志事實而改編。若僅止於類目增改，無所謂創也。蓋因時代新有事實，增立類目，或變更名稱，本非創例。所以《史記》八書，《漢書》則稱十志，言志例者必宗《史記》八書，而不以《漢書》之十志異名爲創例。如《漢書》“郊祀”與《史記》之“封禪”異名，“溝洫”與“河渠”異名，

“食貨”與“平準”異名，名異而例非創也。若十志中之“地理”、“藝文”兩志，論志例者則又宗之，非以其名稱新立，而係其所述事類，爲八書所無，叙述體例爲其特創，即事類亦非在《史記》既出以後而始有也。補則視新修以外餘力爲斷。《今議》分别何類目爲續爲補爲創，似有未是。

三、修志論説，具有完整體系者，前人惟章先生實齋言之最爲詳審，清嘉慶以後志書善本多宗其説；近人則友人黎劭西教授《方志今議》，亦可供參究，陝南洛川、同官、宜川等縣即採用其議而編。二氏皆非徒尚理論，而多由實際經驗以立言者。兹專取二氏之言爲論點，則以所見舊刊各志及最近印送之志書凡例類目與調查綱目，自鄶以下無譏矣。惟章先生重在闡明義例，其創立程式，非必强人從同，即自修各志亦間有出入之處。前此宗其義例修志者，其體裁大抵大同小異，類目更因地因事因時而制宜。所可議者有兩點。其一章先生論志例，一本史法，固極謹嚴。惟各代正史，除史公獨具史識外，班、范以下，皆未脱文人習氣。章氏生於右文時代，自不免爲文章軌範所拘，確守正史分體之例。《今議》“破四障”之“類不關文”、“文不拘體”二説，章先生分立程式，誠有斯嫌。然按所作各志，如《天門縣志·地理考》附村里圖，《學校考》列生徒額書籍等，《水利考》列條規；《湖北通志》志與掌故分部，掌故、賦役皆附有表，又凡例謂考在擷要領而參以疏議，叙例論序傳則云繹義、訓故、記言、述事、書人，古人無定法也，固已明言文不拘體矣。其確守史例分紀、表、考、傳四種體式成書，殆亦未可盡非。至於運用體裁，施於叙述之中，神而明之，存乎其人可也。夫拘體成篇，誠有不便；若成規盡毁，流弊更甚。實則劭西破障之説，不過考與圖表分合問題，無所謂障也。其二章先生對於皇言與官書，非常重視，此自爲君主時代必守之風範。今時代大殊，不當有此拘束。然漫無限度之私家紀聞，抉擇亦不可不謹嚴也。

劭西“四用”之説，如科學資源、地方年鑑二項，與方志互爲因果，但事實上科學資源，地方經特殊機關、專家考查者，事不多見，有之亦難有全境各方面皆經調查報告。如有此類資源，自當取爲志料。若修志而以此爲首務，求專家既難能，鶩虛名則不足憑信，等於浮辭。地方年鑑則每邑現時力有未逮，若以新修之志，作年鑑之用，將使志體益趨卑下，而功用又失時效。至於教學材料、旅行指導二事，果使修志能得其人而主編（但非必爲文人，亦非能文者即爲得人），成爲最豐富最完善之文獻，在二者致用上效率已大。正不必以此爲修志之一種目標，反使編者注意小目標，每每持狹隘見解以去取材料也。因此劭西所言，亦稍嫌學者氣稍重，其縣志擬目舉例，如自然經濟兩方面之材料來源，目前多有難於實現。況洛川同官等縣，宗《方志今議》之準的而修者，並三宗之權宜辦法圖難於易者亦有未盡，劭西已於作序中言之。

四、向來修志主編人自定凡例，多宗圖經地志立論。不知輿地僅方志门類之一，《前漢書》十志，沿《史記》八書體例而演，创立地理一門，《後漢書》改名郡國，爲後世一切地志所宗。志之範圍，既不以地理爲限，則由正史演進之門類，自爲志書主體所繫，因時因地增損之。然因志中事類所及，不得不别出體裁，故分立紀傳以便類叙。尤其方志對人物記載宜詳，但體裁宜就可入志料而去取或類輯之。因闡揚人物著述，興起觀感，故藝文亦可成類而書。其實藝文爲班志之一門，自具體裁，一般志書專輯詩文，已與班志異趣，但詩文在方志是否必要，殊有討論餘地。至於表在史志中特立一類，因叙述方便以及近代圖表之學，方式日趨精密，應用亦廣，爲便閲覽起見，獨立實成問題。

五、志爲史之流别，説見章氏，鄭樵《通志》以志爲書之總名，已開其端。專主輿地而稱志，如《元和郡縣志》《明一統志》《大清一統志》《乾隆府廳州縣志》等，皆屬地志。其他不以志名而屬於地志者，書目甚多，不備舉。章氏所論，專指方志體例而言，省志、府志、州縣志此則與國史並重，其範圍與程式，必本正史爲斷；其體裁與類書異其旨趣，亦與專門作品功用不同。修志者每以文人見解，引古來地志作家之言爲宗，如杜君卿謂言地理者在辨區域，徵因革，知要害，察風土，此在編輯地志，誠爲不刊名言。以言方志，殊非扼要，何也？方志雖以搜採地方資料爲限，然叙述體要，一循史法，此旨惟章氏闡明之。惟其立論專重體例，於修志旨趣，發揮未盡，又不免過拘正史之體，以體分類，遂使書人、書言、書事，叙次或有不便。《方志今議》矯正其蔽，而於修史之旨尚未深究，故其“四用”之説，限於常識所見，非從本原推闡，本此修志，功用抑已微矣。兹所欲闡明者，則以方志主要功用，當集注以下兩個觀點：

（一）可作地方考鏡者，此類資料，大抵屬於政制沿革與人事變遷，讀其記述，可以發見盛衰治亂之由與其成敗得失者，即係於此。

（二）興起地方人觀感者，易言之即引致其愛鄉土心也。惟愛鄉非止於培養其自尊心、自信心，尤在於激發其盡地利、盡人事，以改良地方爲務。故發見此類資源有三：1. 關於民生；2. 民氣；3. 風尚。前者當從自然與經濟兩方面取得材料，後二者則從政治與社會兩方面取得材料；然亦稍與土地有關，故風景形勝，以及山川原野之分布，土壤肥磽，邑志能揭其要，亦足鼓舞其對鄉土如何改造之思也。

志書體要，大要具於史法史例中。再參究地志名著，作地理門編輯軌範，其專目叙次，體察《禹貢》《山經》《水經注》之方式；更採用近代調查統計調查之科學方式，斟酌運用，修志之能事畢矣。

六、向來方志善本，大抵文勝於質，如康對山《武功縣志》，韓五泉《朝邑縣志》，王壬秋《湘潭縣志》，即其例也，故其文愈美，去作史之意愈遠。章氏早已切論其失，而主張整理檔案，作爲一種重要志料，頗中肯綮。更有要者，時代變遷，史公創例與章氏論旨，對於民治民生，在史志中占如何位置並如何叙次，自不能一一有所詔示。近來修志者頗注重民事與生活，湖北抗戰前所修縣志並此旨亦未注意，又以炫耀科名，表彰士族，以及尊重典謨訓誥，皆與時代相違，宜予擯斥。惟民事及其生活如何注重，非僅在新增類目，加詳事實；而在創立如何採集與叙述之方法，索隱鈎玄，明白易曉。典謨訓誥，亦止於不冠卷首，以及不可不問重要性如何，全文照録而已。科名與士族，本非今日所有，不過古今異時，當日表見於社會者，以此爲中心，欲尋其變遷之跡，自不得以今不存在，概置不述，惟在表達程式，如何得其删要。即如氏族一目，章氏論頗晰，最近修志者猶未盡廢，《方志今議》且專列一志。誠以國體雖稱民主，法制亦修改重倫理之律，而社會猶存宗法遺跡，遽予概删，必蔽社會真相。如創立新式，採其與民族民生文化有關資料，頗爲切要，但不能與舊志立氏族門之用意同科也。《方志今議》專立一志，未免過重。

七、材料來源。《方志今議》綜爲三宗，兹之所爲，無逾於此。劭西叙《洛川縣志》論之最詳，兹摘要並參鄙見。

（一）實際調查。一邑之地質、地形、水文、土壤、氣候、生物、産業、交通，乃至社會習尚，方言風謡，屬於自然經濟等部門者，調查工作，動需專家，聯合他縣合作，事不易舉。若一邑之疆域、人口、農事、商情、古蹟、名勝、人物、藝文等，與政治部門所謂民、財、建、教、保安、動員等，衹須據一般常識，爲跡象調查，可以擬製表格，商由縣府分别責成各鄉鎮保甲長限期填送。如慮其無相當技術，不能填照，則商由縣府定期開班集訓，兩週爲度。此事在洛川未有填報，故劭西圖難於易，代以方桌訪問，並舉方言調查爲例，實則此法惟方言調查適用之，其餘調查，深可考慮，仍以勉爲其難爲當。

（二）檔案整理。此與本邑行政機關辦事有關，法宜統一部類，凡圖書、雜誌、公牘、私件，以及志乘資料，皆略以爲準，案卷歸檔，一律依此統一類碼，司文書者限期照類碼整理文件，使歸一致，《洛川縣志》雖偶採縣卷，未如《今議》澈底整理檔案，故劭西圖難於易，代以報告抄送，實則此非易辦，而且難得要領，不如由修志主編人查考縣署分科及所在機關所辦事務，規定綱要，由縣府分别指定負責人依據綱要檢卷摘録，較爲易行而且適當。

（三）群書採録。取四部群書與鄰近各邑志書，凡涉及本邑志料者盡予採録，《洛川縣志》除前志所引者外，未採録一書，故劭西圖難於易，代以舊志剪貼，照新立志目，一一舍取，分納諸目，並皆粘貼，不必别紙抄録。鄙意前志全存，無力補訂，似宜專取舊志以後文獻兼現狀調查，成爲續志，不必改編舊志混合新近材料，反可減省人力財力。如續修而尚需改編舊志，混合成書，即當剪貼舊志並多方涉覽群書，逐一抄録，始有補訂可言也。

八、凡修志者皆首訂凡例、類目、調查綱要等。類目當於次章而論。凡例則通常冠於卷首篇目之前，此種例言，係爲閱者詔示本書特點與其應注意之處，非成書後不能確定，而修志之始，亦有類此之規定者，則以書成众衆手，主編者不得不先訂通則，俾同者畫一程式，異者各有一定軌律，以及本書修纂之志旨志體，具有特殊規畫，亦需稍爲説明。故此種例言，並非一成不變，容有隨時改訂或不能實現之事，是否當與書成冠於卷首之例言同一名稱，或書成時即據此預訂者而修正，頗成問題。然而訂凡例者多未解二者目的不同，預訂者每將詔示閱者之事，盡量發表；及成書冠於卷首，又將規定畫一與其初編時所有規畫，亦攙入例言中。所以各志例言，大細雜陳，閱者目迷。尤其預訂例言，重犯此弊，訂凡例者對本邑各方面事實尚未盡曉，惟雜取前志及其他各志書之例，參以己見，率爾製訂，成爲泛論之志例，雜湊應酬文，有何用處？本此旨立言，凡瑣節支義，概弗置諭[①]，以其即有博採之功與獨到之見，無關宏旨也。

調查雖當據其體系而定，惟此種綱要，當詳查各地方現有組織，如通志從省行政所直轄，縣則從縣行政與鄉保所掌管，而計畫可以調查事項，分别規定，且在每事項下指示其工作辦法；不宜拘守類目，一概促其查照辦理，反使調查人茫然入五里霧中也。其二調查工作，大概分由城鄉辦理，與爲本館職員訂規則不同，不可不審地方現在情形與受委託者技術或知識能力而定計畫，並設法督導之。因此調查綱要，當在分門編纂時，由各門編纂視當前需要，次第訂施行計畫，不限於工作開始，即訂完整式例，徒成具文也。

---

① 諭，疑爲“論”字之誤。

本邑《光緒志》凡例，全襲《康熙志》，稍增損原文，加入新增事類數項。即章氏所論修志義例，亦尚未審，不足爲範。

第二　類目

類目之分，本係一種專門研究，細目須依本邑各方面事實可收入志料者而定。其定名之義，凡分志總名，必其分劃全邑志料，各自成類，轄其隸屬項目，不致類與類分搜志料，多有紛淆之處。而類以下所分項目，苟取之爲類，即與本類無並立價值。尤其命名含有通名性質者，有總與分之别，其定義或純屬古有，或純屬今有，或古今通用。如非通用，而以今隸古，或以古隸今，義必不明。例如預算原則，款以下分列項目，目可移項不可移，以此推論志例，則類以下之項目，惟目可增損或合併，而不能以甲項之目移於乙項。茲之所作，不盡具學術體系之項目，則以本邑所得志料，如是已足，不得憑空編列項目也。至於雜取各志類目，古今雜糅，意爲增損，既非歸納於學術體系，又非匯合現實所有事物，更屬不倫不類矣。章氏論志，依史例以體分編，分爲紀、表、考、略、傳，再於其下分繫事類，故於類目命名不甚研討，然各目則悉依各邑現有志料而定，此由其參修各志叙例可以考見。《廣西通志》改稱紀表略録傳，此則文人習氣，專喜作名稱争議，何足輕重。吾邑《光緒志》内分各篇皆以志名，總類凡十六，大細懸殊。如變亂、殉難，不過人物類别之一，而在人物志外各立一志，其不明類目取義之界説，於此可見。他縣各志類名，大抵不明通名總分之義，分類立志，殊多不稱。《方志今議》矯正章氏以文體分篇之失，是已，然縣目分二十八類，各定總名，而類與類相屬之處甚多。試舉其例，地質、氣候、地形、水文、土壤、生物，皆隸輿地，而且地質與土壤，地形與水文，互相關聯，分立成志，不易晰言。劭西固知《禹貢》《山經》《水經》成文之美，由於帶叙曲寫，而分立志失之過於單調，以此成書，求簡潔則乾燥無味，求文美則徒滋繁蕪，劭西殆未體會作文之甘苦也。劭西不以上六項分屬輿地部門下，而於各志前特標一題目“關於自然方面凡六篇”，此爲文篇分章之程式，即形式上志體已覺不倫。又於卷首特立建置沿革志，與疆域總圖大事年表合稱總綱，更屬無所取義。蓋綱者目所由成，未有目既立而後綜之爲綱，冠於卷首。況此所謂總綱者，非分編之目録，而係抽取全志一方面資源，自成篇幅，而與總目並列者也。關於經濟方面，人口、合作各立一志。夫人口與輿地、政治皆有關聯，即不屬於經濟，未始不可，如何能獨立成志。合作在地方僅有虚名，實未普行，無可爲志，洛南、宜川縣志依《今議》而修，以合作事業爲社會志一小目，可以概見。關於政治方面立軍警志，軍與警不同，警屬於地方民政，軍則直轄中央軍部，省且不得有之，即因時變而有駐軍，亦衹可爲專志中一細目，不能與警合而獨立成一門類之志也。《今議》又曰：“地形、水文、土壤、生物四篇，其資料無充分憑籍，應分别由專家調查。若專科調查不能充分，則科學説明無多，可將地形與水文，酌併爲山水志；土壤改入農礦志，而爲總説；生物則植物可分入農礦志之農林兩目；動物可分入畜産、蠶蜂、漁、獵四目，而各附叙其無關農業者。”皆由於規定總目太多，而且大細不明，故其分志之省併分合，得由編者臨時自酌。不知分志所繫項目，可以省併分合，若獨立成爲一分志，不得如此。抑有言者，方志重要，章氏申論其旨，繩以史法史例，以别於古之地志，其識可謂卓矣。《方志今議》申論其用，並立兩標：一曰地志歷史化，一曰歷史地志化，所見尚淺，蓋去作史之意已遠矣。章氏曰：“志者史之流别，將以記事，非以徵類也。”惟歷來各志，大都蕪濫庸陋，所謂善本，不過典雅簡明而已。因爲修志者文詞雖佳，史識未具，搜集材料，僅能取之故籍，对於檔案與現實調查，多未親自從事，資源已有缺陷，其他不足觀矣。章氏本史例分爲紀、表、考、略、傳，良非無故。惟時代日新，考之志料，非章氏當日所能盡知，而表之應用，經科學之統計調查，日趨精密，亦遠過章氏所見史類之格式。故本志不依章氏以文體分編，而依事分類，由事别而運用各體文式，以視以體屬事，可謂殊塗同歸，又可避免《方志今議》所譏之失。而章氏創立之紀、表、考、略、傳各體裁，《廣西通志》

改考稱略，改略稱録，皆可不論。分類凡六，皆以志名，類之次第，相因而成，卷一輿地，卷二經濟，卷三政治，卷四社會，卷五人物，卷六文藝，每志下分立項目，皆依前志材料及現時狀況，綜合分析，各如其分而定名。卷七大事記，爲最後之卷。其詳分見於下。至圖表則分見各志，由行文之便或整理材料而定，不必一一預定於項目下。

輿地志卷一——方志等於國别之史，然實由地志而演進，各志通例皆以輿地門冠首，故首志輿地卷一。

第一項疆域

（一）總圖。擬用測量局圖，或民政廳新製圖。

（二）界畫。1. 鄰境距離；2. 分區及其面積（附圖）。

（三）沿革。擬取舊志，搜集史志，大加補訂，俾閲者對本邑歷史知其大概，附圖，其張數暫不定。

第二項山水　擬取光緒輿地圖説，參考測量局及近鄰各縣志，並將此後調查所得訂正舊志水文，俟檢查建設廳水利工程處及江漢工程局資料再定，並擬就調查所得帶叙與民生關係，參考舊志古跡帶叙其附近所在地。至富水源在鄰境，關係甚大，當特作專篇。

第三項土地　包括地質、地形、氣候、土壤，附及舊志星野形勝及賦役下田畝等差概況，但地質、氣候目前未有科學材料，得就常識所見跡象言之。

第四项古跡名勝　舊志古跡獨立成编，此列入輿地門，便於與界畫、沿革、山水等參照，附金石其有文字可省識者，採入文藝内。

《光緒志·輿地門》襲《康熙志》，稍改目名，而分劃輿圖於志前，與序例同冠全書之首，已不甚合式，輿地志則分封域、星野、祥異、形勝、里至、山川、土産、沿革、風俗九目。風俗非全關輿地，而當屬於社會；土産爲經濟主要資源，况更名食貨，即涉及物價與交易，更應列入經濟部門，皆以劃出輿地以外叙次爲便。星野在古代以之定疆域，今則經緯度分明準確，無所用之，清中葉修志者多删去。若存文獻，可附録或小注於氣候下或界劃下。詳異如屬水旱風雨兵災等，當於大事記中書之，若以示吉凶之兆，無所取義。《方志今議》立總目二十八，輿地不列爲總目之一，而另款題標全志總綱，以疆域總圖、建置沿革志屬之，次標題自然方面，分地質、氣候、水文、土壤、生物六志。以上皆屬輿地範圍，似宜合稱輿地志，成爲獨立門類之一，如此則志内各項目，因材料而省併，庶較方便。不當另劃輿地某項目爲總綱，亦不當另以輿地之某項目分立志篇，反使類目命名之界説不清。生物與經濟關係較密切，故劃入經濟門類之産業項下。

經濟志卷二——地方繁榮，有賴經濟；而發展經濟，必因地利，故次志經濟卷二。

第一項户口　（一）舊志與賦役相聯之統計及其概況。（二）近來保甲之户口調查統計。（三）各種情態之分析。1. 各鄉人口增減與移動；2. 各鄉人口密度；3. 各鄉人口性别；4. 外鄉或外縣人數及居住情形；5. 現在壯丁人數。

第二項田畝　山地湖地等及地價，但計畝收税額，得劃入政治下。

第三項産業　（一）物産據舊志所載，分别調查彙輯。（二）職業，此當於户口調查時列入表格，説明應填事項。農如自耕農、佃農、半自耕農、雇農等，工如紙工、木匠、金工、泥水匠、裁縫、其他各種手工藝雇工、徒弟等，商如經商地點、商店或趕集、營業種類、商夥等，公務員、教員在内，分别在本邑或外邑，以及農而兼作買賣，工商而兼農，皆宜詳加調查彙輯。又各户動産與不動産，以及收租課或放債爲生者、失業者，皆宜列表。

第四項交通　（一）公路。（二）水運。（三）郵電，附舊日驛站。

第五項隄防　附水利即泉與擋堰，以及利用水力等，因本邑隄防最要，水利方面材料無多。

舊志無經濟門，《方志今議》關於經濟方面分立人口、農礦、工商、交通、水利、合作六志。惟農礦、工商與物産有聯屬關係，而地方有礦無業，工業亦不發達，故併自然之生物與各種職業合稱産業。合作在本邑無若何組織，亦不專立項目。

政治志卷三——經濟之發展，與政治之措施，互爲因果，故又次志政治卷三。

第一項行政　（一）縣政府。1. 公署；2. 官制及其組織；3. 施政紀要——以上兼略述其沿革。（二）隸屬政務。1. 役政與田賦聯繫者，新如徵兵、徵夫、派夫等；2. 郵政，舊如義倉、育嬰堂、施藥局等，新如衛生、救濟、撫恤、防災。3. 禁政，例如禁煙、禁賭等。

第二項財政　（一）清以前。（二）地方收入比例未規定前。（三）现状。1. 概述；2. 田賦；3. 税捐；4. 貨物管理；5. 縣銀行；6. 收支及審計；7. 變則，如徵實、勸募、攤派等。

第三項教育　（一）科舉時期。1. 概述；2. 學官及學宫（附武廟）；3. 考試（附貢院及校場以及學額及貢舉以上人數年表）；4. 書院；5. 祀典；6. 學田及歲費。（二）興學以後。1. 概述；2. 教育行政；3. 小學；4. 中學；5. 師範；6. 職業；7. 社教；8. 訓練班（附學生畢業人數年表分鄉統計）。

第四項司法　（一）司法制度訴判程序兼略述司法以前理刑概要。（二）監獄及囚犯。（三）要案彙判。

第五項保衛　（一）保安，兼述以前地方警察及團防。（二）防禦，兼述以前寨堡。（三）駐軍。

第六項自治　（一）區劃。（二）保甲，注重新縣制實施後情形。（三）選舉。

政治門舊志僅有田賦、學校、隄防之資源，並略見役政卹政。《方志今議》分吏治、財政、軍警、自治保甲、黨務、衛生、司法，七門各爲一分志，教育則另屬文化方面。現在教育屬於行政系統，即教育本身亦有教育行政，若取普通意義之文化，反使設施程式不明，故改隸政治。其與財政並列行政之次，則因事類較繁重，而上級機關亦屬分管，故各爲一項。司法本獨立，保衛合軍警而言，另有特殊管制，故二者並列，自治與官治對立，自應獨立一項。

社會志卷四——社會之貧富、强弱、文野，爲輿地經濟政治三者結合而構成者也，故又次志社會卷四。

第一項氏族　旨要在辨其來源，分合盛衰之跡，可以考見一地文化升降，風俗語言異同。例如城關申氏蕃衍俗稱包胥後；東鄉王氏影響文化數百年；易氏经學，傳之子孫累代。又如舊志封爵封蔭影響地方者，例如明建興都、加地方賦役皆是。《方志今議》盛稱吴汝綸記深州風土，創人譜，從族姓遷徙，識文化重心；金蓉鏡記陝州鄉土，亦創人類，就譜牒本支，溯回苗根據；余紹宋撰《龍遊縣志》，獨有會心。兹並取參究。特立表格，與户口調查並行。並將各鄉祠族譜，多加查明，取爲資料。

第二項風俗　舊志沿地志成例，風俗隸地理下，叙述大抵抽象而不具體。《方志今議》分甲乙丙三項，項各繫目，兹取其旨。（一）日常生活。1. 飲食；2. 衣飾；3.

住屋及用具；4. 行路工具。（二）家庭組織，例如分居、過繼、招贅等。（三）歲時娛樂，例如迎神、賽會、餽贈、宴飲等。（四）禮儀。1. 婚姻；2. 喪葬；3. 壽長；4. 誕生；5. 其他慶賀。（五）祠廟，例如祖祠、名賢先烈祠等。（六）歲時祭祀。（七）迷信，除關於以上各目有特殊儀式及禁忌連帶叙述者外，凡神鬼、巫祝、占卜、命相、堪輿、扶乩等事，及文昌、土地神、娘娘與風雨瘟神等非宗教信仰所有者皆屬之。（八）會黨。（九）惡習，例如煙賭、土娼、花鼓戲、械鬥、争産、賣孀婦等。

第三項方言　修志宜採方言，章《報謝文學書》稱《吴下方言考》於蘇常間土音實有證明。《方志今議》更創新例。茲取其旨而省略其非表示方言者，如歌詠戲本成文可誦者劃入文藝。1. 音系；2. 土稱及土語。

第四項宗教　本邑向無回教，不列。（一）佛教——僧尼及居士等派别並僧尼人數産業與生活。（二）道教——道士、道姑及其宗派並生活情形與人數。（三）基督教——宗派與活動情形以及傳教師、教友人數與其事業。

第五項社團　如農會、商會、工會、教育會等。

第六項社會事業　舊如慈善事業、助賑、施藥、施寒、施茶、恤孤貧、修橋樑等，新如合作、收集難民等。

舊志無社會部門，《方志今議》亦無社會門，而分列氏族、宗教祠祀，風俗、方言風謡各志，其採《今議》修洛川、黄陵等縣志，則社會與風俗方言、宗教祠祀，各立一志，實則皆可併屬社會門，叙次較便聯貫也。

人物志卷五——有如何之社會，而後人物得以産生；亦惟有如何之人物，而後社會因之轉移：故又次志人物卷五。

（一）人表分三類列首

1. 仕宦　曾任地方官守者入之，不問賢否。舊志秩官不必獨立爲志或表。

2. 流寓

3. 鄉賢達　分鄉達、鄉賢二種，鄉達係其人在鄉土具有特殊階級，而不必皆賢也。此分二類：（1）出身階級，舊爲科舉，選舉亦制科之一。舊志科舉或選舉見姓名入之。新爲教育階級，如專科以上畢業、軍官學校畢業、留學生等。（2）名位。位爲曾作官者，因作官不盡由科舉或教育程度出身也。如其姓名已見科舉或教育階級而又作官，不再列或注見上，餘同。名則非科舉或教育階級而又無位，惟其姓名曾見記載或爲地方人所稱道者，舊志隱逸、方伎、仙釋等屬之。此類尚有準名位，例如省議員（參議員）、參政國民代表等是。鄉賢必其事功或言行，可以示範者，如何分别品類，俟材料彙輯後再定。如其姓名已見鄉達内，則注明見上。尤以能分鄉註明爲宜。人表非僅範圍廣已也，無事可記，惟列於表。即有事可記，而事止於贊詞，或同類者千篇一律，例如忠義節孝，亦多衹宜列表附註。

（二）事略　人表中之人，有事蹟見於記載與採訪所得，但事太簡略以及非甚重要不必立傳者入之，次於人表之後。仕宦流寓得準此例。章氏創立之略一類，以及《廣西通志》改稱録者，即歸此類。故事略與列傳所載，仕宦必爲名宦，重在事功而不必録其言行。邑人專列鄉賢而不及鄉達（方伎、仙釋除外）。

（三）列傳　正史或群籍有傳，或搜集事實甚详而有作傳價值者入之，次於事略之後。仕宦是否作傳，當視其事功重要如何，雖其人言行彪炳，而在邑政績僅如章氏政略所記，不立傳也。

向來地志之作，大抵首詳輿地，次述人物，財賦風俗繫於輿地，政制文化則繫於人物，以其事功言行，得以連類及之也，後世方志，襲史例而别立體裁，其表彰人物，地方自不得不詳。章氏《石首縣志》，分類爲志，猶以人物志與其他各志並立，其人物志猶之列傳也，不過史公傳體，本不拘格，亦不以書人爲限，如《史記》之匈奴、南越、東越、朝鮮、西南夷，皆爲列傳，即其例也。即書人亦非如後人所作類似行狀也，此義惟章氏明之，其言曰："傳有記事、記人之别，史遷龜策、貨殖等傳，間有記事，即其記人諸篇，亦多以事類牽連，不可分割首尾，蓋春秋比事屬辭之舊法也。自班、范以後諸傳，人各自爲首尾，由是益繁。"此旨不但傳體爲然，即章氏之紀、考，亦當作如是觀。苟知其義，即不必議其以文分體，而譏之爲障也。自章氏釐正體例，分爲紀、考、表、傳等類，關於人物遂以秩官、選舉二表與列傳並立，相互對照，此劭西所以有“類不關文”之評論也。惟章氏論人物表之作，析義甚精。而因表、傳分立，故用法頗有未盡。邑《光緒志》襲《康熙志》例立人物志，覽其内容，誠如章氏所譏“其志人物，使人無可表也，且其所志人物，反類人物表焉，而更無所謂人物志焉，而表又非其表也，蓋方志之弊也久矣”。《方志今議》立人物志，而説明“是即列傳也，然亦有表有圖，故不名曰傳，所謂類不關文也”。因而分立四式：甲，列傳，分鄉賢與名宦及流寓二種；乙，人物品類表；丙，忠義表；丁，節孝表等。故所作《方志今議》，以傳、表合而爲志，在形式上似合用，惟未深究史例立傳、表之義，尤其不明立人物表用意何在，其説本以破障，而其式例障乃更甚。夫人物志固可以傳、表並用，惟先當知人物志爲叙述人物之總名，人物表則志中類輯之一種方式。所以然者，人物表濟人物志成文爲篇之窮也，亦即章氏所謂救方志之弊也。班固作《漢書》，創《古今人表》，因分九等，大爲後人非議，以致此表爲《史記》補缺之義不明，章氏特爲申説，可謂獨有會心矣。常璩《華陽國志》更擴充其用，最後一卷《士女目録》，即與班氏人表同一旨趣。蓋表之用甚多，惟人表係濟成文爲篇之窮，即不能作傳之人，與分見本書其他紀載不必列其人之姓名，或其人有需類輯而便檢覽者，皆可列入人表，兹之人物志分三類爲次第，式亦各異，有由來矣。

藝文志卷六——人物所表見之特徵，足以行遠傳後者，莫著於藝文，亦莫溥於藝文，故又次志藝文卷六。

班志藝文專列書目及篇數或卷數，間加小注，而分門類撮其旨要，爲志書所宗，然多有採及詩文至有僅録詩文者。邑《光緒志》循此例立藝文志，已失班氏本旨。不過一邑藝文著述，不甚多見，在科舉時代，有此亦可資表彰人物之助。至於書目提要，政府最近通令及私家意見，頗多如是主張。不知提要非各有專家，不能勝任；即使修志者有一二名家，亦不能盡所有門類而皆通，盖此爲專門之學，非博學所能爲也。如果有一二門類書目，得專家提要，自可從事，其他但載書目，而於篇首聲明，俾閲者勿譏其不一致也。若不問力之能否，而但求體式劃一，一律提要，不惟書必難成，即成亦必多貽笑柄也。《四庫提要》爲清廷延攬全國名流而作，故得成書。此在班氏志藝文，尚不敢强爲，而以此責望於一般修方志之人，豈敢囈語？吾邑先賢著述，爲海内所共稱者，據淺識所知，西鄉郝氏、李氏，東鄉易氏，三家未刊之書不少，即《大泌山房文集》，現已不易得矣。今僅能據群書紀載，摭拾書名，即卷數亦難盡知，存佚或未刊，更難言矣。章氏《天門藝文考序》别之爲三：曰傳世，曰藏家，俱分隸四部；曰亡逸，别自爲類。今值刦餘，殊不易辦。《方志今議》訂目録十部，實無用處。並云酌爲提要批評，更仿章氏例附列文徵，亦非經驗有得之言。兹擬仿章氏《天門縣志・藝文考》目録，分經、史、子、集、雜著五類。新增科學、文學二門，專録近人著述。凡著譯具有學術體系者皆屬科學；語體文學與新體詩，以及近代小説、小品文等屬文學。搜輯方例，略見如下：

1. 廣搜群籍，遇有記及邑人著述者，勿論詳其卷篇與否，皆録入。

2. 已未刊之書，如有存本或遺稿，以及近人著譯，當盡力採訪。

3. 著述不限於闡明學術，即爲雜録而成卷帙，以及詩文集之類，文字差可觀者，亦當録入。

4. 每一書目雖不提要，但所見群籍已有提要或批評者，當酌録入書目之下。

5. 生存人得收入。

6. 散篇詩文，俟彙輯後如何附録再定，以本邑藝文無多，或不必另立文徵也。

王季薌先生《湖北文徵稿》所抄元明前京山人各文，另本抄存備採。

志之類目，略已述其概要。至分類次第，《史記》八書，史公自序已闡明其義。章氏考中分門，因當日經濟、政治、社會，與古代無甚懸殊，率沿史例增損門類而編次，故對於次第無所討論。其他方志分類皆以志名，門類繁多，大細雜列，便有支出錯置之嫌。《方志今議》立二十八類，分類更多，即無次第可言。兹特加注重，不惟編次有章，亦以謹嚴其分類之律也。

大事記卷七——此以輔助分類爲志之不足，故不以志名，編列卷末。

（一）特殊大事　分篇記事。

1. 黨務。

2. 時變。

（1）西漢末新市兵事紀略。

（2）元明兵禍紀略。

（3）地方防禦太平軍事略。

（4）辛亥以來地方革命事略及其影響。

（5）地方被日寇侵掠及復員事略。

（二）大事年表　《方志今議》主張仿《川沙縣志》體例，今從之。古人著述，例以序與目居全書之後，《史記》已創其例，《華陽國志》最後一卷爲序與《士女目録》，廖寅校刊補列《三州郡縣目録》附末，更擴充其例矣。準此類推，凡分卷爲志有未及之要事，宜更詳叙；與各分志重大之事，宜於簡明撮要，俾便檢覽，所以作大事記者，多用表編年紀要。而志類未及之要事，亦得編入，如舊志災異，確與地方有影響者，載於年表内，即其例也。若以此冠首作爲綱領，豈其然乎，論史者有謂紀表冠首爲全書綱領，實則《史記》以本紀、表、書、世家、列傳次第編列，其首本紀實以尊王，章氏修志而首皇言，即此意也。惟本紀自多關於全國之事，非其餘以本紀爲宗也。方志以輿地冠首，其用與本紀同，若於輿地門前，又冠大事記，各分志未成，何由編年而紀要；至於偶發或短期之大事，本可在各志目中連類而及；即須特成一篇，亦以居卷末爲宜。

第三　進行程序

一、古人著述，最有價值者，大抵爲一手編成之書；次之亦必總其成者規之體要，指導其協助諸人，分門搜集，逐一檢定而爲之（領導非僅定體例由衆手分編或僅從事指揮書成閱定已也）。官書衆手編成者，名家雖多，而純駁雜見，正由總裁僅擁虛名，或總纂數人，私見各不相下，以致如此。修志之難，尤在採集材料，不得專憑故籍，即從故紙堆中拾取材料，亦須清查檔案，如絲理棼。自史官廢而史書遂難徵信，章氏所以有官府宜設志科之建議也。今者群籍散佚，舊檔案幾盡毀棄，一邑之中，能與談典籍者曾有幾人，本邑更難言矣。至於現在情況與地形遺蹟，雖或存原名，或在原處，而歷時改易，以及屬於科學資源，皆需實際查勘，故調查採訪，僅憑舊日式例而行，必嫌疏陋；然採用科學方法，又難盡得其人；如欲完成較完善之志，戛戛其難，兹之所爲，審度人力財力所得爲者爲之。不佞不自衡量，主持纂修，願竭餘生之力，與縣當局交勉從事也（分派採訪全靠縣府得力）。

二、志書擬分三期出版，每期前一月由縣府籌足印費匯付：第一期本年十一月起至明年（三十七年）六月編成輿地志一門付印；第二期三十八年四月編成經濟志、政治志、社會志三門付印；第三期三十九年編成人物志、藝文志二門及大事記付印，完成全書。

三、第一期纂修輿地門，擬就湖北通志館、湖北圖書館藏書，如《元和郡縣志》《太平寰宇記》《明一統志》《方輿紀要》《清一統志》《乾隆府廣州縣志》《嘉慶宣統湖北通志》《安陸府志》《湖北輿地圖説》，其他府州縣各志，《漢書》至《明史》地理紀載，並其他地志有關本邑地理考證者，補訂舊志。其山水、土地、古蹟等項，因時代變遷，今昔異形，當由總纂提出各目之地點、原狀，一一開明查訪現狀；再由縣府據所開列，分别派員或委託各鄉保長或地方小學教師與士紳等，按照開列，依限查實具報彙送總纂整理，此門纂修在即，當於明年二月前完成以上之採訪工作。

本期纂修工作，大部分屬於群籍考證，尤其沿革一項，需大加補訂，連類及於當時有關事實，使閲者由沿革所紀概要，發生觀感。山水、土地、古蹟亦爲本邑存在命脈，亦當詳實揭其要領。惟工作雖以輿地爲主，而檢閲群籍，間有可作他志資料者，則另簽録入備用。即採訪事目，亦可因便及於其他項目之調查，此不可不兼顧者也。而且本期於纂修輿地志外，同時當兼擬訂第二期應先採訪志料、各種表式與説明，彙送縣府，分託採訪員照式限期查填，表式與説明需用過多者應印發，以下同。惟分發採訪之件，應準採訪員所擔任事項，提出分發，不可不問擔任爲何事項，將所有表示與説明，一概照給，反使茫然不知所爲，望而厭也。一般修志者預定調查綱要，擬製者摭拾他志，規定細目，無關實際；而擔任採訪者覩此小册，莫名其妙，非棄置不顧，即循文敷衍，徒見其多此一舉耳。

四、第二期纂修工作，爲經濟、政治、社會三門，即方志中心工作，由此可以發見地方一切事物之因替與啓示。舊志惟賦役隄防、學田二事，有資源可採，其他載籍，無可取資。檔案則舊案無存。胥吏又皆作古，即六十年來事實亦無案可查。今之所務，惟在從現有狀況，掘發適合材料，探溯底蘊，推見本原。此則需編纂者運用深思，在何項目下揭出命題，從事採訪，或預計調查細目，能由統計中求出微旨之數字。前者例如户口調查，特製族姓調查方式，由其來歷、遷徙、增減，或其變動，而發見地方之盛衰與治亂；後者例如歷來各鄉人物之出身與職位，以及職業累世因替之情形，而發見地方風氣之有無轉移。所以調查綱要必須分别項目，貫澈修志旨趣，隨時製訂，各立調查方式而行之，非可統籠規定，亦非閉門造車而出門合轍也。故本期之三門纂修工作，關於採訪事項，繼續前期，兼辦未完成者與隨時抽出調查者，應在本期成書前三月辦竣，並兼辦第三期採訪事宜。惟本期工作，能否悉如預期，則在縣當局與其辦公人員負責督導採訪，勿以照例公文行之，庶有濟也。

五、第三期人物、藝文二門舊志資料不少，多需從新整理，删要成篇。然亦有待補訂者，湖北通志館關於人物一門所搜各省志料，間有可採。此外則湖北圖書館各史志，亦擬廣事搜集。其近來人物，更當多方採訪，類輯成篇，惟藝文之書目存佚，考證頗難。至六十餘年中前五十年人物藝文，鮮見紀録，兵燹後私家藏記，更不易得，惟有與縣府竭力所能至而已。

六、草例業經擬就，擬由縣府匯款印發城鄉各機關主要公務員與各鄉採訪員，以及省内外關心修志之同鄉人士，請其發表意見。至調查表格與説明，隨時製訂，兹不具論，或者本志編完付印，彙合附録卷後，俾後之修志者參考。

七、版本擬照湖北通志館首義紀本之紙質與行格付印。

三十六年十二月六日草成於武昌長湖南村本寓

初等小學國文教科書

《初等小學國文教科書》第一、二册，與張繼煦合作編纂，萬聲揚、王式玉校閲，先後由武昌共和編譯社於 1912 年 11 月、1913 年 2 月出版供初小第一學年用。

目　　録

第一册

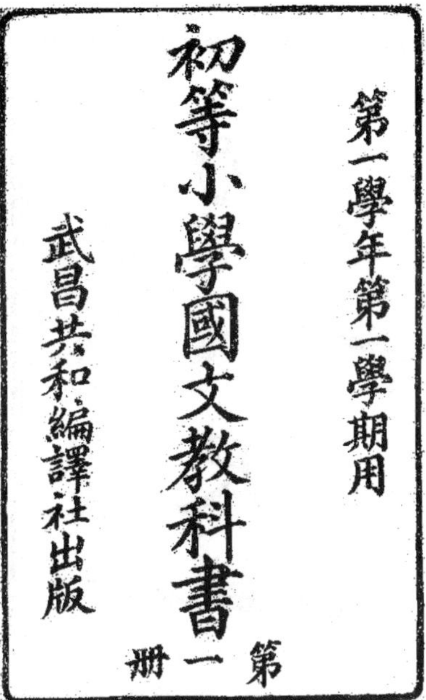

第一學年第一學期用

初等小學國文教科書

武昌共和編譯社出版

第一册

第一課

第二課

第三課

第四課

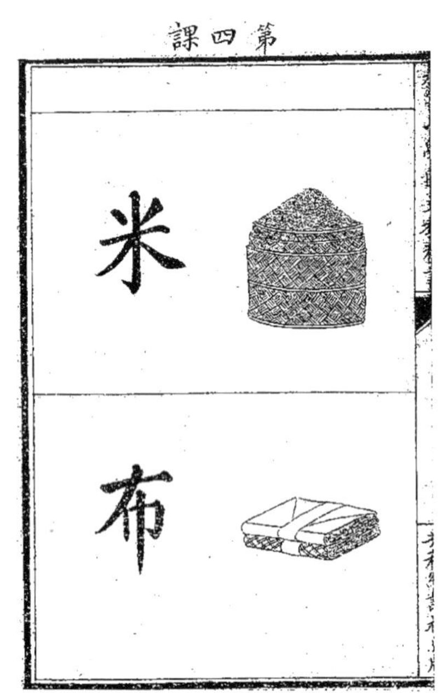

第五課

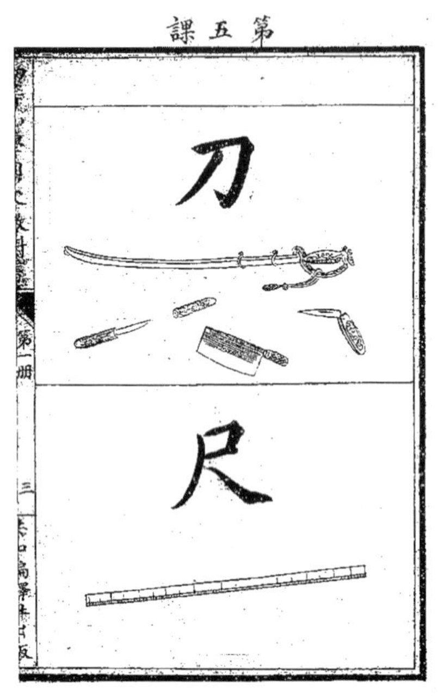

第六課

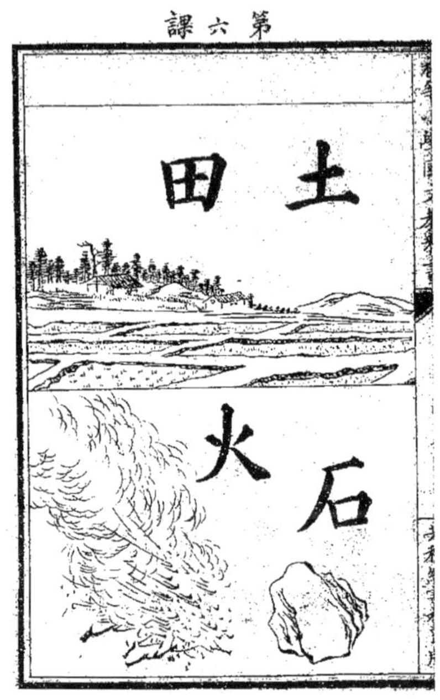

第七課

第八課

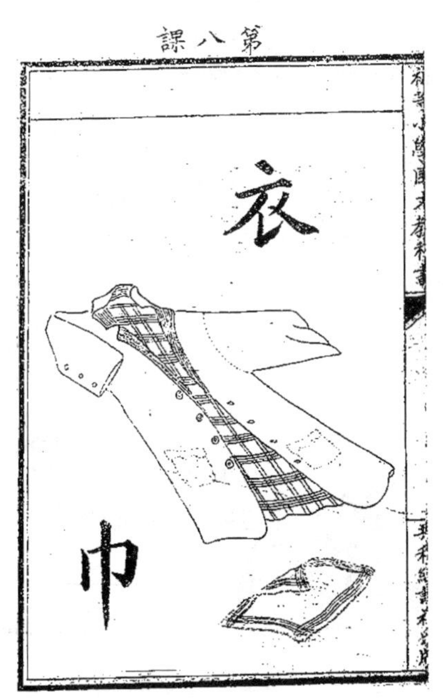

第九課

第十課

第十一課

第十二課

第十三課

第十四課

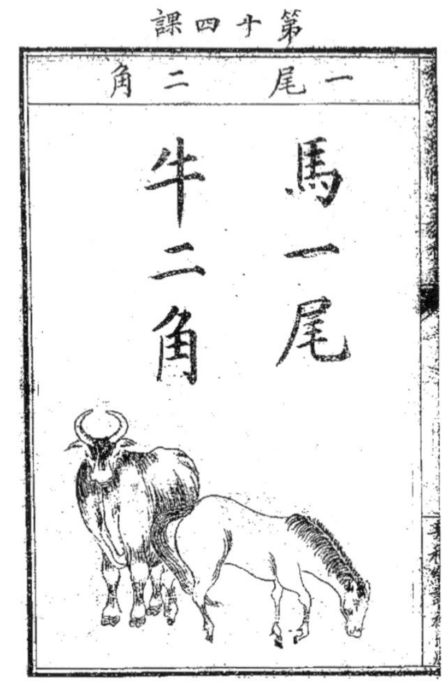

第十五課

第十六課

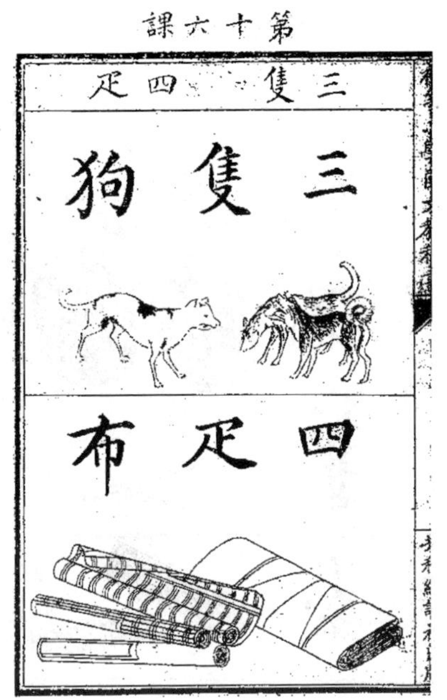

三隻　四足

三隻狗

四足布

第十七課

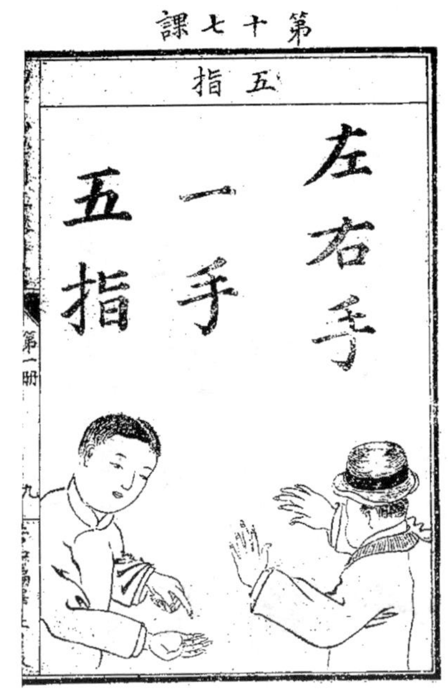

五指

左右手

一手

五指

第十八課

樹　六　七　根　花　八　九　朵

樹六根七根

花八朵九朵

第十九課

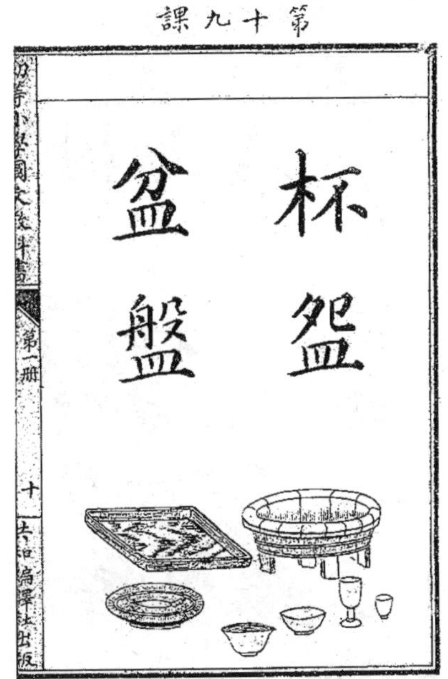

杯盌

盆盤

第二十課

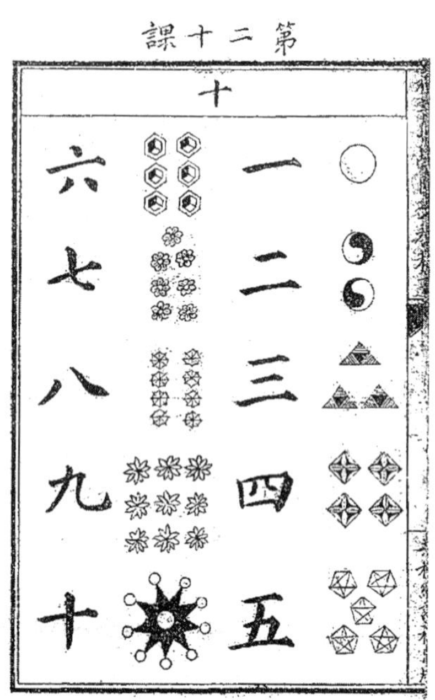

第二十一課

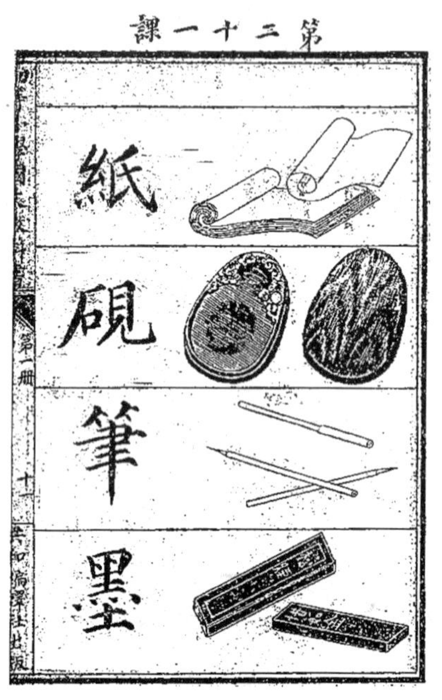

第二十四課

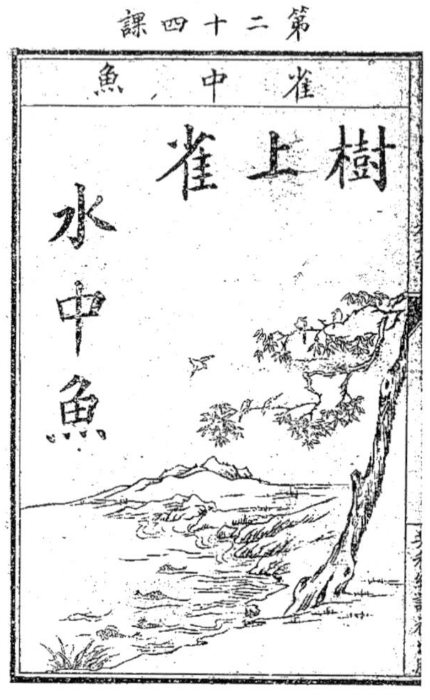

第二十五課

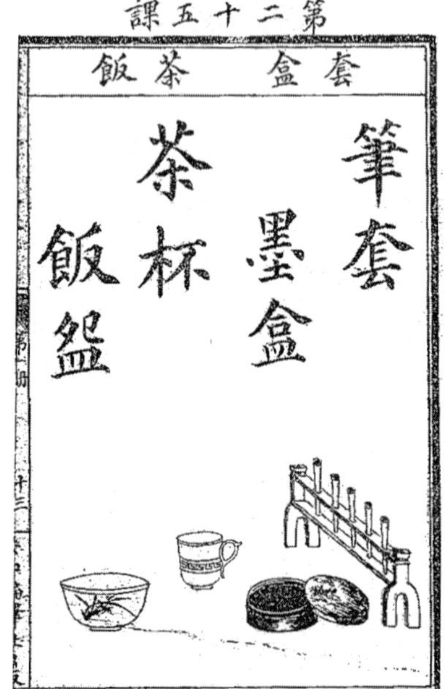

第二十六課

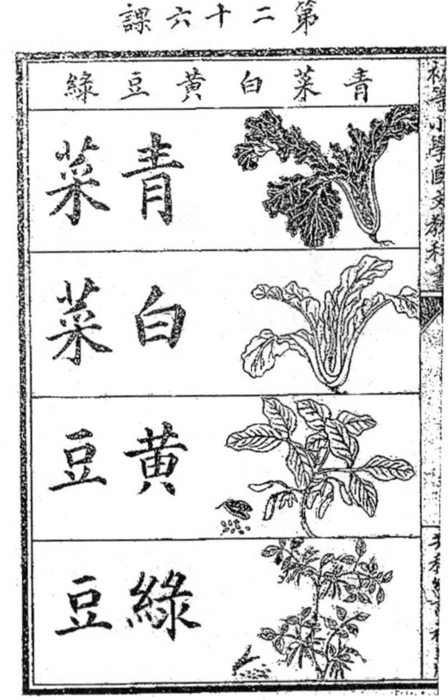
青　菜　白　黃　豆　綠

青菜
白菜
黃豆
綠豆

第二十七課

起風
落雨

第二十八課

粉　黑　牌

粉筆
黑牌

第二十九課

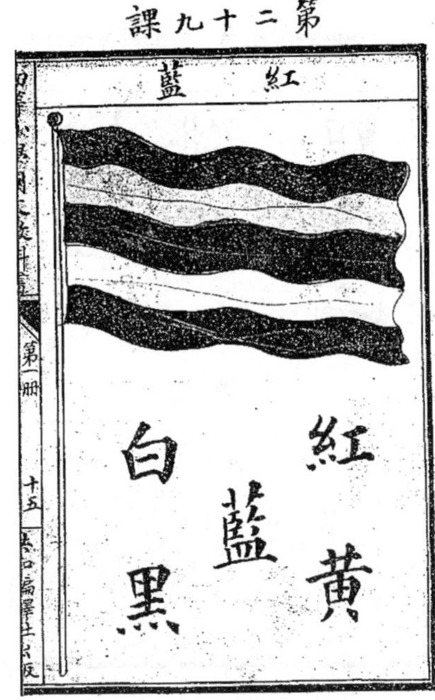
紅　藍

紅
黃
藍
白
黑

第三十課

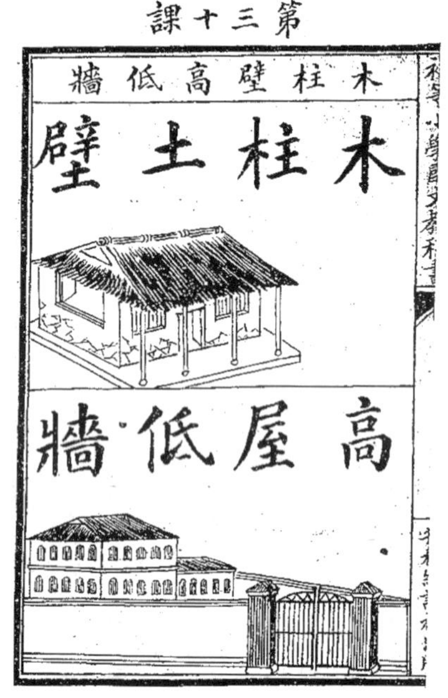

第三十一課

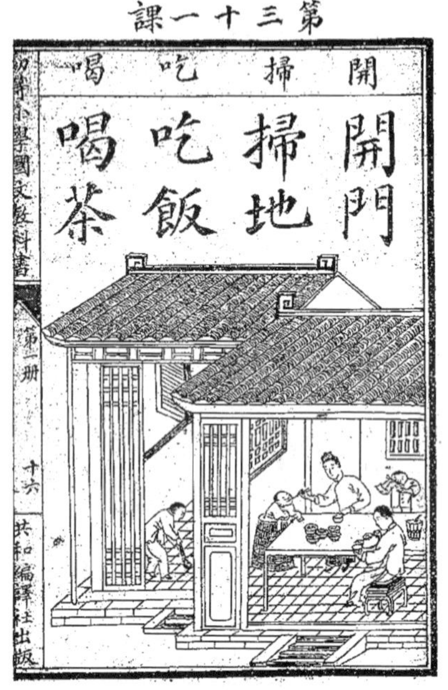

第三十二課

第三十三課

第三十四課

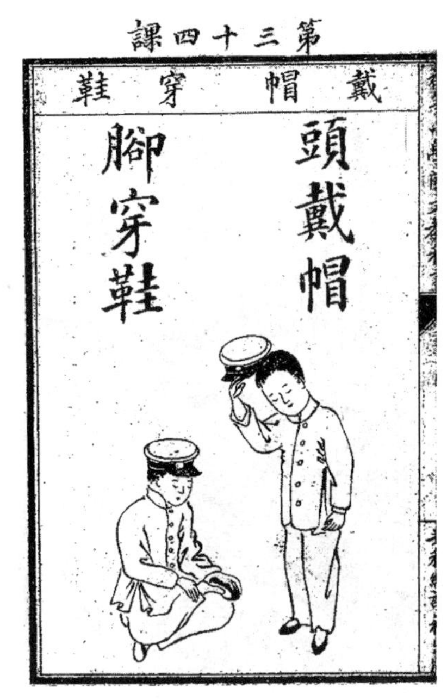

第三十五課

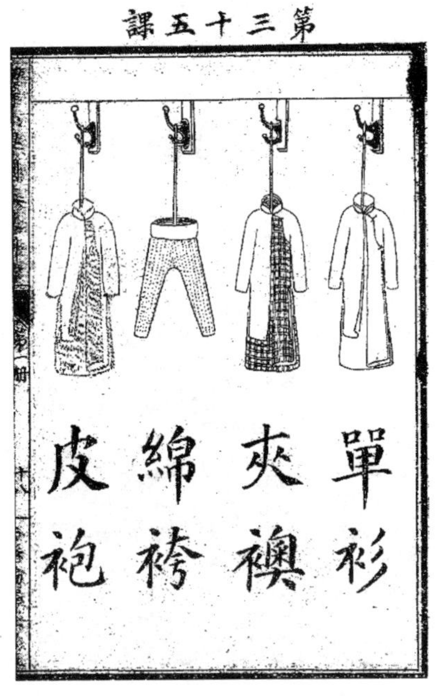

第三十六課

第三十七課

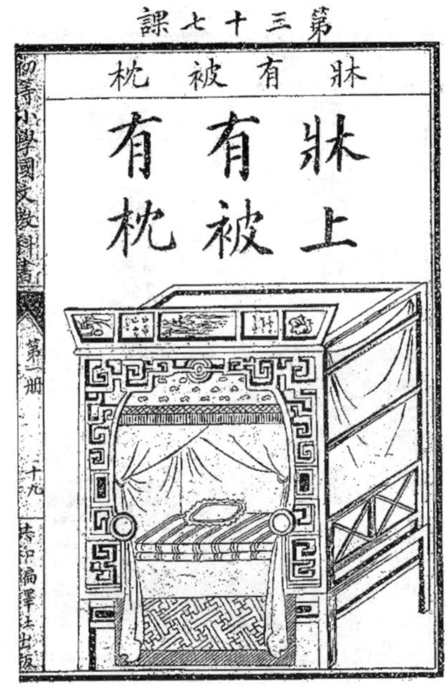

第三十八課

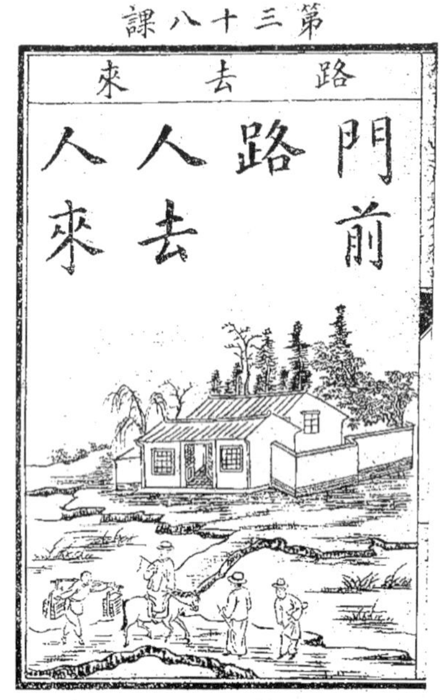

第三十九課

第四十課

第四十一課

第四十二課

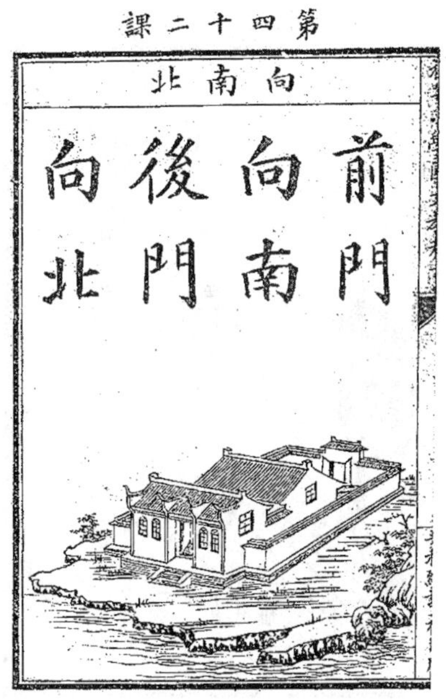

向南北

前門向南
後門向北

第四十三課

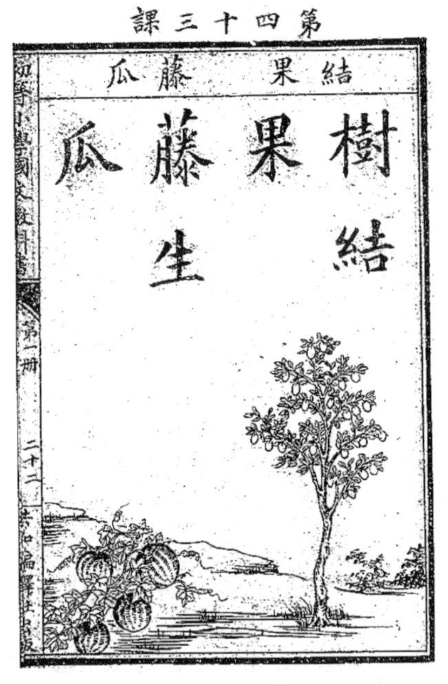

結果 藤瓜

樹結果
藤生瓜

第四十四課

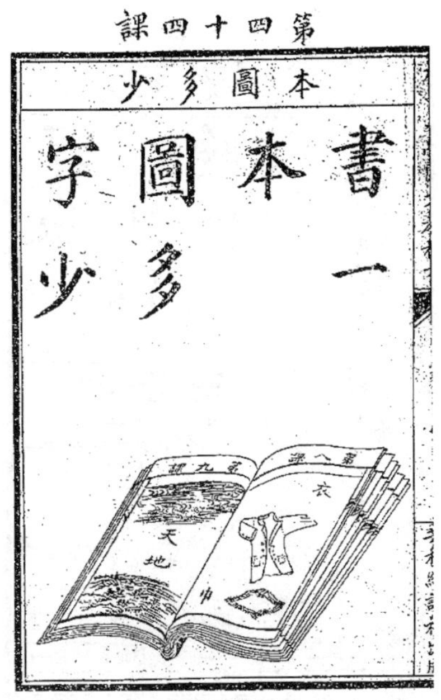

本圖多少

書一本
圖多字少

第四十五課

照影動

照鏡有影
人動影動

第四十六課
昨今明我們你他
昨日
今日
明日
我們
你們
他們

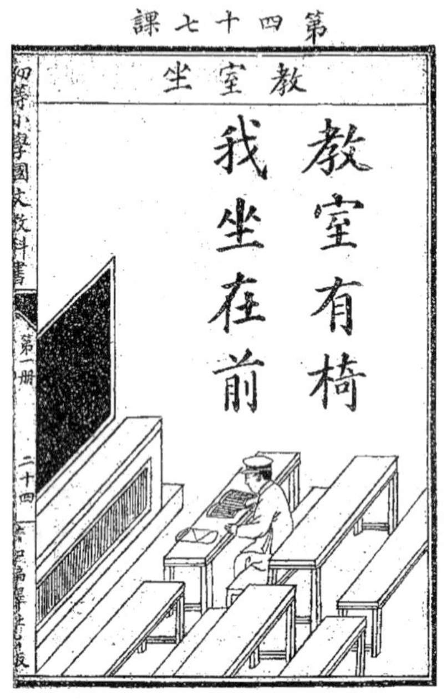
第四十七課
教室坐
教室有椅
我坐在前
初等小學國文教科書
第一册
二十四

第四十八課
習體操站成排
習體
操
站成
一排

第四十九課
早午晚餐
早飯
午飯
晚飯
一日
三餐
第一册
二十五

第五十課

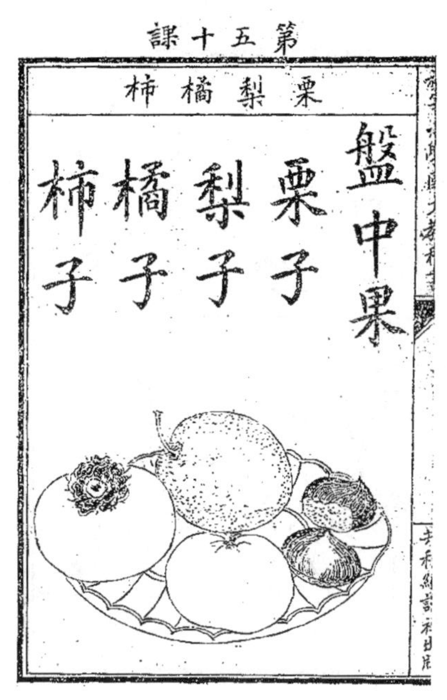

第五十一課

第五十二課

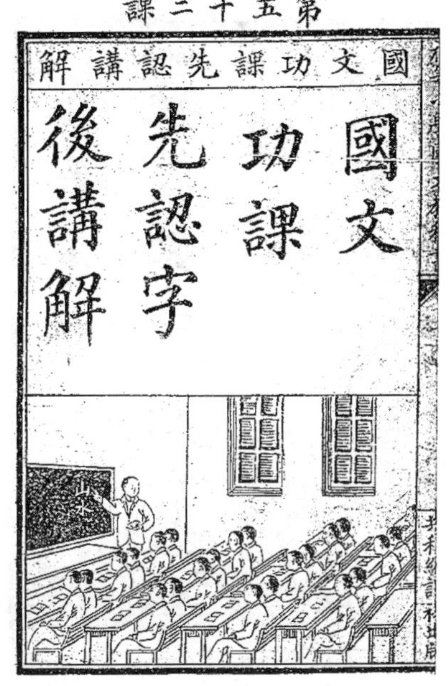

第五十三課

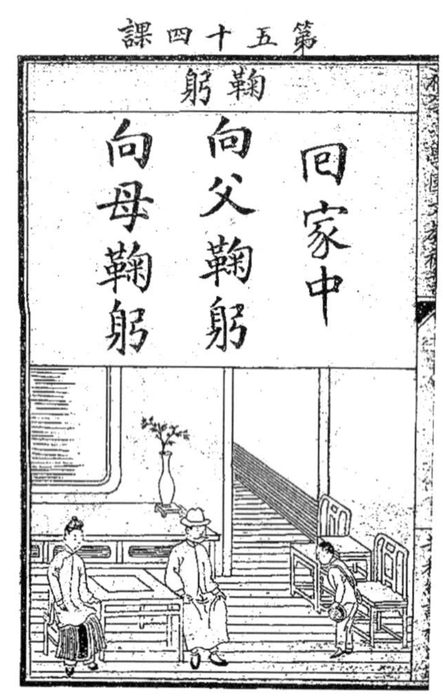
第五十四課
鞠躬
回家中
向父鞠躬
向母鞠躬

第五十五課
洗臉梳漱
早起
洗臉
梳頭
漱口

第五十六課
軍官騎掛長
大哥
當軍官
騎高馬
掛長刀

第五十七課
妹姐做工
我看書
妹寫字
姐姐
做手工

第五十八課

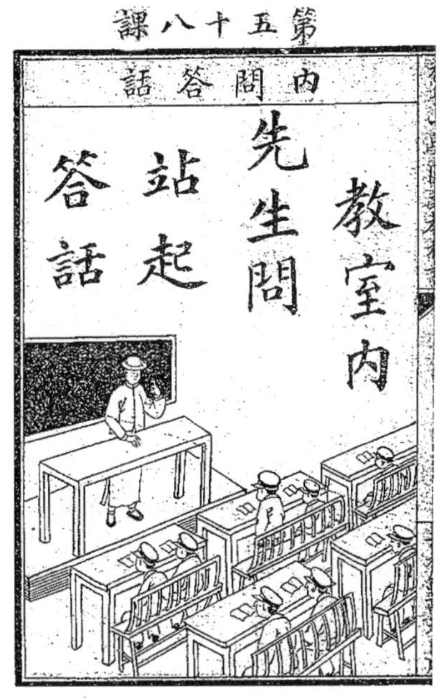

第五十九課

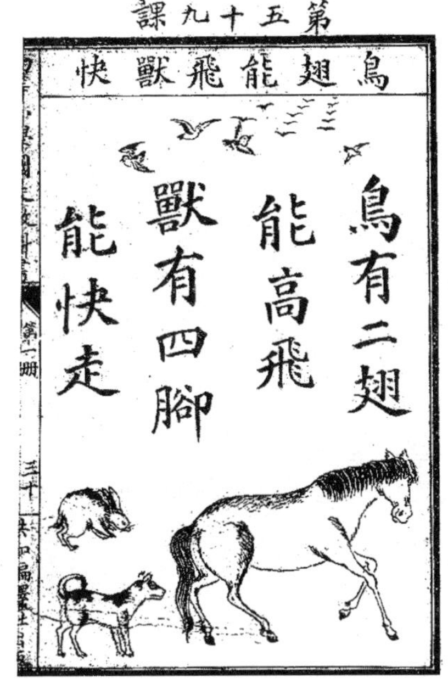

第六十課

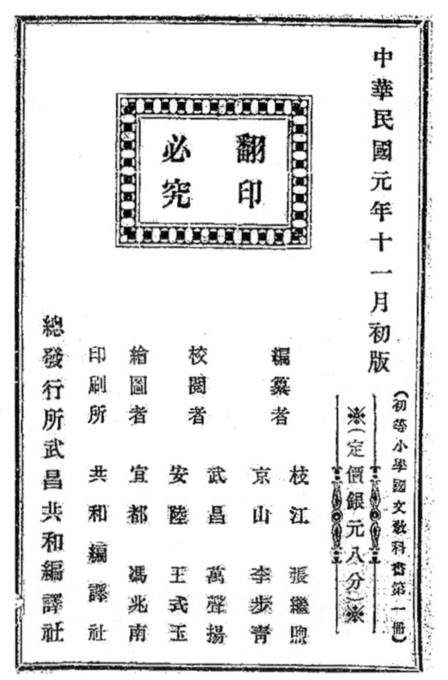
翻印必究
中華民國元年十一月初版
(初等小學國文教科書第一冊)
※(定價銀元八分)※
編纂者 枝江 張繼煦
京山 李步青
校閱者 武昌 萬聲揚
安陸 王式玉
繪圖者 宜都 馮光南
印刷所 共和編譯社
總發行所武昌共和編譯社

第二册

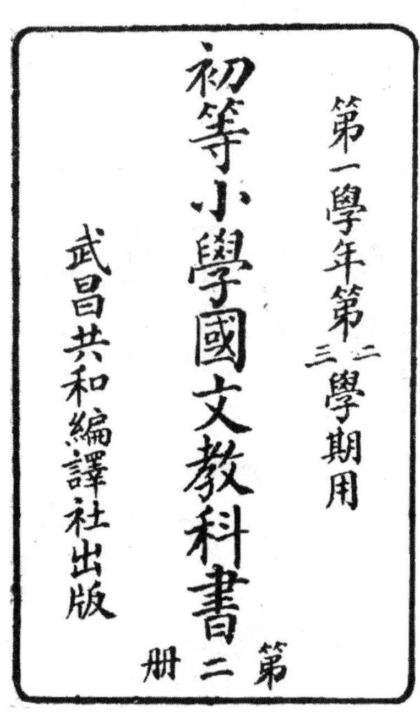

第一學年第二（三）學期用

初等小學國文教科書

武昌共和編譯社出版

第二册

第一課

新年　同班

新年進學校

弟弟妹妹

同一班

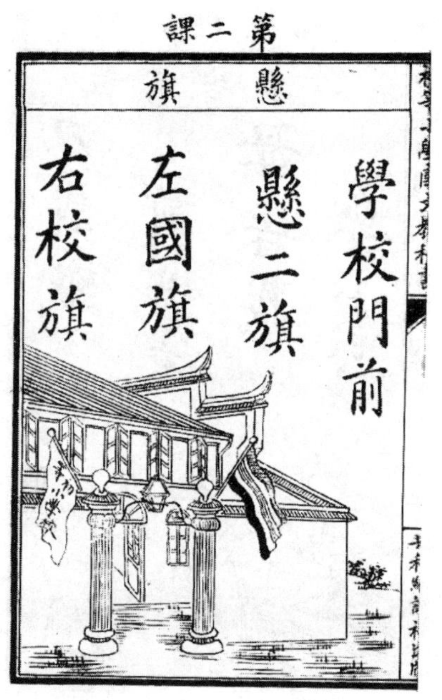

第二課

懸旗

學校門前

懸二旗

左國旗

右校旗

第三課

冷　夜　燃　算　練　加　法　減

冷天夜長

燃燈

温算學

練習

加法減法

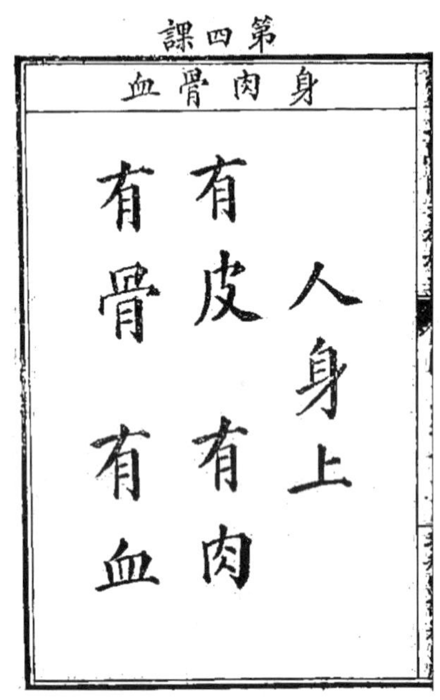
第四課
身肉骨血
人身上
有皮有肉
有骨有血

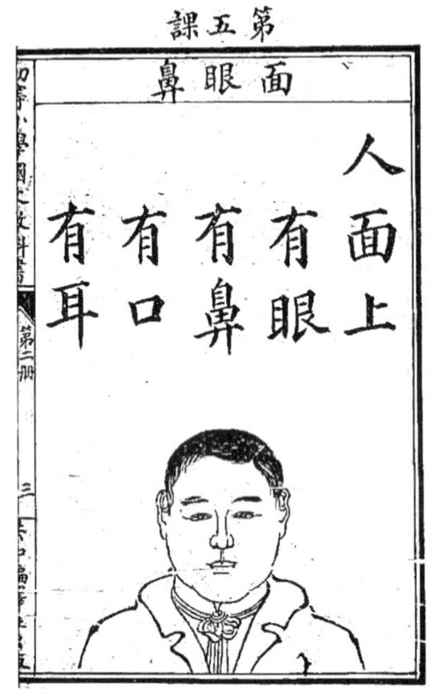
第五課
面眼鼻
人面上
有眼
有鼻
有口
有耳

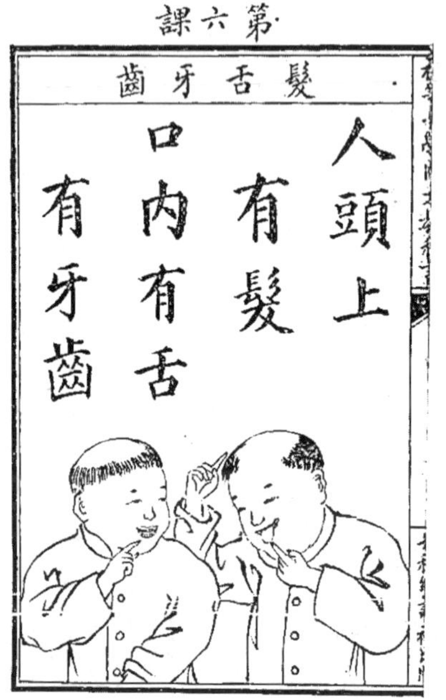
第六課
髮舌牙齒
人頭上
有髮
口內有舌
有牙齒

第七課
裁翦告要心
刀裁紙
翦裁衣
母告我
要小心

第八課

第九課

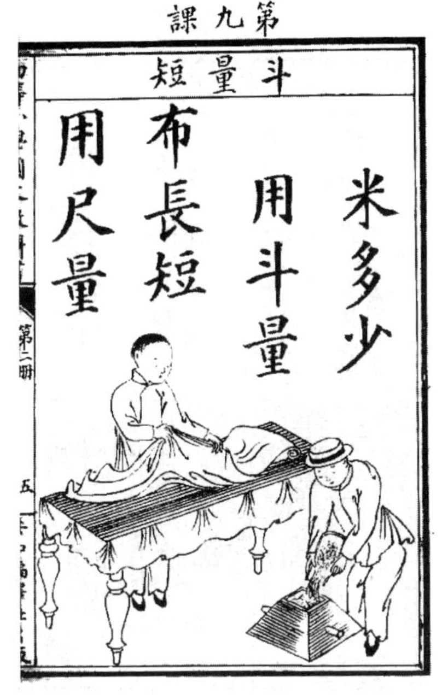

第十課

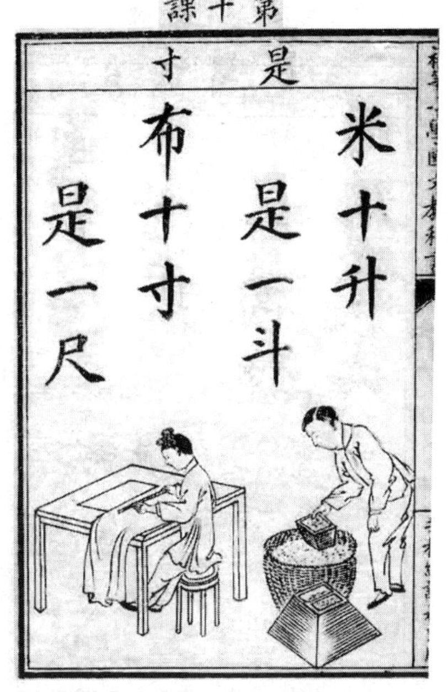

第十一課

第十二課

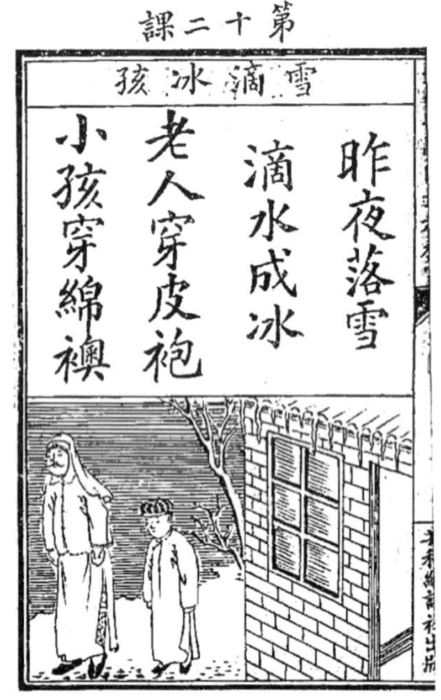

第十三課

第十四課

第十五課

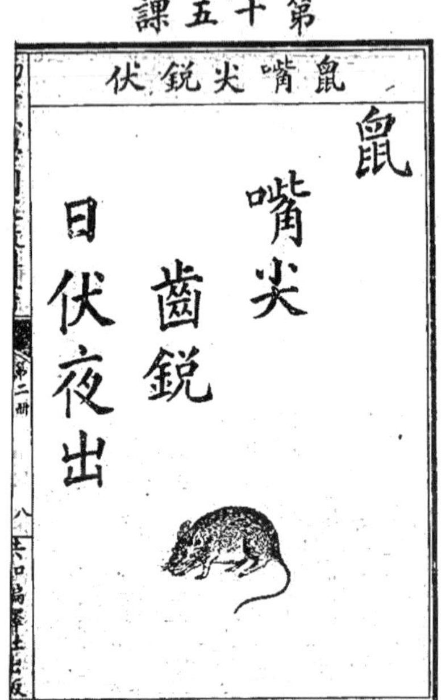

第十六課

貓爪捕

貓面圓
尾長
有銳爪
能捕鼠

第十七課

賽跑到爲勝

二人賽走
同時
向前跑
先到爲勝

第十八課

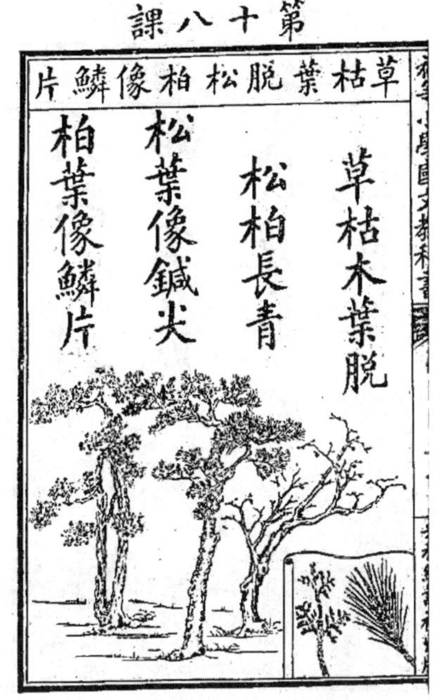
草枯葉脫松柏像鱗片

草枯木葉脫
松柏長青
松葉像鍼尖
柏葉像鱗片

第十九課

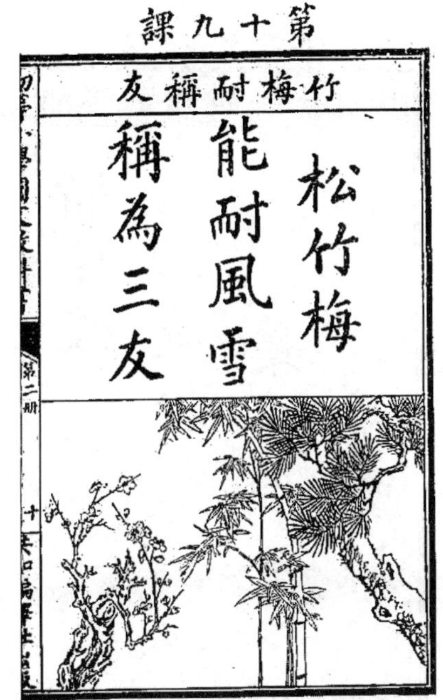
竹梅耐稱友

松竹梅
能耐風雪
稱爲三友

第二十課

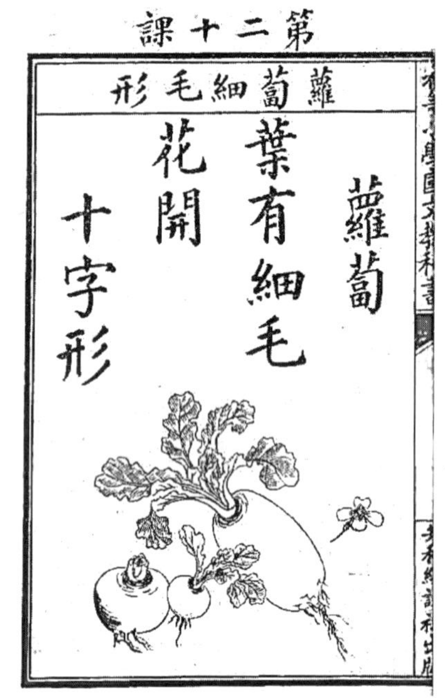

第二十一課

第二十二課

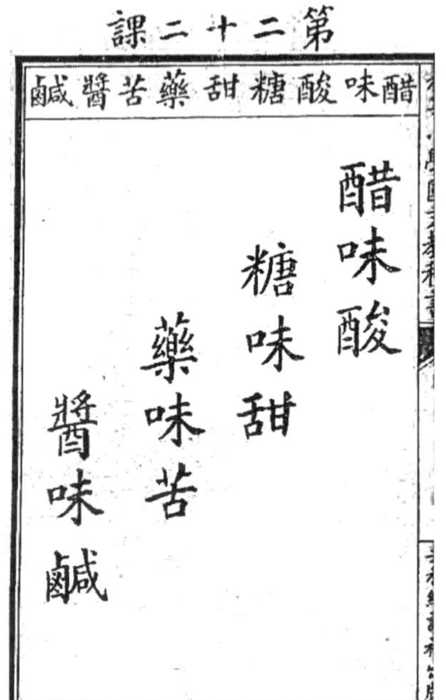

第二十三課

第二十四課

客迎姓名

有客來
我出迎
我問客姓
客問我名

第二十五課

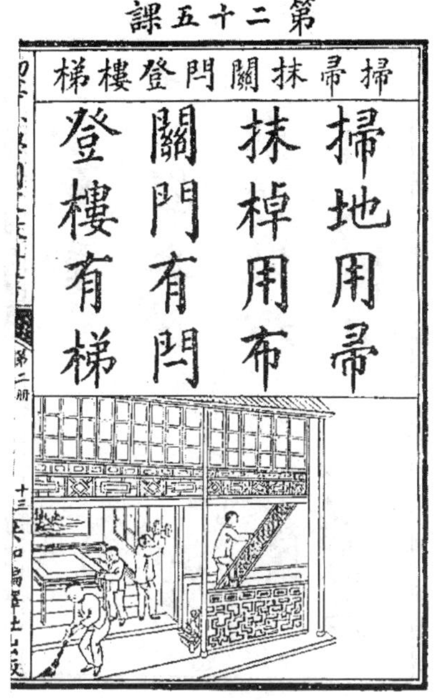

掃帚抹關門登樓梯

掃地用帚
抹棹用布
關門有門
登樓有梯

第二十六課

修身唱歌的守刻民

昨日講修身
今日學唱歌
講的守時刻
唱的國民歌

第二十七課

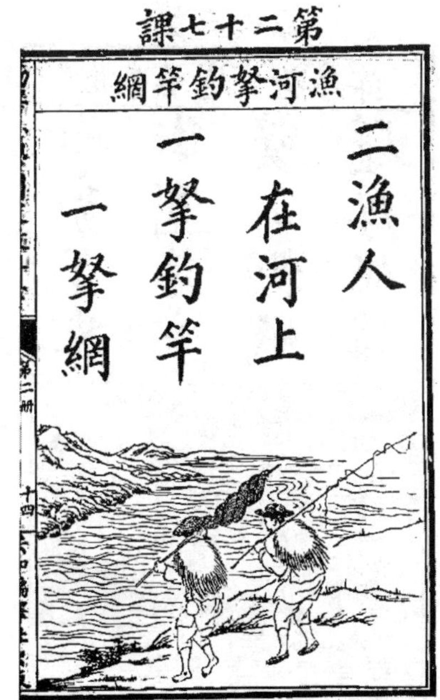

漁河拏釣竿網

二漁人
在河上
一拏釣竿
一拏網

第二十八課

兵斫削槍

小兒童
學兵操
削竹做槍
斫木做刀

第二十九課

灰磚砌椽桷梁

石灰粉壁
土磚砌牆
小木做椽桷
大木做柱梁

初等小學國文教科書 第二册 十五 共和編譯社出版

第三十課

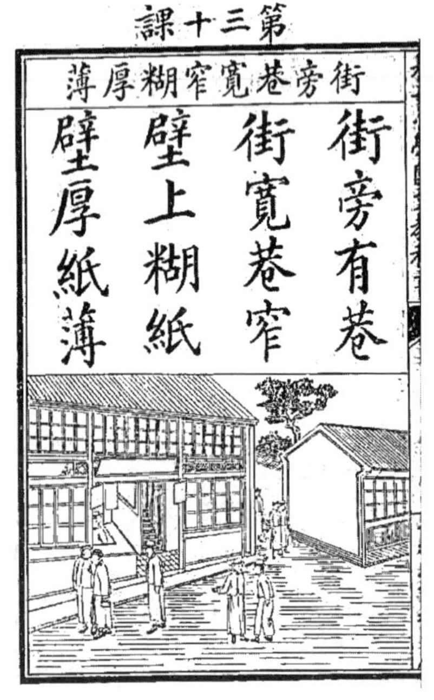
街旁巷寬窄糊厚薄

街旁有巷
街寬巷窄
壁上糊紙
壁厚紙薄

第三十一課

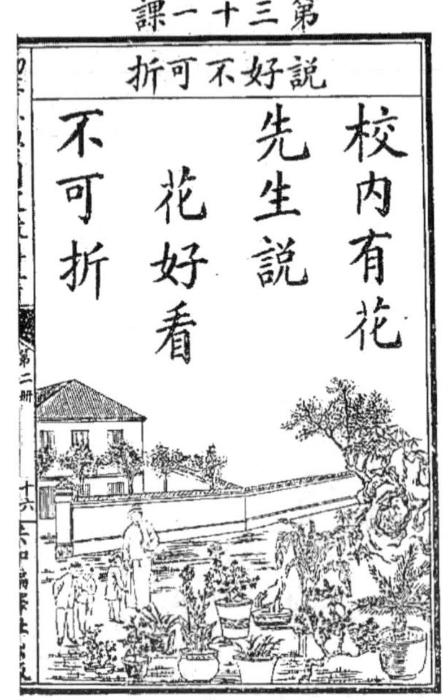
說好不可折

校内有花
先生說
花好看
不可折

第二册 十六

第三十二課

第三十三課

第三十四課

第三十五課

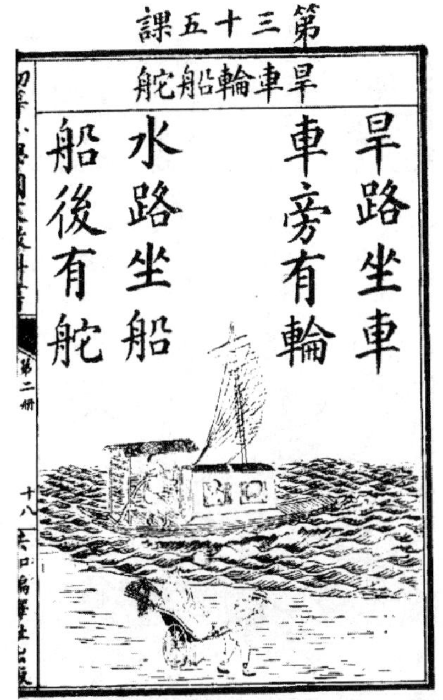

第三十六課

條招局舖雜貨店

一條街
左右懸招牌
有書局
有米舖
有雜貨店

第三十七課

箏線

青草地
學生二三人
放風箏
線長
風箏高

第三十八課

蝴蝶顏華美愛採常閒

蝴蝶有四翅
顏色華美
愛採花
常在花閒飛

第三十九課

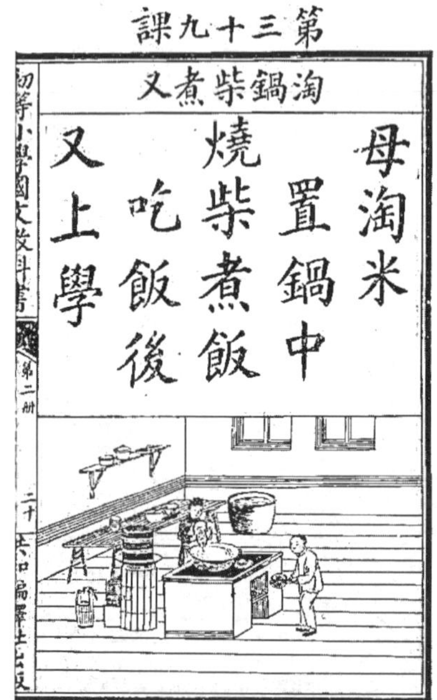

淘鍋柴煮又

母淘米
置鍋中
燒柴煮飯
吃飯後
又上學

第四十課

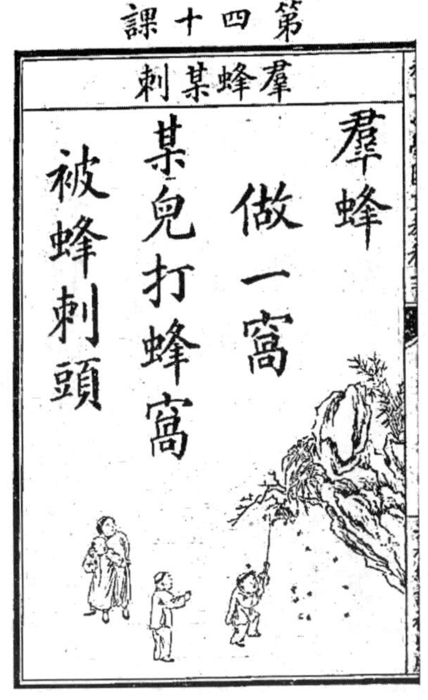

羣蜂某刺

羣蜂做一窩　某兒打蜂窩　被蜂刺頭

第四十一課

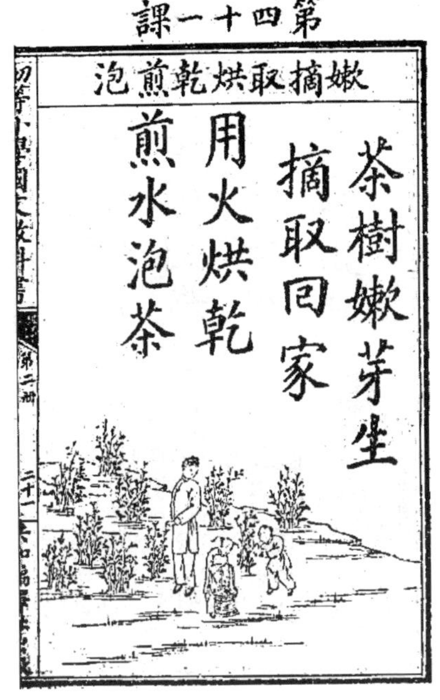

嫩摘取烘乾煎泡

茶樹嫩芽生　摘取回家　用火烘乾　煎水泡茶

第四十二課

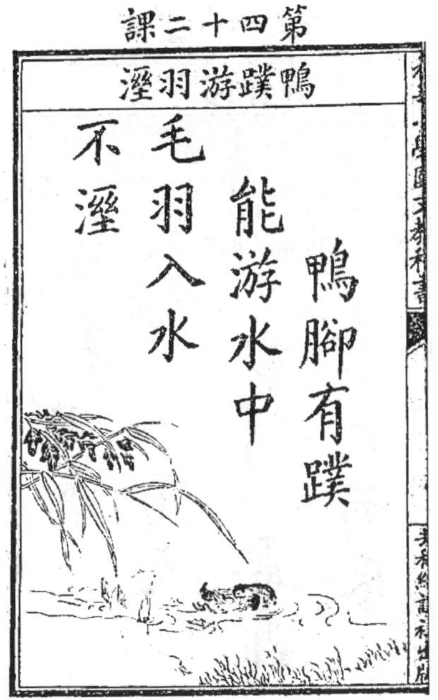

鴨蹼游羽溼

鴨脚有蹼　能游水中　毛羽入水　不溼

第四十三課

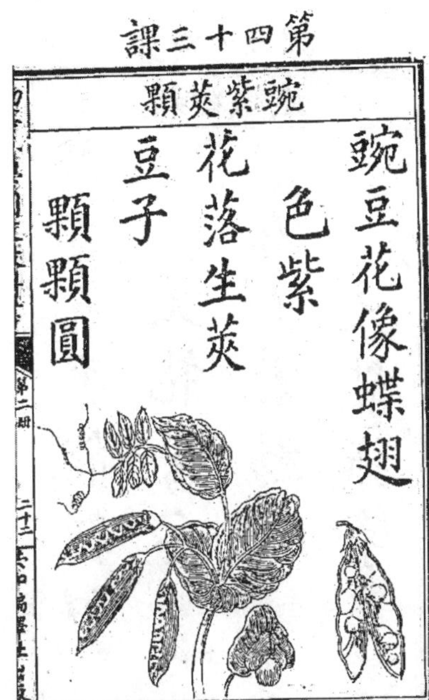

豌紫莢顆

豌豆花像蝶翅　色紫　花落生莢　豆子顆顆圓

第四十四課

聽鈴聲整隊立正禮

聽鈴聲

整隊到教室

向先生

行立正禮

第四十五課

住等初引戲

哥哥住高等

小學　我住

初等小學

放學回

引我游戲

第四十六課

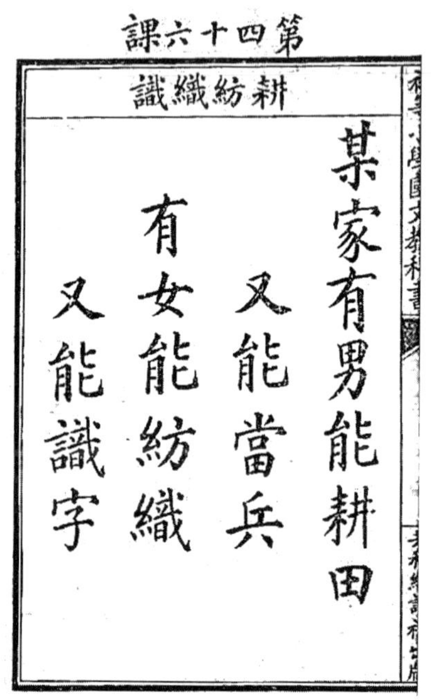

耕紡織識

某家有男能耕田

又能當兵

有女能紡織

又能識字

第四十七課

雲電閃雷轟

黑雲

滿天

電閃　雷轟

大雨來

第四十八課

蟻階列陣相鬬受傷退終

黃蟻同黑蟻
在階前列陣相鬬
黃蟻受傷不退
終勝黑蟻

第四十九課

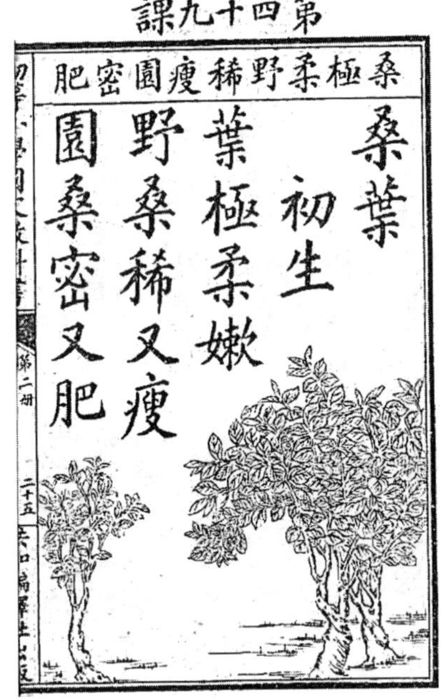
桑極柔野稀瘦園密肥

桑葉
初生
葉極柔嫩
野桑稀又瘦
園桑密又肥

第五十課

期完春休息

第二
學期完
放春假
回家休息

第五十一課

約

野草一色
日暖風和
同學約我
去踏青

第五十二課

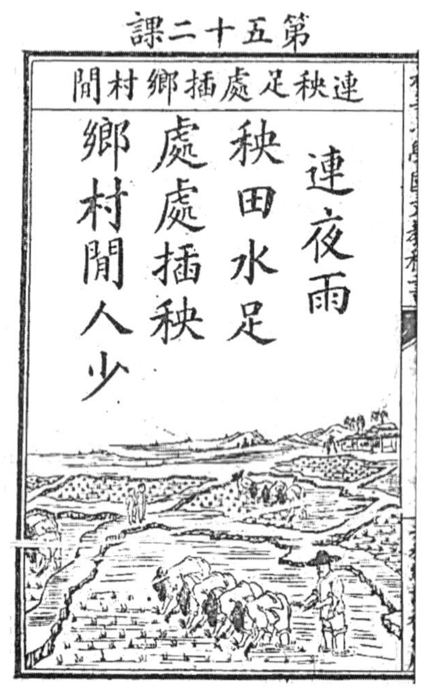

連秋足處插鄉村閒

連夜雨
秋田水足
處處插秧
鄉村閒人少

第五十三課

琴帖

修身有掛圖
唱歌有風琴
寫字有習字帖

第五十四課

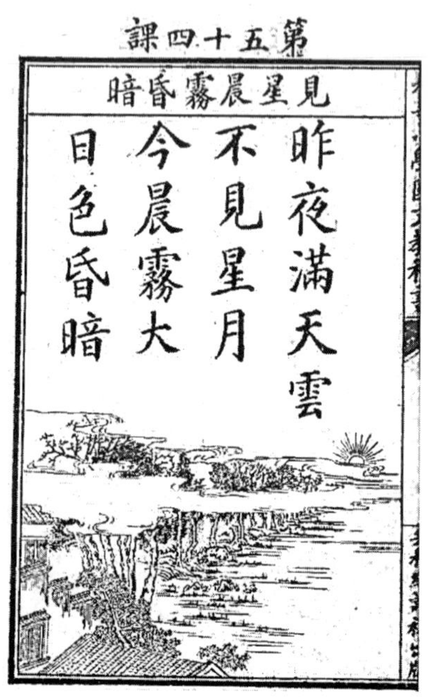

見星晨霧昏暗

昨夜滿天雲
不見星月
今晨霧大
日色昏暗

第五十五課

氣晴林叫

天氣新晴
鳥出林中
一鳥叫
羣鳥和

第五十六課

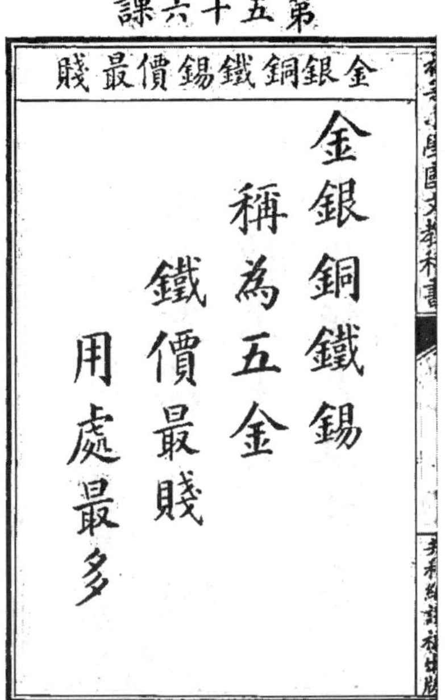

金銀銅鐵錫價最賤

金銀銅鐵錫

稱為五金

鐵價最賤

用處最多

第五十七課

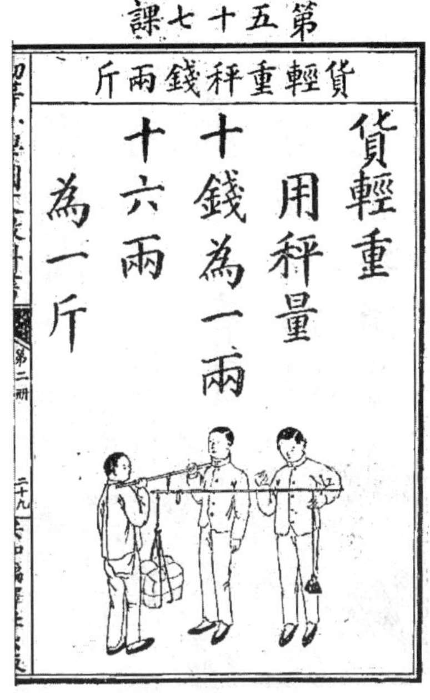

貨輕重秤錢兩斤

貨輕重

用秤量

十錢為一兩

十六兩

為一斤

第五十八課

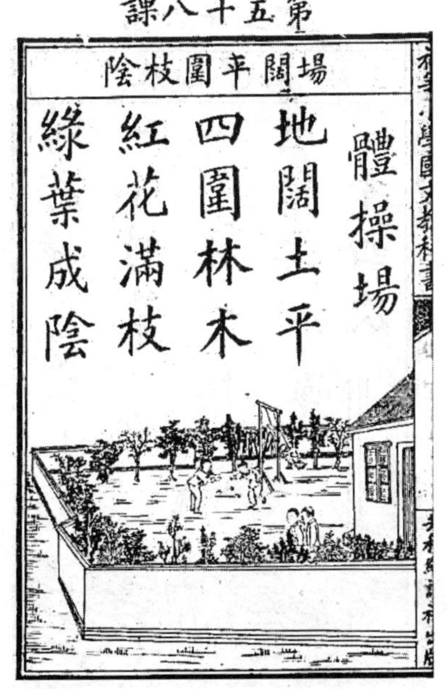

場闊平園枝陰

體操場

地闊土平

四圍林木

紅花滿枝

綠葉成陰

第五十九課

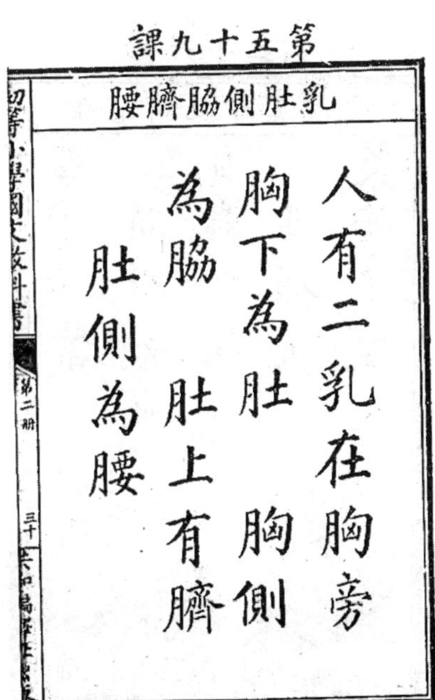

乳肚側脇臍腰

人有二乳在胸旁

胸下為肚

胸側為脇

肚上有臍

肚側為腰

第六十課

池實遊覽

學校園
有花木 有
水池 有實
習場 功課
完常去遊覽

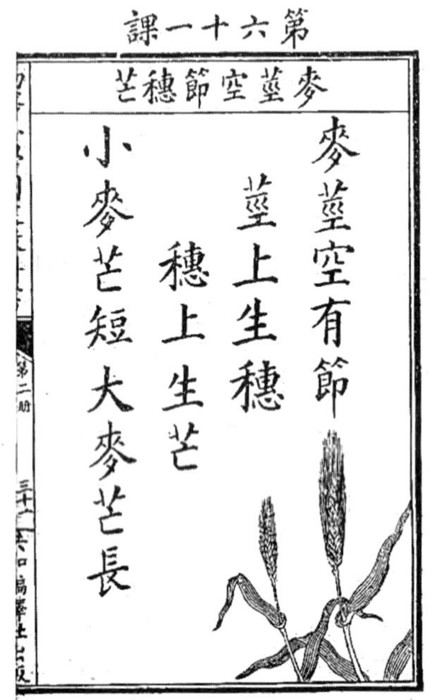

第六十一課

麥莖空節穗芒

麥莖空有節
莖上生穗
穗上生芒
小麥芒短大麥芒長

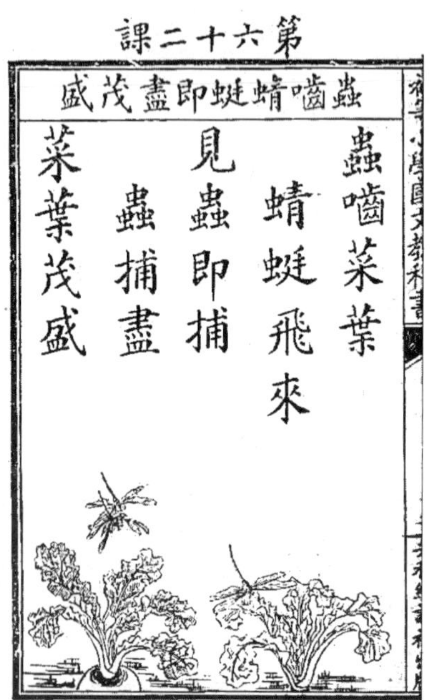

第六十二課

蟲嚙蜻蜓卽盡茂盛

蟲嚙菜葉
蜻蜓飛來
見蟲卽捕
蟲捕盡
菜葉茂盛

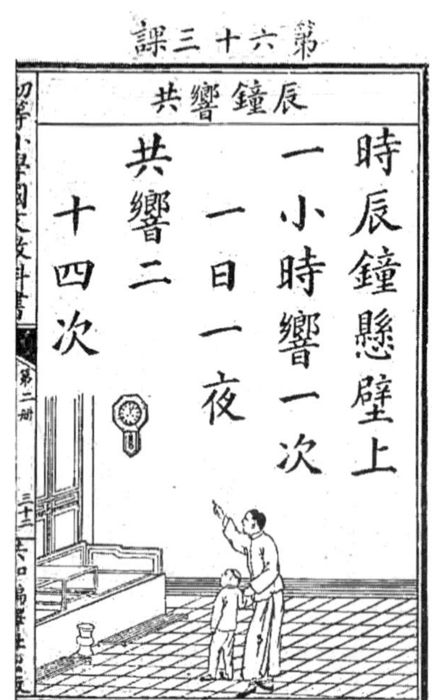

第六十三課

辰鐘響共

時辰鐘懸壁上
一小時響一次
一日一夜
共響二十四次

第六十四課

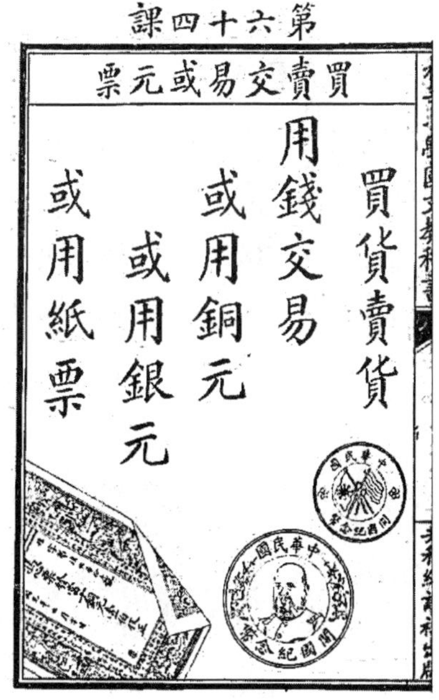
買賣交易或元票

買貨賣貨
用錢交易
或用銅元
或用銀元
或用紙票

第六十五課

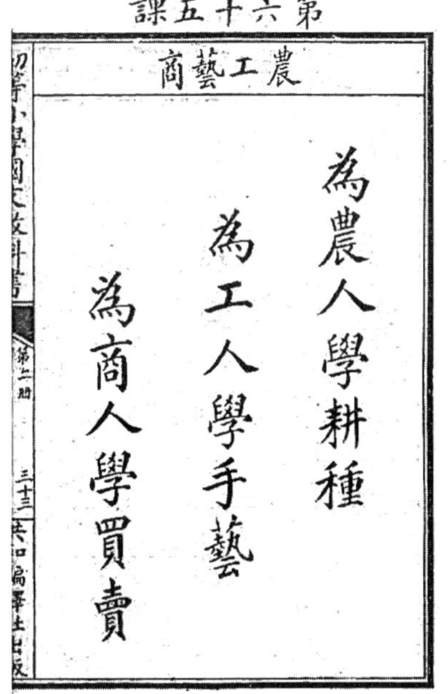
農工藝商

為農人學耕種
為工人學手藝
為商人學買賣

第六十六課

膀伸腿彎活潑

操體操
兩膀向上
伸　兩腿
向下彎
身體活潑

第六十七課

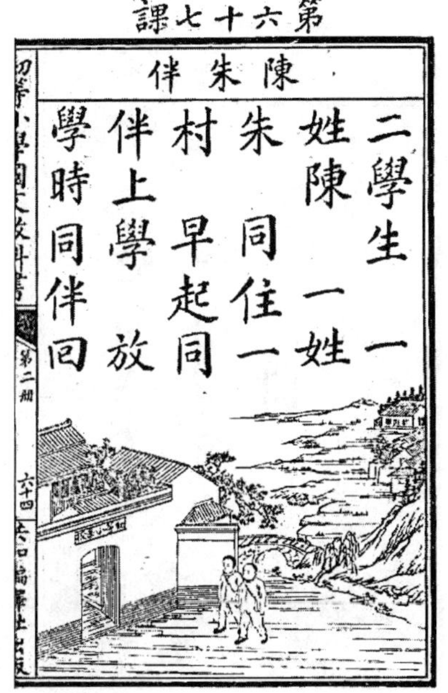
陳朱伴

二學生一
姓陳　一姓
朱　同住一
村　早起同
伴上學　放
學時同伴回

第六十八課

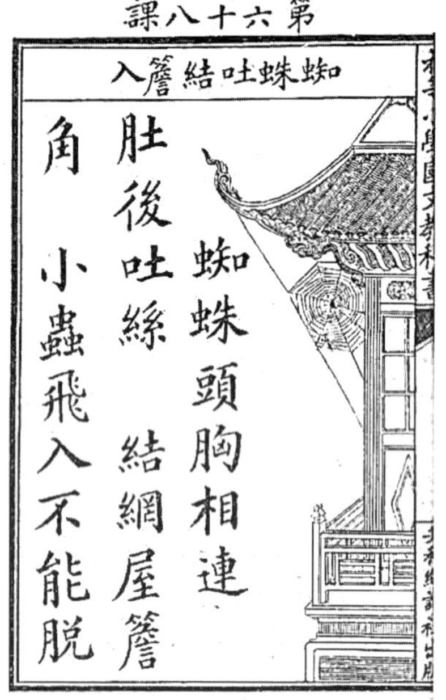
蜘蛛吐結簷入

蜘蛛頭胸相連 肚後吐絲 結網屋簷角 小蟲飛入不能脫

第六十九課

數抛深洞灌隨

兒童數人打毬 抛入深洞中 一兒用盆取水 灌滿洞中 毬隨水出

第七十課

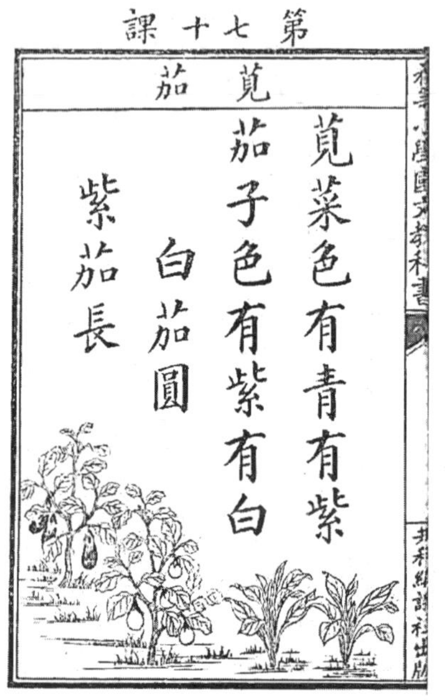
莧 茄

莧菜色有青有紫 茄子色有紫有白 白茄圓 紫茄長

第七十一課

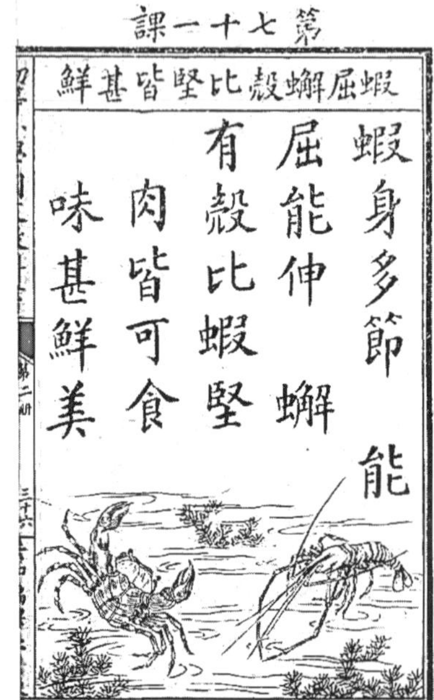
蝦屈蟹殼比堅皆甚鮮

蝦身多節 能屈能伸 蟹有殼比蝦堅 肉皆可食 味甚鮮美

第七十二課

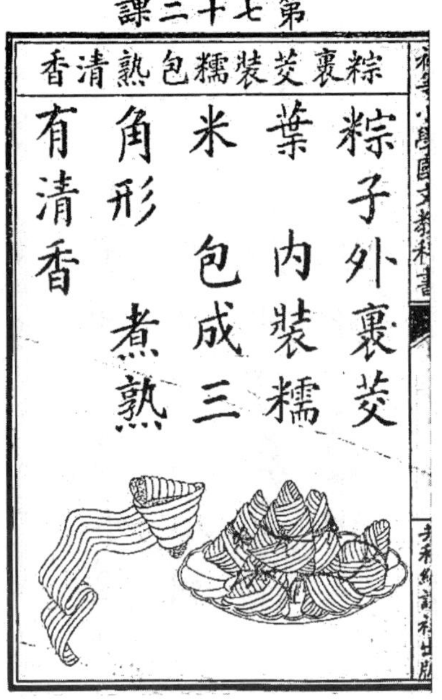
粽裹茭裝糯包熟清香

粽子外裹茭葉 内裝糯米 包成三角形 煮熟有清香

第七十三課

長梗

荷生池中 葉出水面 下有長梗 花開 有白有紅

第七十四課

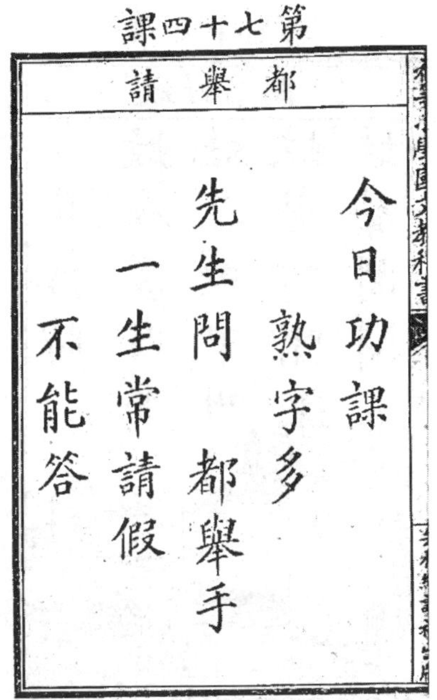
都舉請

今日功課 熟字多 先生問 都舉手 一生常請假 不能答

第七十五課

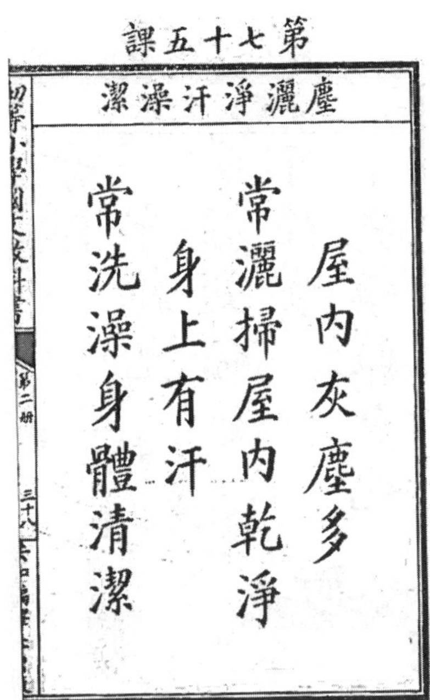
塵灑淨汗澡潔

屋内灰塵多 常灑掃屋内乾淨 身上有汗 常洗澡身體清潔

第七十六課

第七十七課

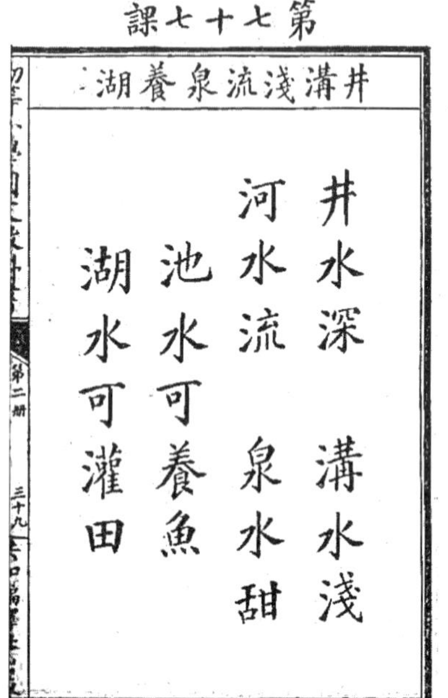

第七十八課

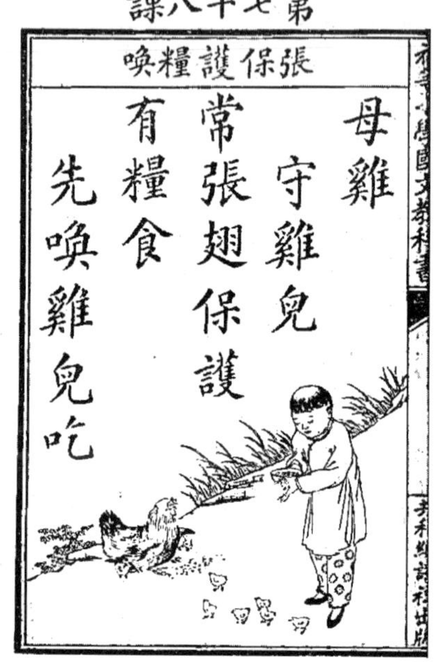

第七十九課

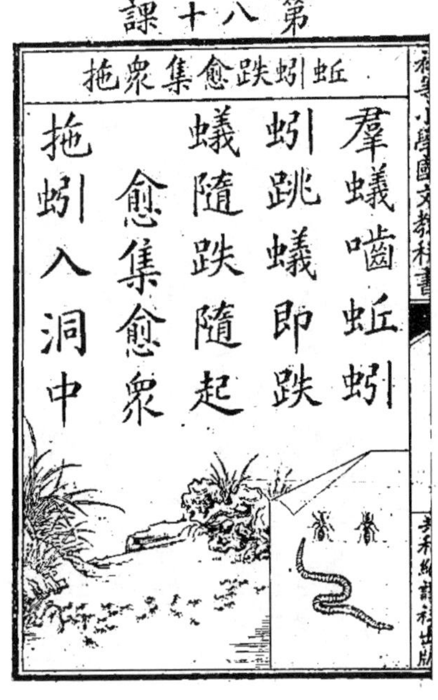

第八十課

蚯蚓跌愈集衆拖

羣蟻齧蚯蚓
蚓跳蟻即跌
蟻隨跌隨起
愈集愈衆
拖蚓入洞中

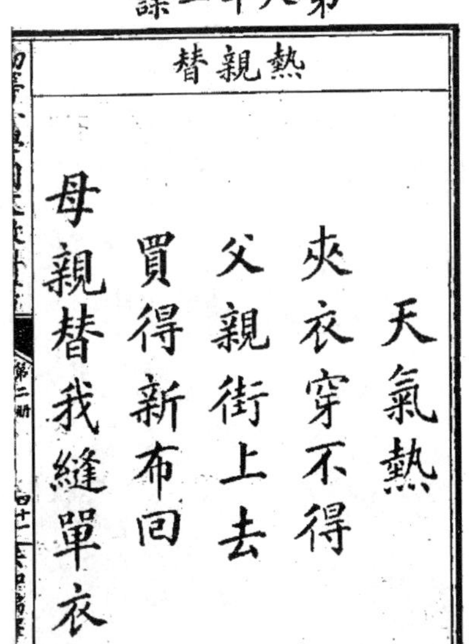

第八十一課

熱親替

天氣熱
夾衣穿不得
父親街上去
買得新布回
母親替我縫單衣

第八十二課

過敬道衛方

一軍人
過街上
人人敬禮
都稱道好軍
人保衛地
方有功

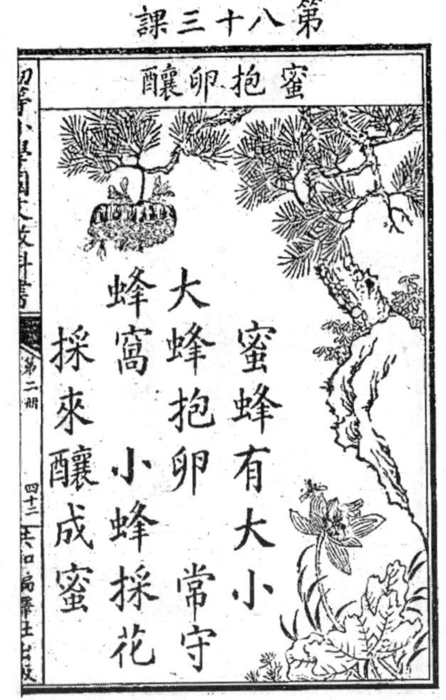

第八十三課

蜜抱卵釀

蜜蜂有大小
大蜂抱卵常守
蜂窩小蜂採花
採來釀成蜜

第八十四課

簾疏紗帳陽

竹簾疏 紗
帳薄 門掛
竹簾 能遮
陽光 牀掛
紗帳 蚊蟲
不能入

第八十五課

陸營城揚象雄壯

陸軍營 在
城外 營門前
懸星旗 隨
風飛揚 二兵
士站在左右
氣象雄壯

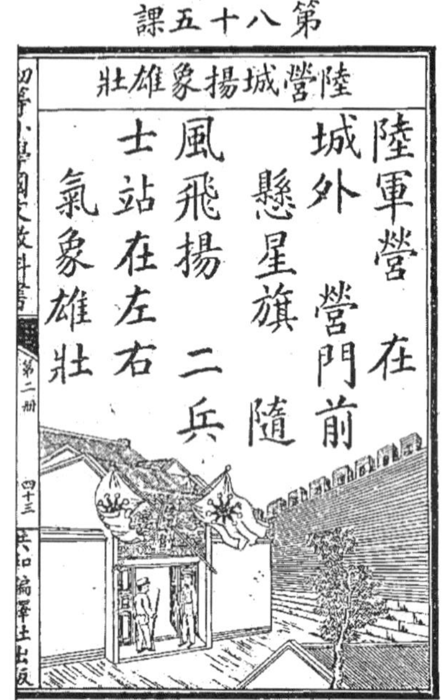

第八十六課

弱每往

雜食多
身體弱
上學後
每日三餐
身體比往日好

第八十七課

這

教室掛一圖
先生告我
這是中國地圖
我們中華人
當愛中華國

第八十八課

暴溪漲笋笠簑理

暴雨來　溪水漲　有農人　戴笋笠　穿簑衣　修理田間溝

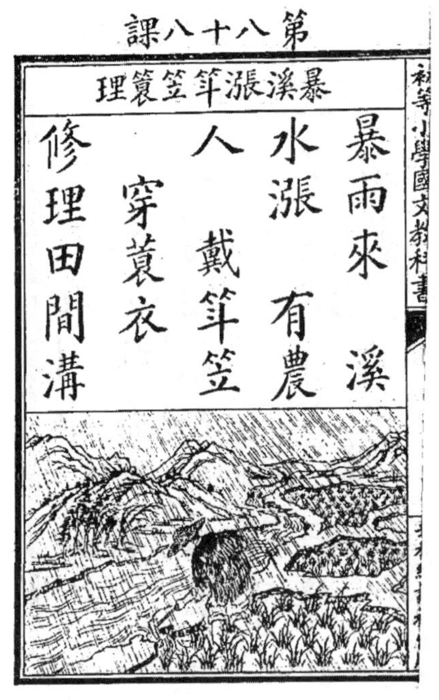

第八十九課

吹號托步雙

營中兵　整隊出　二兵吹號　衆兵托槍　開步走　一排雙行

第九十課

蟬了音朗邊

蟬有六　脚四翅　在樹上　叫知了　聲音清朗　從肚邊出

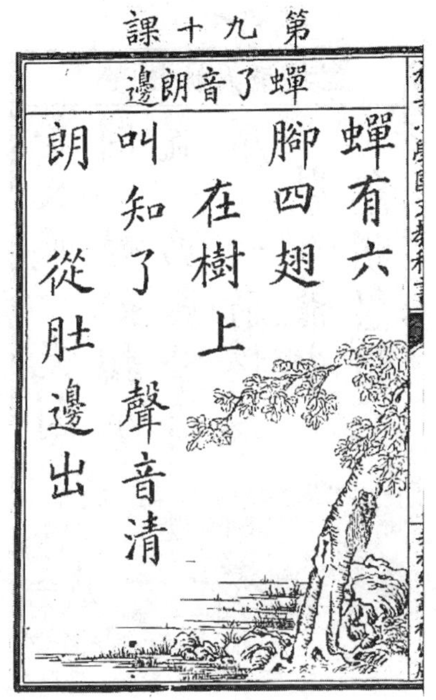

第九十一課

微涼露送

日當午　天正熱　夜晚微涼　露滴荷葉上　風送清香

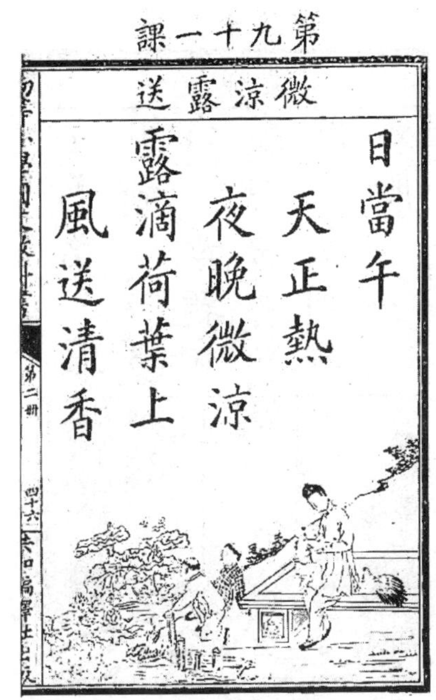

第九十二課

第九十二課

分戰爭扮敵領防自吶喊

羣兒在園中 分作
二隊戲為戰爭
一隊扮敵人 領兵
來攻 一隊扮防軍
伏牆自守 一聲
吶喊 同出攻敵

第九十三課

菱命恐

小弟弟在
門前吃菱
角 母親命
我掃去菱角
殼 恐刺行
人腳

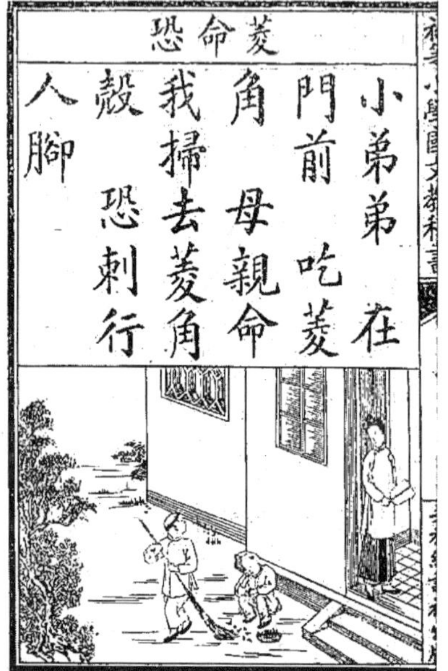

第九十四課

螢摺籠蒲扇撲忽

螢火飛 光閃
閃 妹妹摺紙
籠 弟弟拏蒲
扇 一扇撲落
裝入籠中
忽明忽暗

第九十五課

纔歲呼祖伯嫂叔姪

二哥有兒 年纔三歲 呼我父為祖父 呼我母為祖母 呼大哥為伯父 呼大嫂為伯母 呼我為叔父 我呼他為姪兒

第九十六課

舅安堂姨

昨日到舅家 外祖父外祖母在內堂 進內問安 大姨小姨牽我手 問我母親好

第九十七課

廚器瓷碟湯

第九十七課

匙瓦缸罎罐鉢鍋鉗桶筷

廚房常用器具……瓷器有杯盌盤碟湯匙 瓦器有缸罎罐鉢 鐵器有鍋火鉗 木器有盆桶筷子

第九十八課

鞦韆架豎繩繫板握搖蕩

鞦韆架豎 二柱 柱上 橫梁 梁懸二 繩 繩繫小板 打鞦韆 站在板上 雙手握 繩 前後搖蕩 漸蕩漸高

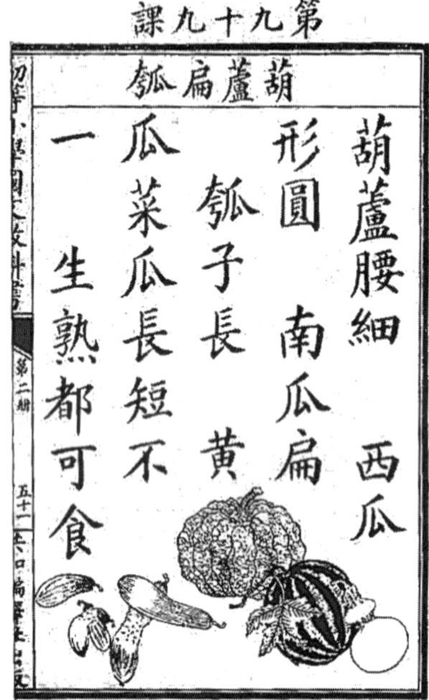

第九十九課

葫蘆扁瓠

葫蘆腰細 西瓜 形圓 南瓜扁 瓠子長 黃瓜 菜瓜長短不一 生熟都可食

第二冊 五十一

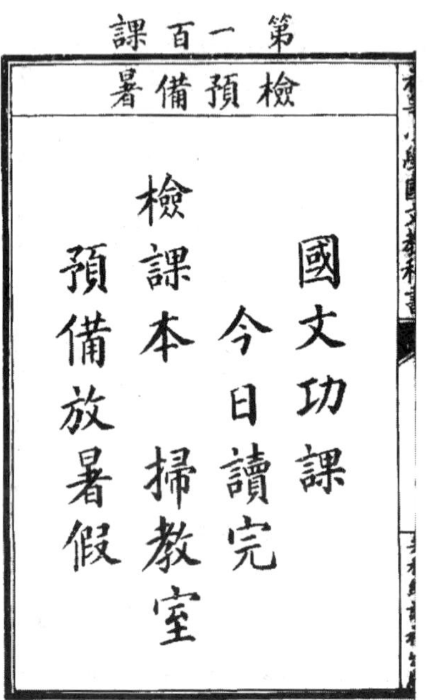

第一百課

檢預備暑

國文功課 今日讀完 檢課本 掃教室 預備放暑假

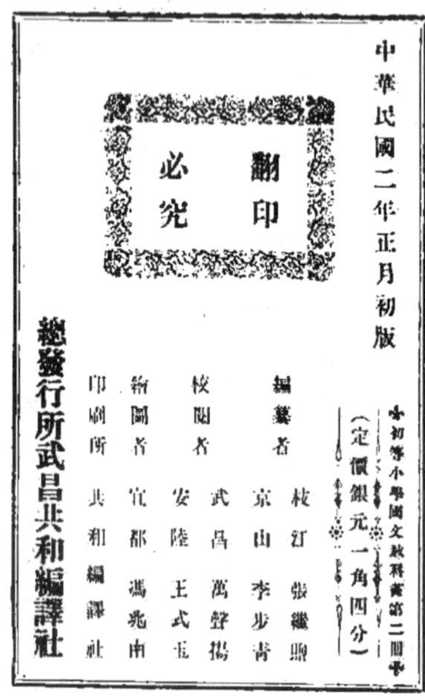

中華民國二年正月初版

翻印必究

初等小學國文教科書第二冊

（定價銀元一角四分）

編纂者 枝江 張繼煦 京山 李步青

校閱者 武昌 萬聲揚 安陸 王式玉

繪圖者 宜都 馮兆南

印刷所 共和編譯社

總發行所武昌共和編譯社

荆楚文库

新式國文教科書

新式國文教科書，全八册，（與陸費逵、沈頤、戴克敦、姚銘恩合作編輯，沈恩孚、范源廉、劉寶慈校訂，國民學校用（春季始業用），教育部審定。中華書局 **1915** 至 **1919** 年先後印行。

目　録

第一册

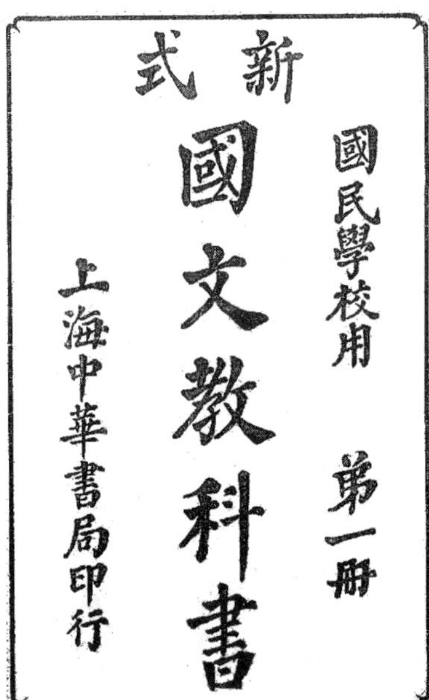

新式
國文教科書
國民學校用
第一冊
上海中華書局印行

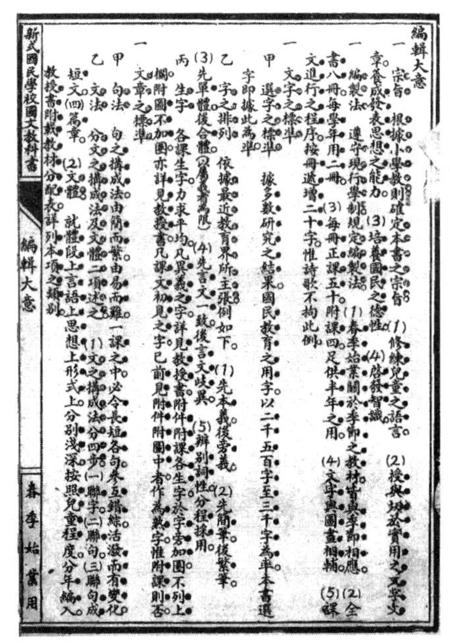

編輯大意

一 宗旨 根據小學教則確定本書之宗旨 (1)修練兒童之語言 (2)授與切於實用之文字文章。養成發表思想之能力。(3)培養國民之德性。(4)啓發智識。

一 編製法 遵守現行學制規定編製法 (1)春季始業關於季節之教材皆與季節相應。(2)全書八冊。每學年用二冊。(3)每冊正課五十。附課四。足供半年之用。(4)文字與圖畫相輔。(5)課文進行之程序。按冊遞增。二十字。惟詩歌不拘此例。

一 文字之標準

甲 選字之標準 據多數研究之結果。國民教育之用字。以二千五百字至三千字為率。本書選字即據此為準。

乙 字之排列 依據最近教育界所主張。例如下。(1)先本義後旁義。(2)先簡筆後繁筆。(3)先單體後合體。(以屬於會意為限)(4)先言文一致後言文歧異。(5)辨別詞性。分程採用。

丙 生字 各課生字。力求平均。凡異義之字。詳見教授書附件附課各生字。於字旁加圈。不列上欄。附圖不加圈。亦詳見教授書。凡課文初見之字。已前見附件附圖中者。作為熟字。惟附課則否。

一 文章之標準

甲 句法 句之構成法。由簡而繁。由易而難。一課之中。必令長短各句。參互錯綜。活潑而有變化。

乙 文法 分文之構成法及文體二項述之。(1)文之構成法。分四步。(一)聯字。(二)聯句。(三)聯句成短文。(四)篇章。(2)文體 就體段上言語上思想上形式上分別淺深。按照兒童程度。分年編入。教授書附載教材分配表。詳列本項之類別。

新式國民學校國文教科書　編輯大意　春季始業用

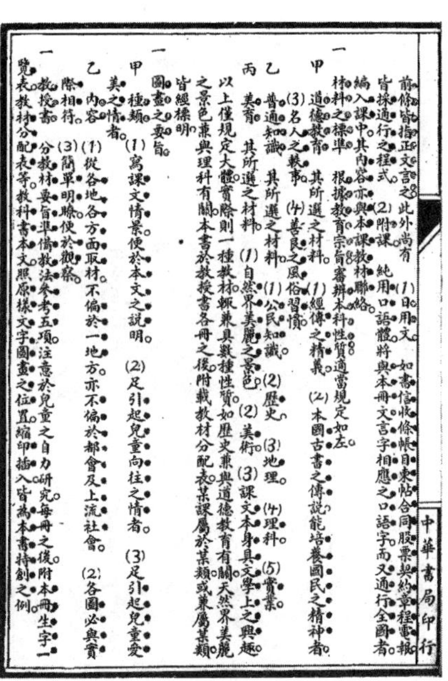

前條皆指正文言之。此外尚有(2)附課。純用口語體。將與本冊文言字相應之口語字。而又通行全國者。編入課中。其內容亦與本課教材聯絡。(1)日用文。如書信收條帳目柬帖合同股票契約章程電報皆採通行之程式。

一 材料之標準 根據教育宗旨。審辨本科性質。適當規定如左。

甲 道德教育 其所選之材料。(1)經傳之精義。(2)本國古書之傳說。能培養國民之精神者。(3)名人之軼事。(4)善良之風俗習慣。

乙 普通知識 其所選之材料。(1)公民知識。(2)歷史。(3)地理。(4)理科。(5)實業。

丙 美育 其所選之材料。(1)自然界美麗之景色。(2)美術。(3)課文本身具文學上之興趣

以上僅規定大體。實際則一種教材。輒兼具數種性質。如歷史兼與道德教育有關。天然界美麗之景色兼與理科有關。本書於教授書各冊之後。附載教材分配表。某課屬於某類。或兼屬某類。皆經標明。

一 圖畫之要旨。

甲 種類 (1)寫課文情景。使於本文之說明。(2)足引起兒童向往之情者。(3)足引起兒童愛美之情者。

乙 內容 (1)從各地各方面取材。不偏於一地方。亦不偏於都會及上流社會。(2)各圖必與實際相符。(3)簡單明瞭。使於觀察。

一 教授書 分教材要旨準備教法參考五項。注意於兒童之自力研究。每冊之後。附本冊生字一覽表。教材分配表等。教科書本文。照原樣文字圖畫之位置縮印插入。皆為本書特創之例。

中華書局印行

第一課

人

人。

新式國民學校國文教科書　第一冊　一　春季始業用

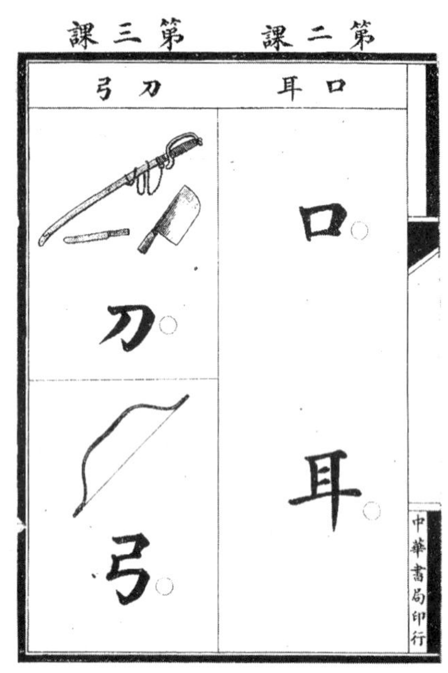
第二課
第三課
口 耳
刀 弓
口
耳
刀
弓
中華書局印行

第四課
第五課
牛 羊
手 巾
新式國民學校國文教科書
第一冊
二
春季始業用
牛
羊
手
手巾

第六課
犬 門
犬
門
中華書局印行

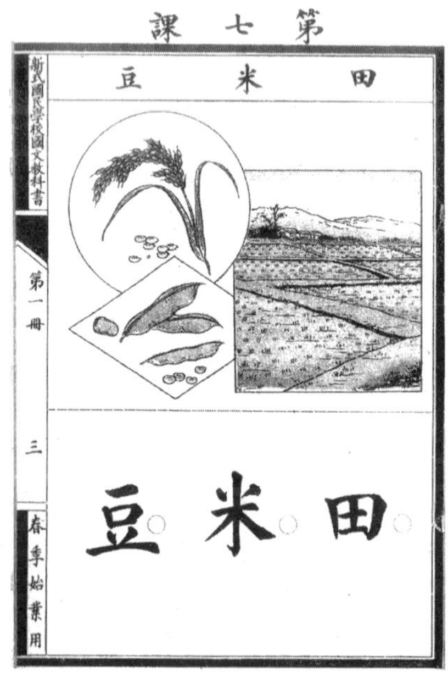
第七課
田 米 豆
新式國民學校國文教科書
第一冊
三
春季始業用
田
米
豆

第八課　第九課

土石山　木水火

土。石。山。

木。水。火。

中華書局印行

第十課

新式國民學校國文教科書　第一冊　四　春季始業用

母兒烏

母。兒。烏。

第十一課

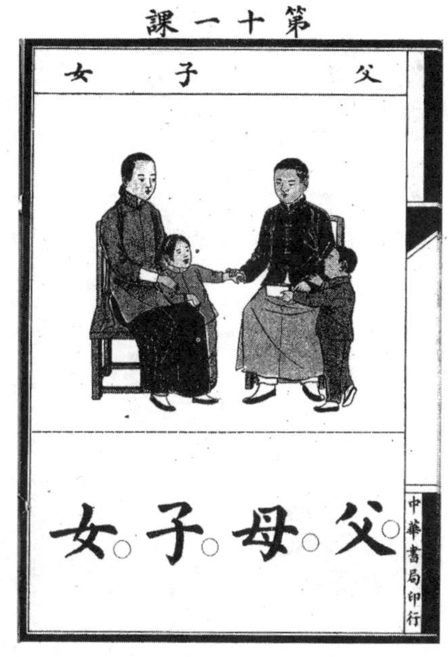

父子女

父。母。子。女。

中華書局印行

第十二課

新式國民學校國文教科書　第一冊　五　春季始業用

角毛

牛角。

羊毛。

第十三課 第十四課

泥竹 馬大小

泥人

竹刀

馬大

犬小

中華書局印行

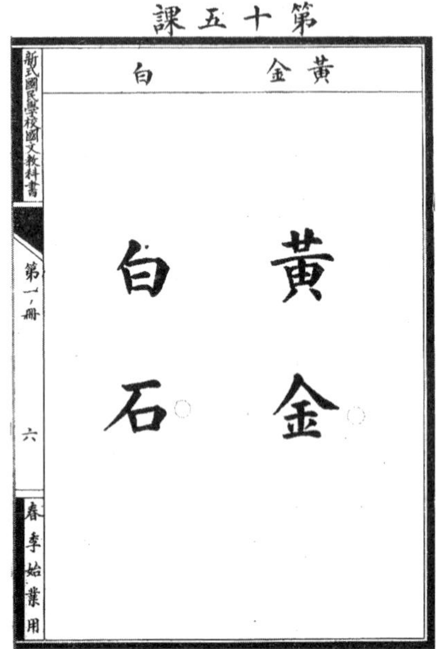
第十五課

黃金 白

黃金

白石

新式國民學校國文教科書 第一册 六 春季始業用

第十六課

魚 草

魚

金魚

草

水草

中華書局印行

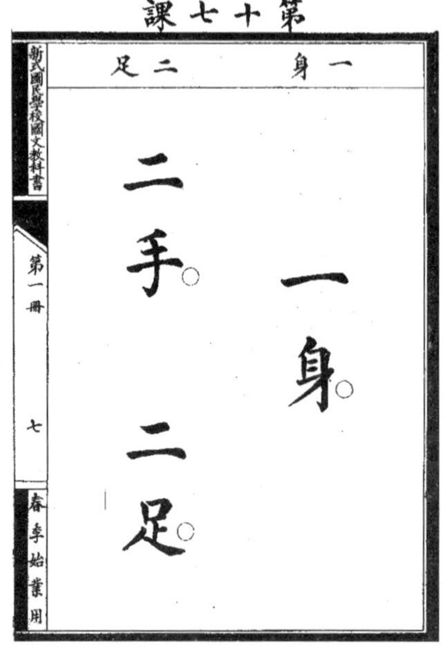
第十七課

一身 二足

一身

二手

二足

新式國民學校國文教科書 第一册 七 春季始業用

第十八課

舟　橋上下

舟。人。橋上。橋下。

中華書局印行

第十九課

天　地　日　月

天。地。日。月。

新式國民學校國文教科書　第一冊　八　春季始業用

第二十課

絲　衣　線

布。絲。布衣。絲線。

中華書局印行

第二十一課

飯食　茶飲

飯。茶。食飯。飲茶。

新式國民學校國文教科書　第一冊　九　春季始業用

第二十二課

出 開 掃

日出。開門。掃地。

中華書局印行

第二十三課

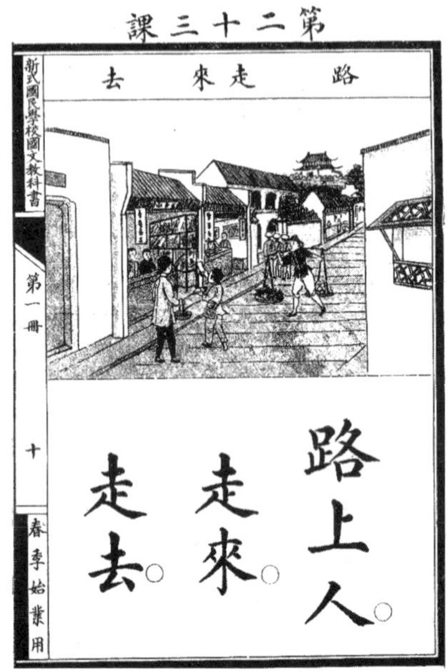
路 走 來 去

路上人。走來。走去。

新式國民學校國文教科書 第一冊 十 春季始業用

第二十四課

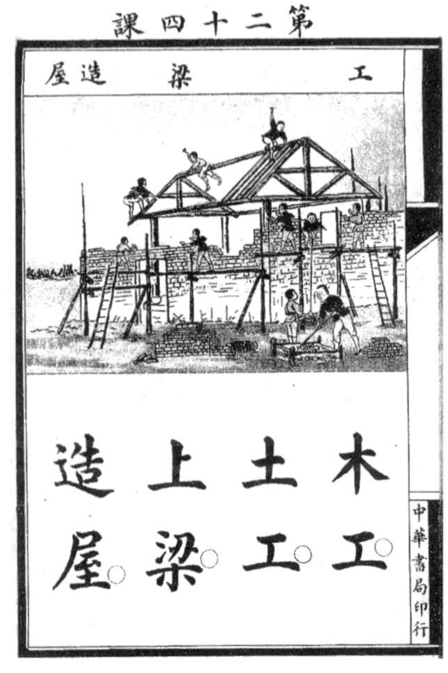
工 梁 造屋

木工。土工。上梁。造屋。

中華書局印行

第二十五課

排隊 報數 三四

排隊。報數。一。二。三。四。

新式國民學校國文教科書 第一冊 十一 春季始業用

第二十六課

第二十七課

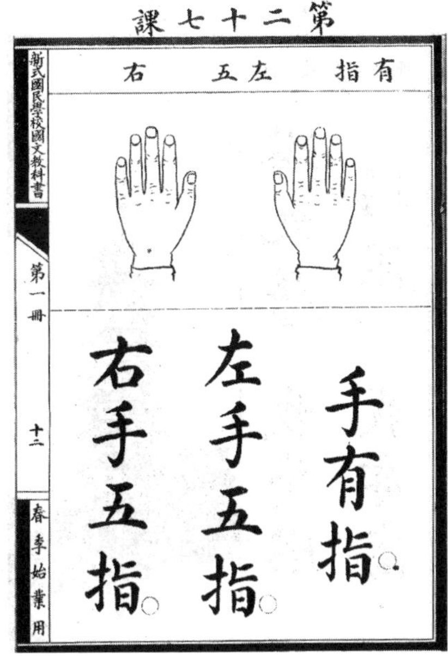

第二十八課

第二十九課

第三十課

塔九層我登高亦

塔九層。我登塔。

塔高。我亦高。

中華書局印行

第三十一課

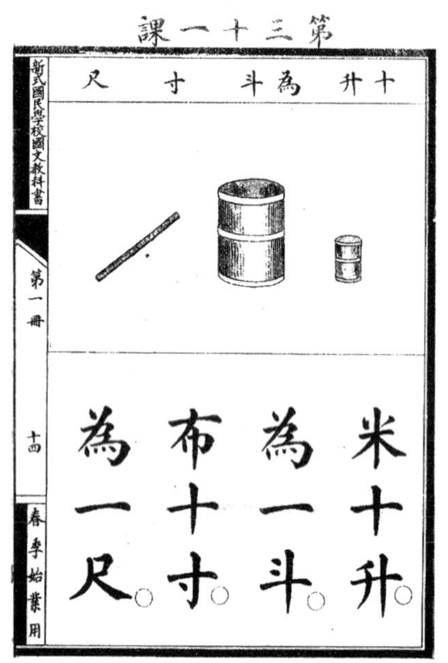

新式國民學校國文教科書

十升為斗寸尺

米十升。為一斗。

布十寸。為一尺。

第一冊　十四

春季始業用

第三十二課

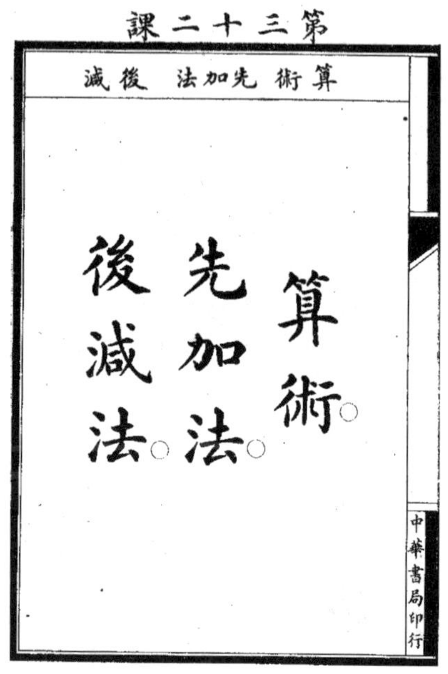

算術先加法後減法

算術。

先加法。後減法。

中華書局印行

第三十三課

新式國民學校國文教科書

病煎藥與

兒病。

母煎藥。與兒飲。

第一冊　十五

春季始業用

第三十四課

愈 心喜 挈遊

兒病愈。母心喜。挈兒出遊。

中華書局印行

第三十五課

拍毬 忽起落 低

拍毬。忽起。忽落。忽高。忽低。

新式國民學校國文教科書 第一冊 十六 春季始業用

第三十六課

蟬 螳螂 雀 彈

蟬。螳螂。黃雀。弓彈。

中華書局印行

第三十七課

肉 貓 快喫

魚肉飯。小貓。快來喫。

新式國民學校國文教科書 第一冊 十七 春季始業用

第三十八課

鴨　爪　蹼　游　羽　不　溼

鴨爪有蹼。游水。毛羽不溼。

中華書局印行

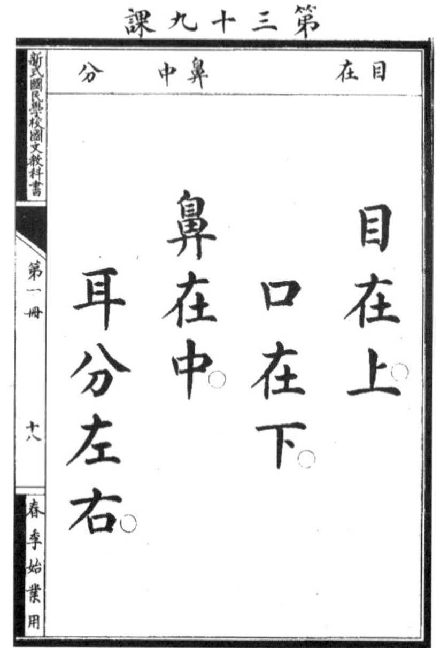
第三十九課

目　在　鼻　中　分

目在上。口在下。鼻在中。耳分左右。

新式國民學校國文教科書　第一冊　十八　春季始業用

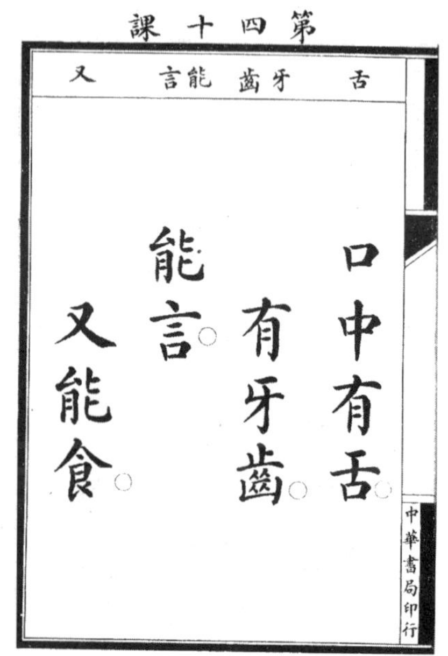
第四十課

舌　牙　齒　能　言　又

口中有舌。有牙齒。能言。又能食。

中華書局印行

第四十一課

夕　陽　将　入　林　兔　穴

夕陽将落。鳥入林。兔入穴。

新式國民學校國文教科書　第一冊　十九　春季始業用

第四十二課

兄弟立階前看明月

月出。兄挈弟。立階前。看明月。

中華書局印行

第四十三課

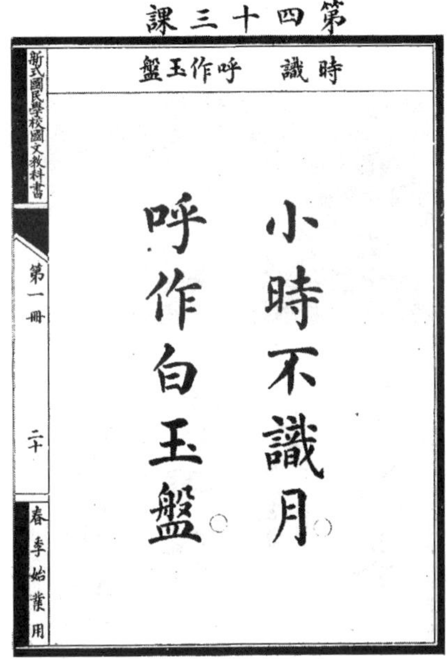
時識呼作玉盤

小時不識月。呼作白玉盤。

新式國民學校國文教科書 第一冊 二十 春季始業用

第四十四課

麥熟色皆農割

麥熟。色皆黃。數農人。在田割麥。

中華書局印行

第四十五課

童騎背唱歌

童子。騎牛背。牛喫草。童子唱歌。

新式國民學校國文教科書 第一冊 二十一 春季始業用

第四十六課

青　雲　合　暗　雨

青天。白雲。雲四合。天暗。大雨來。

中華書局印行

第四十七課

止　滿　禾得　莖漸

大雨不止。田中水滿。禾得水。莖漸高。

新式國民學校國文教科書　第一冊　二十三　春季始業用

第四十八課

花　香　蝴蝶愛　間

花開。有色。有香。蝴蝶愛花。飛入花間。

中華書局印行

第四十九課

營　外　兵　托鎗掛　步

營門外。一隊兵。托鎗。掛刀。開步走。

新式國民學校國文教科書　第一冊　二十三　春季始業用

第十五課

切瓜　塊　汁多味甘

母切瓜。一塊一塊。分與兒女。

瓜汁多。瓜味甘。

中華書局印行

附課一

雀子會叫。狗也會叫。

馬會拉車子。牛也會拉車子。

附課二

花有顏色。又有香氣。

刀能夠切瓜。又能夠切肉。

新式國民學校國文教科書　第一冊　二十四　春季始業用

附課三

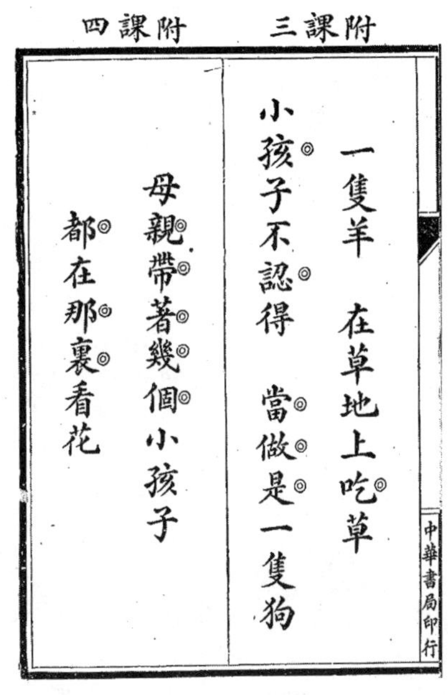
一隻羊。在草地上吃草。

小孩子不認得。當做是一隻狗。

附課四

母親帶著幾個小孩子。

都在那裏看花。

中華書局印行

第二册

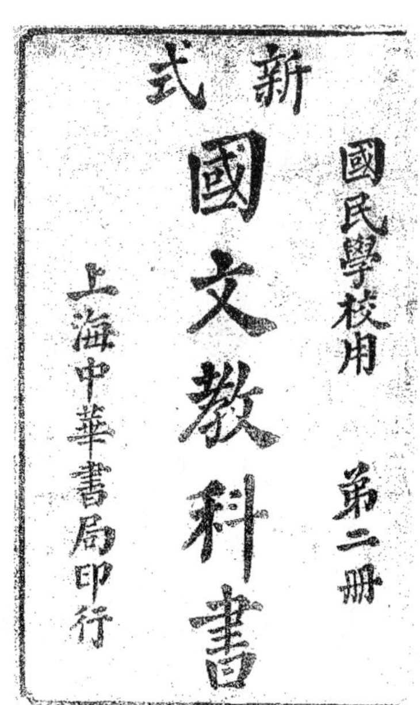

新式
國文教科書
國民學校用
第二册
上海中華書局印行

第一課

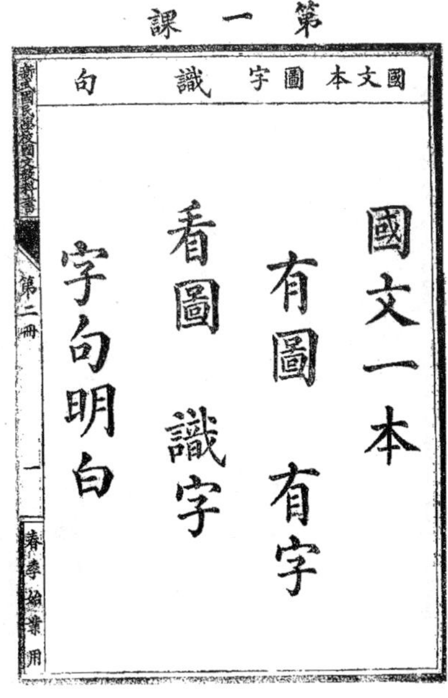

國　文　本　圖　字　識　句

國文一本

有圖　有字

看圖　識字

字句明白

新式國民學校國文教科書　第二册　一　春季始業用

第二課

早　向　東　方　西　南　北

早起向日

前東方

後西方

右南方

左北方

中華書局印行

第三課

昨　今　晴　見

昨日雨

雲滿天

今日晴

雲開見日

新式國民學校國文教科書　第二册　二　春季始業用

第四課

古 寺 常 關 時聞鐘聲

山中有古寺

寺門常關

時聞鐘聲

中華書局印行

第五課

新式國民學校國文教科書 第二冊 三 春季始業用

松 樹 濃 陰 蔽 乘 涼

山下松樹

濃陰蔽日

數行人

樹下乘涼

第六課

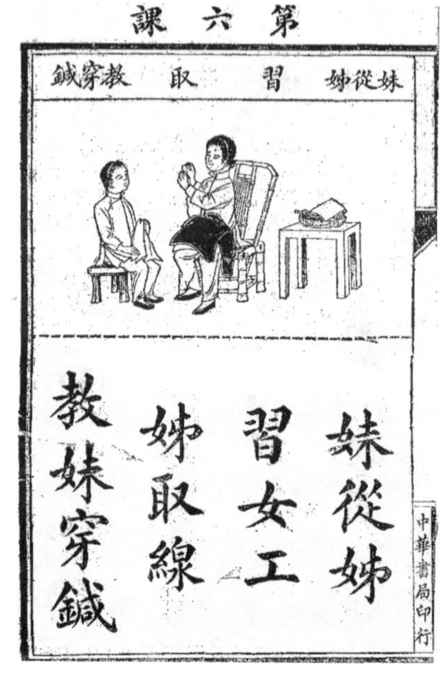

妹從姊 習 取 教穿鍼

妹從姊

習女工

姊取線

教妹穿鍼

中華書局印行

第七課

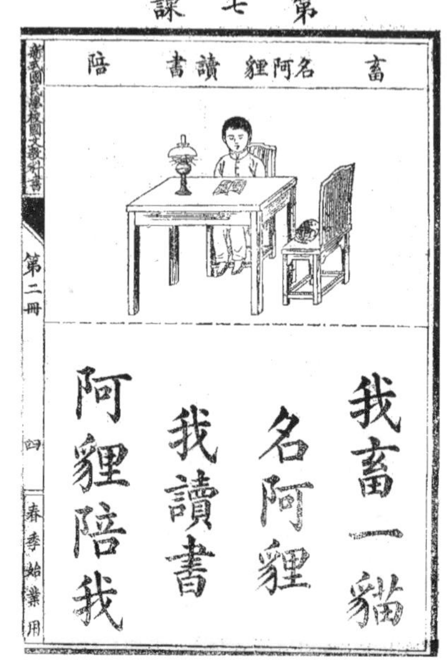

新式國民學校國文教科書 第二冊 四 春季始業用

畜 名阿貍 讀 書 陪

我畜一貓

名阿貍

我讀書

阿貍陪我

第八課

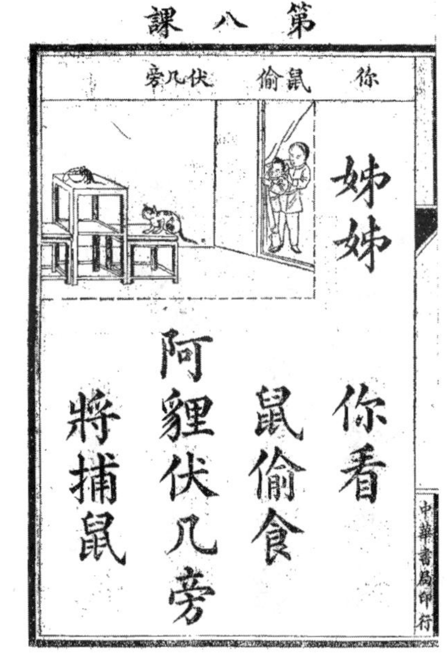
你 鼠 偷 伏 几 旁

姊姊 你看
鼠偷食
阿貍伏几旁
將捕鼠

中華書局印行

第九課

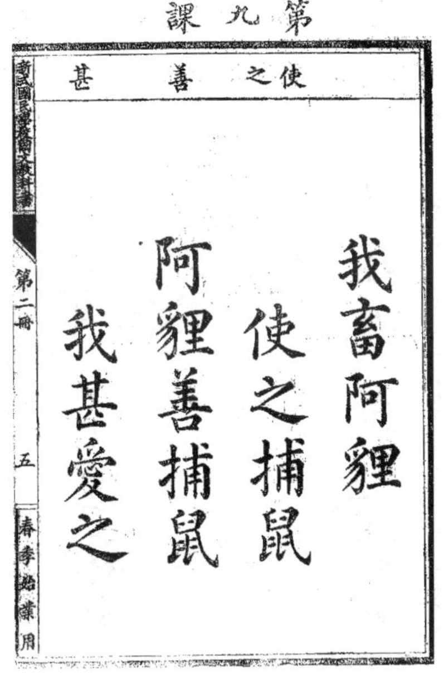
新式國民學校國文教科書 第二冊 五 春季始業用

使 之 善 甚

我畜阿貍
使之捕鼠
阿貍善捕鼠
我甚愛之

第十課

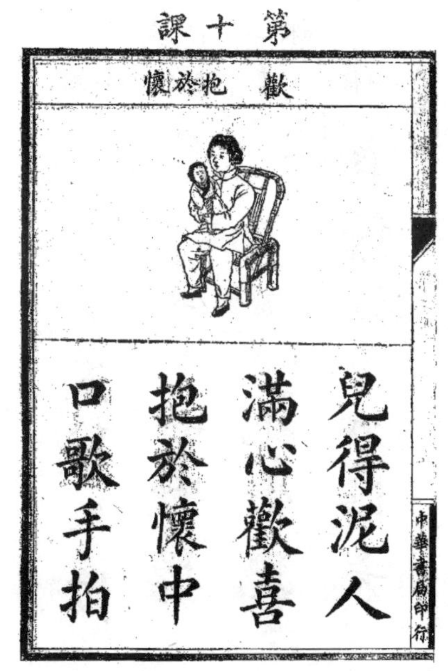
歡 抱 於 懷

兒得泥人
滿心歡喜
抱於懷中
口歌手拍

中華書局印行

第十一課

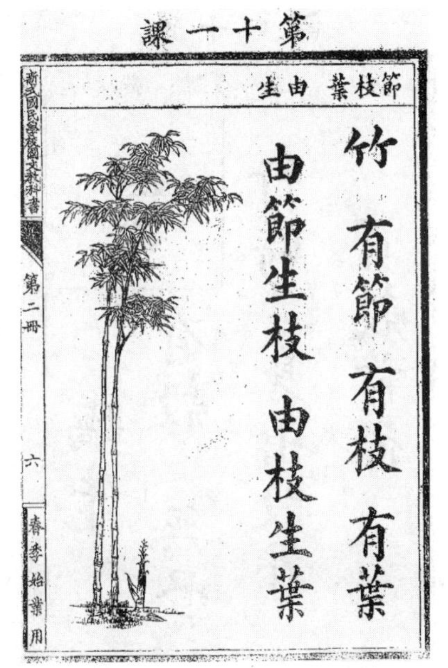
新式國民學校國文教科書 第二冊 六 春季始業用

節 枝 葉 由 生

竹 有節 有枝 有葉
由節生枝 由枝生葉

第十二課

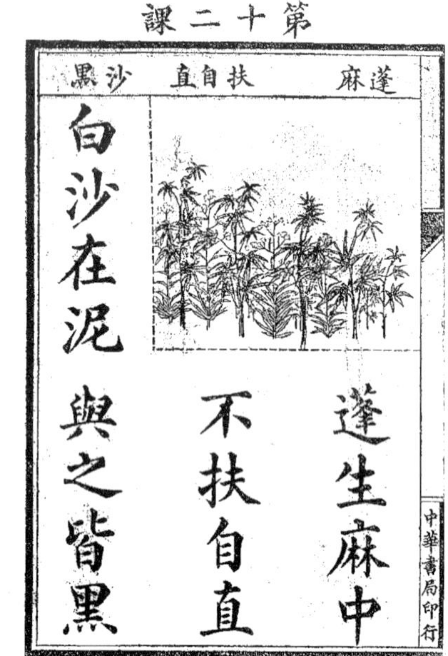
蓬　麻　扶自直　沙黑

蓬生麻中

不扶自直

白沙在泥

與之皆黑

第十三課

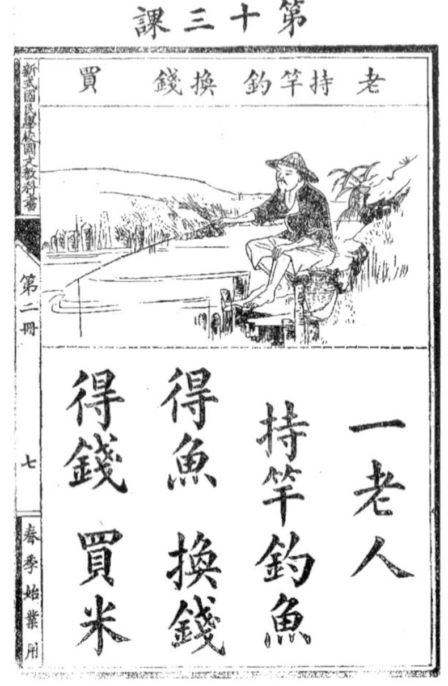
老　持竿　釣　換　錢　買

一老人

持竿釣魚

得魚　換錢

得錢　買米

第十四課

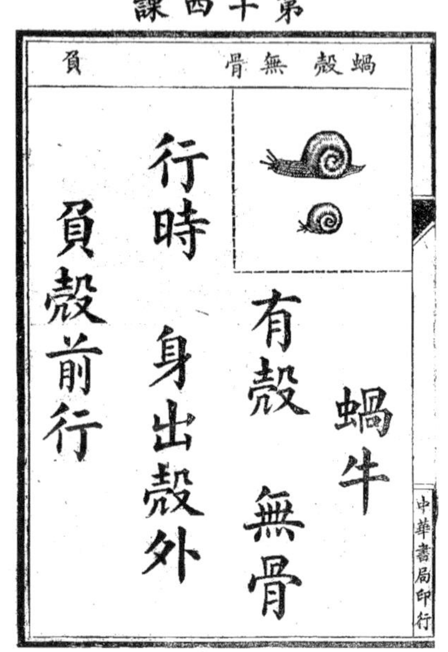
蝸　殼　無　骨　負

蝸牛

有殼　無骨

行時　身出殼外

負殼前行

第十五課

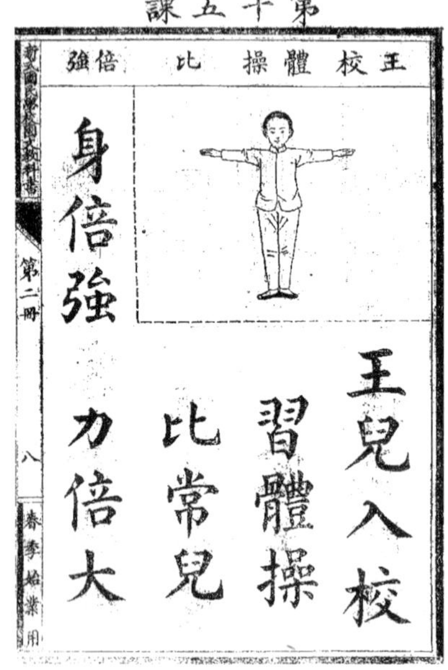
王　校　體　操　比　倍強

王兒入校

習體操

比常兒

力倍大

身倍強

第十六課

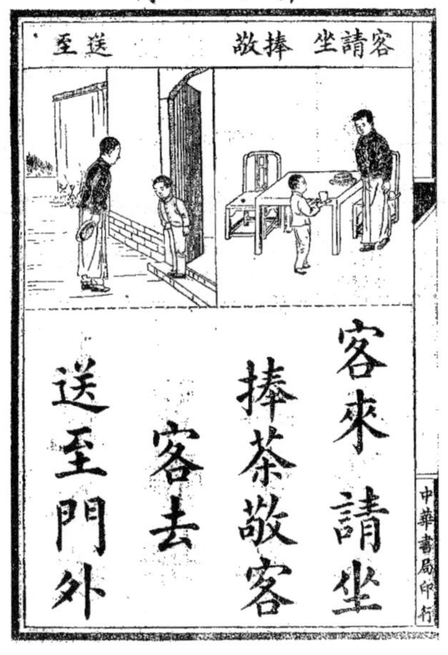

客 請 坐 捧 敬 送 至

客來　請坐

捧茶敬客

客去

送至門外

中華書局印行

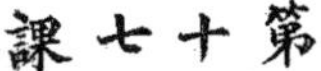

第十七課

賣 糖 沿 街 敲 鑼 鏜 喊

賣糖人

沿街走

敲小鑼

鏜鏜鏜

喊賣糖

新式國民學校國文教科書 第二冊 九 春季始業用

第十八課

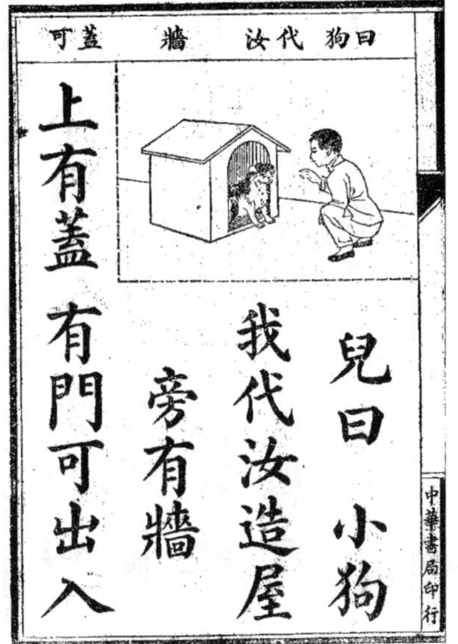

曰 狗 代 汝 牆 蓋 可

兒曰　小狗

我代汝造屋

旁有牆

上有蓋　有門可出入

中華書局印行

第十九課

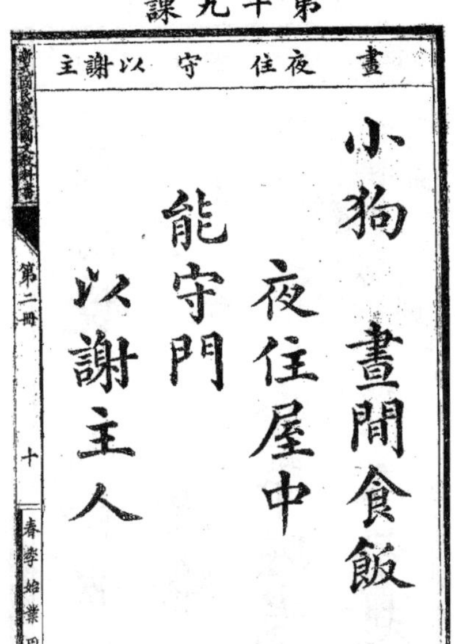

晝 夜 住 守 以 謝 主

小狗　晝間食飯

夜住屋中

能守門

以謝主人

新式國民學校國文教科書 第二冊 十 春季始業用

第二十課

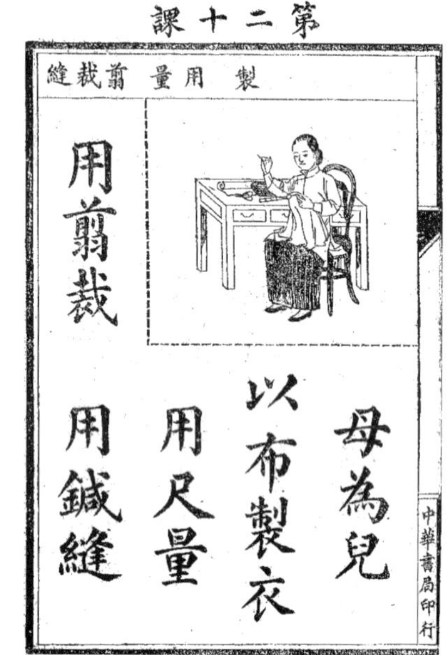
製用量剪裁縫

母為兒
以布製衣
用尺量
用剪裁
用鍼縫

中華書局印行

第二十一課

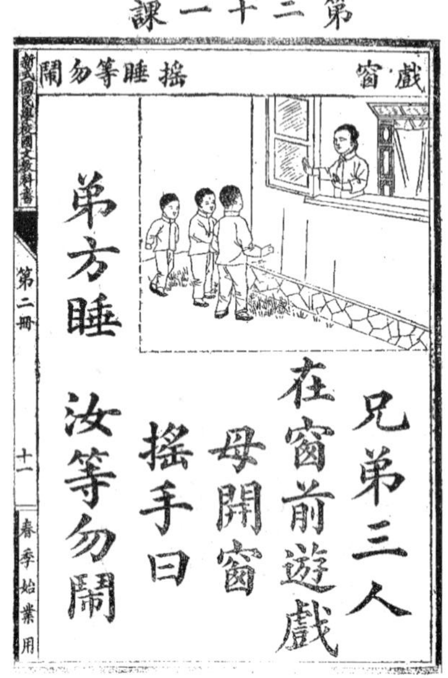
新式國民學校國文教科書　第二冊　十一　春季始業用

戲窗搖睡等勿鬧

兄弟三人
在窗前遊戲
母開窗
搖手曰
弟方睡
汝等勿鬧

第二十二課

初曉醒雄雞啼喔催

天初曉
人初醒
一雄雞
啼聲喔喔
催人早起

中華書局印行

第二十三課

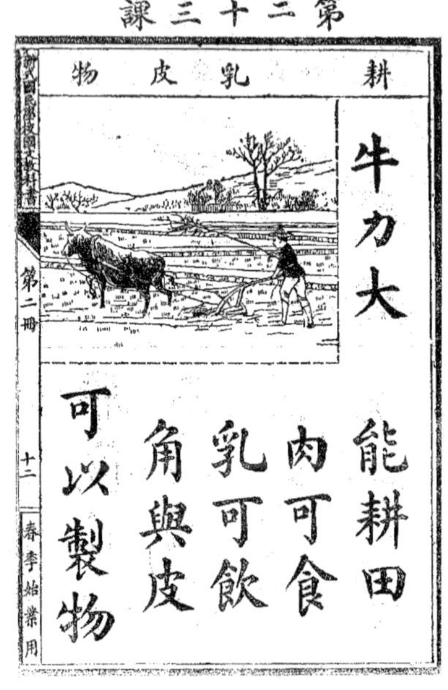
新式國民學校國文教科書　第二冊　十二　春季始業用

耕乳皮物

牛力大
能耕田
肉可食
乳可飲
角與皮
可以製物

第二十四課

雁　齊　或如

雁從北來
齊向南飛
或如人字
或如一字

中華書局印行

第二十五課

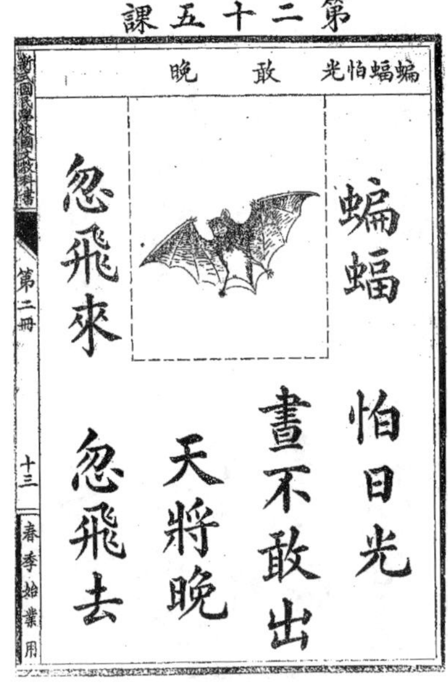
蝙蝠怕光　敢　晚

蝙蝠
怕日光
晝不敢出
天將晚
忽飛來
忽飛去

新式國民學校國文教科書　第二冊　十三　春季始業用

第二十六課

巷少　家　吠

小巷中
行人少
一家門外
有人敲門
犬吠不止

中華書局印行

第二十七課

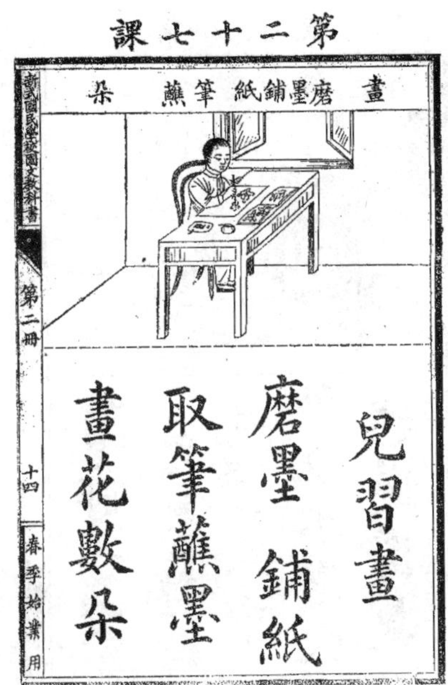
畫　磨墨鋪紙　筆　蘸　朵

兒習畫
磨墨　鋪紙
取筆蘸墨
畫花數朵

新式國民學校國文教科書　第二冊　十四　春季始業用

第二十八課

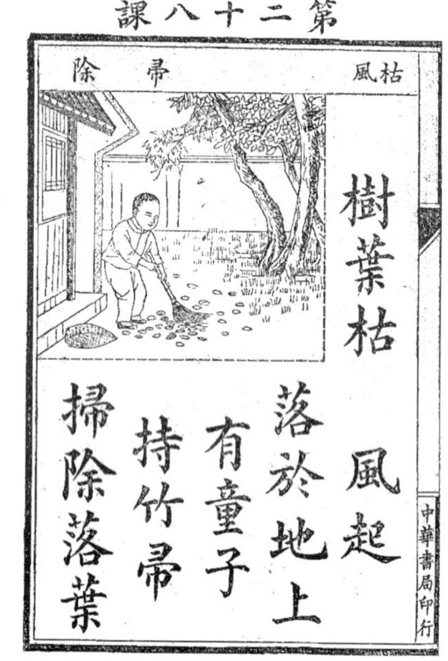

枯 風 帚 除

樹葉枯
風起
落於地上
有童子
持竹帚
掃除落葉

中華書局印行

第二十九課

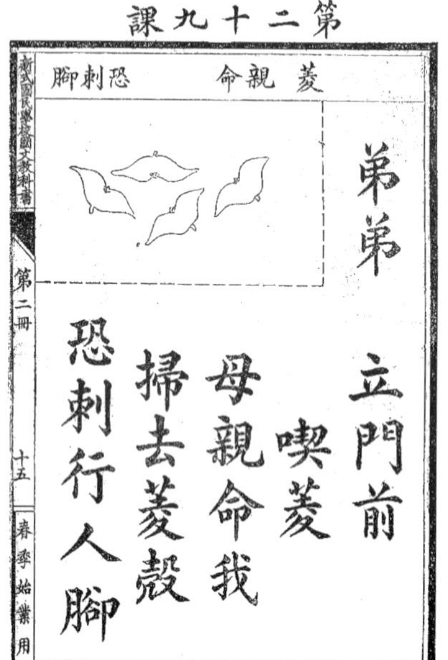

菱 親 命 恐 刺 腳

弟弟
立門前
喫菱
母親命我
掃去菱殼
恐刺行人腳

新式國民學校國文教科書 第二冊 十五 春季始業用

第三十課

擊 墮 灌 遂 浮

階前一穴
兒擊毬
毬墮穴中
兒取水灌穴
毬遂浮起

中華書局印行

第三十一課

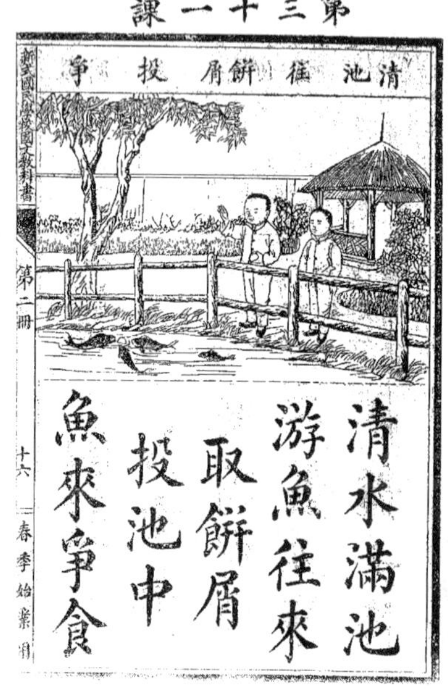

清 池 往 餅 屑 投 爭

清水滿池
游魚往來
取餅屑
投池中
魚來爭食

新式國民學校國文教科書 第二冊 十六 春季始業用

第三十二課

盤　圓　果　共幾何　箇

方盤

圓盤

盤中果

共有幾何

一盤五箇

一盤十箇

中華書局印行

第三十三課

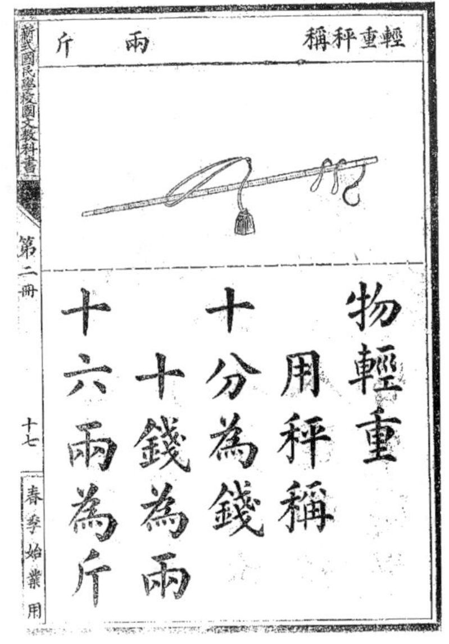

輕重秤稱　兩　斤

物輕重

用秤稱

十分為錢

十錢為兩

十六兩為斤

新式國民學校國文教科書　第二冊　十七　春季始業用

第三十四課

公　園　茅　亭　逢　暇　散

公園中

有草地

有茅亭

又多花木

人逢暇時

皆來遊散

中華書局印行

第三十五課

朝　沒　暮

日出為朝

日沒為暮

朝至暮為晝

暮至朝為夜

新式國民學校國文教科書　第二冊　十八　春季始業用

第四十課

第四十一課

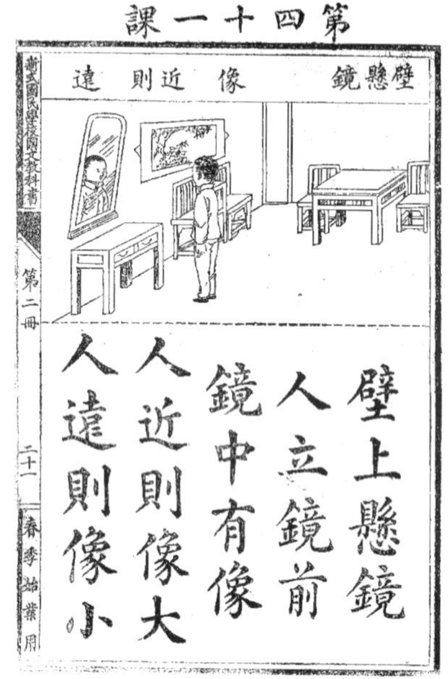

第四十二課

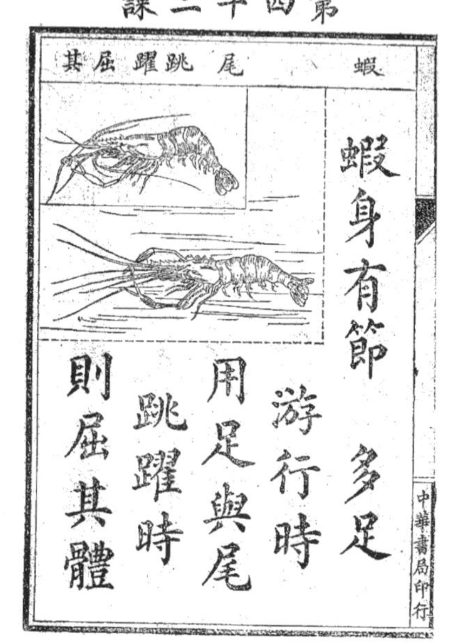

第四十三課

第四十四課

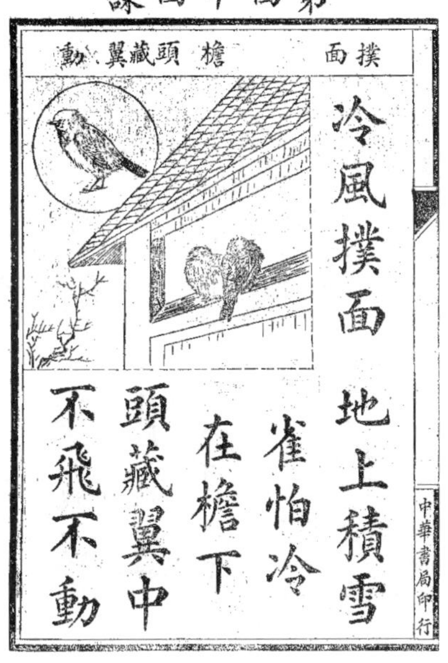

撲面　檐頭藏翼動

冷風撲面

地上積雪

雀怕冷

在檐下

頭藏翼中

不飛不動

中華書局印行

第四十五課

新式國民學校國文教科書　第二冊　二十三　春季始業用

冰　片　透　玻瓈

水面結冰

兒敲冰

取一片

懸於窗前

能透光

如玻瓈

第四十六課

招牌　局　莊　雜貨店

大街兩旁

掛招牌

有書局

有米鋪

有衣莊

有雜貨店

中華書局印行

第四十七課

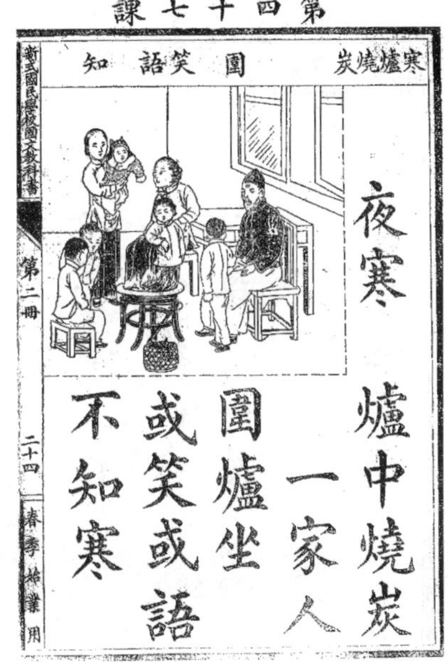

新式國民學校國文教科書　第二冊　二十四　春季始業用

寒爐燒炭　圍　笑語　知

夜寒

爐中燒炭

一家人

圍爐坐

或笑或語

不知寒

第四十八課

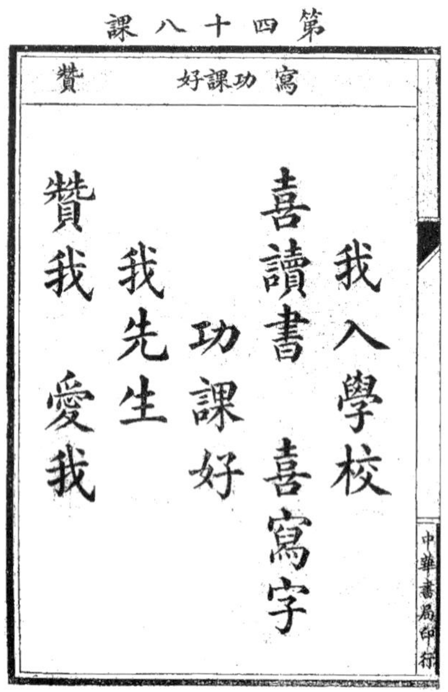

寫　功課好　贊

我入學校

喜讀書　喜寫字

功課好

我先生

贊我　愛我

中華書局印行

第四十九課

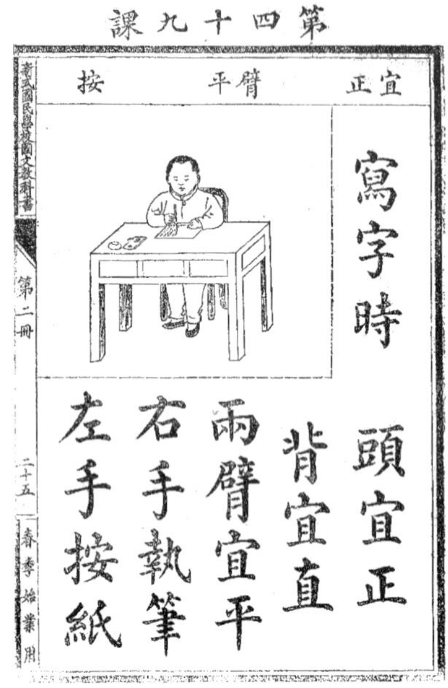

宜　正　臂　平　按

寫字時

頭宜正

背宜直

兩臂宜平

右手執筆

左手按紙

新式國民學校國文教科書　第二冊　二十五　春季始業用

第五十課

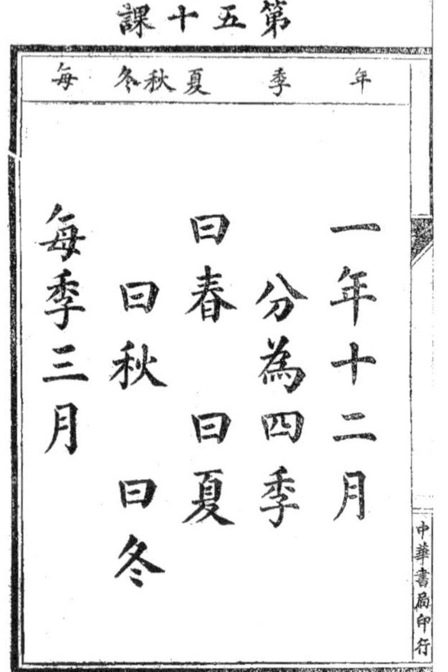

年　季　夏秋冬　每

一年十二月

分爲四季

曰春　曰夏

曰秋　曰冬

每季三月

中華書局印行

附課一

雀子怕冷

躲在屋檐底下

人怕冷

在火爐旁邊烤火

附課二

地上有灰塵

就拿笤帚來掃掉他

桌子上有灰塵

就拿布來揩掉他

新式國民學校國文教科書　第二冊　二十六　春季始業用

CHUNG HWA CHINESE READERS
FOR PRIMARY SCHOOLS
(NEW EDITION)
CHUNG HWA BOOK COMPANY

民國四年十二月印刷
民國五年一月發行
民國八年六月廿九版

新式國民學校國文教科書（全八冊）補
（春季始業用）
中國毛邊紙印每冊定價銀圓一角

有著作權 不准翻印

編輯者 桐鄉陸費逵 京山李步青 武進沈頤 杭縣戴克敦 如皋姚銘恩
閱訂者 吳縣沈恩孚 湘陰范源廉 天津劉寶慈
發行者 中華書局
印刷者 中華書局
印刷所 上海靜安寺路一九二號 中華書局

總發行所 上海棋盤街中華書局
分發行所 中華書局

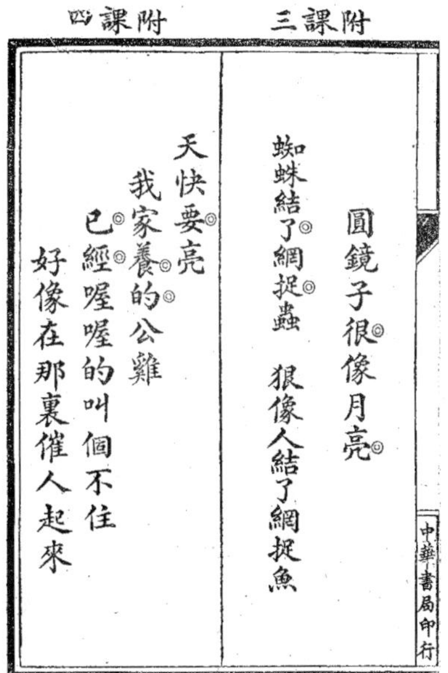
附課三

圓鏡子很像月亮
蜘蛛結了網捉蟲 狠像人結了網捉魚

附課四

天快要亮
我家養的公雞
已經喔喔的叫個不住
好像在那裏催人起來

中華書局印行

第三册

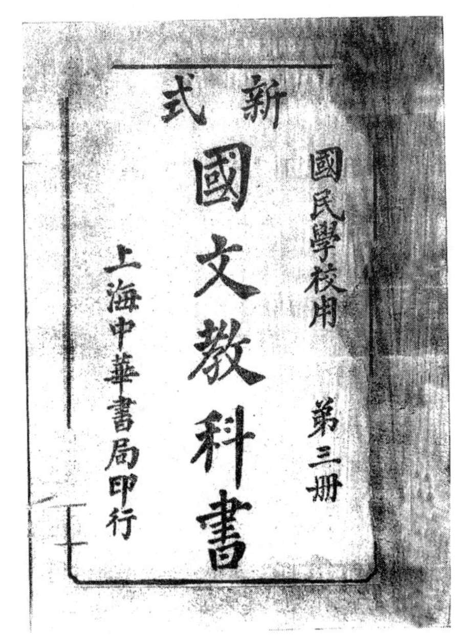
新式

國民學校用

國文教科書

第三册

上海中華書局印行

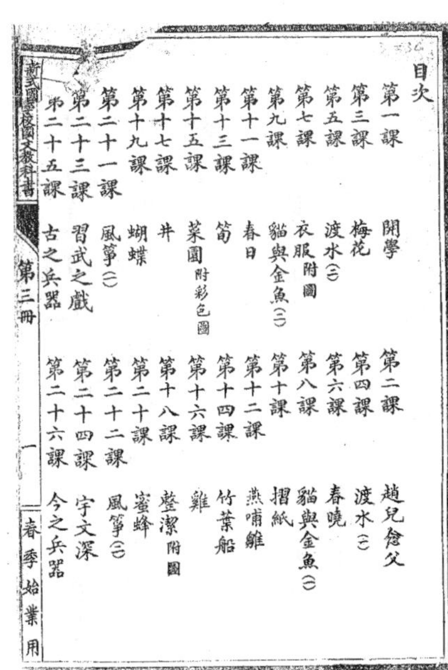

目次

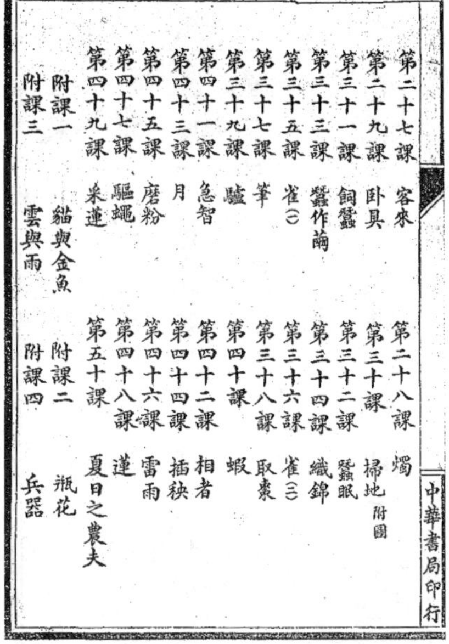

中華書局印行

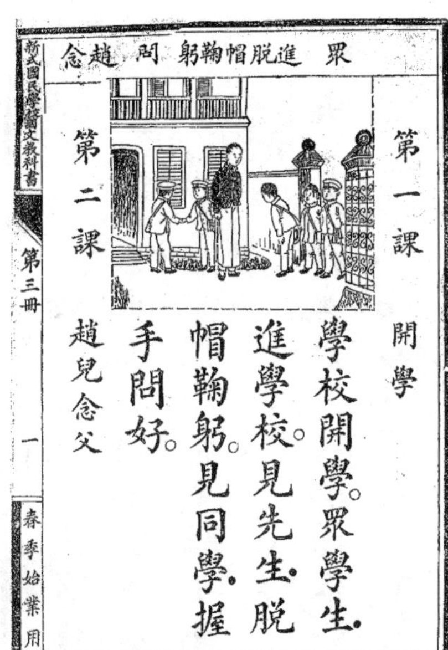

眾　進　脫　帽　鞠　躬　問　趙　念

第一課　開學

學校開學。眾學生。進學校。見先生。脫帽鞠躬。見同學。握手問好。

第二課　趙兒念父

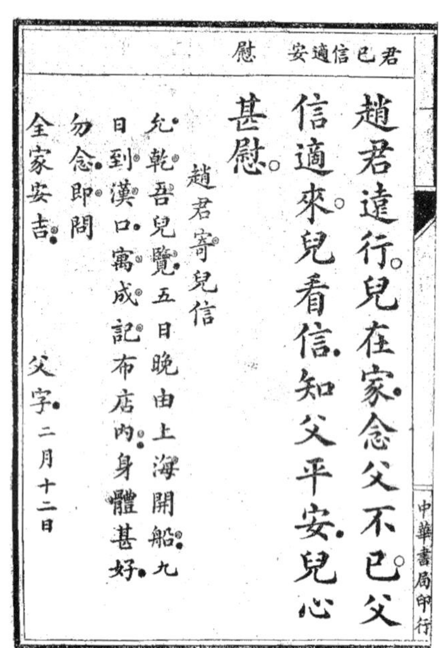

君 已 信 適 安 慰

趙君遠行。兒在家。念父不已。父信適來。兒看信。知父平安。兒心甚慰。

趙君寄兒信

允乾吾兒覽。五日晚由上海開船。九日到漢口。寓成記布店內。身體甚好。勿念。即問

全家安吉。

父字。二月十二日

中華書局印行

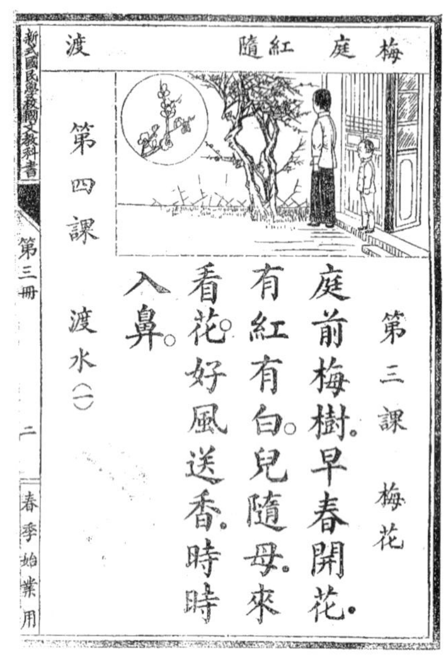

梅 庭 紅 隨 渡

新式國民學校國文教科書 第三冊 二 春季始業用

第三課 梅花

庭前梅樹。早春開花。有紅有白。兒隨母。來看花。好風送香。時時入鼻。

第四課 渡水(一)

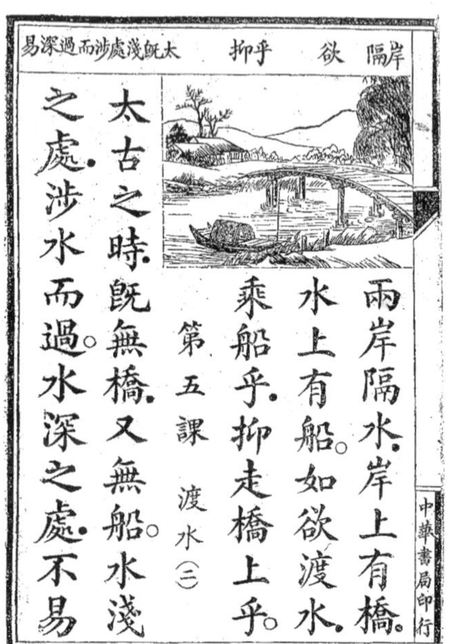

岸 隔 欲 乎 抑 太 既 淺 處 涉 而 過 深 易

兩岸隔水。岸上有橋。水上有船。如欲渡水。乘船乎。抑走橋上乎。

第五課 渡水(二)

太古之時。既無橋。又無船。水淺之處。涉水而過。水深之處。不易

中華書局印行

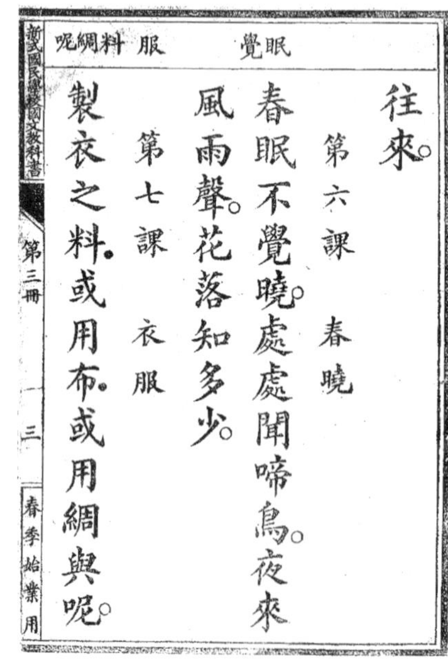

眠 覺 服 料 綢 呢

新式國民學校國文教科書 第三冊 三 春季始業用

往來。

第六課 春曉

春眠不覺曉。處處聞啼鳥。夜來風雨聲。花落知多少。

第七課 衣服

製衣之料。或用布。或用綢與呢。

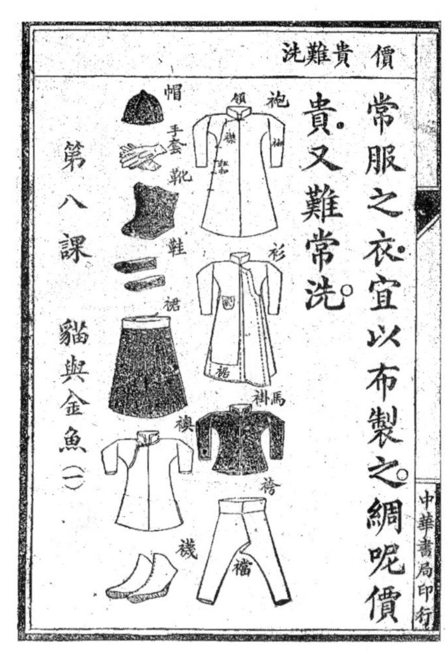

價 貴難洗

常服之衣宜以布製之。綢呢價貴．又難常洗。

第八課 貓與金魚(一)

中華書局印行

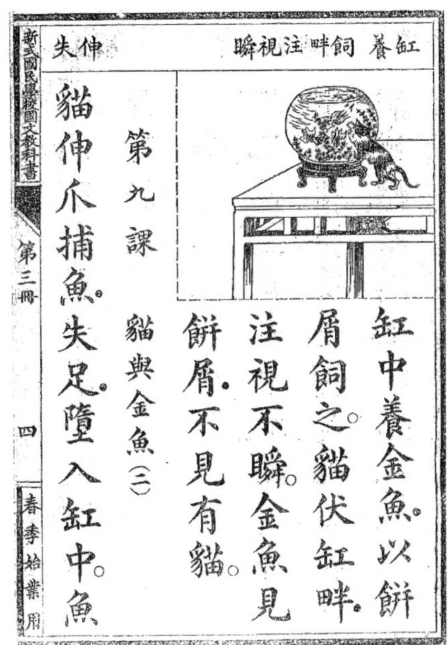

缸養 飼畔注視瞬 伸失

缸中養金魚。以餅屑飼之。貓伏缸畔．注視不瞬。金魚見餅屑．不見有貓。

第九課 貓與金魚(二)

貓伸爪捕魚。失足．墮入缸中。魚

新式國民學校國文教科書 第三冊 四 春季始業用

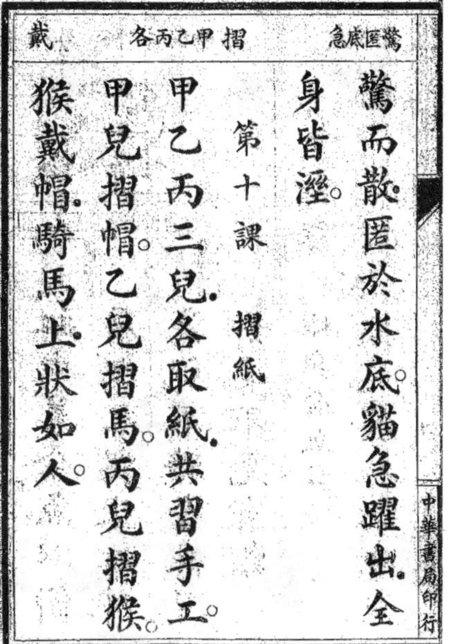

驚匿底急 摺甲乙丙各 戴

驚而散匿於水底。貓急躍出．全身皆溼。

第十課 摺紙

甲乙丙三兒．各取紙．共習手工。甲兒摺帽。乙兒摺馬。丙兒摺猴。猴戴帽．騎馬上．狀如人。

中華書局印行

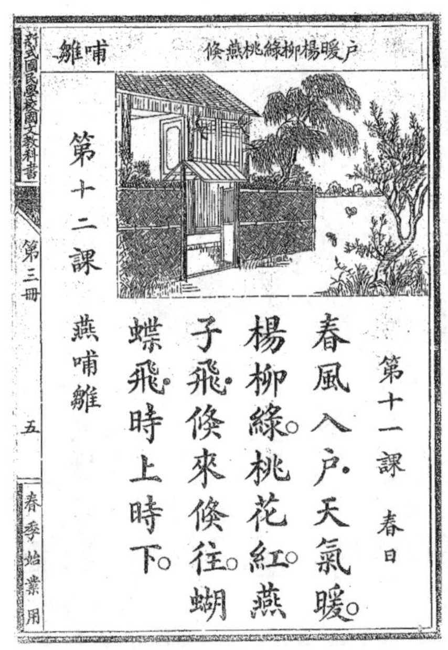

戶暖楊柳綠桃燕倏 哺雛

第十一課 春日

春風入戶．天氣暖。楊柳綠。桃花紅。燕子飛．倏來倏往。蝴蝶飛．時上時下。

第十二課 燕哺雛

新式國民學校國文教科書 第三冊 五 春季始業用

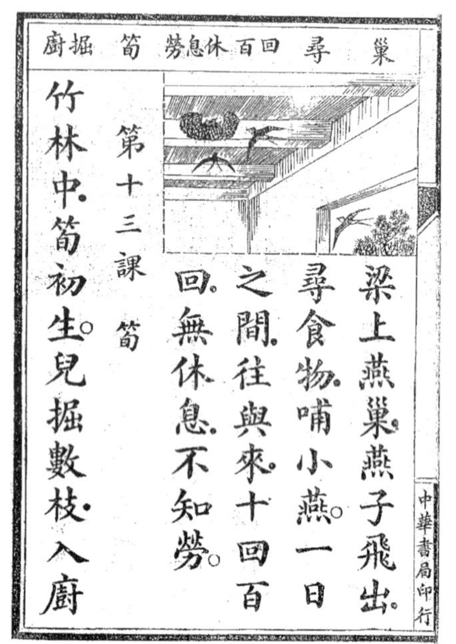
巢 尋 回 百 休息 勞 筍 掘 廚

梁上燕巢。燕子飛出。尋食物。哺小燕。一日之間。往與來。十回百回。無休息。不知勞。

第十三課 筍

竹林中。筍初生。兒掘數枝。入廚

中華書局印行

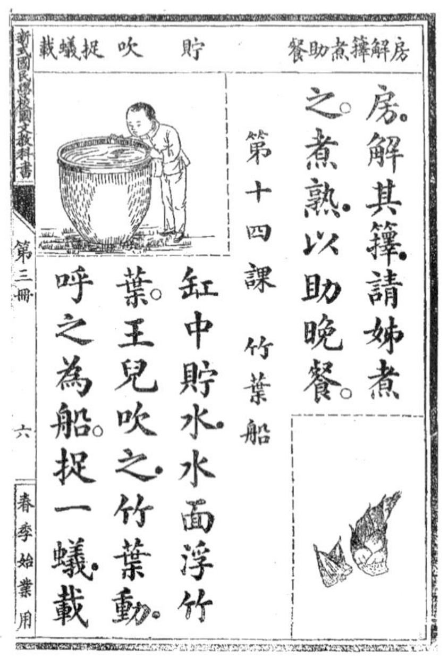
房 解 籜 煮 助 餐 貯 吹 捉 蟻 載

新式國民學校國文教科書 第三冊 六 春季始業用

房。解其籜。請姊煮之。煮熟。以助晚餐。

第十四課 竹葉船

缸中貯水。水面浮竹葉。王兒吹之。竹葉動。呼之為船。捉一蟻。載

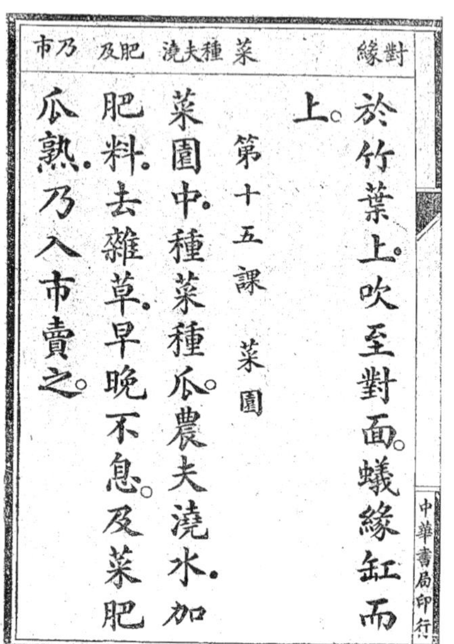
對 緣 菜 種 夫 澆 肥 及 乃 市

於竹葉上。吹至對面。蟻緣缸而上。

第十五課 菜園

菜園中。種菜種瓜。農夫澆水。加肥料。去雜草。早晚不息。及菜肥瓜熟。乃入市賣之。

中華書局印行

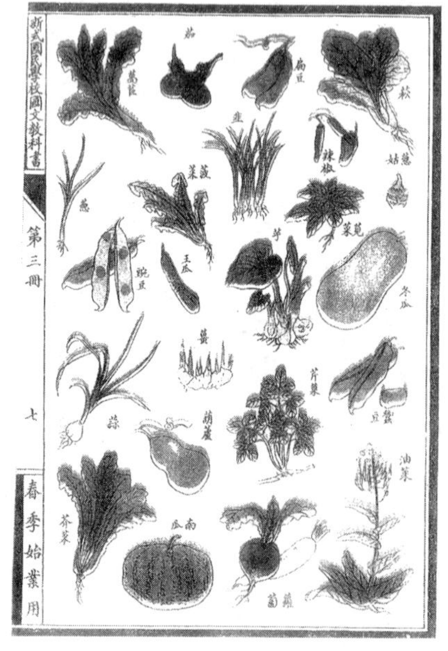

新式國民學校國文教科書 第三冊 七 春季始業用

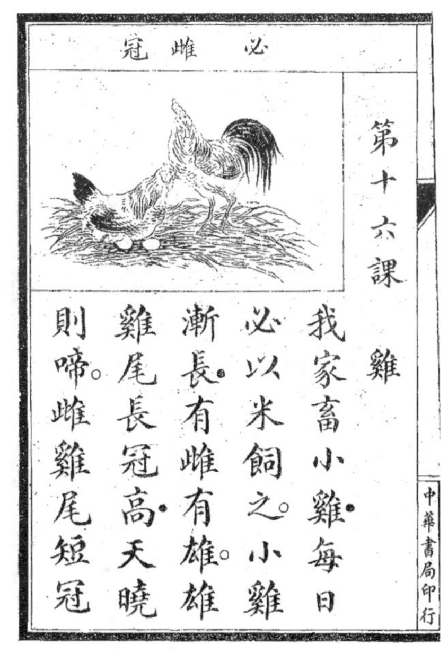
必 雌 冠

第十六課 雞

我家畜小雞。每日必以米飼之。小雞漸長。有雌有雄。雄雞尾長冠高。天曉則啼。雌雞尾短冠

中華書局印行

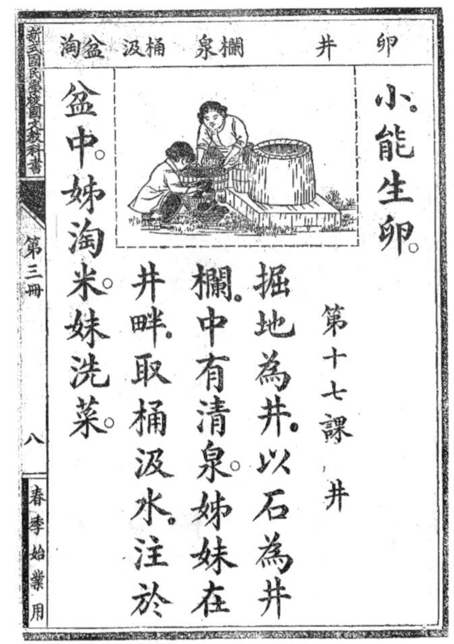
卵 井 欄 泉 桶 汲 盆 淘

小能生卵。

第十七課 井

掘地為井。以石為井欄。中有清泉。姊妹在井畔。取桶汲水。注於盆中。姊淘米。妹洗菜。

新式國民學校國文教科書 第三冊 八 春季始業用

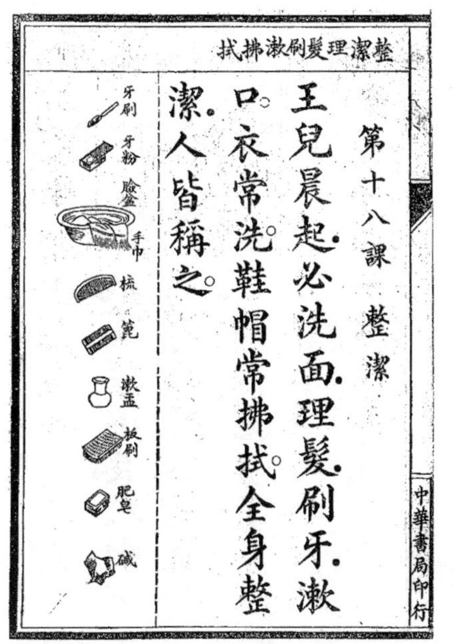
整 潔 理 髮 刷 漱 拂 拭

第十八課 整潔

王兒晨起。必洗面。理髮。刷牙。漱口。衣常洗。鞋帽常拂拭。全身整潔。人皆稱之。

牙刷
牙粉
臉盆
手巾
梳
篦
漱盂
板刷
肥皂
鹼

中華書局印行

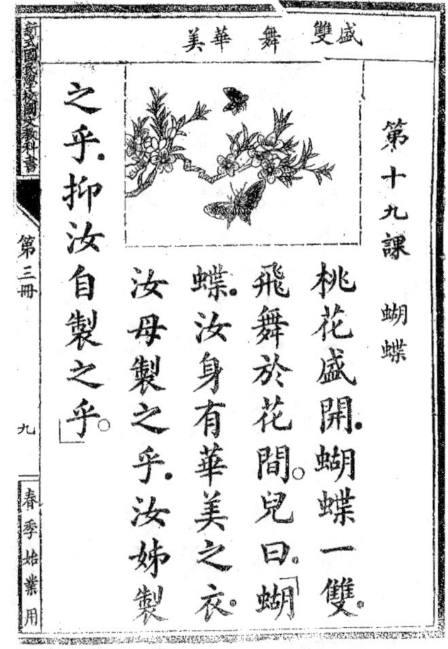
盛 雙 舞 華 美

第十九課 蝴蝶

桃花盛開。蝴蝶一雙。飛舞於花間。兒曰。「蝴蝶。汝身有華美之衣。汝母製之乎。汝姊製之乎。抑汝自製之乎。」

新式國民學校國文教科書 第三冊 九 春季始業用

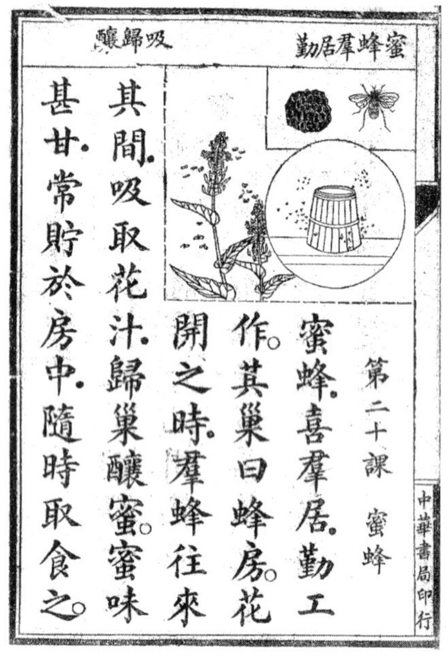

蜜蜂羣居勤 吸歸釀

第二十課 蜜蜂

蜜蜂。喜羣居。勤工作。其巢曰蜂房。花開之時。羣蜂往來其間。吸取花汁。歸巢釀蜜。蜜味甚甘。常貯於房中。隨時取食之。

中華書局印行

箏 和空 場 縛 弦激 泱

第二十一課 風箏(一)

春風和。羣兒至空場。放風箏。風箏乘風而上。其上縛弓弦。為風激動。有聲泱泱。

新式國民學校國文教科書 第三冊 十 春季始業用

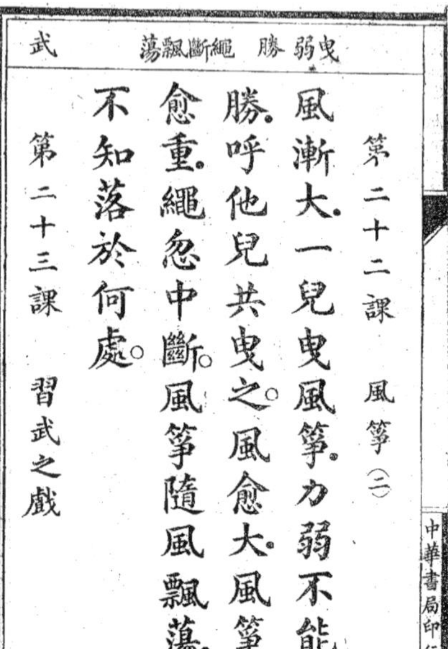

曳 弱 勝 繩斷飄蕩 武

第二十二課 風箏(二)

風漸大。一兒曳風箏。力弱不能勝。呼他兒共曳之。風愈大。風箏愈重。繩忽中斷。風箏隨風飄蕩。不知落於何處。

第二十三課 習武之戲

中華書局印行

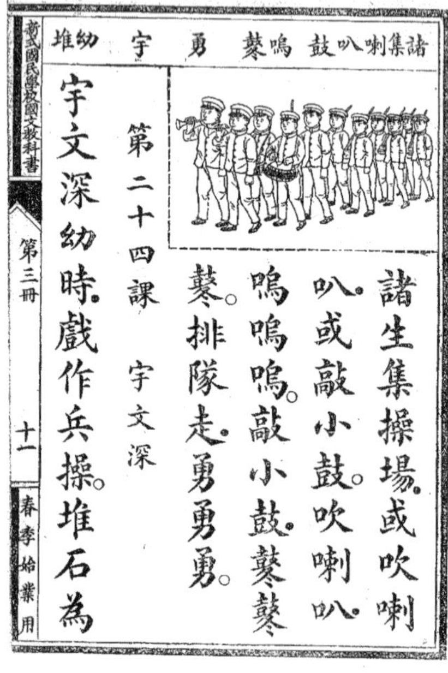

諸集喇叭 鼓 嗚 鼕 勇 宇 堆幼

諸生集操場。或吹喇叭。或敲小鼓。吹喇叭。嗚嗚嗚。敲小鼓。鼕鼕鼕。排隊走。勇勇勇。

第二十四課 宇文深

宇文深幼時。戲作兵操。堆石為

新式國民學校國文教科書 第三冊 十一 春季始業用

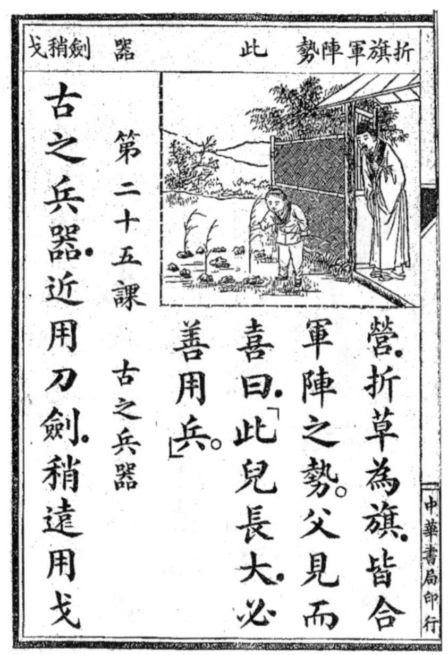
折旗軍陣勢 此 器 劍稍戈

營。折草為旗。皆合軍陣之勢。父見而喜曰。「此兒長大。必善用兵。」

第二十五課 古之兵器

古之兵器。近用刀劍。稍遠用戈

中華書局印行

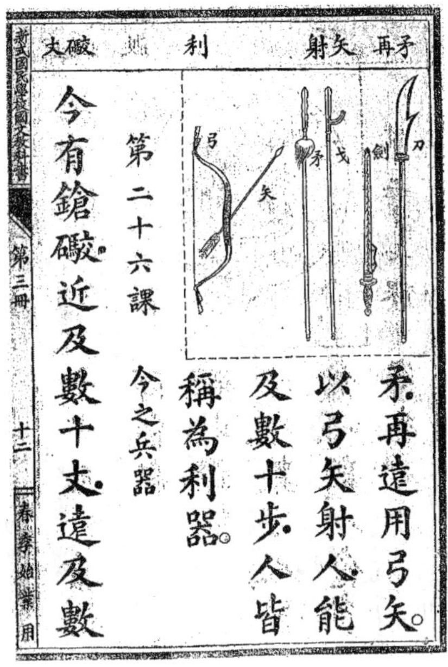

再矛 矢射 利 礮丈

矛。再遠用弓矢。以弓矢射人。能及數十步。人皆稱為利器。

第二十六課 今之兵器

今有鎗礮。近及數十丈。遠及數

新式國民學校國文教科書 第三冊 十二 春季始業用

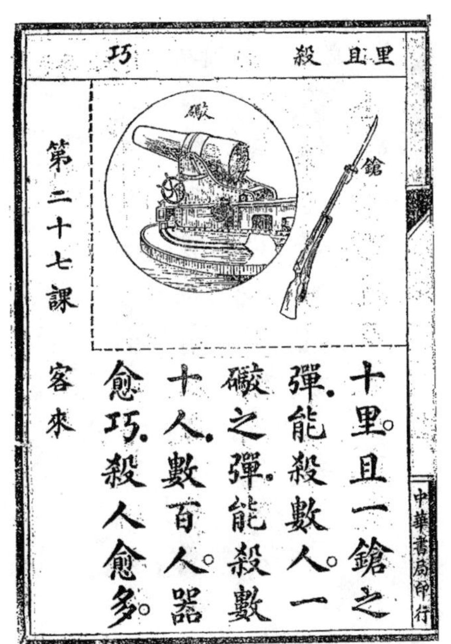

里 且 殺 巧

十里。且一鎗之彈。能殺數人。一礮之彈。能殺數十人。數百人。器愈巧。殺人愈多。

第二十七課 客來

中華書局印行

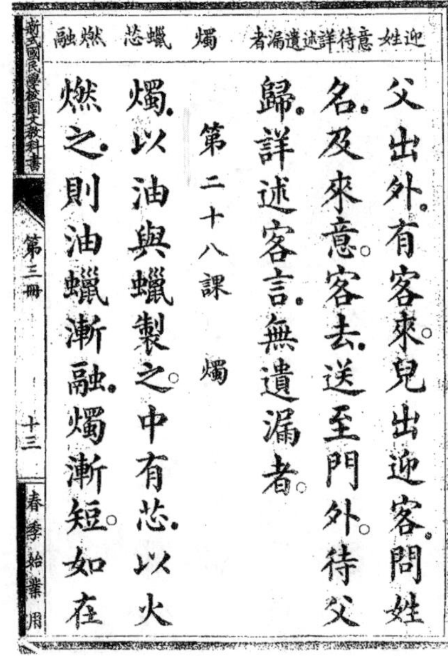
迎姓 意待 詳述遺漏者 燭 蠟芯 燃融

父出外。有客來。兒出迎客。問姓名。及來意。客去。送至門外。待父歸。詳述客言。無遺漏者。

第二十八課 燭

燭。以油與蠟製之。中有芯。以火燃之。則油蠟漸融。燭漸短。如在

新式國民學校國文教科書 第三冊 十三 春季始業用

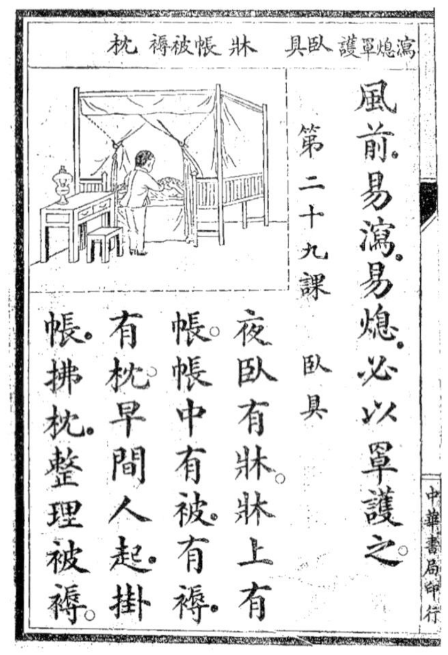
瀉熄罩護臥具 牀帳被褥枕

風前。易瀉。易熄。必以罩護之。

第二十九課 臥具

夜臥有牀。牀上有帳。帳中有被。有褥。有枕。早間人起。掛帳。拂枕。整理被褥。

中華書局印行

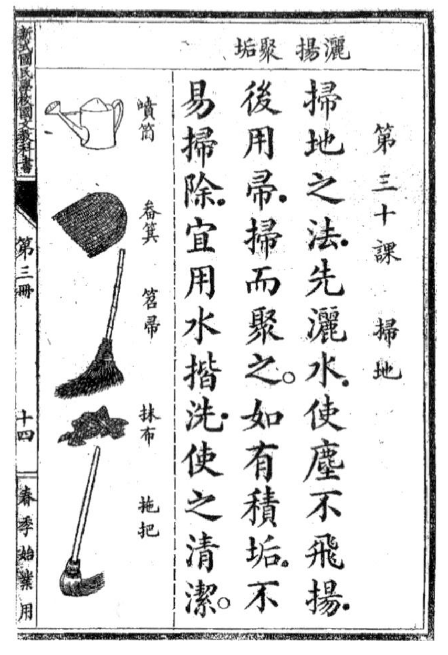
灑揚聚垢

第三十課 掃地

掃地之法。先灑水。使塵不飛揚。後用帚。掃而聚之。如有積垢。不易掃除。宜用水揩洗。使之清潔。

新式國民學校國文教科書 第三冊 十四 春季始業用

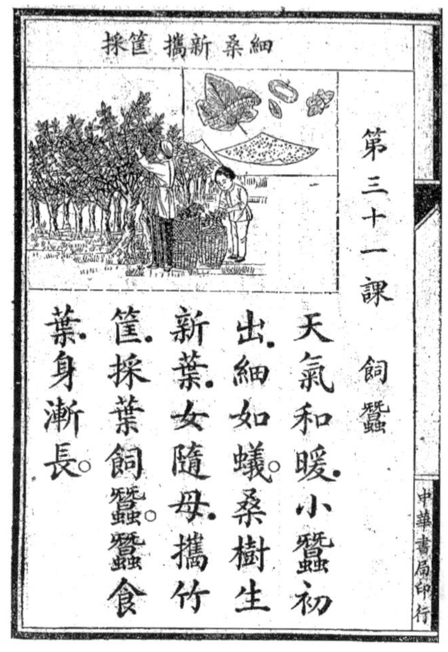
細桑新攜筐採

第三十一課 飼蠶

天氣和暖。小蠶初出。細如蟻。桑樹生新葉。女隨母。攜竹筐。採葉飼蠶。蠶食葉。身漸長。

中華書局印行

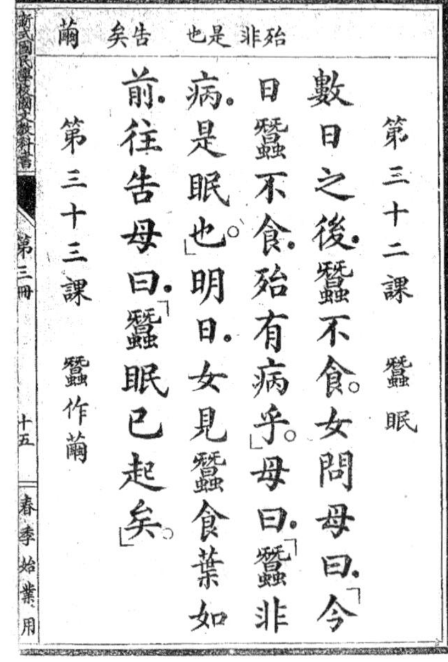
殆非是也告矣繭

第三十二課 蠶眠

數日之後。蠶不食。女問母曰。「今日蠶不食。殆有病乎。」母曰。「蠶非病。是眠也。」明日。女見蠶食葉如前。往告母曰。「蠶眠已起矣。」

第三十三課 蠶作繭

新式國民學校國文教科書 第三冊 十五 春季始業用

越　旬　屢　置　稻　簇　吐　繞　織　錦

越數旬。蠶屢眠屢起。全體透明。母捉蠶。置稻簇中。兒見其吐絲繞身。數日之後。已成潔白之繭矣。

第三十四課　織錦

達　彩　霞　龍　蛇　盈　瓦　穀　觀

趙達之妹。善書畫。能以彩絲織錦。為雲霞龍蛇之狀。大者盈尺。小者方寸。

第三十五課　雀（一）

雀居檐瓦下。時出尋食。兒常投穀於地。雀常飛來食之。兒觀雀

樂　暱　避　剛　疾　驅

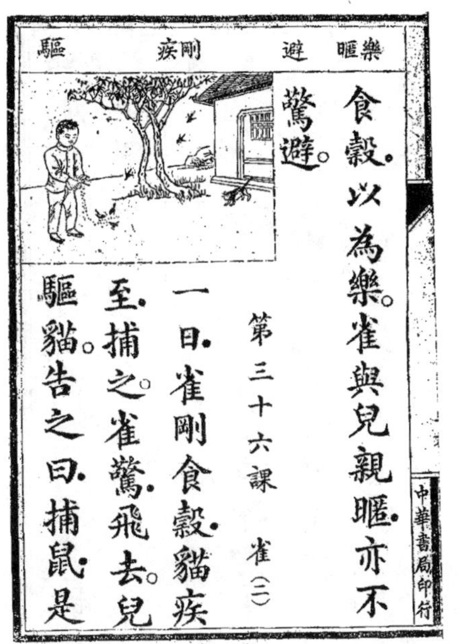

食穀。以為樂。雀與兒親暱。亦不驚避。

第三十六課　雀（二）

一日。雀剛食穀。貓疾至。捕之。雀驚飛去。兒驅貓。告之曰。捕鼠是

職　損　故　未　硯

汝之職。鼠損物。故捕殺之。雀未損物。不可捕也。」

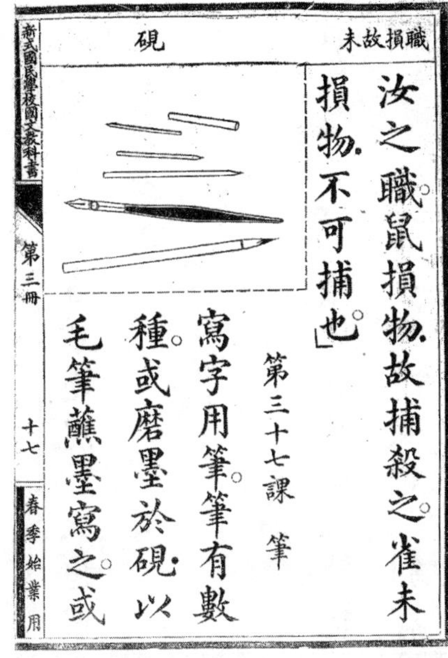

第三十七課　筆

寫字用筆。筆有數種。或磨墨於硯。以毛筆蘸墨寫之。或

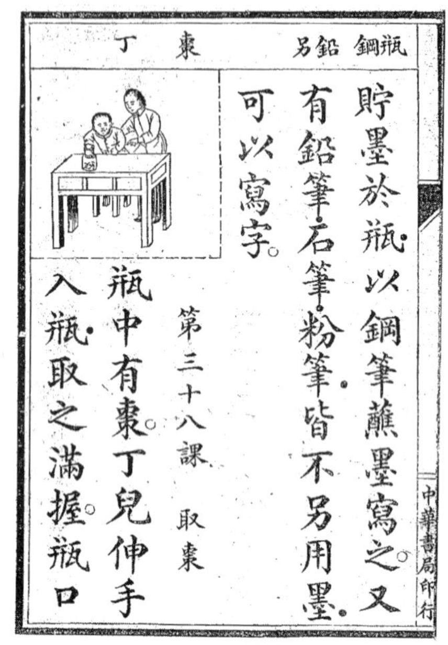

瓶 鋼 鉛 另 束 丁

貯墨於瓶。以鋼筆蘸墨寫之。又有鉛筆。石筆。粉筆。皆不另用墨。可以寫字。

第三十八課 取束

瓶中有束。丁兒伸手入瓶。取之。滿握。瓶口

中華書局印行

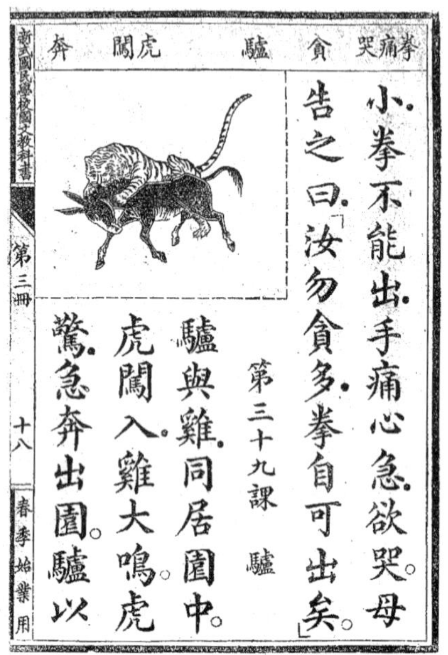

拳 痛 哭 貪 驢 虎 闖 奔

新式國民學校國文教科書 第三冊 十八 春季始業用

小拳不能出。手痛心急。欲哭。母告之曰。「汝勿貪多。拳自可出矣。」

第三十九課 驢

驢與雞。同居園中。虎闖入。雞大鳴。虎驚。急奔出園。驢以

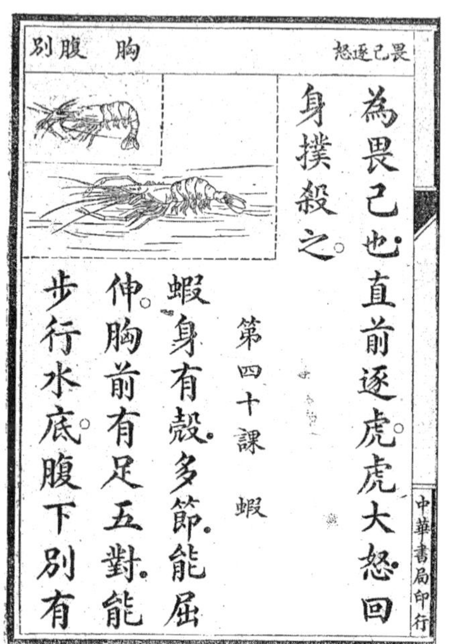

畏 己 逐 怒 胸 腹 別

為畏己也。直前逐虎。虎大怒。回身撲殺之。

第四十課 蝦

蝦身有殼。多節。能屈伸。胸前有足五對。能步行水底。腹下別有

中華書局印行

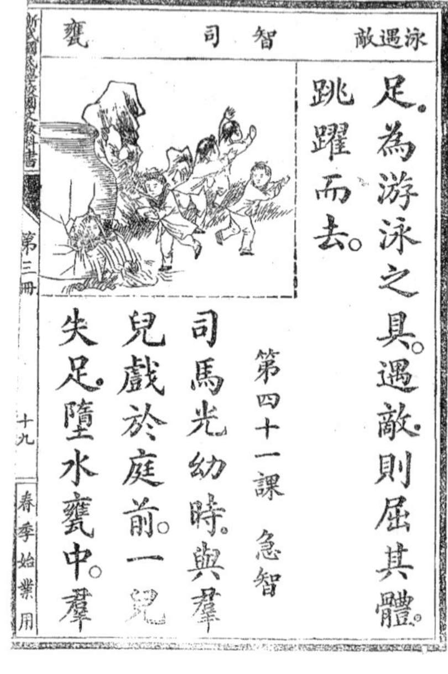

泳 遇 敵 智 司 甕

新式國民學校國文教科書 第三冊 十九 春季始業用

足。為游泳之具。遇敵。則屈其體。跳躍而去。

第四十一課 急智

司馬光幼時。與羣兒戲於庭前。一兒失足。墮水甕中。羣

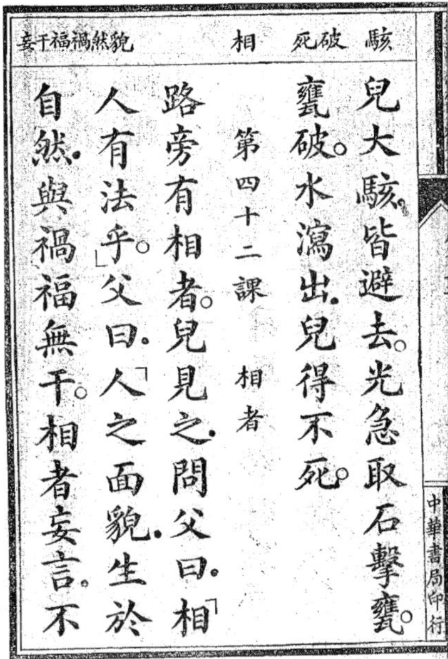

駭 破 死 相 貌 然 禍 福 干 妄

兒大駭。皆避去。光急取石擊甕。甕破。水瀉出。兒得不死。

第四十二課 相者

路旁有相者。兒見之。問父曰。「相人有法乎。」父曰。「人之面貌。生於自然。與禍福無干。相者妄言。不

影 俗 桂 仙 斧 斫 望 窺 凹

可信也。」

第四十三課 月

月中有黑影。俗稱為月中桂。樹高五百丈。有仙人持斧斫之。今用望遠鏡窺之。見月中多山。人目望見之影。即山凹入之處。

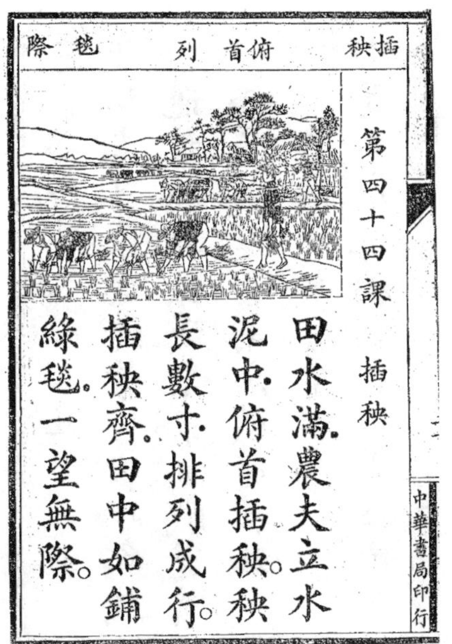

插 秧 俯 首 列 毯 際

第四十四課 插秧

田水滿。農夫立水泥中。俯首插秧。秧長數寸。排列成行。插秧齊。田中如鋪綠毯。一望無際。

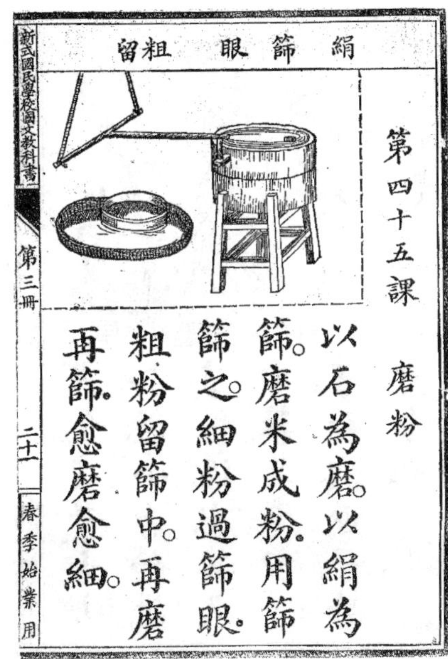

絹 篩 眼 粗 留

第四十五課 磨粉

以石為磨。以絹為篩。磨米成粉。用篩篩之。細粉過篩眼。粗粉留篩中。再磨再篩。愈磨愈細。

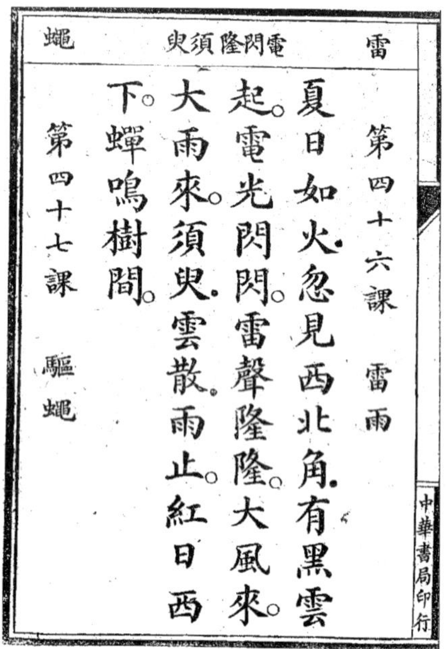

雷　電閃隆須臾　蠅

第四十六課　雷雨

夏日如火。忽見西北角。有黑雲起。電光閃閃。雷聲隆隆。大風來。大雨來。須臾。雲散。雨止。紅日西下。蟬鳴樹間。

第四十七課　驅蠅

中華書局印行

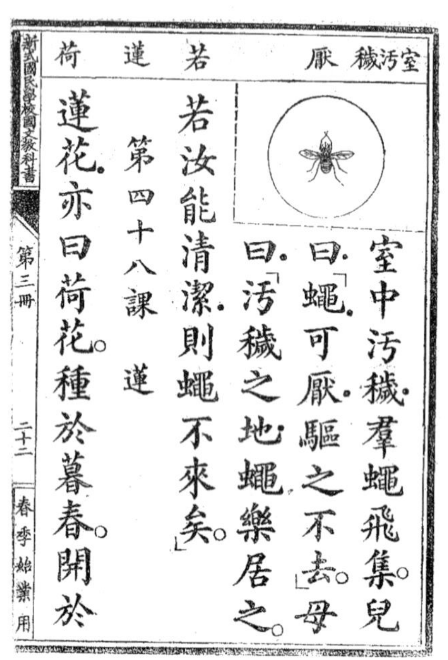

室污穢厭　若　蓮　荷

室中污穢。羣蠅飛集。兒曰。「蠅可厭。驅之不去。」母曰。「污穢之地。蠅樂居之。若汝能清潔。則蠅不來矣。」

第四十八課　蓮

蓮花。亦曰荷花。種於暮春。開於

新式國民學校國文教科書　第三冊　二十二　春季始業用

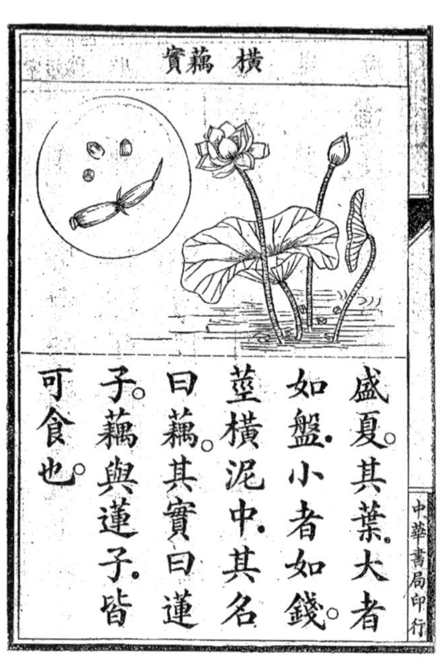

橫藕實

盛夏。其葉。大者如盤。小者如錢。莖橫泥中。其名曰藕。其實曰蓮子。藕與蓮子。皆可食也。

中華書局印行

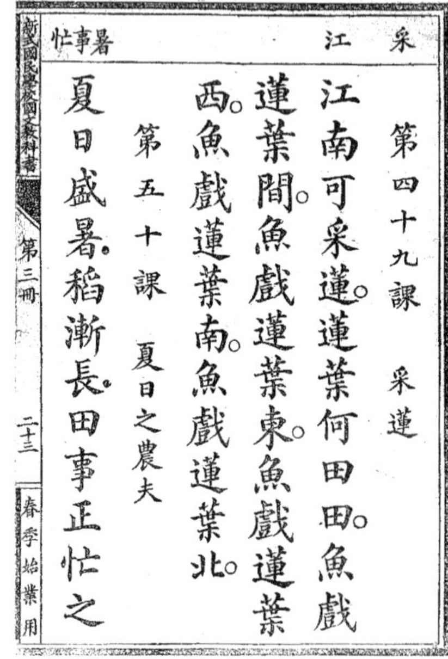

采　江　暑事忙

第四十九課　采蓮

江南可采蓮。蓮葉何田田。魚戲蓮葉間。魚戲蓮葉東。魚戲蓮葉西。魚戲蓮葉南。魚戲蓮葉北。

第五十課　夏日之農夫

夏日盛暑。稻漸長。田事正忙之

新式國民學校國文教科書　第三冊　二十三　春季始業用

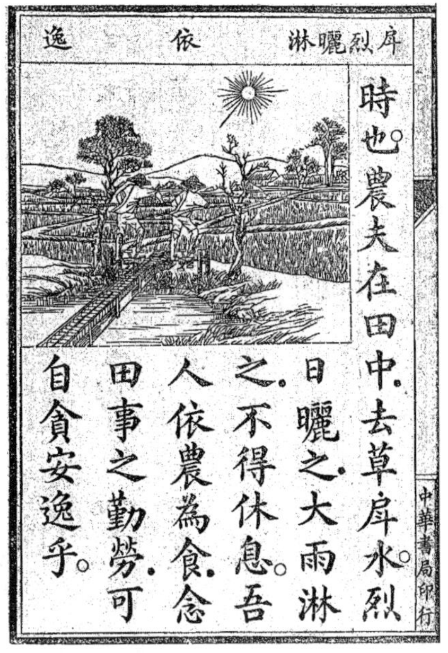

時也。農夫在田中。去草戽水。烈日曬之。大雨淋之。不得休息。吾人依農為食。念田事之勤勞。可自貪安逸乎。

中華書局印行

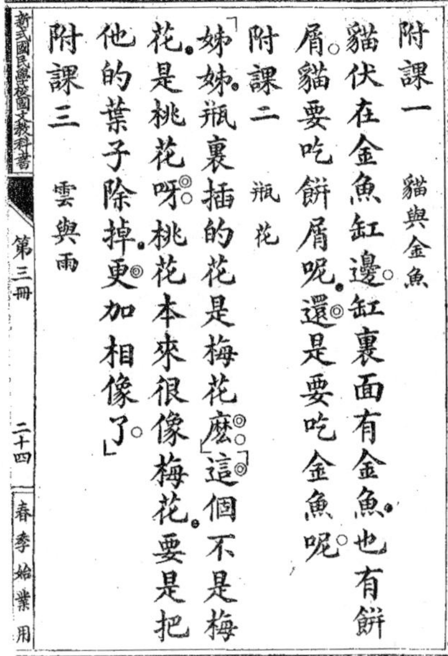
新式國民學校國文教科書 第三冊 二十四 春季始業用

附課一 貓與金魚

貓伏在金魚缸邊。缸裏面有金魚。也有餅屑。貓要吃餅屑呢。還是要吃金魚呢。

附課二 瓶花

「姊姊。瓶裏插的花是梅花麼。」「這個不是梅花。是桃花呀。桃花本來很像梅花。要是把他的葉子除掉。更加相像了。」

附課三 雲與雨

雲合攏來。這纔下雨。當那平常時節。都是這樣。到那天氣變動很快的時候。也有沒有看見雲就會下雨的。

附課四 兵器

古時候的人。會用弓箭。算是兵器裏面很利害的了。那知道現在既然有鎗。並且有礮。能在幾十里外面殺人。這是古人一定想不到的。

中華書局印行

CHUNG HWA CHINESE READERS FOR PRIMARY SCHOOLS (NEW EDITION) CHUNG HWA BOOK COMPANY

新式國民學校國文教科書（全八冊）（春季始業用）

中國毛邊紙印每冊定價銀圓一角

民國四年十二月印刷
民國五年一月發行
民國八年九月卅四版

有著作權 不准翻印

編輯者 桐鄉陸費逵 京山李步青 武進沈頤 杭縣戴克敦 如皋姚銘恩

閱訂者 吳縣沈恩孚 湘陰范源廉 天津劉寶慈

發行者 中華書局

印刷者 中華書局

印刷所 上海靜安寺路一九二號 中華書局

總發行所 上海棋盤街中華書局

分發行所 [illegible] 中華書局

第四册

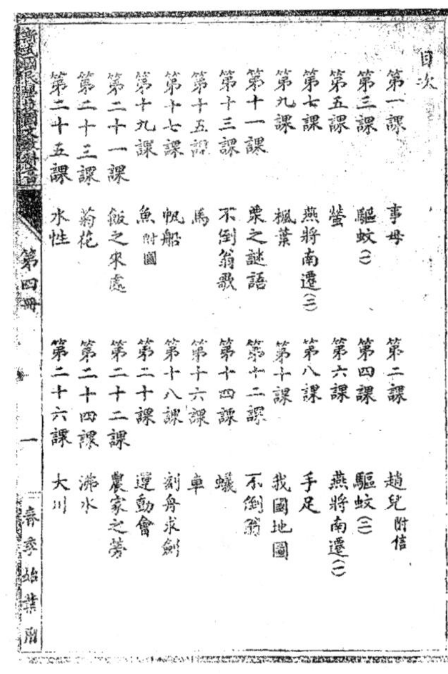
目次

新式國民學校國文教科書　第四冊　一　春季始業用

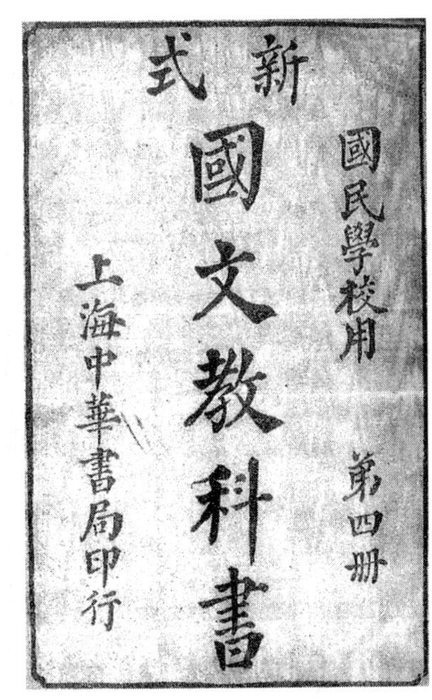
新式國民學校用　第四冊

國文教科書

上海中華書局印行

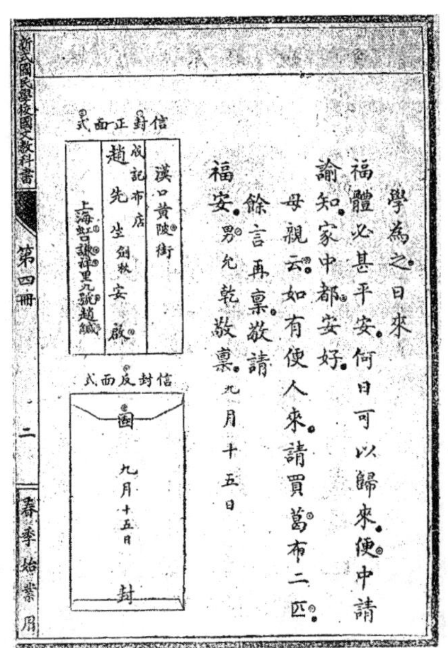
學為之。日來福體必甚平安。何日可以歸來。便中請諭知。家中都安好。母親云。如有便人來。請買葛布二匹。餘言再稟。敬請福安。男兒乾敬稟　九月十五日

信封正面式

漢口黃陂街
成記布店　趙先生劍秋安啟
上海虹口謙祥里九號趙緘

信封反面式

緘　九月十五日　封

新式國民學校國文教科書　第四冊　二　春季始業用

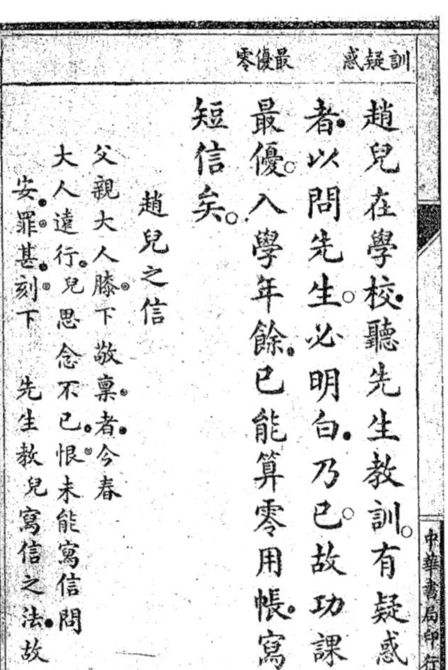
訓　疑惑　最優　零

趙兒在學校。聽先生教訓。有疑惑者。以問先生。必明白。乃已。故功課最優。入學年餘。已能算零用帳。寫短信矣。

趙兒之信

父親大人膝下敬稟者。今春大人遠行。兒思念不已。恨未能寫信問安。罪甚。刻下先生教兒寫信之法。故

中華書局印行

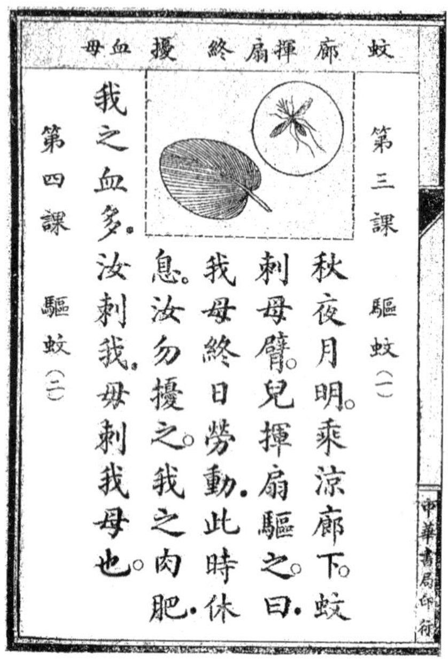

蚊 廊 揮 扇 終 擾 血 母

第三課 驅蚊(一)

秋夜月明。乘涼廊下。蚊刺母臂。兒揮扇驅之。曰。我母終日勞動。此時休息。汝勿擾之。我之肉肥。我之血多。汝刺我。毋刺我母也。

第四課 驅蚊(二)

中華書局印行

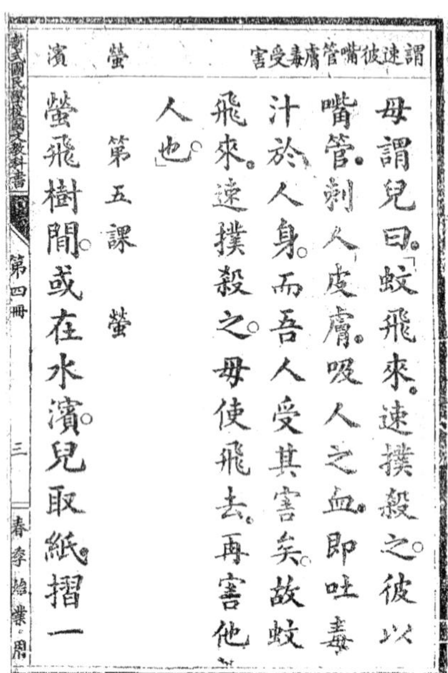

謂 速 彼 嘴 管 膚 毒 受 害 螢 濱

母謂兒曰。「蚊飛來。速撲殺之。彼以嘴管。刺人皮膚。吸人之血。即吐毒汁於人身。而吾人受其害矣。故蚊飛來。速撲殺之。毋使飛去。再害他人也。」

第五課 螢

螢飛樹間。或在水濱。兒取紙。摺一

新式國民學校國文教科書 第四册 三 春季始業用

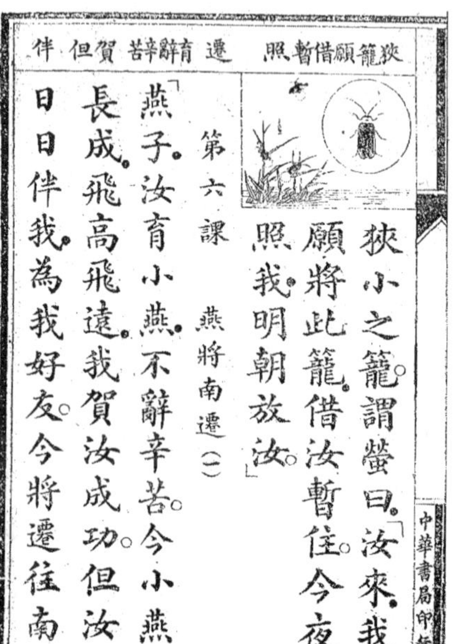

狹 籠 願 借 暫 照 遷 育 辭 辛 苦 賀 但 伴

狹小之籠。謂螢曰。「汝來。我願將此籠。借汝暫住。今夜照我。明朝放汝。」

第六課 燕將南遷(一)

「燕子。汝育小燕。不辭辛苦。今小燕長成。飛高飛遠。我賀汝成功。但汝日日伴我。為我好友。今將遷往南

中華書局印行

離 久 諒 遠 忘 舊 替 保 尚 完

方。離我而去矣。」

第七課 燕將南遷(二)

「燕子。汝作巢梁間。久居巢中。今日遠行。諒不遽忘舊巢。我今替汝保之。明年早來。汝之舊巢。必尚完好也。」

第八課 手足

新式國民學校國文教科書 第四册 四 春季始業用

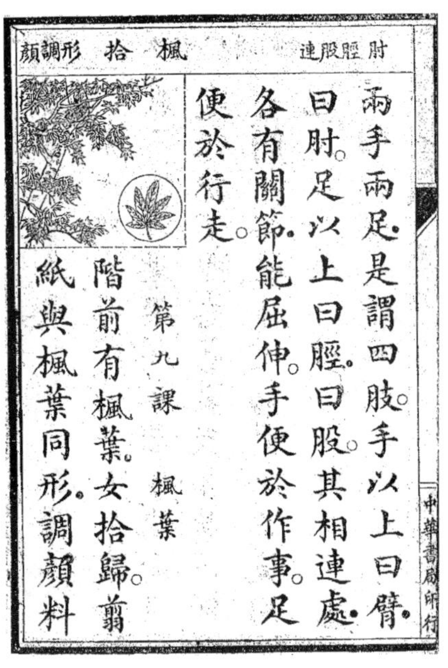

肘脛股連　楓　拾　形調顏

兩手兩足。是謂四肢。手以上曰臂。曰肘。足以上曰脛。曰股。其相連處。各有關節。能屈伸。手便於作事。足便於行走。

第九課　楓葉

階前有楓葉。女拾歸。翦紙與楓葉同形。調顏料

中華書局印行

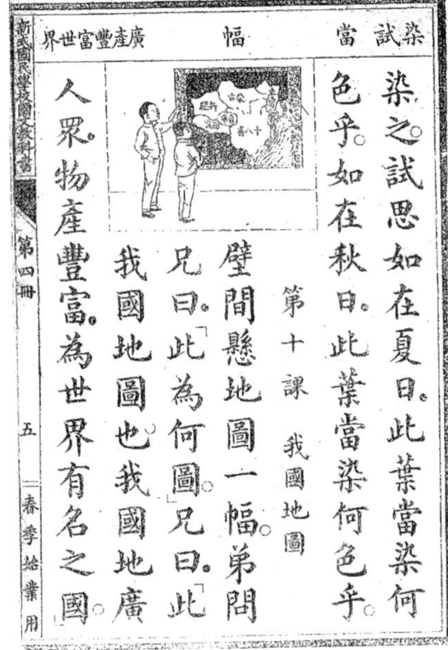

染　試　當　幅　廣產豐富世界

染之。試思如在夏日。此葉當染何色乎。如在秋日。此葉當染何色乎。

第十課　我國地圖

壁間懸地圖一幅。弟問兄曰。「此為何圖。」兄曰。「此我國地圖也。我國地廣人眾。物產豐富。為世界有名之國。」

新式國民學校國文教科書　第四冊　五　春季始業用

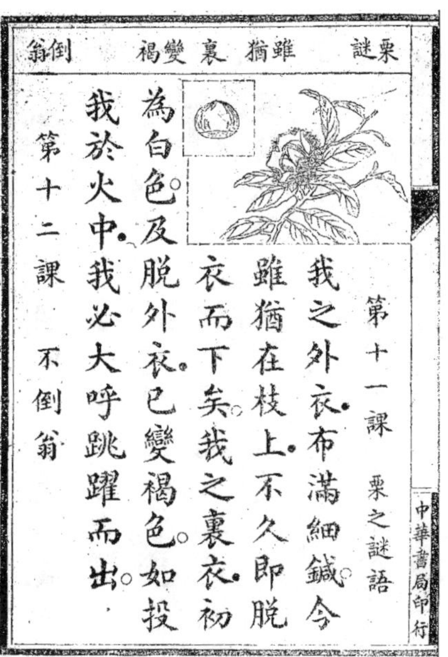

栗謎　雖　猶　裹　變褐　倒翁

第十一課　栗之謎語

我之外衣。布滿細鍼。今雖猶在枝上。不久即脫衣而下矣。我之裹衣。初為白色。及脫外衣。已變褐色。如投我於火中。我必大呼跳躍而出。

第十二課　不倒翁

中華書局印行

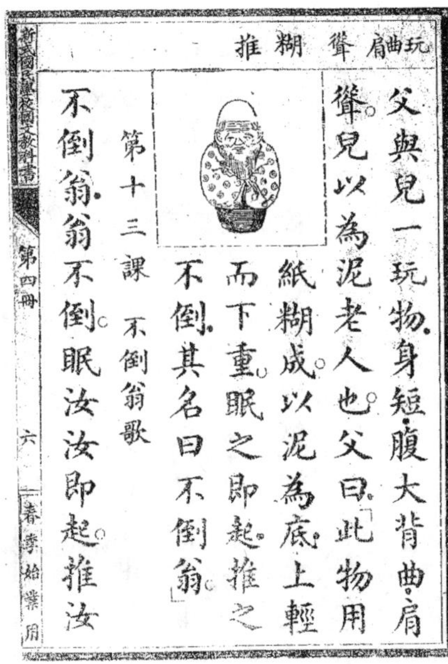

玩曲肩　聳　糊　推

父與兒一玩物。身短。腹大背曲。肩聳。兒以為泥老人也。父曰。「此物用紙糊成。以泥為底。上輕而下重。眠之即起。推之不倒。其名曰不倒翁。」

第十三課　不倒翁歌

不倒翁。翁不倒。眠汝汝即起。推汝

新式國民學校國文教科書　第四冊　六　春季始業用

鬚眉　紀精神誰說　統

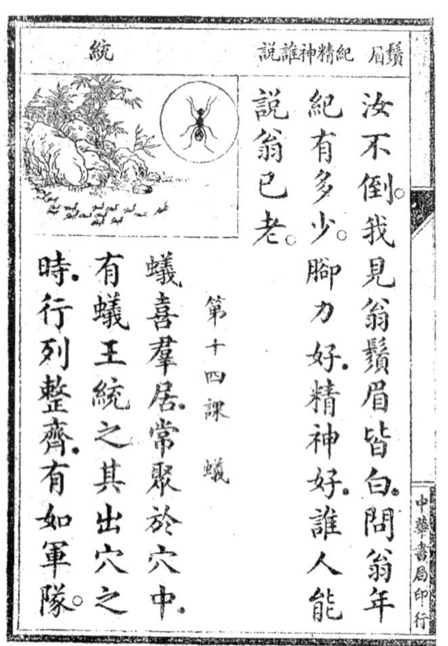

汝不倒。我見翁鬚眉皆白。問翁年紀有多少。腳力好。精神好。誰人能說翁已老。

第十四課　蟻

蟻喜羣居。常聚於穴中。有蟻王統之。其出穴之時。行列整齊。有如軍隊。

戰奮攻憚傷　頸鬣　蹄供役　駕　衝鋒陷

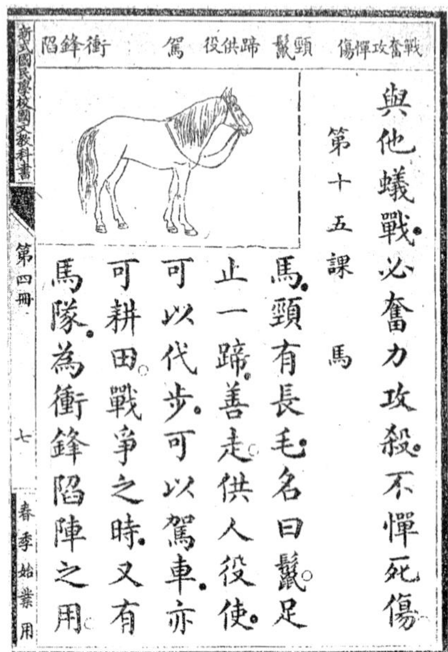

與他蟻戰。必奮力攻殺。不憚死傷。

第十五課　馬

馬。頸有長毛。名曰鬣。足止一蹄。善走。供人役使。可以代步。可以駕車。亦可耕田。戰爭之時。又有馬隊。為衝鋒陷陣之用。

輪貫軸旋轉御鞭挽繮　帆

第十六課　車

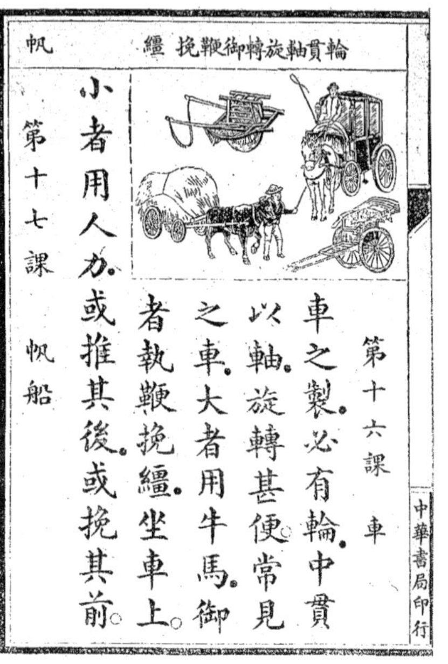

車之製。必有輪。中貫以軸。旋轉甚便。常見之車。大者用牛馬。御者執鞭挽繮。坐車上。小者用人力。或推其後。或挽其前。

第十七課　帆船

艙舵撐篙櫓順桅較　求　楚墜

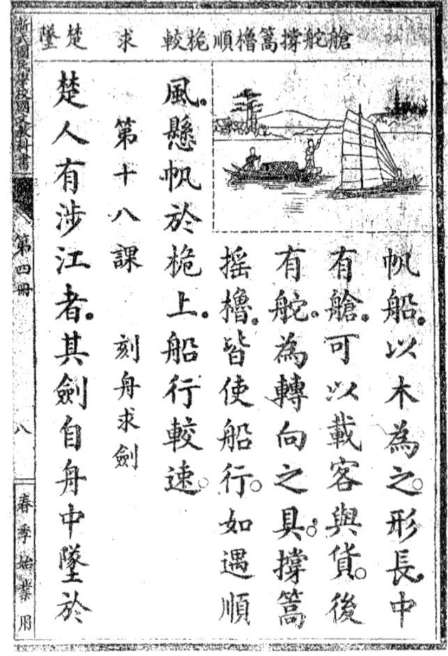

帆船。以木為之。形長中有艙。可以載客與貨。後有舵。為轉向之具。撐篙搖櫓。皆使船行。如遇順風。懸帆於桅上。船行較速。

第十八課　刻舟求劍

楚人有涉江者。其劍自舟中墜於

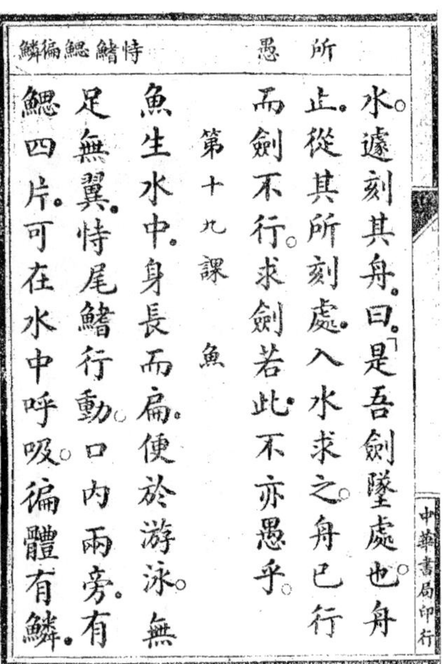
所 愚 恃 鰭 鰓 徧 鱗

水。遽刻其舟。曰。「是吾劍墜處也」舟止。從其所刻處。入水求之。舟已行而劍不行。求劍若此。不亦愚乎。

第十九課 魚

魚生水中。身長而扁。便於游泳。無足無翼。恃尾鰭行動。口內兩旁。有鰓四片。可在水中呼吸。徧體有鱗。

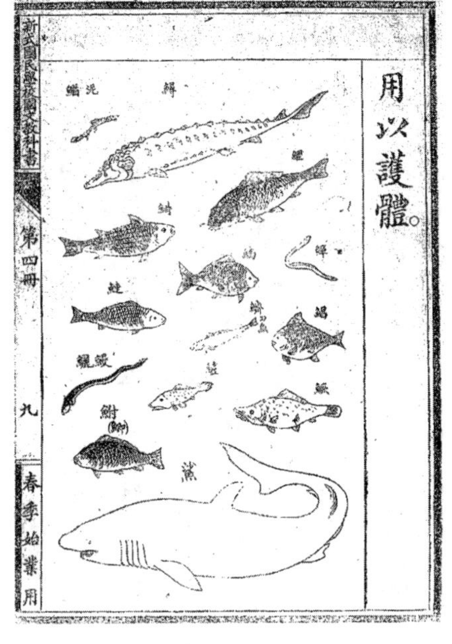

用以護體。

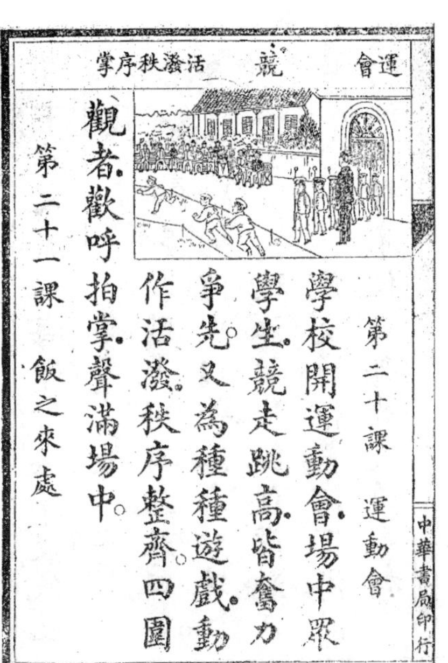
運 會 競 活 潑 秩 序 掌

第二十課 運動會

學校開運動會。場中眾學生。競走跳高。皆奮力爭先。又為種種遊戲。動作活潑。秩序整齊。四圍觀者。歡呼拍掌。聲滿場中。

第二十一課 飯之來處

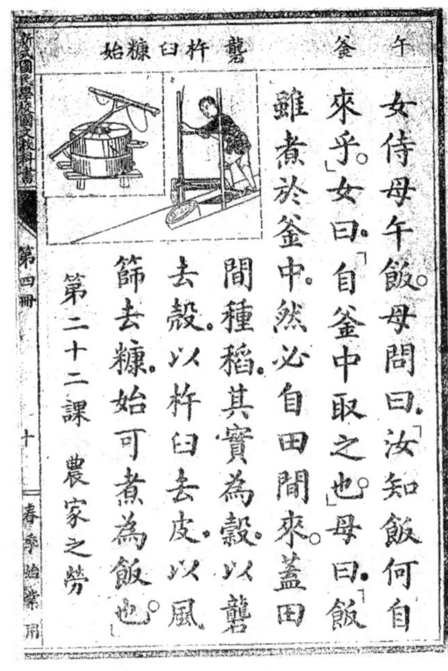

午 釜 礱 杵 臼 糠 始

女侍母午飯。母問曰。「汝知飯何自來乎。」女曰。「自釜中取之也。」母曰。「飯雖煮於釜中。然必自田間來。蓋田間種稻。其實為穀。以礱去殼。以杵臼去皮。以風篩去糠。始可煮為飯也。」

第二十二課 農家之勞

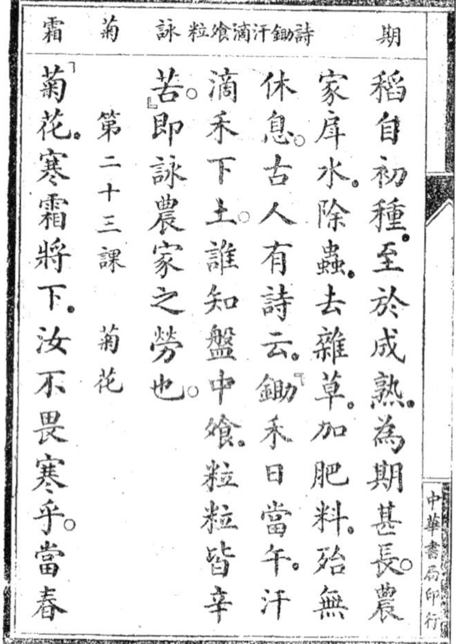

期 詩 鋤 汗 滴 飧 粒 詠 菊 霜

稻自初種。至於成熟。為期甚長。農家戽水。除蟲。去雜草。加肥料。殆無休息。古人有詩云。「鋤禾日當午。汗滴禾下土。誰知盤中飧。粒粒皆辛苦。」即詠農家之勞也。

第二十三課 菊花

「菊花。寒霜將下。汝不畏寒乎。當春

中華書局印行

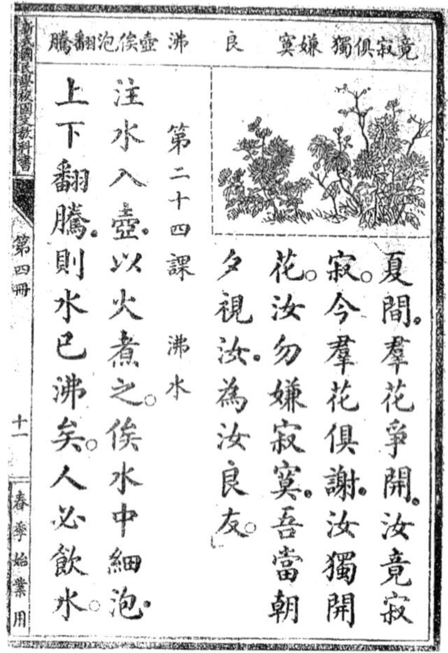

竟 寂 俱 獨 嫌 寞 良 沸 壺 俟 泡 翻 騰

夏間。羣花爭開。汝竟寂寂。今羣花俱謝。汝獨開花。汝勿嫌寂寞。吾當朝夕視汝。為汝良友。」

第二十四課 沸水

注水入壺。以火煮之。俟水中細泡上下翻騰。則水已沸矣。人必飲水。

新式國民學校國文教科書 第四冊 十一 春季始業用

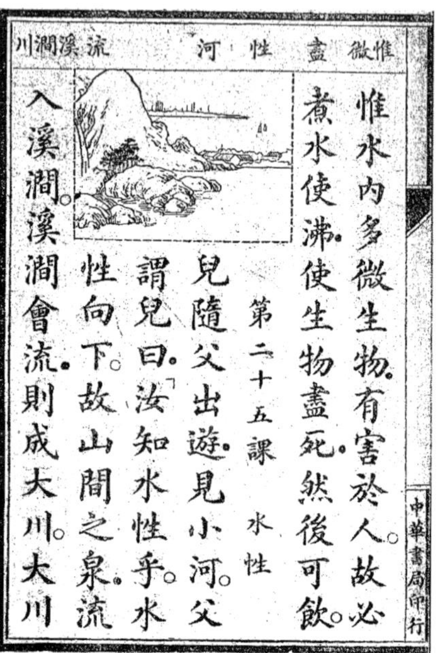

惟 微 盡 性 河 流 溪 澗 川

惟水內多微生物。有害於人。故必煮水使沸。使生物盡死。然後可飲。

第二十五課 水性

兒隨父出遊。見小河。父謂兒曰。「汝知水性乎。水性向下。故山間之泉。流入溪澗。溪澗會流。則成大川。大川

中華書局印行

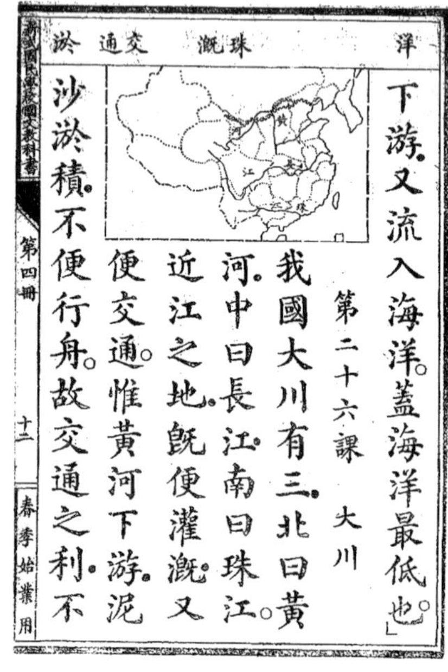

洋 珠 溉 交 通 淤

下游。又流入海洋。蓋海洋最低也。」

第二十六課 大川

我國大川有三。北曰黃河。中曰長江。南曰珠江。近江之地。既便灌溉。又便交通。惟黃河下游。泥沙淤積。不便行舟。故交通之利。不

新式國民學校國文教科書 第四冊 十二 春季始業用

蟹　螯　臍尖團　斷　燈　漁就

如長江亦不如珠江也。

第二十七課　蟹

蟹。前有二螯。旁有八足。雄者臍尖。雌者臍團。秋冬之間。蟹最肥。橫斷於河中。夜間燃燈其上。蟹即羣集。漁人乃就捕之。

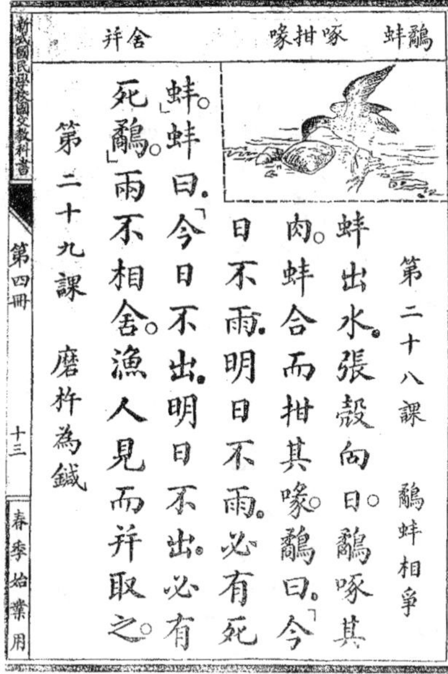

鷸蚌　啄拑喙　舍并

第二十八課　鷸蚌相爭

蚌出水。張殼向日。鷸啄其肉。蚌合而拑其喙。鷸曰。「今日不雨。明日不雨。必有死蚌。」蚌曰。「今日不出。明日不出。必有死鷸。」兩不相舍。漁人見而并取之。

第二十九課　磨杵為鍼

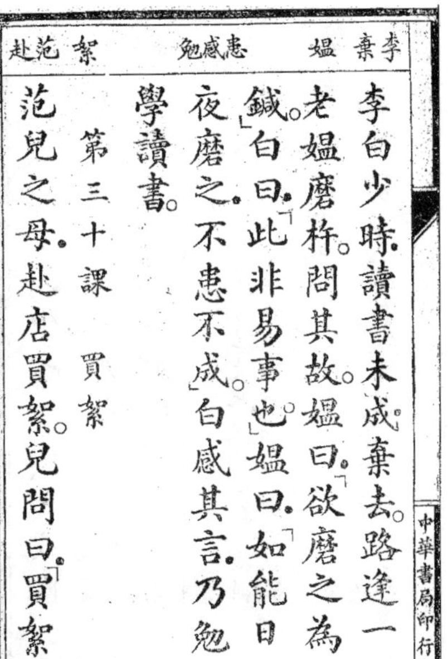

李　棄　媪　患感勉　絮　范赴

李白少時。讀書未成。棄去。路逢一老媪磨杵。問其故。媪曰。「欲磨之為鍼。」白曰。「此非易事也。」媪曰。「如能日夜磨之。不患不成。」白感其言。乃勉學讀書。

第三十課　買絮

范兒之母。赴店買絮。兒問曰。「買絮

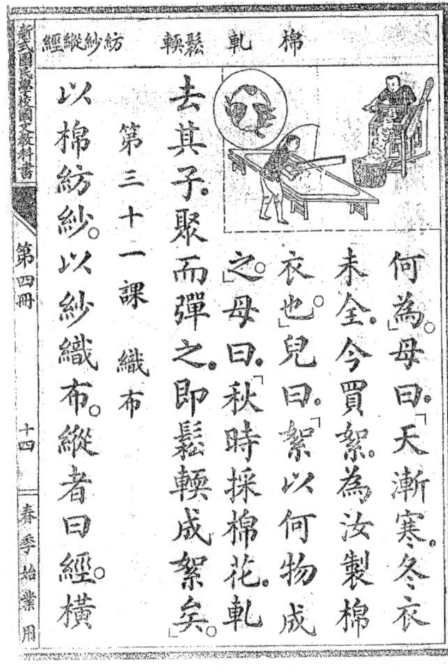

棉　軋　鬆輭　紡紗縱經

何為。」母曰。「天漸寒。冬衣未全。今買絮。為汝製棉衣也。」兒曰。「絮以何物成之。」母曰。「秋時採棉花。軋去其子。聚而彈之。即鬆輭成絮矣。」

第三十一課　織布

以棉紡紗。以紗織布。縱者曰經。橫

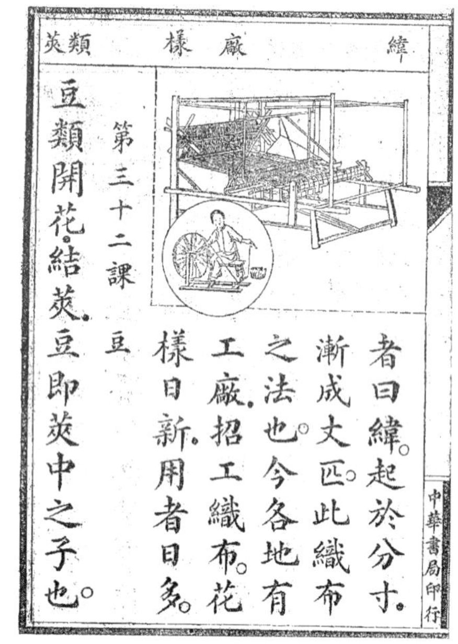

者曰緯。起於分寸、漸成丈匹。此織布之法也。今各地有工廠、招工織布。花樣日新、用者日多。

第三十二課 豆

豆類開花、結莢、豆即莢中之子也。

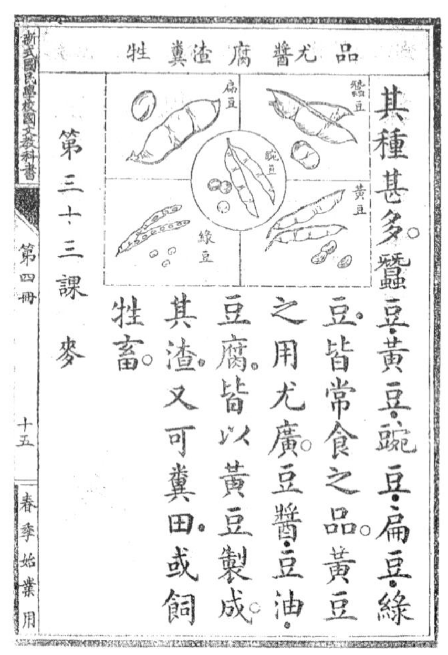

其種甚多。蠶豆、黃豆、豌豆、扁豆、綠豆、皆常食之品。黃豆之用尤廣。豆醬、豆油、豆腐、皆以黃豆製成。其渣、又可糞田。或飼牲畜。

第三十三課 麥

秋冬種麥。先翻土、次添肥料。然後下種。及旬日、麥苗漸出。其成熟之期、則在明年夏日。因麥性耐寒、又不畏旱。我國北方、產麥最多、南方亦多種之。

第三十四課 收據

龔君從遠路歸、送銀至鄧家、面交

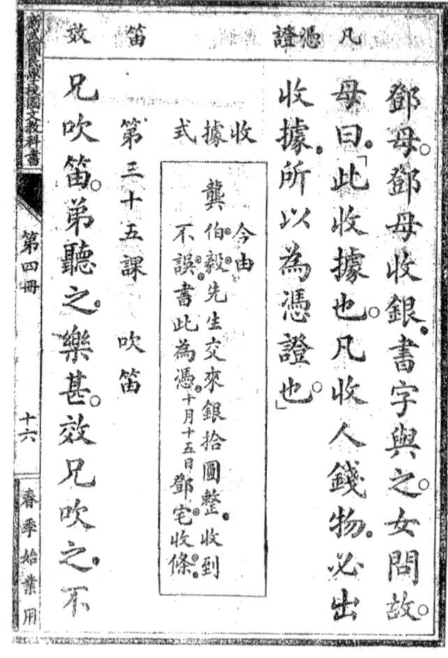

鄧母。鄧母收銀、書字與之。女問故。母曰、「此收據也。凡收人錢物、必出收據、所以為憑證也。」

收據式

今由龔伯毅先生交來銀拾圓整、收到不誤。書此為憑。十月十五日 鄧宅收條

第三十五課 吹笛

兄吹笛。弟聽之、樂甚。效兄吹之、不

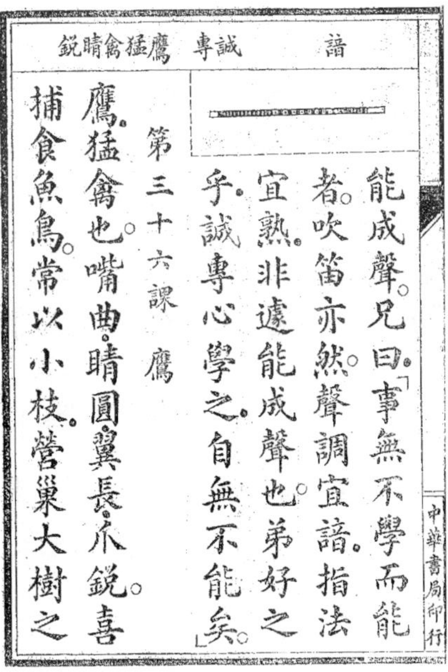
諳 誠 專 鷹 猛 禽 睛 銳

能成聲。兒曰「事無不學而能者。吹笛亦然。聲調宜諳。指法宜熟。非遽能成聲也。弟好之乎。誠專心學之。自無不能矣。」

第三十六課 鷹

鷹。猛禽也。嘴曲。睛圓。翼長。爪銳。喜捕食魚鳥。常以小枝。營巢大樹之

中華書局印行

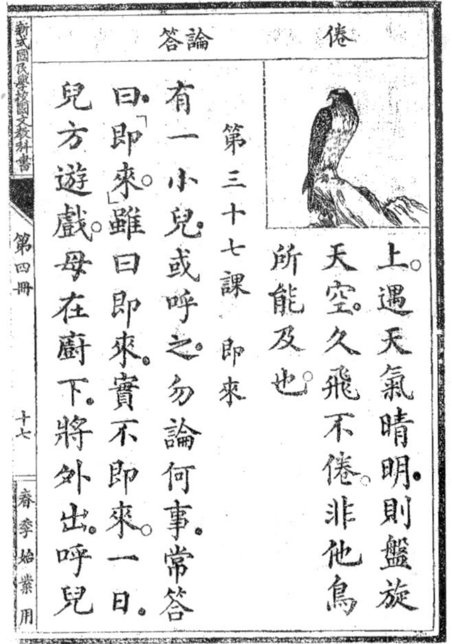
倦 論 答

上。遇天氣晴明。則盤旋天空。久飛不倦。非他鳥所能及也。

第三十七課 即來

有一小兒。或呼之。勿論何事。常答曰「即來。」雖曰即來。實不即來。一日。兒方遊戲。母在廚下。將外出。呼兒

新式國民學校國文教科書 第四冊 十七 春季始業用

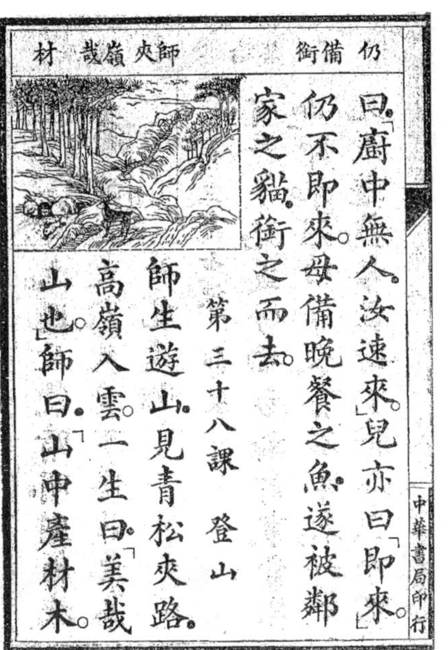
仍 備 銜 師 夾 嶺 哉 材

曰「廚中無人。汝速來。」兒亦曰「即來。」仍不即來。母備晚餐之魚。遂被鄰家之貓。銜之而去。

第三十八課 登山

師生遊山。見青松夾路。高嶺入雲。一生曰「美哉山也。」師曰「山中產材木。

中華書局印行

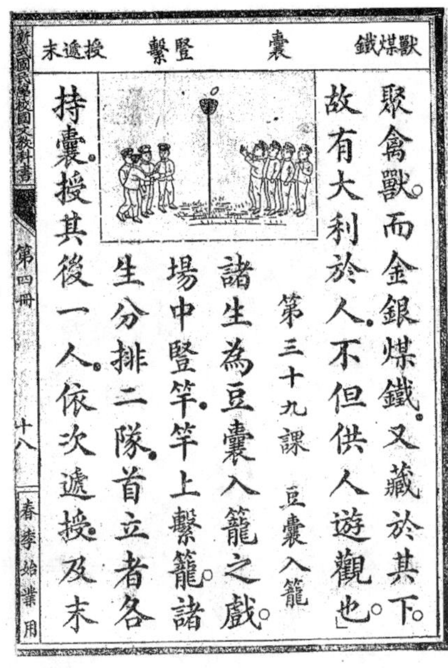
獸 煤 鐵 囊 豎 繫 授 遞 末

聚禽獸。而金銀煤鐵。又藏於其下。故有大利於人。不但供人遊觀也。」

第三十九課 豆囊入籠

諸生為豆囊入籠之戲。場中豎竿。竿上繫籠。諸生分排二隊。首立者各持囊。授其後一人。依次遞授。及末

新式國民學校國文教科書 第四冊 十八 春季始業用

決　根　頗　含　質　醃　鹽

一人。乃持囊送交首立者。急投入籠。以入籠之先後。決二隊之勝負。

第四十課　蘿蔔

蘿蔔。有紅。白。黃。綠。數種。四季皆有之。根頗肥大。含糖質。可以製糖。富養料。可以助餐。每當冬季。醃以鹽。藏

中華書局印行

肥　烹飪　炙　炒　蒸　醋

於甕中。越數日取食。香肥適口。

第四十一課　烹飪

太古之人。皆食生物。後知用火。乃有烹飪。烹飪之法。或炙。或煮。或炒。或蒸。必待其熟。然後食之。又有鹽。糖。醬。醋。為和味之品。吾人今日所食。能適口而養生。皆烹飪之功也。

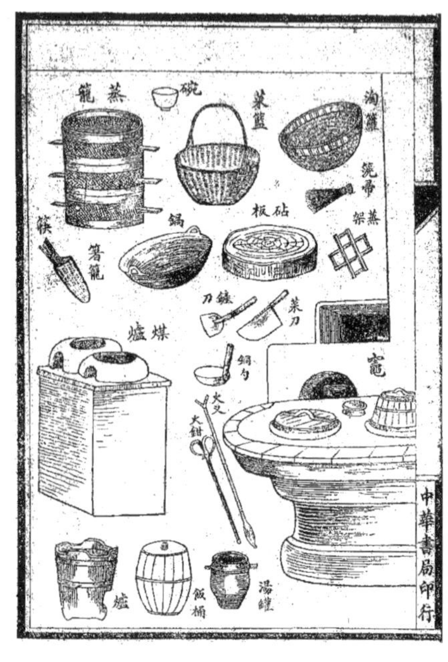

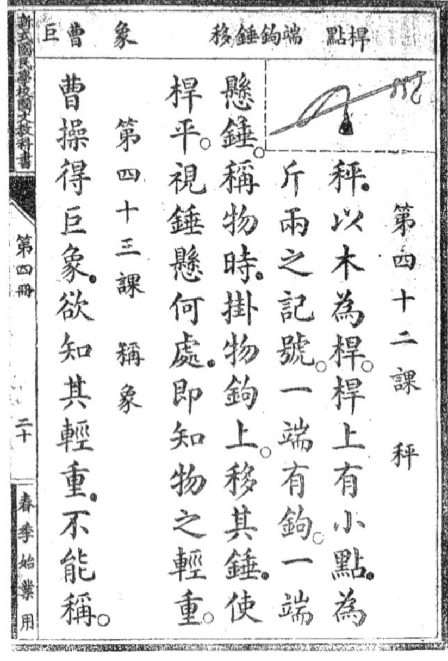

桿　點　端　鉤　錘　移　象　曹　巨

第四十二課　秤

秤。以木為桿。桿上有小點。為斤兩之記號。一端有鉤。一端懸錘。稱物時。掛物鉤上。移其錘。使桿平。視錘懸何處。即知物之輕重。

第四十三課　稱象

曹操得巨象。欲知其輕重。不能稱。

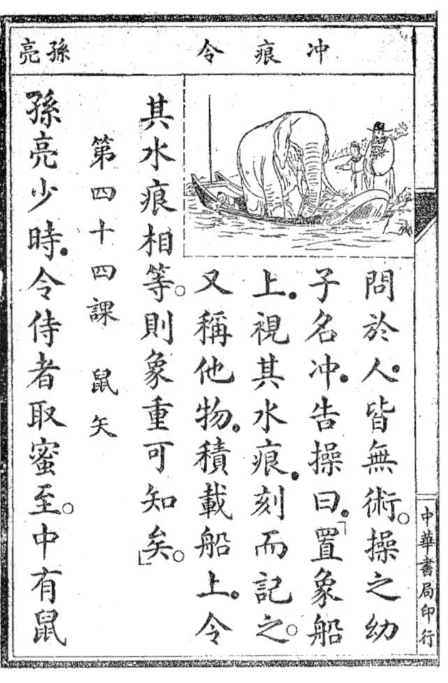

冲 痕 令 孫亮

問於人。皆無術。操之幼子名冲。告操曰。「置象船上。視其水痕。刻而記之。又稱他物。積載船上。令其水痕相等。則象重可知矣。」

第四十四課　鼠矢

孫亮少時。令侍者取蜜至。中有鼠

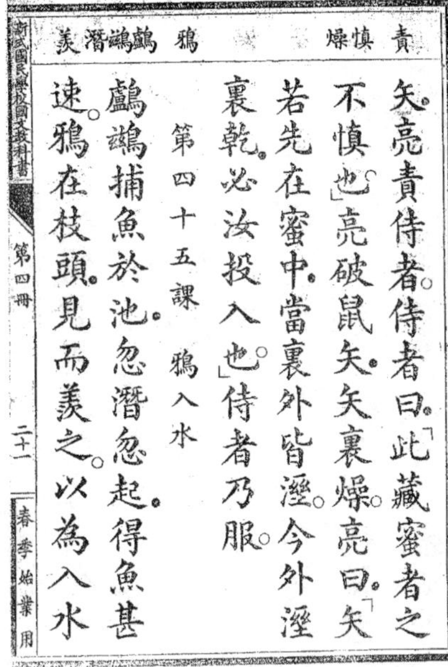

責 慎 燥 鴉 鸕鷀 潛 羨

矢。亮責侍者。侍者曰。「此藏蜜者之不慎也。」亮破鼠矢。矢裏燥。亮曰。「矢若先在蜜中。當裏外皆溼。今外溼裏乾。必汝投入也。」侍者乃服。

第四十五課　鴉入水

鸕鷀捕魚於池。忽潛忽起。得魚甚速。鴉在枝頭。見而羨之。以為入水

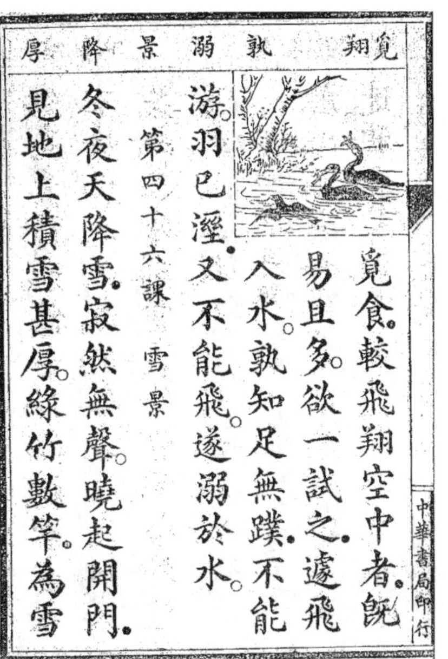

覓 翔 孰 溺 景 降 厚

覓食。較飛翔空中者。既易且多。欲一試之。遽飛入水。孰知足無蹼。不能游。羽已溼。又不能飛。遂溺於水。

第四十六課　雪景

冬夜天降雪。寂然無聲。曉起開門。見地上積雪甚厚。綠竹數竿。為雪

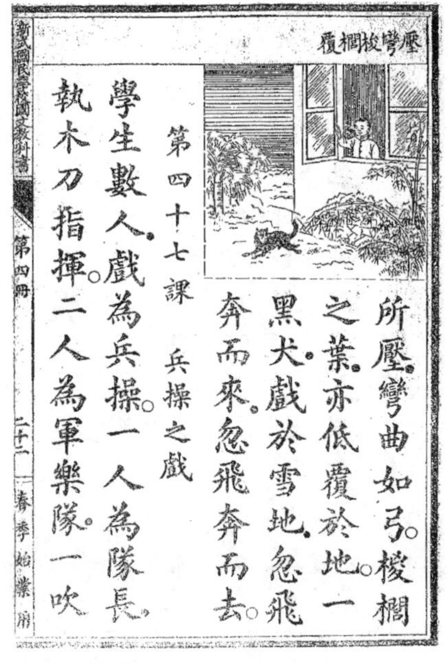

壓 彎 梭櫚 覆

所壓。彎曲如弓。梭櫚之葉。亦低覆於地。一黑犬戲於雪地。忽飛奔而來。忽飛奔而去。

第四十七課　兵操之戲

學生數人。戲為兵操。一人為隊長。執木刀指揮。二人為軍樂隊。一吹

遵偕退違犯橘　陳　慧　贈　枚

喇叭一擊銅鼓。其餘為兵。肩荷木鎗。排成一隊。皆遵隊長口令。進則偕進。退則偕退。無違犯者。

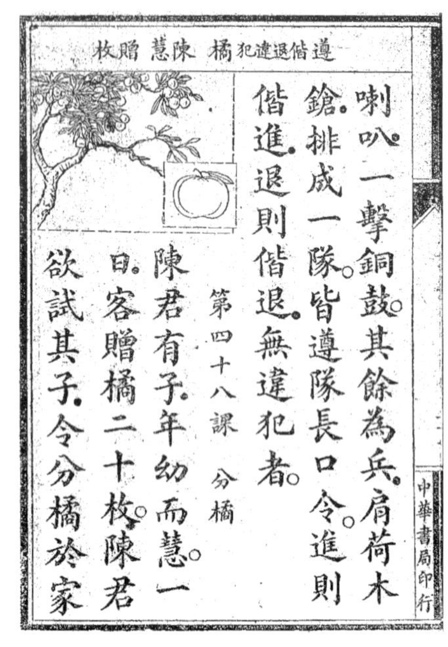

第四十八課　分橘

陳君有子。年幼而慧。一日。客贈橘二十枚。陳君欲試其子。令分橘於家

周　奉　呂　恆　誦　畢

人。其子數橘一周。以四枚奉父。以四枚奉母。兩兄一姊。各得三枚。己亦得三枚。橘適盡。陳君大喜。

第四十九課　呂兒

呂兒每自校歸。恆與弟妹遊戲。六時。侍父母晚餐。七時。取日間功課。在燈前誦習。九時。溫課畢。收拾書

包　寢　曜　翌　迄　業　怠　惰

包。向父母告辭。然後安寢。

第五十課　七曜日

七曜日者。一曰日曜。二曰月曜。三曰火曜。四曰水曜。五曰木曜。六曰金曜。七曰土曜。土曜之翌日。又為日曜矣。自月曜迄土曜。宜勤於學業。不可怠惰。惟日曜日。可以休息。

附課一　趙兒之功課

姓趙的孩子。比他同學的功課好些。因為他很聽先生的說話。又很會問。所以他的功課。就好起來了。

附課二　楓葉

楓樹上的葉子。到了秋天。就要變做紅顏色。不過他的顏色。是慢慢的變。不是慌慌忙忙就都變了顏色的。所以到了秋天。楓樹上還有沒變色的綠葉子。

附課三　熟食

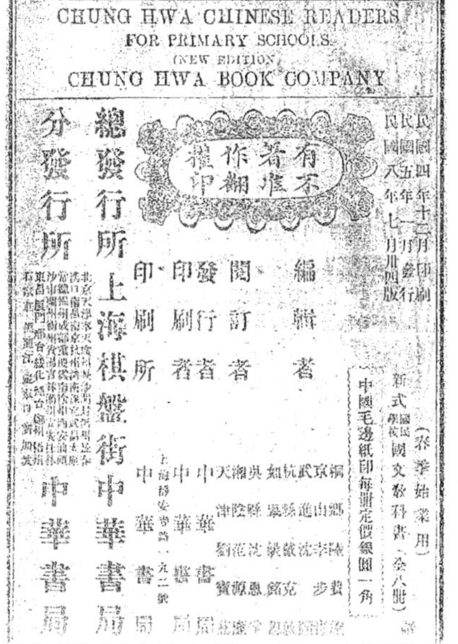

CHUNG HWA CHINESE READERS
FOR PRIMARY SCHOOLS
(NEW EDITION)
CHUNG HWA BOOK COMPANY

民國四年十二月印刷
民國五年一月發行
民國八年七月卅四版

新式國民學校國文教科書（全八冊）（春季始業用）
中國毛邊紙印每冊定價銀圓一角

有著作權不准翻印

編輯者　桐鄉陸費逵　杭縣戴克敦
閱訂者
發行者　中華書局
印刷者　中華書局
印刷所　上海靜安寺路一九二號　中華書局
總發行所　上海棋盤街中華書局
分發行所　中華書局

我們現在吃的東西。雖則也有生吃的。卻是很少的一部分。飯咧。粥咧。湯咧。菜咧。那一樣不是做熟了再吃的呢。

附課四　大山

大山裏面有大木。可以造房子。造橋。造各樣物件。有飛禽走獸。供給我們的吃用。這是很有利益的了。但是他的利益。還不止這幾樣。又有那藏在礦裏面的。或者是金。或者是銀。或者是煤鐵。那真是寶貝哪。

中華書局印行

第五册

新式
國民學校用
國文教科書
第五册
上海中華書局印行

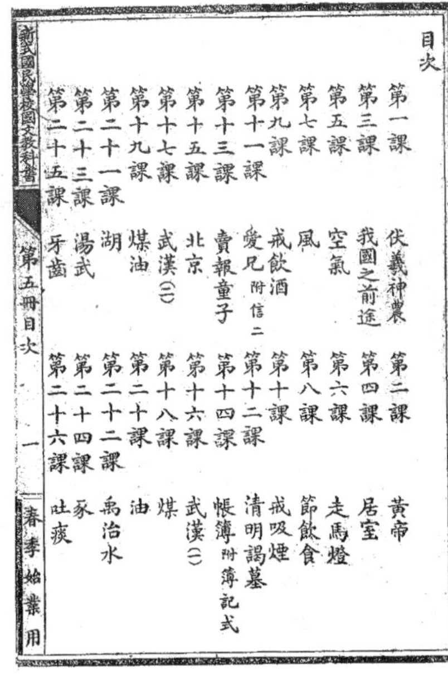

目次

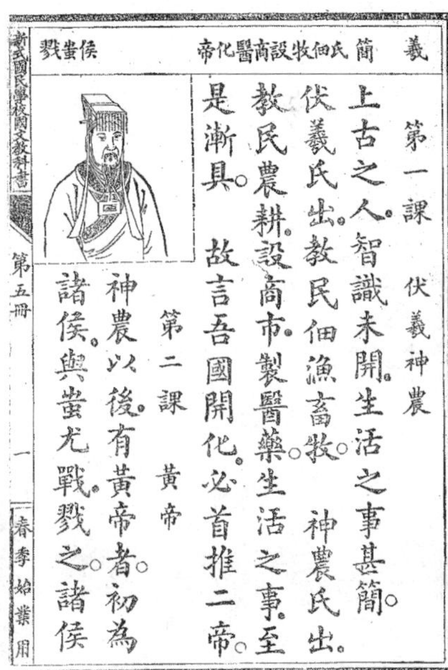

羲　簡　氏佃牧設商醫化帝　侯蚩戮

第一課　伏羲神農

上古之人。智識未開。生活之事甚簡。伏羲氏出。教民佃漁畜牧。神農氏出。教民農耕。設商市。製醫藥。生活之事。至是漸具。故言吾國開化。必首推二帝。

第二課　黃帝

神農以後。有黃帝者。初為諸侯。與蚩尤戰。戮之。諸侯

宮　妃　嫘　祖　民　治　裳　途　亞　洲　陸　千

奉為天子。黃帝造宮室。作舟車。製文字。文化大啟。其妃嫘祖。又教民育蠶治絲。以製衣裳。

第三課　我國之前途

我國在亞洲大陸東南。氣溫土肥。物富人衆。開化最早。數千年來。為世界

中華書局印行

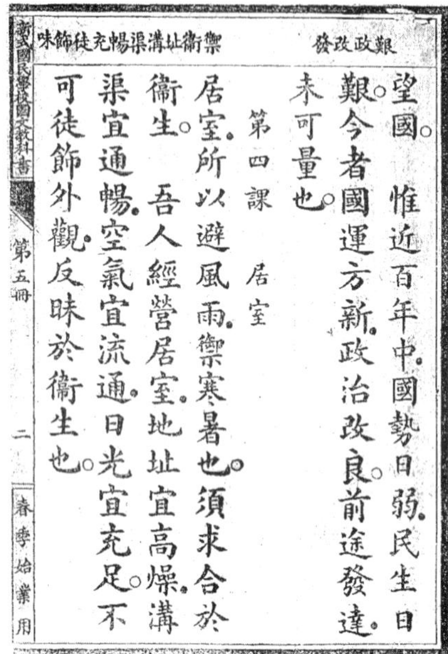

新式國民學校國文教科書　第五冊　二　春季始業用

艱　政　改　發　禦　衞　址　溝　渠　暢　充　徒　飾　味

望國。惟近百年中。國勢日弱。民生日艱。今者國運方新。政治改良。前途發達。未可量也。

第四課　居室

居室。所以避風雨。禦寒暑也。須求合於衞生。吾人經營居室。地址宜高燥。溝渠宜通暢。空氣宜流通。日光宜充足。不可徒飾外觀。反昧於衞生也。

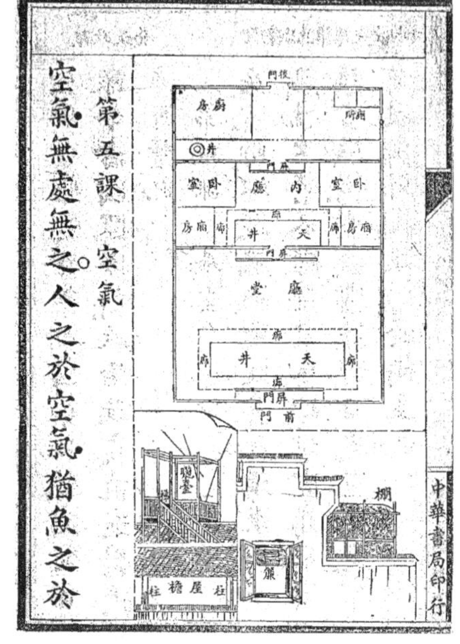

第五課　空氣

空氣無處無之。人之於空氣。猶魚之於

中華書局印行

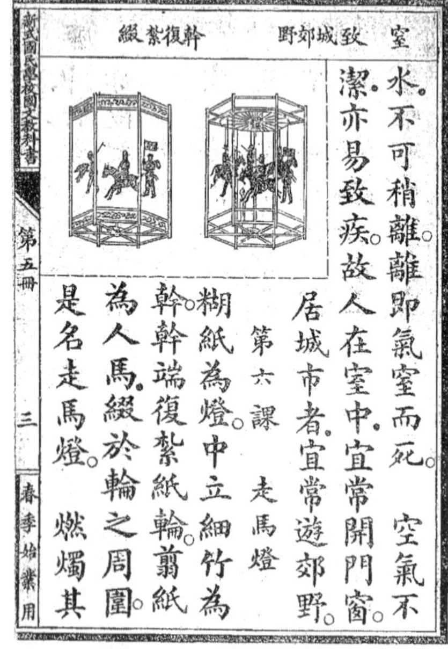

新式國民學校國文教科書　第五冊　三　春季始業用

窒　致　城　郊　野　幹　復　紮　綴

水。不可稍離。離即氣窒而死。空氣不潔。亦易致疾。故人在室中。宜常開門窗。居城市者。宜常遊郊野。

第六課　走馬燈

糊紙為燈。中立細竹為幹。幹端復紮紙輪。翦紙為人馬。綴於輪之周圍。是名走馬燈。燃燭其

熱　補缺　勻度　益暴拔傾波財

中熱氣上升激動紙輪旋轉不已人馬亦隨之而轉影射紙上活動如生

第七課　風

空氣受熱而上升他處空氣來補其缺則流動成風能調勻溫度布散溼氣大有益於人生　然暴風發時於陸地則拔木傾屋於水上則揚波覆舟生命財產恆有受其損害者

渴飢腸胃限制消諺　原　戒　酒　斟杯昏眩嘔

第八課　節飲食

飲以解渴食以止飢如過其量則反為害　蓋腸胃之力皆有限制多飲多食則不易消化而疾病隨之　諺云病從口入可見致病之原以飲食為最易也

第九課　戒飲酒

壺中有酒兒斟一杯盡飲之未幾目昏頭眩胸中欲嘔母問知其故告之曰此

醇　腦耗　煙　提　肺莫禁絕捲

飲酒之害也酒中有醇一名酒精能傷腦耗血如中其毒即成是狀後宜戒之

第十課　戒吸煙

煙有刺激性能提精神然含毒質易傷腦及肺　煙中最毒者莫如鴉片今漸禁絕惟吸紙捲煙者日眾其物多從外國來耗財傷身害幾與鴉片等吾人宜戒之

某村章肄　宿　詢　亟　釋

第十一課　愛兄

某村章兒隨兄入國民學校肄業同學同遊甚樂也　已而兄畢業入高等小學離家遠往來不便寄宿姑家兒甚念之會姑家人至兒就詢兄狀知其感微疾亟作書問之　翌日得兄覆書述其病已愈兒乃釋然

弟致兄書

大哥大人賜鑒頃姑母家朱僕來此述及吾

謁墓 率

哥近患咳嗽。想係天氣忽寒忽暖。衣服增減不時所致。念甚。

堂上懸念尤殷。信到即祈

賜覆為盼。敬請

痊安。胞弟蘭蓀謹啟 三月二日

兄覆弟書

二弟如握。頃得手翰。具見友愛之忱。兄偶感微疾。前昨告假二天。今已痊愈。望勿系念。並望轉稟

堂上為要。餘言再告。即頌

侍祉。兄芝蓀手覆 三月三日

第十二課 清明謁墓

清明節。某君率家人。往郊外。謁先人之墓。長者在前。少者在後。向墓前瞻仰畢。

荊棘 壟 圮 修 碑 喪 貧 費 給 館 販 售 賺

地有荊棘。則翦除之。壟有傾圮。則修整之。墓碑墓樹。有無損傷。皆詳視一周。然後歸。

第十三課 賣報童子

有童子。幼喪父。與母共居。家貧。欲讀書。苦學費不給。每日必早起。往報館。雜販各報。赴市售之。以所賺之錢。供學費。既入校。專心求學。日暮歸家。溫習功

孜 廢 簿 董 寡 款 支 付 存 欠 稽 考

課。孜孜不倦。因是童子家雖貧。而學業不廢。

第十四課 帳簿

董兒用錢無度。母詢其所用。不能答。母戒之曰。錢之出入。無論多寡。必記於簿。收入之款曰收。支出之款曰付。收多於付曰存。付多於存曰欠。凡收付存欠。皆當隨時登記。以備稽考。不可忽也。

京 元

簿記式

月日	入款	出款
三月初一日	收前存錢	
初七日	收母親給錢	付信封兩个
初十日		付郵票一分
十三日		付洗澡
十五日		付墨一錠
十九日		付信箋十張
廿二日		付鉛筆一枝
廿六日		付銅釘兩个
卅一日		付石筆一枝
本月	共收錢陸百叁拾玖文	共付錢壹百伍拾柒文
對除	外存錢肆百捌拾貳文	

第十五課 北京

北京。我國之都城也。在國之東北。元明

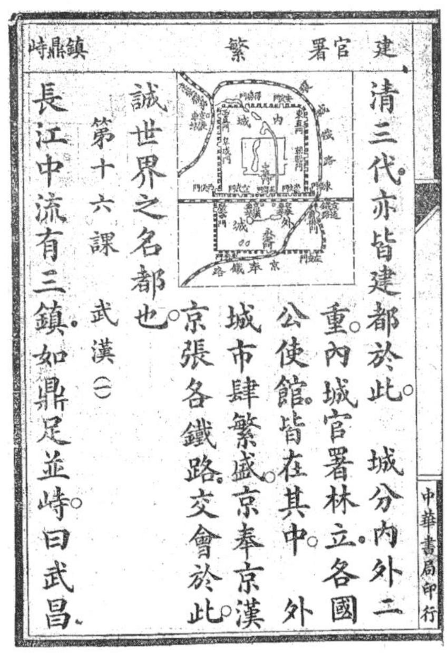

建 官 署 繁 鎮 鼎 峙

清三代。亦皆建都於此。城分內外二重。內城官署林立。各國公使館。皆在其中。外城市肆繁盛。京奉京漢京張各鐵路。交會於此。誠世界之名都也。

第十六課 武漢(一)

長江中流有三鎮。如鼎足並峙。曰武昌。

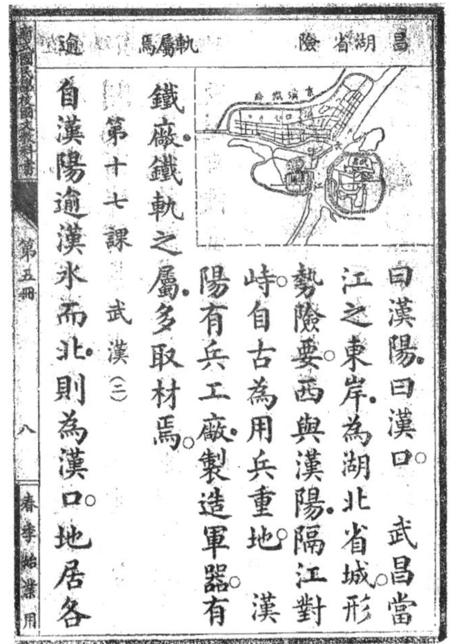

昌 湖 省 險 軌 屬 焉 適

曰漢陽。曰漢口。武昌當江之東岸。為湖北省城。形勢險要。西與漢陽。隔江對峙。自古為用兵重地。漢陽有兵工廠。製造軍器。有鐵廠。鐵軌之屬。多取材焉。

第十七課 武漢(二)

自漢陽適漢水而北。則為漢口。地居各

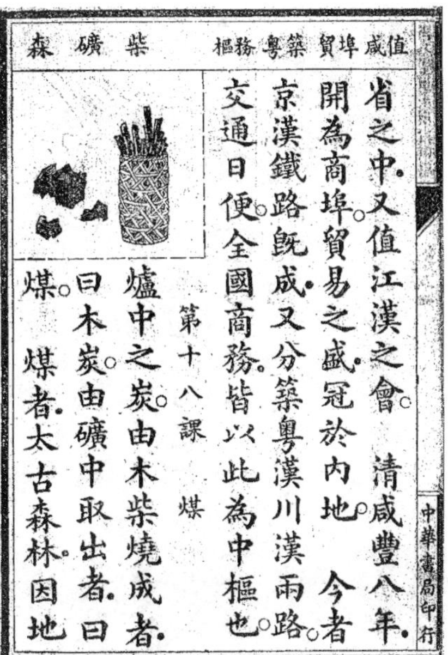

值 咸 埠 貿 築 粵 務 樞 柴 礦 森

省之中。又值江漢之會。清咸豐八年。開為商埠。貿易之盛。冠於內地。今者京漢鐵路既成。又分築粵漢川漢兩路。交通日便。全國商務。皆以此為中樞也。

第十八課 煤

爐中之炭。由木柴燒成者。曰木炭。由礦中取出者。曰煤。煤者。太古森林。因地

埋 堅 異 汽 混 濁 煉 純 植 機

面變動。埋藏地下。積久而成。其質之堅。與石無異。故亦名石炭。火力之強。遠勝木炭。今汽車汽船。及製造廠。多用之。

第十九課 煤油

煤油。一名石油。產於礦中。初頗混濁。經提煉後。乃純潔而透明。用以燃燈。光明勝於植物之油。又可燃以發動機器。我國油礦。開採未盛。國人所用煤油。

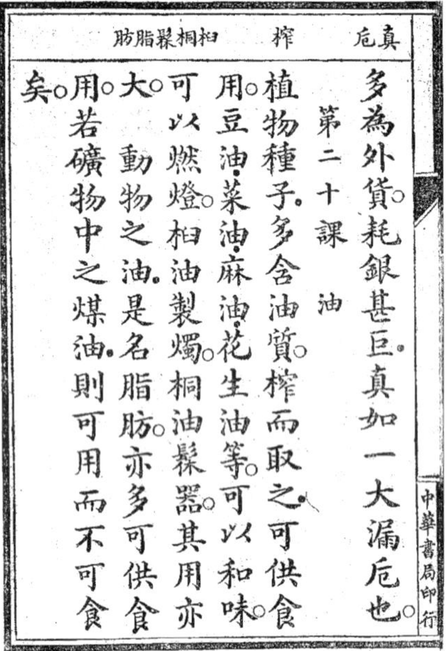

真 危 榨 桕 桐 髹 脂 肪

多為外貨。耗銀甚巨。真如一大漏卮也。

第二十課 油

植物種子。多含油質。榨而取之。可供食用。豆油。菜油。麻油。花生油等。可以和味。可以燃燈。桕油製燭。桐油髹器。其用亦大。動物之油。是名脂肪。亦多可供食用。若礦物中之煤油。則可用而不可食矣。

中華書局印行

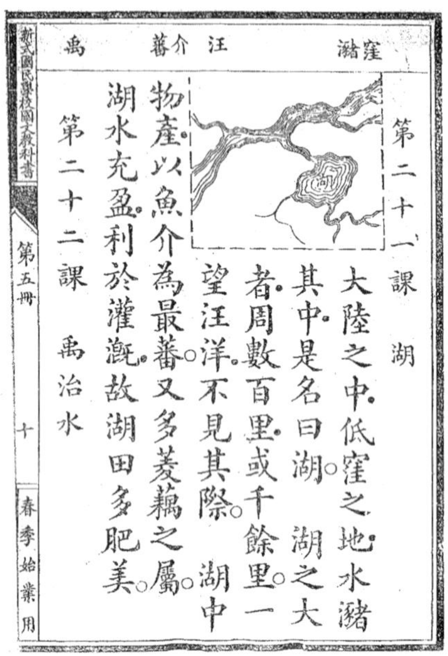

新式國民學校國文教科書　第五冊　十　春季始業用

窪 瀦 汪 介 蕃 禹

第二十一課 湖

大陸之中。低窪之地。水瀦其中。是名曰湖。湖之大者。周數百里。或千餘里。一望汪洋。不見其際。湖中物產。以魚介為最蕃。又多菱藕之屬。湖水充盈。利於灌溉。故湖田多肥美。

第二十二課 禹治水

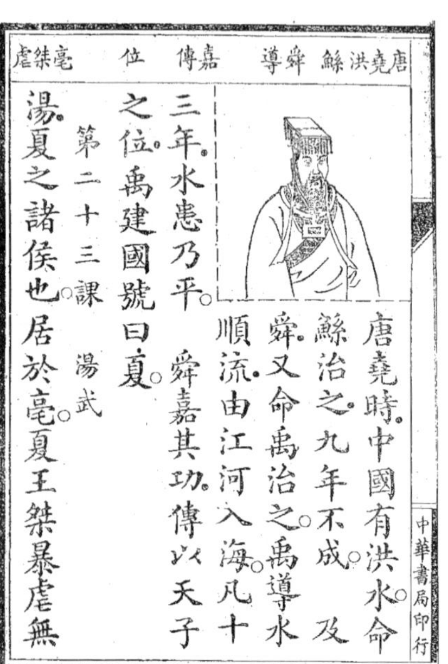

唐 堯 洪 鯀 舜 導 嘉 傳 位 亳 桀 虐

唐堯時。中國有洪水。命鯀治之。九年不成。及舜。又命禹治之。禹導水順流。由江河入海。凡十三年。水患乃平。舜嘉其功。傳以天子之位。禹建國號曰夏。

第二十三課 湯武

湯。夏之諸侯也。居於亳。夏王桀暴虐無

中華書局印行

新式國民學校國文教科書　第五冊　十一　春季始業用

道 伐 亡 繼 紂 姬 焚 亡 豕 豬

道。湯率師伐之。放之於南巢。夏亡。湯繼為天子。國號曰商。商傳至紂。亦暴虐無道。西伯姬發。大會諸侯伐之。紂自焚死。商亡。發繼為天子。是為周武王。

第二十四課 豕

豕。俗名曰豬。體肥腳短。耳大能動。鼻長。

蠢　輾　殖　豢　麩　極　嚼　瓷　滑

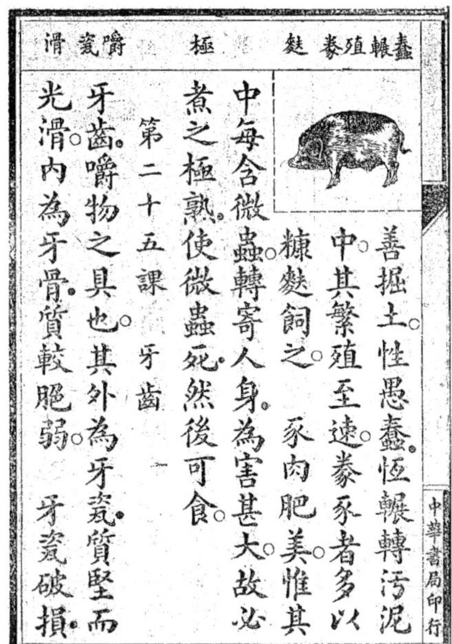

善掘土。性愚蠢。恆輾轉污泥中。其繁殖至速。豢豕者多以糠麩飼之。豕肉肥美。惟其中每含微蟲。轉寄人身。為害甚大。故必煑之極熟。使微蟲死。然後可食。

第二十五課　牙齒

牙齒。嚼物之具也。其外為牙瓷。質堅而光滑。內為牙骨。質較脆弱。牙瓷破損。

咀　嗜　酸　甜　庶　免　蝕　痰　菌　妨　礙

則牙骨易腐。每致搖落。搖落則咀嚼不便。所食之物。不易消化。欲保牙齒。必常洗刷。又宜勿嗜酸甜。庶免腐蝕之患。

第二十六課　吐痰

痰。不潔之物也。病者之痰。含微菌尤多。乾後飛散空中。病即傳染他人。無知之人。隨地吐痰。實於公衆衛生。大有妨礙。故吐痰必入盂中。在無盂之處。必以

承　麗　特　定　選　配　擬　隱　牡　丹　靜

巾或紙承之。

第二十七課　花

花。顏色美麗。且有清香。故人多愛之。特其開放。各有定時。種花者必選配得宜。然後四時有花也。古人愛花。恆就其所愛。以擬人之品性。如菊比隱逸。蓮比君子。牡丹比富貴。靜以思之。亦頗切當也。

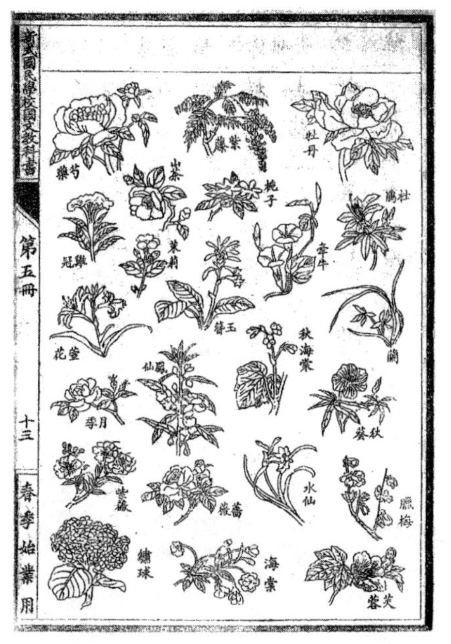

萎蔬培佳薄刈否佔蛙

第二十八課　草

草類最繁。生長甚易。秋冬之際。雖漸枯萎。而春暖風和。又繁殖至速。　蔬與穀。亦草類也。本為野生。人以其可食。乃培植之。遂成佳種。然能力因而薄弱。必刈去雜草以衛之。否則土中養料。將為草所佔吸。而蔬穀不繁矣。

第二十九課　蛙

蝌蚪　棲

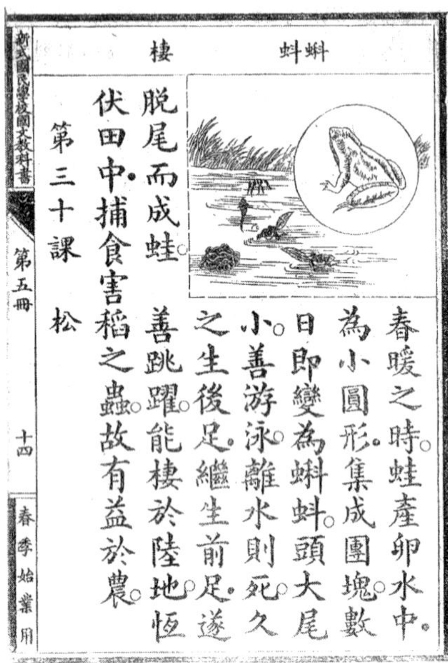

春暖之時。蛙產卵水中。為小圓形。集成團塊。數日即變為蝌蚪。頭大尾小。善游泳。離水則死。久之生後足。繼生前足。遂脫尾而成蛙。　善跳躍。能棲於陸地。恆伏田中。捕食害稻之蟲。故有益於農。

第三十課　松

裂龜勁匠　蒼翠　歲　漆

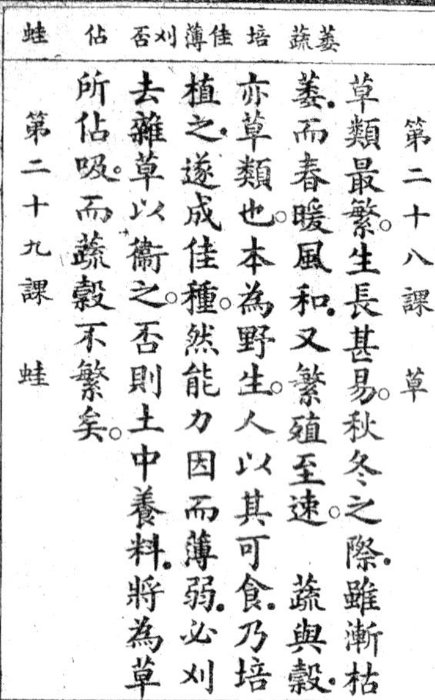

松皮粗厚。裂如龜甲。枝幹勁直。大者高數丈。　匠人伐之。或以造屋。或以製器。為用甚廣。　松葉蒼翠。形如鍼。性耐寒。雖經霜雪。其色不變。每歲春日。新葉發生。舊葉始漸枯落。故其樹四時常綠。

第三十一課　墨

古時無墨。以漆書字於竹簡。或以刀刻

臭膠模型曝徽馳購　囑　耶防轇轕

之。後世乃以墨磨汁。書字於紙。　製墨之法。焚松桐之枝。取其臭。和以膠。用模型製錠。曝而乾之。即成墨矣。　我國安徽產墨最佳。名馳全國。人多購用之。

第三十二課　筆據

女見父自外歸。手出一紙。囑其母藏之。女曰。此何物耶。　母曰。此筆據也。言語之約。雖可憑信。然欲免遺忘。防轇轕。則

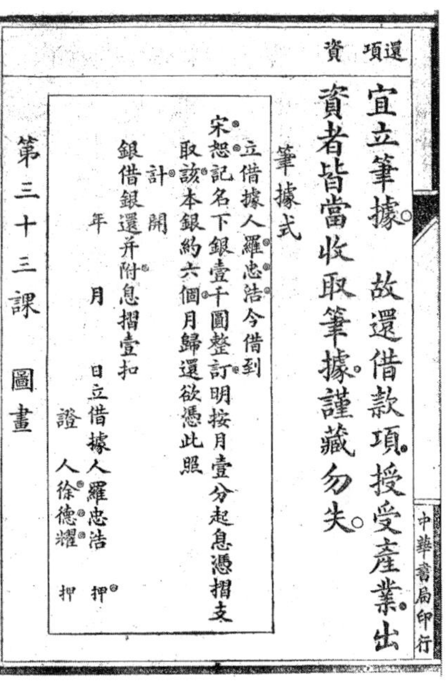

還 項 資

宜立筆據。故還借款項。授受產業。出資者皆當收取筆據。謹藏勿失。

筆據式

立借據人羅忠浩。今借到宋恕記名下銀壹千圓整。訂明按月壹分起息。憑摺支取。該本銀約六個月歸還。欲憑此照。

計開

銀借銀還并附息摺壹扣

年 月 日立借據人羅忠浩 押

證人徐德耀 押

第三十三課 圖畫

中華書局印行

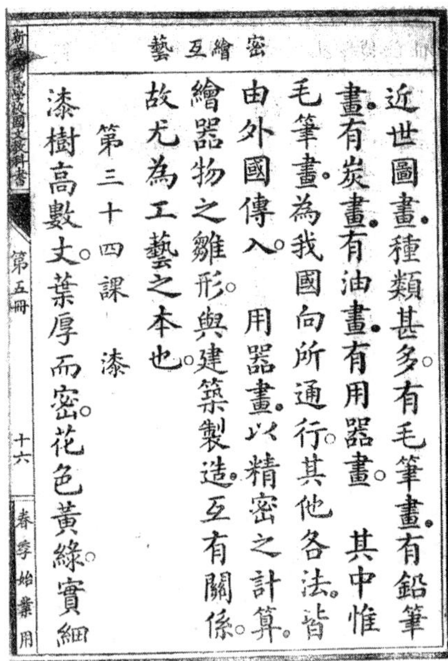

密 繪 互 藝

近世圖畫。種類甚多。有毛筆畫。有鉛筆畫。有炭畫。有油畫。有用器畫。其中惟毛筆畫。為我國向所通行。其他各法。皆由外國傳入。用器畫。以精密之計算。繪器物之雛形。與建築製造。互有關係。故尤為工藝之本也。

第三十四課 漆

漆樹高數丈。葉厚而密。花色黃綠。實細

新式國文教科書 第五冊 十六 春季始業用

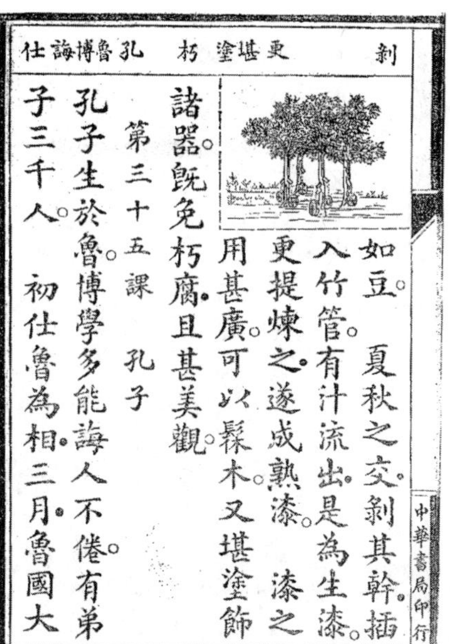

剝 更 堪 塗 朽 孔 魯 博 誨 仕

如豆。夏秋之交。剝其幹。插入竹管。有汁流出。是為生漆。漆之更提煉之。遂成熟漆。用甚廣。可以髹木。又堪塗飾諸器。既免朽腐。且甚美觀。

第三十五課 孔子

孔子生於魯。博學多能。誨人不倦。有弟子三千人。初仕魯為相。三月。魯國大

中華書局印行

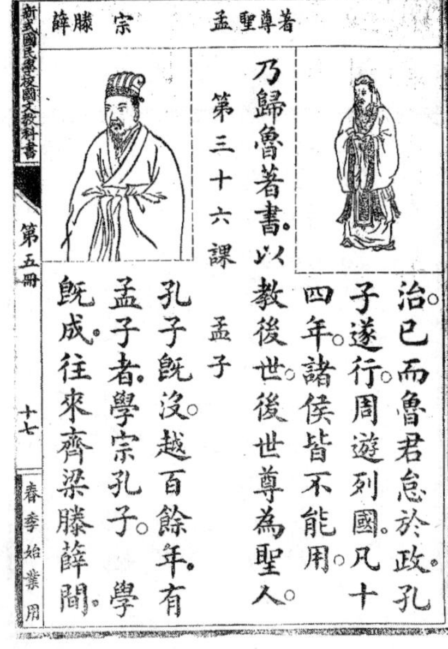

著尊聖孟 宗 滕薛

治。已而魯君怠於政。孔子遂行。周遊列國。凡十四年。諸侯皆不能用。乃歸魯著書。以教後世。後世尊為聖人。

第三十六課 孟子

孔子既沒。越百餘年。有孟子者。學宗孔子。學既成。往來齊梁滕薛間。

新式國民學校國文教科書 第五冊 十七 春季始業用

仁 惜 講 篇 賢 態 殊 爬 蚋 蠉 螟 蝗

說時君行仁政。惜時君不能用。乃退與其徒。講學論道。傳孟子七篇。後世尊為大賢。亦曰亞聖。

第三十七課 蟲

蟲類形態各殊。有善走者。有善飛者。有善游泳者。有善爬行者。其與人生。各有關係。蠶吐絲。蜂釀蜜。是為益蟲。蚊蚋蠉膚。螟蝗蝕稻。是為害蟲。 蟲類通性。遇

蟄 志 榮 辱

暖則生。遇寒則死。亦有天寒之時。伏處土中。天暖復出者。曰蟄蟲。

第三十八課 啄木詩

南山有鳥。自名啄木。飢則啄樹。暮則巢宿。無干於人。惟志所欲。性清者榮。性濁者辱。

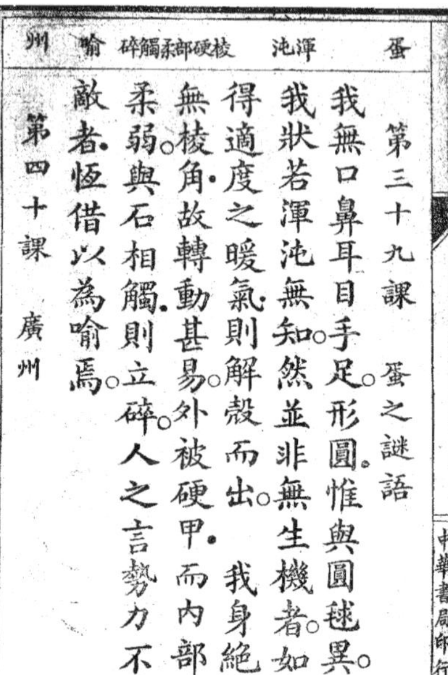

蛋 渾 沌 稜 硬 部 柔 觸 碎 喻 州

第三十九課 蛋之謎語

我無口鼻耳目手足。形圓。惟與圓毬異。我狀若渾沌無知。然並非無生機者。如得適度之暖氣。則解殼而出。 我身絕無稜角。故轉動甚易。外被硬甲。而內部柔弱。與石相觸。則立碎。人之言勢力不敵者。恆借以為喻焉。

第四十課 廣州

番 禺 縣 咽 喉 歐 逆 旅 賈 港

廣州。今名番禺縣。為廣東省城。地當珠江下游。我國南部之要地也。 廣東廣西雲南貴州四省。視此為咽喉。南洋及歐美之民。以此為逆旅。是以民業殷盛。商賈雲集。 今者鐵路日通。四方商旅。將益集於此矣。

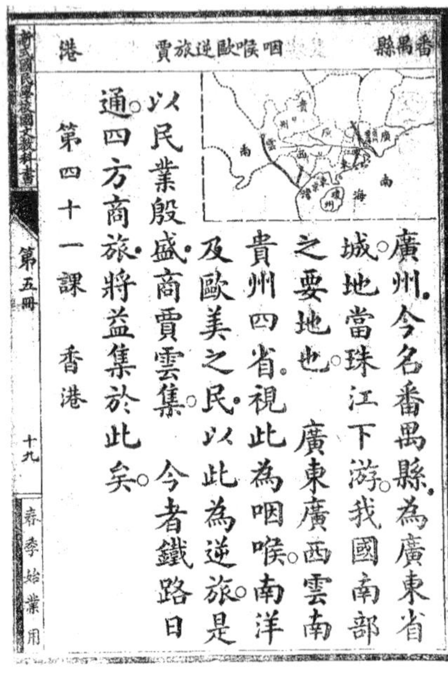

第四十一課 香港

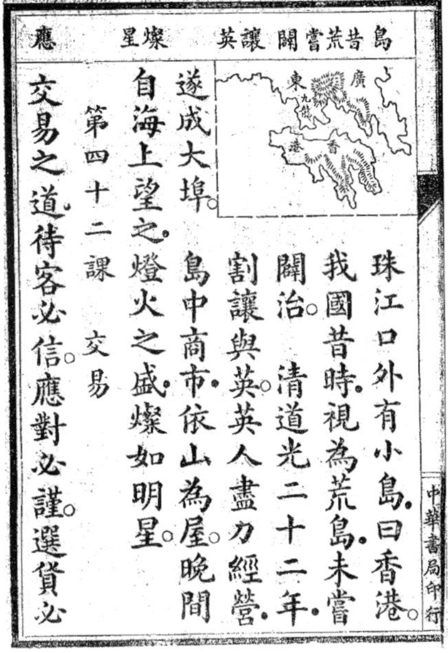

島 昔 荒 嘗 闢 讓 英 燦 星 應

珠江口外有小島。曰香港。我國昔時。視為荒島。未嘗闢治。清道光二十二年。割讓與英。英人盡力經營。遂成大埠。島中商市。依山為屋。晚間自海上望之。燈火之盛。燦如明星。

第四十二課 交易

交易之道。待客必信。應對必謹。選貨必

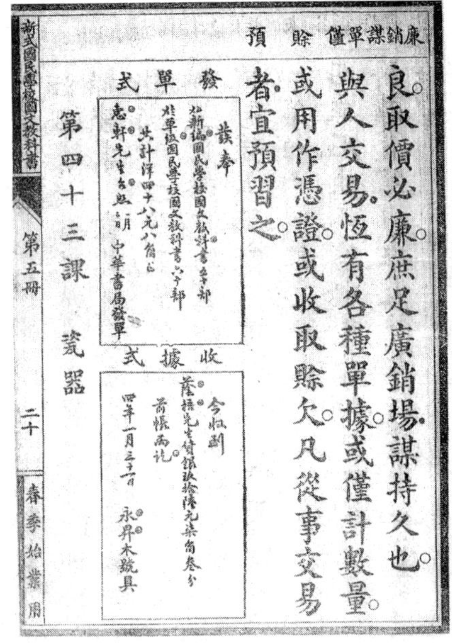

康 銷 謀 單 僅 賒 預

良。取價必廉。庶足廣銷場。謀持久也。與人交易。恆有各種單據。或僅計數量。或用作憑證。或收取賒欠。凡從事交易者。宜預習之。

發單式

謹奉
上新編國民學校國文教科書五十部
上華編國民學校國文教科書六十部
共計洋四十八元八角正
惠軒先生台照 正月 日 中華書局發單

收據式

今收到
蔭樑先生付銀玖拾陸元柒角叁分
前帳兩訖
四年一月三十一日 永昇木號具

第四十三課 瓷器

陶 黏 膩 坯 釉 匣 鉢 窯 施 烘 灰 谷 鑿 薪 舉

江西景德鎮。為著名產瓷之地。居民皆操瓷業。當其製瓷。先取陶土。別黏力強弱。一一分配。淘使細膩。次乃製坯。上釉。置匣鉢中。入窯燒之。然後施彩。亦有施彩後上釉者。入爐烘乾。而瓷器成矣。

第四十四課 石灰

石灰石。生山谷中。色青白。鑿之成塊。與薪雜置窯中。舉火焚之。薪盡出石。堅硬

沃 鎔 漿 爽 塏 怪 愕 顧 闃 懼

猶昔。而質已成灰。色白如粉。其性燥烈。能收溼氣。建屋者得之。沃以水。使發熱而沸騰。質鎔如漿。用以塗飾牆壁。則房屋爽塏。宜於居人。

第四十五課 回聲

羣兒遊山中。高唱樵歌。忽聞有聲相和。怪問為誰。山中如其聲應之。愕然四顧。闃寂無人。大懼。歸告先生。先生曉之

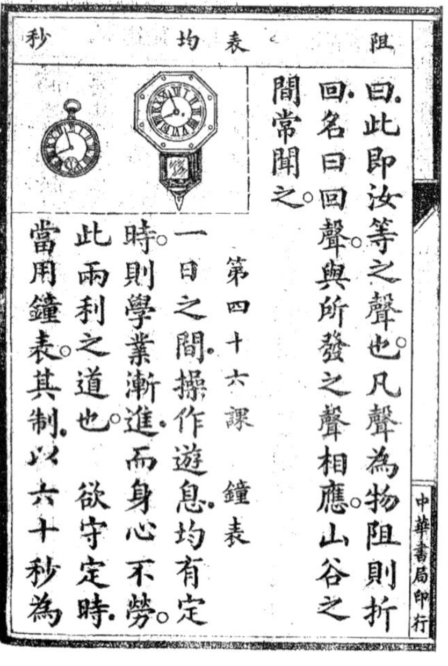

阻　表　均　秒

曰此即汝等之聲也。凡聲為物阻則折回。名曰回聲。與所發之聲相應。山谷之間常聞之。

第四十六課　鐘表

一日之間。操作遊息。均有定時。則學業漸進。而身心不勞。此兩利之道也。　欲守定時。當用鐘表。其制。以六十秒為

遲　弊　雹　炎　猝　驟　凝　錯

分。六十分為時。以二十四時。分配於一晝夜間。　吾人得此。則按時作息。自無遲早之弊。

第四十七課　雹

天氣炎熱。雲合風起。猝有冰塊。自空下降。小者如豆。大者如卵。是名為雹。　雹之成也。本於旋風。空中水氣。旣以驟冷而凝。又為風力所捲。遂成冰塊。錯雜下

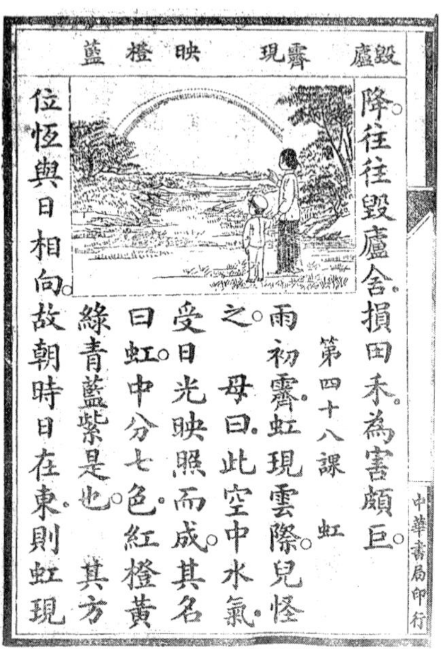

毀　廬　霽　現　映　橙　藍

降。往往毀廬舍。損田禾。為害頗巨。

第四十八課　虹

雨初霽。虹現雲際。兒怪之。　母曰。此空中水氣。受日光映照而成。其名曰虹。中分七色。紅橙黃綠青藍紫是也。　其方位恆與日相向。故朝時日在東。則虹現

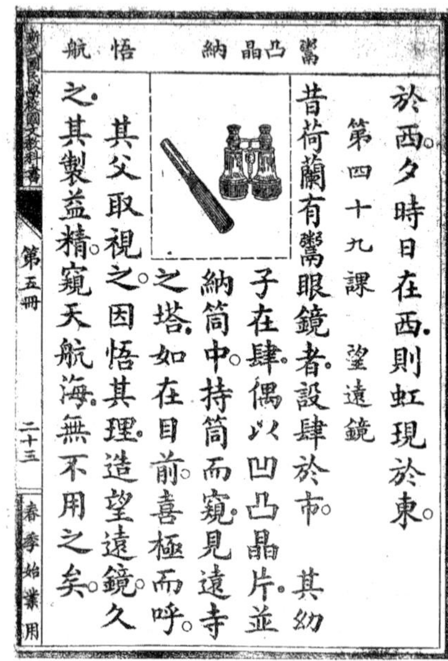

鬻　凸　晶　納　悟　航

於西。夕時日在西。則虹現於東。

第四十九課　望遠鏡

昔荷蘭有鬻眼鏡者。設肆於市。　其幼子在肆。偶以凹凸晶片。並納筒中。持筒而窺。見遠寺之塔。如在目前。喜極而呼。　其父取視之。因悟其理。造望遠鏡。久之。其製益精。窺天航海。無不用之矣。

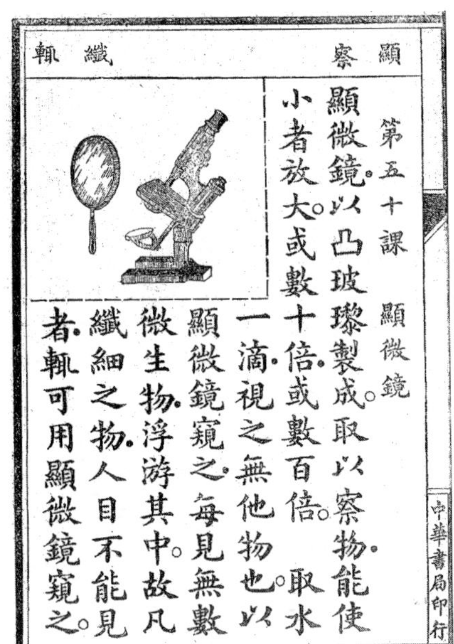

顯 察 纖 輒

第五十課 顯微鏡

顯微鏡。以凸玻璨製成。取以察物。能使小者放大。或數十倍。或數百倍。取水一滴。視之無他物也。以顯微鏡窺之。每見無數微生物。浮游其中。故凡纖細之物。人目不能見者。輒可用顯微鏡窺之。

中華書局印行

附課一 慎食

食物是拿來飽肚子的。却是吃得過飽。就會生病因為這個緣故。古人常說要得百病不生。肚子總要常帶幾分餓的。

附課二 智慧

鳥儘管會飛。獸儘管會跑。却是人都可以捉着他。割他的肉吃。拿他的皮用。就是頂狠的鳥獸。打獵的人也有法弄得到。因為有生命的物。只有人是最聰明的。任是什麼樣的鳥獸。人都能夠制服他

附課三 節操

松柏木是終年長青的。如果在春夏的時候。樹木都是青的。松柏也沒有什麼出色。一定要到了冷天。枝不枯。葉不落。纔曉得松柏是比別的樹木不同。所以稱贊有節操的人。常把松柏來比方他

附課四 急智

哥哥和妹妹在空場上頑耍。陡然來了一匹溜韁的馬。像要踢人的樣子。妹妹嚇得哭起來。眼淚汪汪。滿頰顯的。哥哥急忙。把所拿的傘撐開。向馬顛簸。馬見了傘一嚇。就跑開去了。妹妹又大笑起來。

中華書局印行

CHUNG HWA CHINESE READERS
FOR PRIMARY SCHOOLS
(NEW EDITION)
CHUNG HWA BOOK COMPANY

民國五年一月印刷
民國五年二月發行
民國八年六月廿七版

新式國民學校國文教科書（春季始業用）（全八冊）
中國毛邊紙印每冊定價銀 角

編輯者
閱訂者
發行者 中華書局
印刷者 中華書局
印刷所 上海靜安寺路一九二號 中華書局
總發行所 上海棋盤街中華書局
分發行所 中華書局

第六册

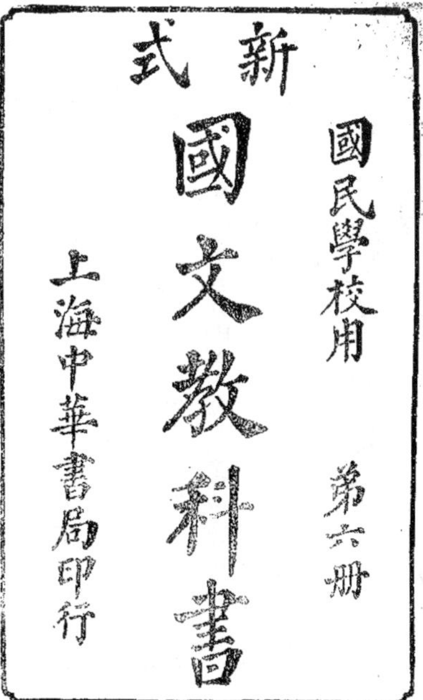

新式

國民學校用

國文教科書

第六册

上海中華書局印行

目次

宙 萬　胡 苟 臨 候 沍 泯 滅　宵 仰 芒 爍 悉

第一課 太陽

太陽麗於天空、具大熱、發大光。動植諸物。得遂其生。宇宙萬象、映入吾目。皆太陽之功也。天暗時可燃燈。天寒時可燃薪。然效力微薄、胡足以方太陽乎。苟地面之上。無太陽臨照、則氣候沍寒、生物之泯滅久矣。

第二課 星

晴宵、仰望天空。輒見衆星光芒閃爍。不可悉

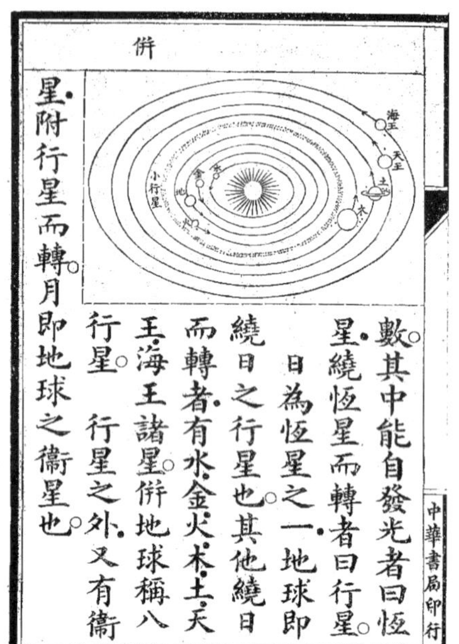

併

數。其中能自發光者曰恆星、繞恆星而轉者曰行星。日為恆星之一、地球即繞日之行星也。其他繞日而轉者、有水、金、火、木、土、天王、海王諸星。併地球稱八行星。行星之外、又有衛星、附行星而轉。月即地球之衛星也。

中華書局印行

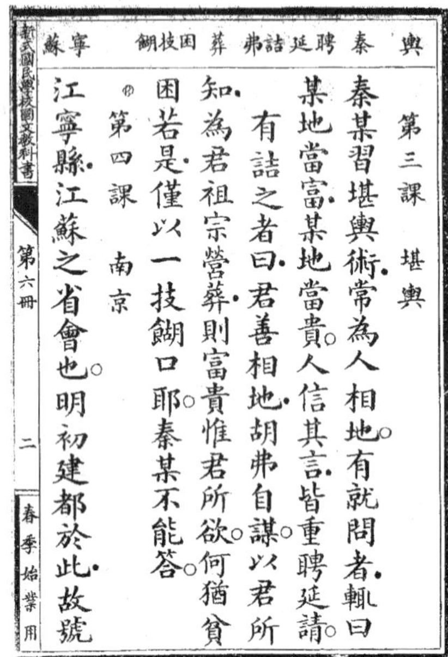

輿　秦　聘　延　詰　弗　葬　困　技　餬　寧　蘇

新式國民學校國文教科書　第六冊　二　春季始業用

第三課　堪輿

秦某習堪輿術、常為人相地。有就問者、輒曰、某地當富、某地當貴。人信其言、皆重聘延請。

有詰之者曰、君善相地、胡弗自謀、以君所知、為君祖宗營葬、則富貴惟君所欲。何猶貧困若是、僅以一技餬口耶。秦某不能答。

第四課　南京

江寧縣、江蘇之省會也。明初建都於此、故號

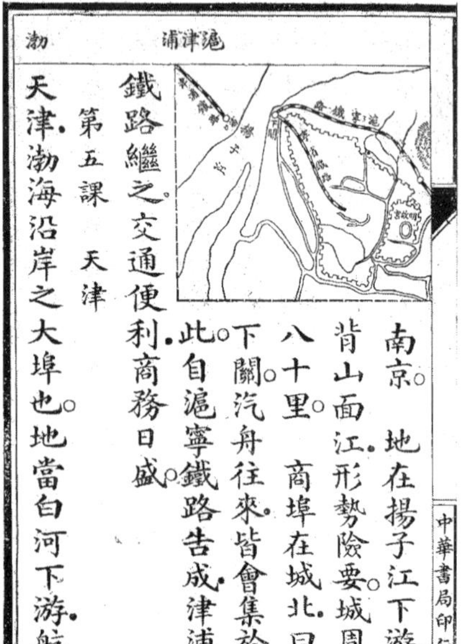

滬津浦　渤

南京。地在揚子江下游、背山面江、形勢險要。城周八十里。商埠在城北、曰下關。汽舟往來、皆會集於此。自滬寧鐵路告成、津浦鐵路繼之。交通便利、商務日盛。

第五課　天津

天津、渤海沿岸之大埠也。地當白河下游、航

中華書局印行

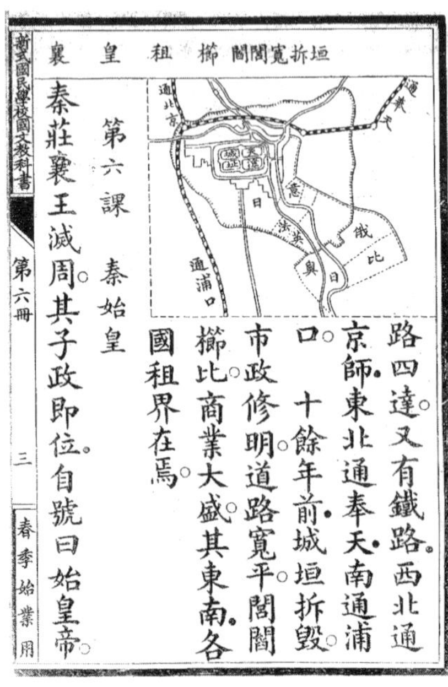

垣拆寬闤闠櫛　租　皇　襄

新式國民學校國文教科書　第六冊　三　春季始業用

路四達。又有鐵路、西北通京師、東北通奉天、南通浦口。十餘年前、城垣拆毀、市政修明、道路寬平。闤闠櫛比、商業大盛。其東南各國租界在焉。

第六課　秦始皇

秦莊襄王滅周。其子政即位。自號曰始皇帝。

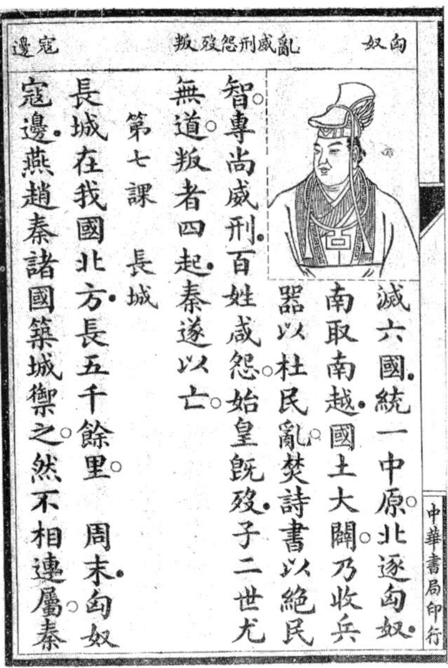

匈奴　亂　威刑　怨　歿　叛　寇邊

滅六國、統一中原、北逐匈奴、南取南越、國土大闢、乃收兵器以杜民亂、焚詩書以絕民智。專尚威刑、百姓咸怨。始皇既歿、子二世尤無道。叛者四起、秦遂以亡。

第七課　長城

長城在我國北方。長五千餘里。周末、匈奴寇邊、燕趙秦諸國築城禦之。然不相連屬。秦

中華書局印行

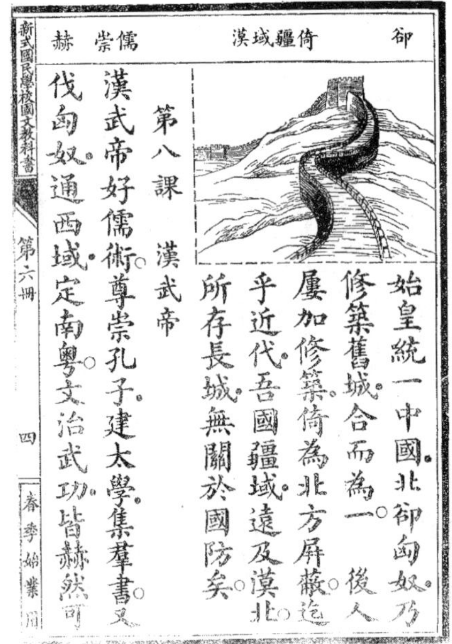

御　倚　疆域　漢　儒　崇　赫

始皇統一中國、北御匈奴。乃修築舊城、合而為一。後人屢加修築、倚為北方屏蔽。迨乎近代、吾國疆域、遠及漢北。所存長城、無關於國防矣。

第八課　漢武帝

漢武帝好儒術。尊崇孔子。建太學。集羣書。又伐匈奴、通西域、定南粵。文治武功、皆赫然可

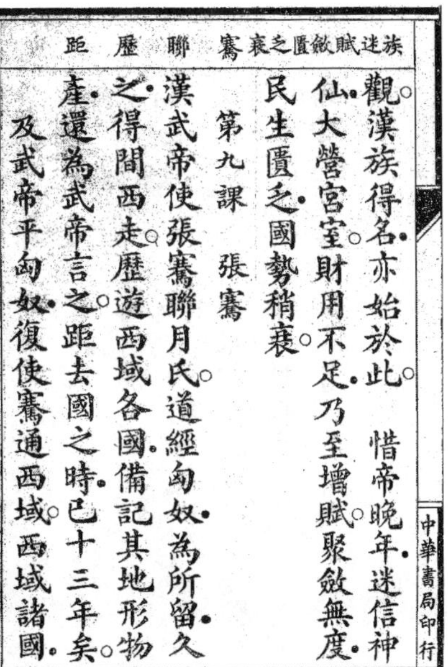

族　迷　賦　斂　匱　乏　衰　騫　聯　歷　距

觀。漢族得名、亦始於此。惜帝晚年、迷信神仙、大營宮室。財用不足、乃至增賦聚斂無度、民生匱乏、國勢稍衰。

第九課　張騫

漢武帝使張騫聯月氏。道經匈奴、為所留、久之。得間西走。歷遊西域各國、備記其地形物產。還為武帝言之。距去國之時、已十三年矣。及武帝平匈奴、復使騫通西域。西域諸國、

中華書局印行

塞　引　稜　于　遁　逃　魏　劉　情

遂相繼內屬。

第十課　塞下曲

林暗草驚風、將軍夜引弓。平明尋白羽、沒在石稜中。

月黑雁飛高、單于夜遁逃。欲將輕騎逐、大雪滿弓刀。

第十一課　寫信(一)

魏劉兩生、情意相投。　魏生謂劉生曰、「讀書

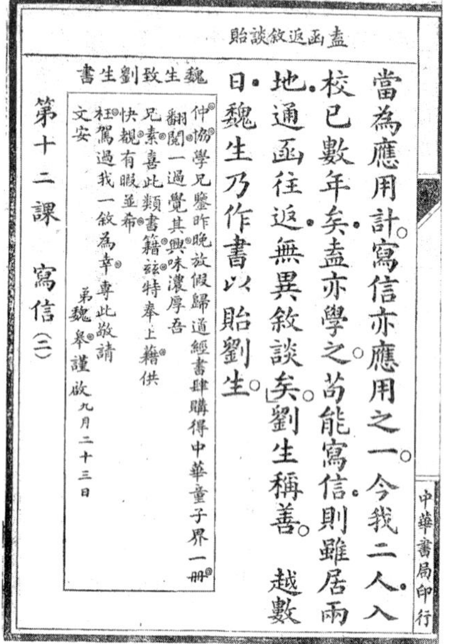

盍 函 返 敘 談 貽

當為應用計。寫信亦應用之一。今我二人。入校已數年矣。盍亦學之。苟能寫信。則雖居兩地。通函往返。無異敘談矣。劉生稱善。越數日。魏生乃作書以貽劉生。

魏生致劉生書

仲協學兄鑒。昨晚放假歸。道經書肆。購得中華童子界一冊。翻閱一過。覺其興味濃厚。吾兄素喜此類書籍。茲特奉上。藉供快覩。有暇並希枉駕過我一敘為幸。專此敬請
文安
弟魏舉謹啟 九月二十三日

第十二課 寫信(二)

中華書局印行

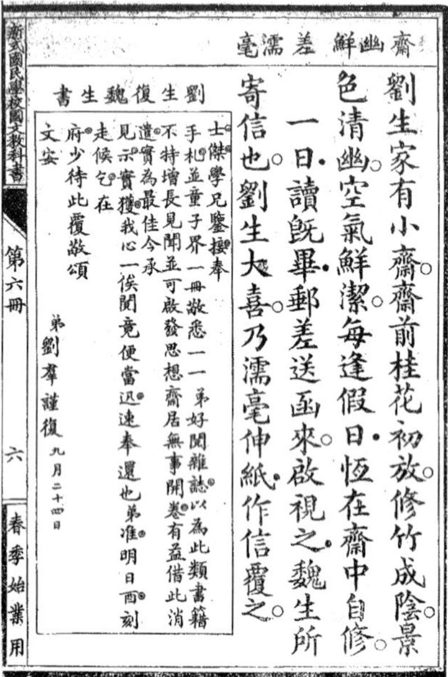

齋 幽 鮮 差 濡 毫

新式國民學校國文教科書 第六冊 六 春季始業用

劉生家有小齋。齋前桂花初放。修竹成陰。景色清幽。空氣鮮潔。每逢假日。恆在齋中自修。一日。讀既畢。郵差送函來。啟視之。魏生所寄信也。劉生大喜。乃濡毫伸紙。作信覆之。

劉生復魏生書

士傑學兄鑒。接奉手札。並童子界一冊。敬悉一一。弟好閱雜誌。以為此類書籍。不特增長見聞。並可啟發思想。齋居無事。開卷有益。借此消遣。實為最佳。今承見示。實獲我心。一俟閱竟。便當迅速奉還也。弟准明日酉刻走候。乞在府少待。此覆。敬頌
文安
弟劉舉謹復 九月二十四日

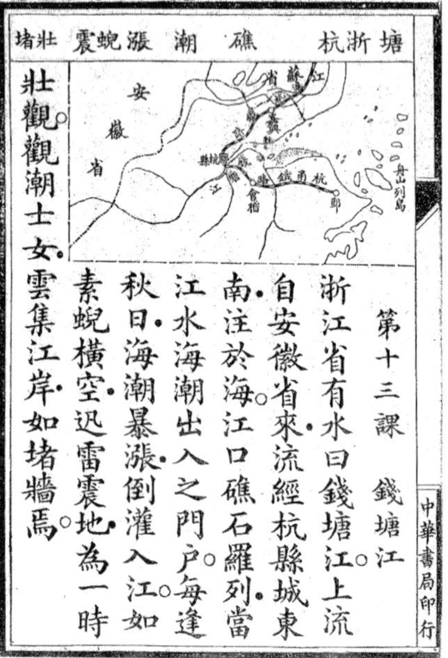

塘 浙 杭 礁 潮 漲 蜺 震 壯 堵

第十三課 錢塘江

浙江省有水曰錢塘江。上流自安徽省來。流經杭縣城東南。注於海。江口礁石羅列。當江水海潮出入之門戶。每逢秋日。海潮暴漲。倒灌入江。如素蜺橫空。迅雷震地。為一時壯觀。觀潮士女。雲集江岸。如堵牆焉。

中華書局印行

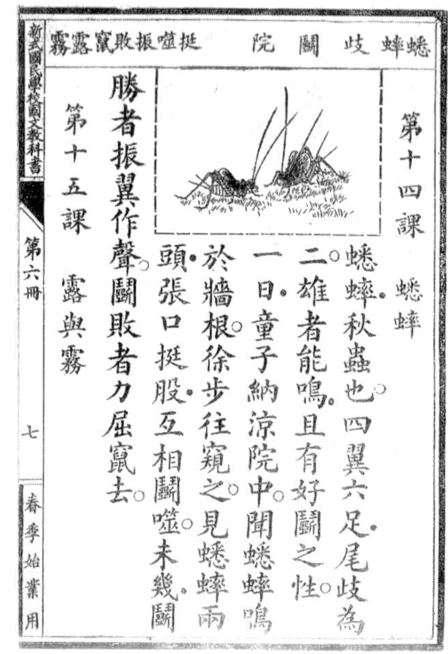

蟋 蟀 歧 鬭 院 挺 噬 振 敗 竄 露 霧

新式國民學校國文教科書 第六冊 七 春季始業用

第十四課 蟋蟀

蟋蟀。秋蟲也。四翼六足。尾歧為二。雄者能鳴。且有好鬭之性。一日。童子納涼院中。聞蟋蟀鳴於牆根。徐步往窺之。見蟋蟀兩頭張口挺股。互相鬭噬。未幾。鬭勝者振翼作聲。鬭敗者力屈竄去。

第十五課 露與霧

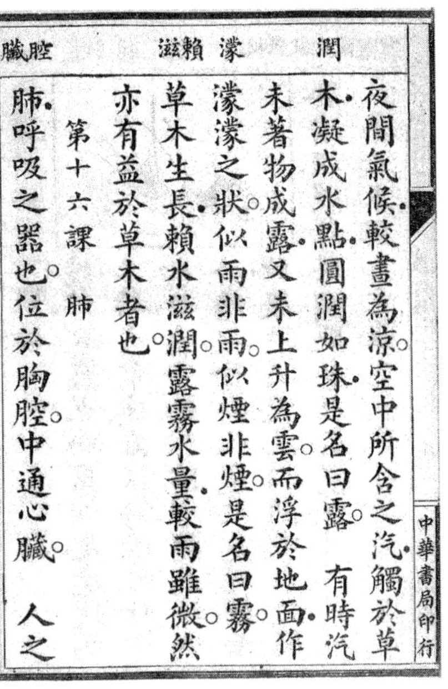

潤 濛 賴 滋 腔 臟

夜間氣候。較晝為涼。空中所含之汽。觸於草木。凝成水點。圓潤如珠。是名曰露。　有時汽未著物。成露。又未上升為雲。而浮於地面。作濛濛之狀。似雨非雨。似煙非煙。是名曰霧。草木生長。賴水滋潤。露霧水量。較雨雖微。然亦有益於草木者也。

第十六課　肺

肺。呼吸之器也。位於胸腔中。通心臟。　人之

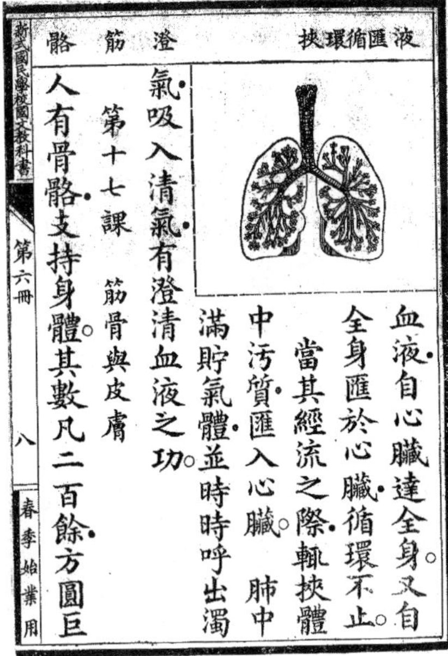

液 匯 循 環 挾 澄 筋 骼

血液。自心臟。達全身。又自全身。匯於心臟。循環不止。　當其經流之際。輒挾體中污質。匯入心臟。　肺中滿貯氣體。並時時呼出濁氣。吸入清氣。有澄清血液之功。

第十七課　筋骨與皮膚

人有骨骼。支持身體。其數凡二百餘。方圓巨

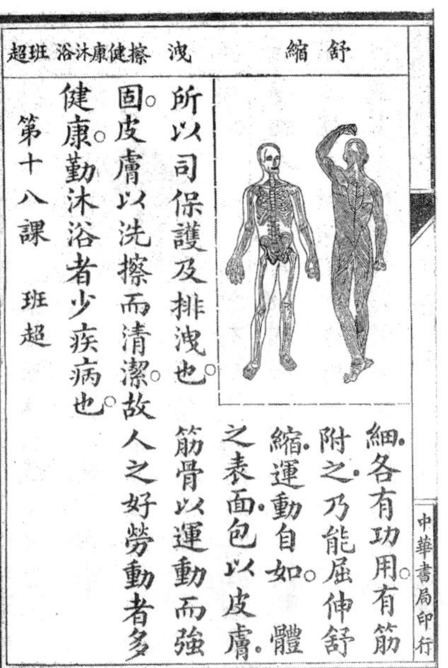

舒 縮 洩 擦 健 康 沐 浴 班 超

細。各有功用。有筋附之。乃能屈伸舒縮。運動自如。　體之表面。包以皮膚。所以司保護及排洩也。筋骨以運動而強固。皮膚以洗擦而清潔。故人之好勞動者。多健康。勤沐浴者。少疾病也。

第十八課　班超

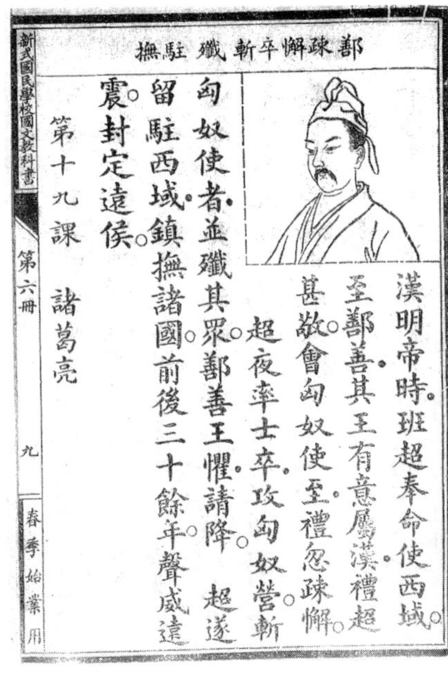

鄯 疏 懈 卒 斬 殲 駐 撫

漢明帝時。班超奉命使西域。至鄯善。其王有意屬漢。禮超甚敬。會匈奴使至。禮忽疏懈。　超夜率士卒。攻匈奴營。斬匈奴使者。並殲其眾。鄯善王懼。請降。　超遂留駐西域。鎮撫諸國。前後三十餘年。聲威遠震。封定遠侯。

第十九課　諸葛亮

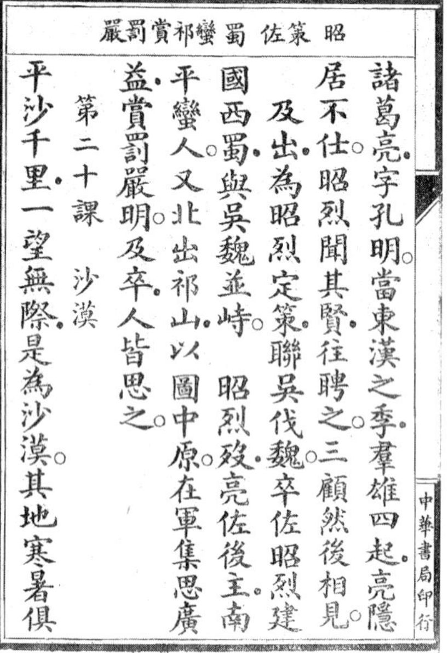

昭 策 佐 蜀 蠻 祁 賞 罰 嚴

諸葛亮字孔明。當東漢之季。羣雄四起。亮隱居不仕。昭烈聞其賢。往聘之。三顧然後相見。及出。為昭烈定策。聯吳伐魏。卒佐昭烈建國西蜀。與吳魏並峙。 昭烈歿。亮佐後主。南平蠻人。又北出祁山。以圖中原。在軍集思廣益。賞罰嚴明。及卒。人皆思之。

第二十課 沙漠

平沙千里。一望無際。是為沙漠。其地寒暑俱

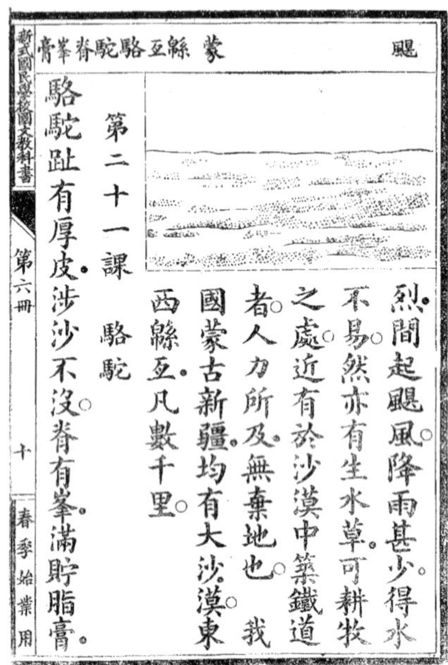

颶 蒙 緜 亙 駱 駝 脊 峯 膏

烈。間起颶風。降雨甚少。得水不易。然亦有生水草。可耕牧之處。近有於沙漠中築鐵道者。人力所及。無棄地也。 我國蒙古新疆。均有大沙漠。東西緜亙。凡數千里。

第二十一課 駱駝

駱駝趾有厚皮。涉沙不沒。脊有峯。滿貯脂膏。

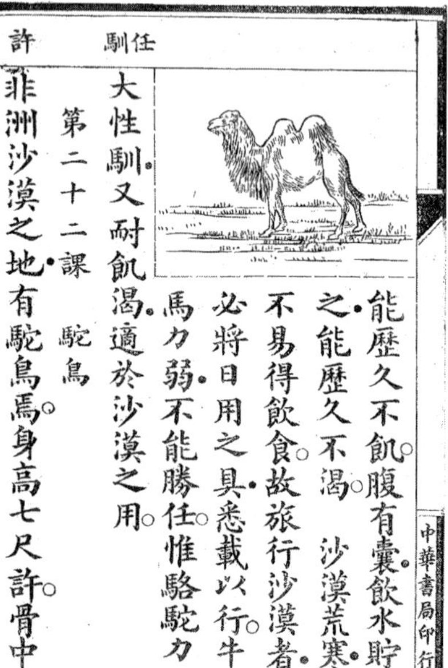

任 馴 許

能歷久不飢。腹有囊。飲水貯之。能歷久不渴。 沙漠荒寒。不易得飲食。故旅行沙漠者。必將日用之具。悉載以行。牛馬力弱。不能勝任。惟駱駝力大。性馴。又耐飢渴。適於沙漠之用。

第二十二課 駝鳥

非洲沙漠之地。有駝鳥焉。身高七尺許。骨中

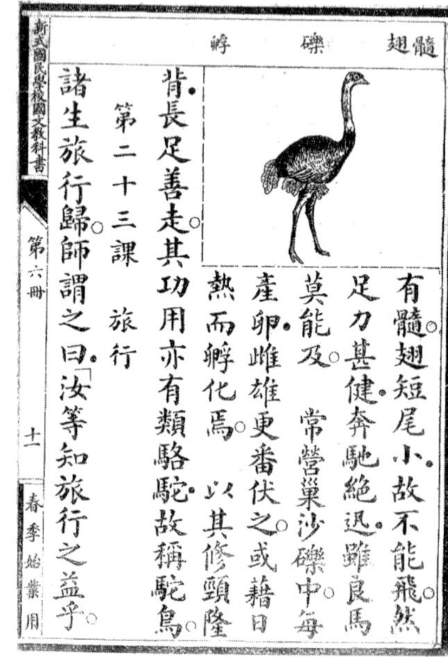

髓 翅 礫 孵

有髓。翅短尾小。故不能飛。然足力甚健。奔馳絕迅。雖良馬莫能及。 常營巢沙礫中。每產卵。雌雄更番伏之。或藉日熱而孵化焉。 以其修頸隆背。長足善走。其功用亦有類駱駝。故稱駝鳥。

第二十三課 旅行

諸生旅行歸。師謂之曰。「汝等知旅行之益乎。

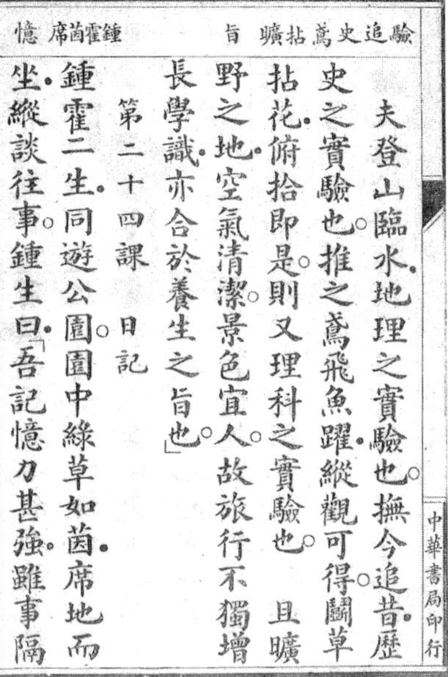

驗　追　史　鳶　拈　曠　旨　鍾　霍　茵　席　憶

夫登山臨水、地理之實驗也。撫今追昔、歷史之實驗也。推之鳶飛魚躍、縱觀可得。鬬草拈花、俯拾即是。則又理科之實驗也。且曠野之地、空氣清潔。景色宜人。故旅行不獨增長學識、亦合於養生之旨也。」

第二十四課　日記

鍾霍二生、同遊公園。園中綠草如茵、席地而坐、縱談往事。鍾生曰、「吾記憶力甚強、雖事隔

中華書局印行

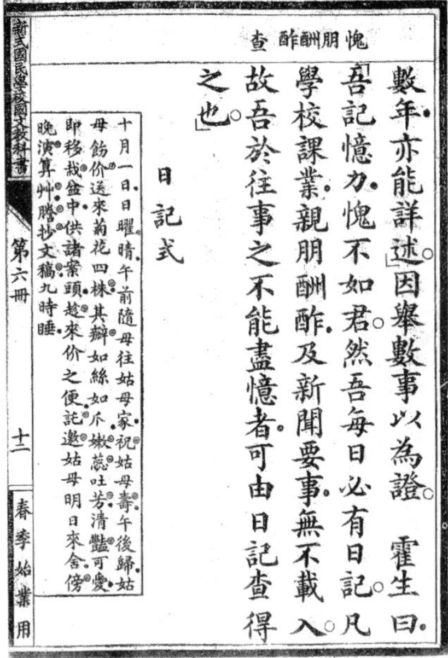

愧　朋　酬　酢　查

數年、亦能詳述。」因舉數事以為證。霍生曰、「吾記憶力、愧不如君。然吾每日必有日記。凡學校課業、親朋酬酢、及新聞要事、無不載入。故吾於往事之不能盡憶者、可由日記查得之也。」

日記式

十月一日、日曜、晴、午前隨母往姑母家、祝姑母壽、午後歸、姑母餉价送來菊花四株、其瓣如絲、如爪、嫩蕊吐芳、清豔可愛、即移栽盆中、供諸案頭、趁來价之便、託邀姑母明日來舍、傍晚演算艸、謄抄文稿、九時睡、

新式國民學校國文教科書　第六冊　十二　春季始業用

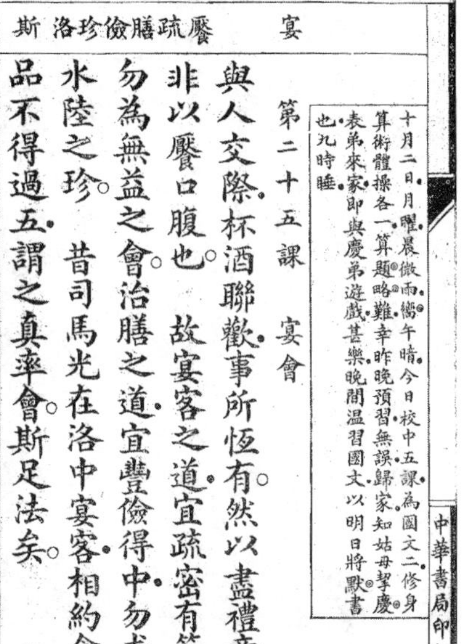

宴　饜　疏　膳　儉　珍　洛　斯

第二十五課　宴會

與人交際、杯酒聯歡、事所恆有。然以盡禮意、非以饜口腹也。故宴客之道、宜疏密有節、勿為無益之會。治膳之道、宜豐儉得中、勿求水陸之珍。昔司馬光在洛中、宴客相約、食品不得過五、謂之真率會。斯足法矣。

十月二日、月曜、晨微雨、午晴、今日校中五課、為國文二、修身、算術、體操各一、算題略難、幸昨晚預習、無誤、歸家、知姑母挈慶表弟來家、即與慶弟遊戲、甚樂、晚間溫習國文、以明日將默書也、九時睡、

中華書局印行

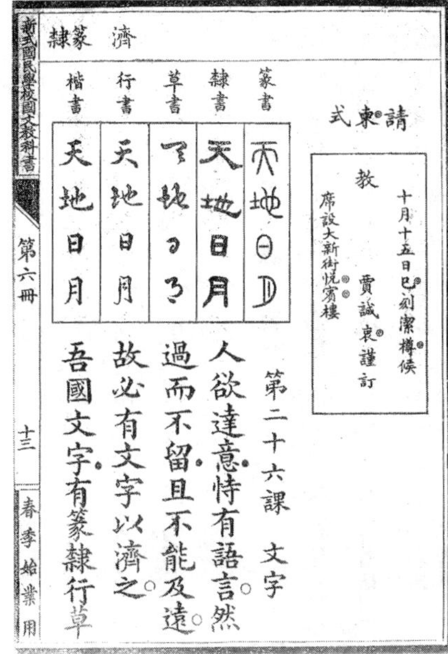

濟　篆　隸

請柬式

十月十五日巳刻、潔樽候

教

賈誠衷謹訂

席設大新街悅賓樓

篆書	隸書	草書	行書	楷書
天地日月	天地日月	天地日月	天地日月	天地日月

第二十六課　文字

人欲達意、恃有語言。然過而不留、且不能及遠。故必有文字以濟之。吾國文字、有篆隸行草

新式國民學校國文教科書　第六冊　十三　春季始業用

楷 捷 研究 刊 週

楷五種。楷書即隸書之小變。篆隸用以考古行草取其便捷。而為用最廣者。實惟楷書凡為本國之人。必習本國文字。而欲知外事。與世界交際。外國文字。又不可不習也。

第二十七課 報紙

人欲周知世事。研究學術。皆宜閱報。蓋世事百變。學術日新。實藉報紙傳達之也。 報紙之發行。有日刊月刊週刊各種。其所記載。有

泛 需 寥 瀕 淞

泛涉各事。及限於專門之別。人或不能徧閱。可各就需要求之。 文明國人。幾於無人不閱報。我國識字者鮮。故閱報者猶寥寥也。

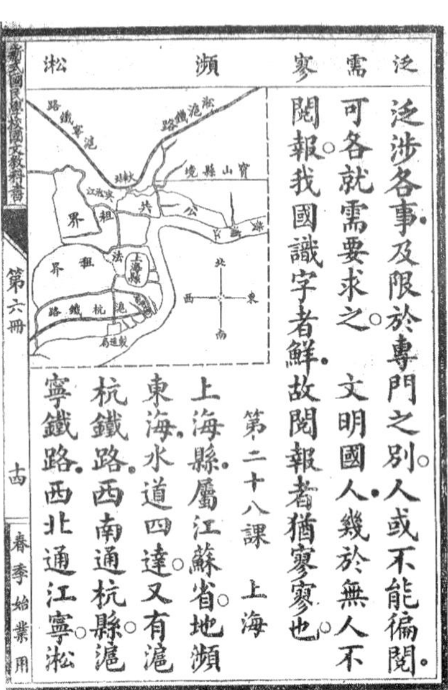

第二十八課 上海

上海縣。屬江蘇省。地瀕東海。水道四達。又有滬杭鐵路。西南通杭縣。滬寧鐵路。西北通江寧。淞

境 輻輳 薈萃 嫁 妝 奩 勸 樸 況

滬鐵路。東北通吳淞。故交通便利。 其北境為各國租界。中外商賈輻輳於此。貿易之盛。冠於全國。惜其中市政。歸外人主持。我不能過問耳。

第二十九課 國貨

上海中外互市。商品薈萃。有嫁女者。託其友購東西洋貨。以備妝奩。其友勸之曰。「外貨固美麗悅目。然樸實耐久。不如國貨。況各種外

仿 溢 弔 戚 帖 訃 哀 奠 唁 撰 輓 悼

貨。吾國人漸能仿造。盍改購國貨。既切實用。又使金錢不外溢乎。」嫁女者從之。

第三十課 慶弔

家有喜戚之事。應先期通告親友。吉事用帖。喪事用訃。或附哀啟。 及期。親友前往行禮。吉事曰祝曰賀。喪事曰奠曰唁。并致禮物。以伸慶弔之意。或於吉事。撰祝頌文以誌喜。於喪事。撰哀輓文以誌悼。亦交際之禮也。

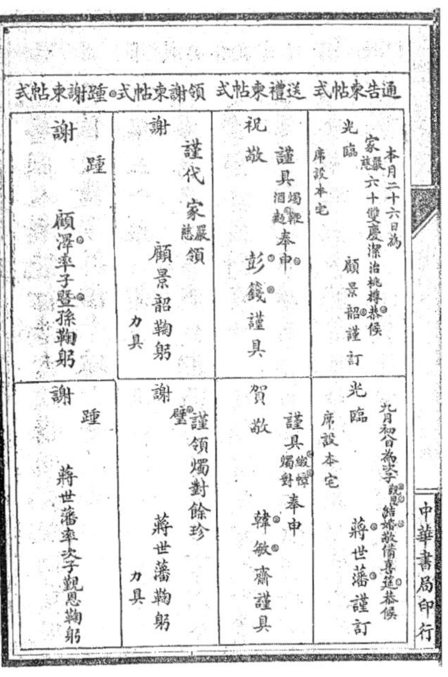

通告柬帖式	送禮柬帖式	領謝柬帖式	踵謝柬帖式
本月二十六日為 家嚴六十雙慶潔治桃樽恭候 光臨 席設本宅 顧景韶謹訂	謹具燭糕 酒麪奉申 祝敬 彭鐵謹具	謹代 家嚴領 謝 顧景韶鞠躬 力具	踵 謝 顧澤率子暨孫鞠躬
九月初八日為次子觀恩結婚敬備喜筵恭候 光臨 席設本宅 蔣世藩謹訂	謹具緞幛燭對奉申 賀敬 韓敏齋謹具	謹領燭對餘璧 謝 蔣世藩鞠躬 力具	踵 謝 蔣世藩率次子觀恩鞠躬

墾 源 竭 夙 蕪 印

第三十一課 墾荒

富國之源。首在農業。農業者。工商之本也。故必地盡其利。人竭其力。然後能振起工商。致富國之效。我國地大物博。農業夙著。然曠觀國內。實多荒蕪未墾之田。誠能招集居民。從事墾務。則農產日豐。而國日富矣。

第三十二課 棉

棉產於印度。千餘年前。其種始入中國。每

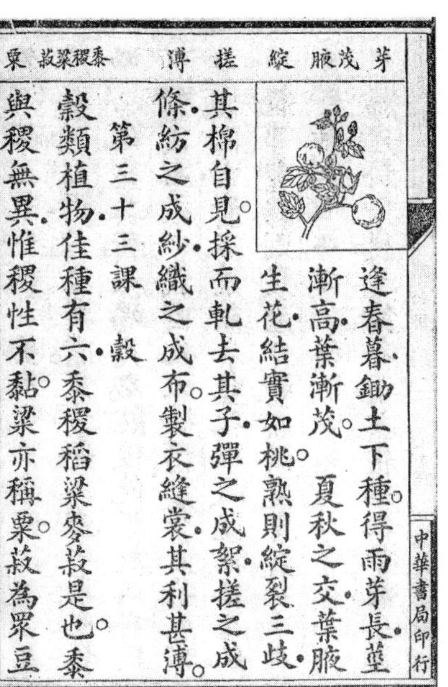

芽 茂 腋 綻 搓 溥 黍稷粱菽 粟

逢春暮。鋤土下種。得雨芽長。莖漸高。葉漸茂。夏秋之交。葉腋生花。結實如桃。熟則綻裂三歧。其棉自見。採而軋去其子。彈之成絮。搓之成條。紡之成紗。織之成布。製衣縫裳。其利甚溥。

第三十三課 穀

穀類植物。佳種有六。黍稷稻粱麥菽是也。黍與稷無異。惟稷性不黏。粱亦稱粟。菽為眾豆

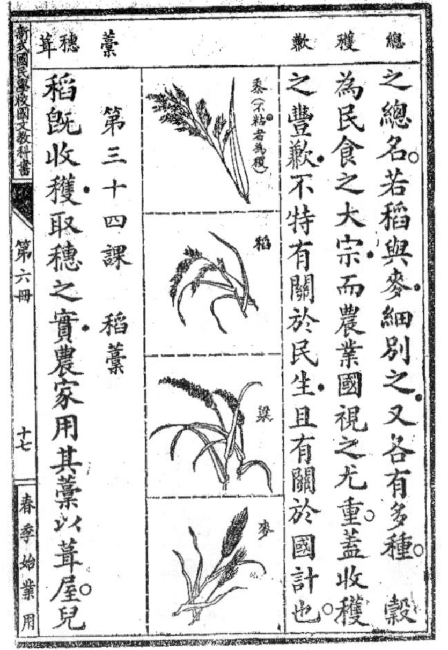

總 穫 歉 槀 穗 葺

之總名。若稻與麥。細別之。又各有多種。穀為民食之大宗。而農業國視之尤重。蓋收穫之豐歉。不特有關於民生。且有關於國計也。

第三十四課 稻槀

稻既收穫。取穗之實。農家用其槀以葺屋。兒

東 薦 蓑 稈 韌 炊

曰、稻藁葺屋、不如覆瓦之固。盍改用瓦乎。」父曰「稻藁雖不固、可依時修葺之、價廉於瓦、省儉多矣。」兒曰「稻藁有他用乎。」父曰「束物之繩、安寢之薦、禦雨之蓑、亦多以稻藁製之。苟明其編織之法、成而售之、亦足獲利也。」

第三十五課　麥稈

麥稈脆而易折、不如稻藁之韌。然亦頗有用。或以葺屋、或以供炊、其功用與稻藁略同。

構 纓 蔗 頂 梢 淡

又可染紅黃各色、構成諸種玩具。今學校中、有課麥稈細工者。此外由麥稈製成草帽、為夏日必需之品。我國直隸、河南、山東等省、草帽纓俱有名。且運銷於外國焉。

第三十六課　蔗糖

蔗有節、節間生葉。莖頂開花。近根味最甘、近梢味較淡。榨蔗取漿、煮漿至沸、去其雜質、取純潔者注入他器、冷之、即凝結成糖。我

灣 突厥 討 渾 征 遺

國南方產蔗最多、而臺灣尤甚。自臺灣割讓日本、日人設製糖公司、製造蔗糖、運銷我國、獲利甚豐。

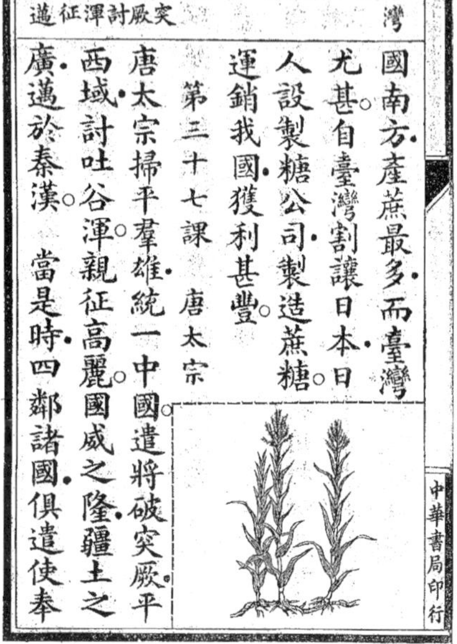

第三十七課　唐太宗

唐太宗掃平羣雄、統一中國。遣將破突厥、平西域、討吐谷渾、親征高麗。國威之隆、疆土之廣、邁於秦漢。當是時、四鄰諸國、俱遣使奉

貢 播 巡 睢 尹琦 督 勵 糧

貢、或送子弟入學、習詩書。太宗又遣使通印度。中華文化、傳播益廣矣。

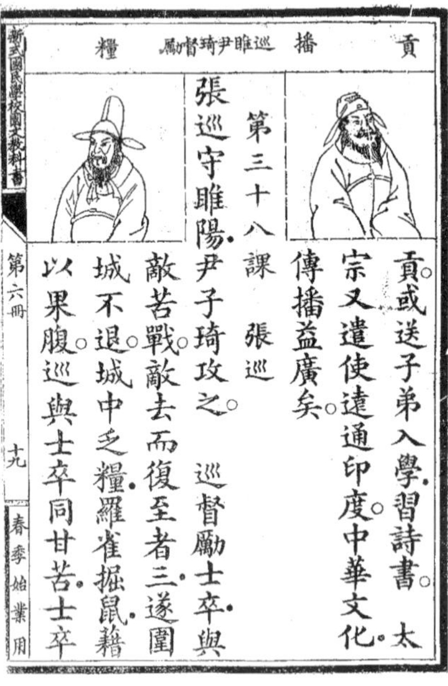

第三十八課　張巡

張巡守睢陽。尹子琦攻之。巡督勵士卒、與敵苦戰、敵去而復至者三。遂圍城不退。城中乏糧、羅雀掘鼠、藉以果腹。巡與士卒同甘苦、士卒

忍 援 概括 蘊蓄 靈

皆願同死無忍叛者。然因飢力竭。又無外援。城卒陷。巡被執。敵欲巡降。巡不屈而死。

第三十九課 物類

世間萬物。可概括為三類。曰動物。曰植物。曰礦物。 鳥獸蟲魚。能生殖。能運動。有知覺。是為動物。草木雖能生長。然無知覺。不能運動。是為植物。金石之類。蘊蓄地中。無生命。無知覺運動。是為礦物。 人為動物中最靈者。故

壅 輸 凋 停

能利用萬物。而不為他物所制。

第四十課 植物之營養機關

植物生長。得糞壅則蕃茂。因自具營養機關也。 植物營養之具。分根幹葉三部。其根入土。吸收養料。猶人之有口與胃也。其幹生枝葉。運輸養料。猶人之有血管也。其葉面有氣孔。利於呼吸。猶人之有肺也。 冬令氣候寒冷。枝葉凋零。營養機關。亦暫停息。所謂植物

豹 窟 閑 圈 柵 芻 雕

之冬眠也。

第四十一課 獸

獸。四肢一尾。全體被毛。虎豹之類。以山林為窟宅。野性難馴。是為野獸。牛馬之類。為人所畜。閑以圈柵。飼以芻豆。漸失其山野之性。是為家畜。 獸類之皮。可製服物。骨角可雕器具。筋肉可供食用。性馴而力大者。又可供人役使。或代步。或任重。

斑斕　刃　攫　吼　慄

第四十二課　獅虎

獅。猛獸也。長七八尺。頭圓而大。尾細而長。毛為黃褐色。雄者有鬣。雌者似虎。　虎亦猛獸。較獅小。狀似貓。善騰躍。毛色黃黑相間。斑斕可觀。爪牙銳利。有如鋒刃。　深山密林。獅虎匿其中。飢則出攫人畜。獅力尤猛。吼聲如雷。羣獸聞之。莫不戰慄。

第四十三課　黃金

幣　裝　展　箔　抽　　囿　庸　謬　歎

黃金。金屬中之貴品也。造貨幣。製裝飾品。世人珍之。性柔韌。可展為箔。可抽成絲。　黃金多產於礦中。與沙石混合。我國各地。多有金礦。而蒙古西藏及黑龍江尤著。然限於資力之不足。囿於庸俗之謬談。多未開採。棄貨於地。良可歎也。

第四十四課　開礦

開礦之利。取礦產以致用。一也。與大工以養民。二也。售其所贏餘。為一國增殖母財。三也。故今世言富強者。無不以開礦為不容緩之事。　我國礦產。蘊藏頗富。惟開採未廣耳。誠能湊合資本。從事採掘。使地中藏寶。盡出以供世用。利莫大焉。

贏　容　緩　湊　實　岳　黎　評　爾

第四十五課　銅與鐵(一)

岳黎二生。評銅鐵之利。岳推銅。黎推鐵。爭執不已。師聞而語之曰。「盍各陳其說。吾將為爾

斷　昂　惡　銹　鑊　犂　鍊　艦

斷之。」　岳生曰。「金屬之中。金銀為貴。可以造貨幣。製鐘表。及裝飾之品。然價昂不易得。銅價廉於金銀。而金銀所製之品。亦可以銅製之。鐵質粗惡。且易生銹。故不如銅遠甚。」

第四十六課　銅與鐵(二)

黎生曰。「不然。鐵質雖粗。而釜鑊犂鋤。多以鐵製之。且鍊鐵為鋼。可製機器及鎗礮。今之戰艦。又競用鋼甲。世界百業之興盛。人類勢力

豈 皿 宏 貝 鑄 格

之增長。惟鐵是賴。豈若銅之為用。僅以製器皿。造錢幣哉。」師曰。「銅鐵誠皆有用。然用途之廣。收效之宏。則銅固不如鐵也。」

第四十七課 貨幣

交易之事。必用貨幣。古之貨幣。最初用貝。後乃用皮。用珠玉。用金屬。金屬便於鑄造。便於分併。便於轉移。便於保存。產地異而原質同。價格又不甚相遠。故貨幣之中。以金屬為

鎳 鈔 輔 衡 權 戥 準

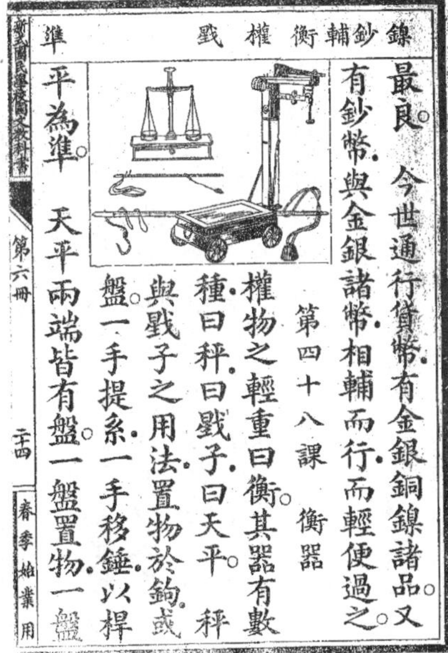

最良。今世通行貨幣。有金銀銅鎳諸品。又有鈔幣。與金銀諸幣相輔而行。而輕便過之。

第四十八課 衡器

權物之輕重曰衡。其器有數種。曰秤。曰戥子。曰天平。秤與戥子之用法。置物於鉤。或盤。一手提系。一手移錘。以桿平為準。天平兩端皆有盤。一盤置物。一盤

砝碼 儲凍崖崩災隙脈

置砝碼。使兩端適均。物之輕重。即視砝碼之數。至於新式衡器。其類亦多。雖與上述諸器構造不同。然其權物輕重之用則一也。

第四十九課 冰

凡物遇熱則漲。遇冷則縮。惟水遇冷則結冰而漲。故冬日以缸儲水。及凍結成冰。每致破裂。山中層崖石壁。偶有崩裂之異。昔人以為災變。實則山隙泉脈。遇冷結冰。驟生漲力。

擔 叟 疲 旦

使石層移動。及春冰融。石塊乃隨而墜落耳。

第五十課 愚公移山

愚公面山而居。每出入。須繞山而行。惡其不便。欲去之。乃率其子孫。持擔執畚。日從事焉。

河曲有智叟。笑之曰。「甚矣汝之愚也。山如是高。汝年已老。恐山未毀。汝力已疲。」愚公曰。「不然。我身有子。我子有孫。旦旦而為之。山雖高。何患不能平乎。」

附課一 燕與蜜蜂

我家的屋梁上．有燕子的窠◎在這裏。他家的屋檐下．有蜜蜂的籠在那裏。燕子的窠．是燕子自己做的。蜜蜂的籠．却是人做的。人為什麼做籠給蜜蜂住呢．因為他能採花．做出蜜來．比糖的味還好。

附課二 酒害

酒的壞處◎能夠壞人的腦經。好喝◎酒的人．時

中華書局印行

我們求學．不可專靠◎天分。祇◎看你用功不用功就是了。

附課四 小學生的學問

小學生年紀還輕．本來不能求很深的學問。但是一般◎應該曉得的事情．應該認識的物件。以及平常做人的道理．是不可不學的。難道是但讀得幾本書．會做得幾句文章．就算學問麼。

中華書局印行

CHUNG HWA CHINESE READERS
FOR LOWER PRIMLARY SCHOOLS
(NEW EDITION)
CHUNG HWA BOOK COMPANY LTD.

民國五年二月發行
民國十年十二月四三版

新式國民學校國文教科書（全八冊）（春季始業用）
（每冊定價銀一角七[illegible]）（外埠酌加郵費）

編輯者 李步青 沈頤 陸費逵 姚銘恩 戴克敦
閱訂者 范源廉 沈恩孚 劉寶慈
發行者 中華書局
印刷者 中華書局
印刷所 上海靜安寺路一九二號 中華書局
總發行所 上海棋盤街 中華書局
分發行所 北京 天津 保定 奉天 [illegible] 中華書局

第七册

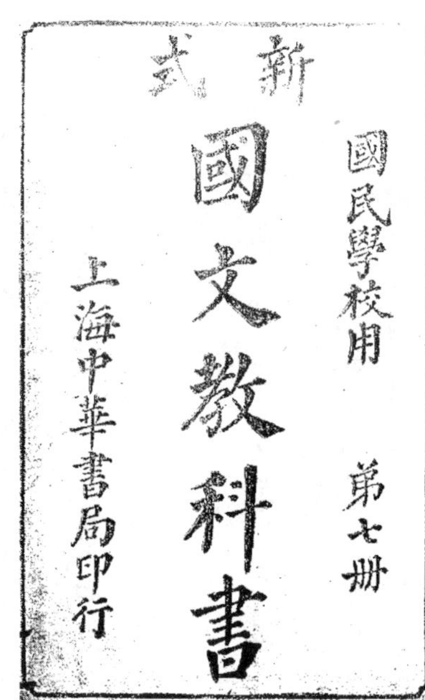

新式

國民學校用

國文教科書

第七册

上海中華書局印行

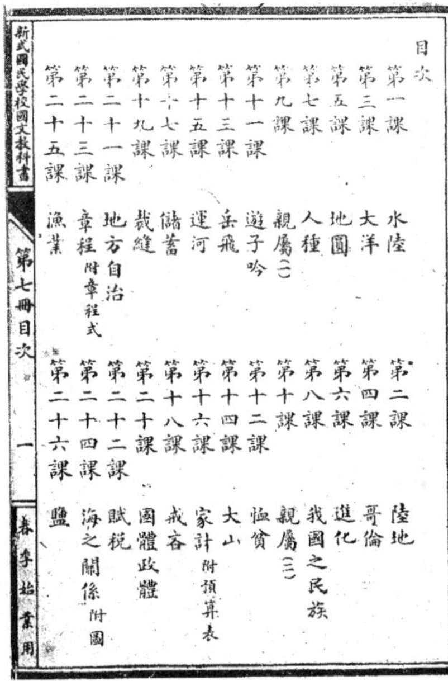

目次

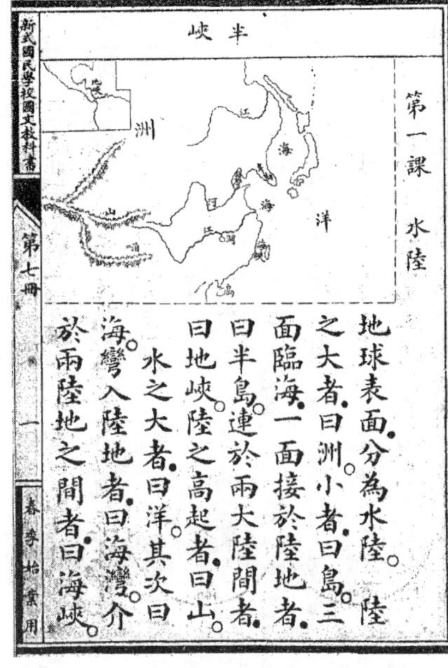

第一課 水陸

地球表面。分為水陸。陸之大者。曰洲。小者。曰島。三面臨海。一面接於陸地者。曰半島。連於兩大陸間者。曰地峽。陸之高起者。曰山。水之大者。曰洋。其次曰海。灣入陸地者。曰海灣。介於兩陸地之間者。曰海峽。

泊 汐 占 巴

流行陸上者曰江。曰河。瀦蓄陸上者曰湖。曰泊。陸地與海之界綫曰海岸綫。海水漲落有一定時間者朝曰潮夕曰汐。

第二課 陸地

陸占地面四分之一。因其形勢分為六洲。亞細亞洲。歐羅巴洲。阿非利加洲。大洋洲皆在東半球。南北亞美利加洲則在西半球。

倫 探 纔 區 劃

就中以亞洲為最大。非洲北美洲次之。歐洲南美洲又次之。大洋洲最小。 美洲為哥倫布探得。距今纔四百餘年。故稱新大陸。東半球各洲。遂總稱舊大陸。

第三課 大洋

地面大洋。區分為五。曰太平洋。在亞美二洲間。曰大西洋。在歐美二洲間。曰印度洋。在亞非二洲間。曰南冰洋。在南極附近。曰北冰洋。在北極附近。 此五洋者。特就其位置劃定名稱。其實

冒 倡 議

一水貫通。舟行無阻。惟南北冰洋。天氣沍寒。堅冰不解。故航行險惡。然冒險往遊者。亦踵相接也。

第四課 哥倫布

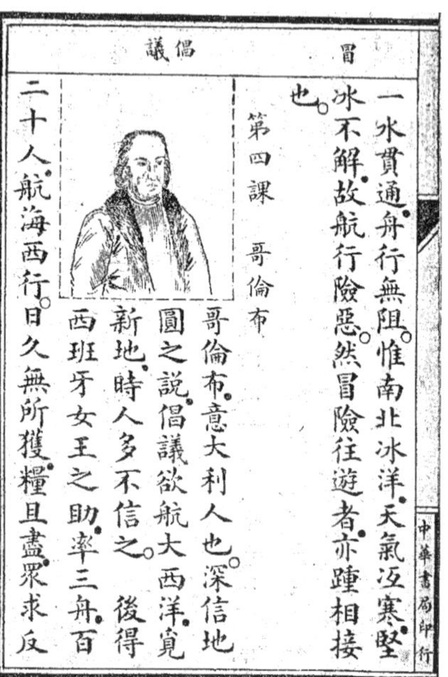

哥倫布。意大利人也。深信地圓之說。倡議欲航大西洋。覓新地。時人多不信之。 後得西班牙女王之助。率三舟。百二十人。航海西行。日久無所獲。糧且盡。眾求反

棹 偵 藻 忭 馮 巔 茫 涯 涘 俄 縷

棹。哥倫布不許。眾怒。哥倫布偵知之。乃與眾約。更三日無所遇。必歸。 旋見水藻樹枝。隨波而至。知去陸不遠。眾大歡忭。鼓棹前進。卒尋得美洲。名聞於世。

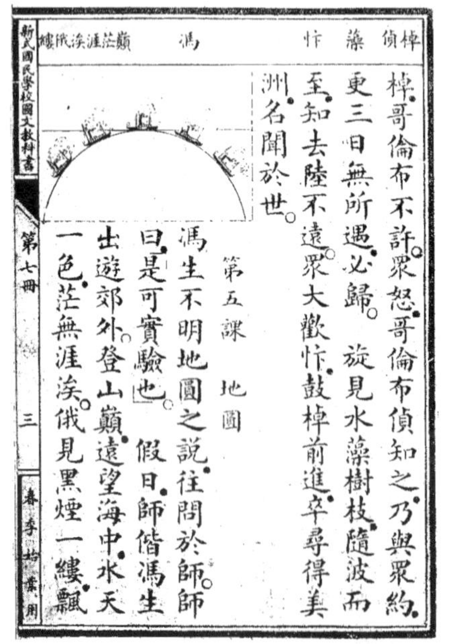

第五課 地圖

馮生不明地圖之說。往問於師。師曰。「是可實驗也。」 假日。師偕馮生出遊郊外。登山巔。遠望海中。水天一色。茫無涯涘。俄見黑煙一縷。飄

渺 創 茹 裸 享

渺雲際。繼見船桅。繼見船身。久之全船俱見。師告之曰。此即地為圓形之證也。船自遠來。船身在地平綫下。故先見桅。後見船。若地為平面。則一望即見全船矣。馮生乃悟。

第六課　進化

太古之世。事物甚簡。有能者出。竭其智力。創造諸物。養生之具。始漸完備。由茹毛飲血。進於熟食。由裸體衣皮。進於冠裳。由穴處巢居。進於宮室。皆古人制作之功也。生今之世。所享福

窮 劣

利。遠勝古人。然世界進化。未有窮期。宜人人竭其智力。日求進步也。

第七課　人種

世界人類。以膚色分為五種。曰黃種。曰白種。曰棕種。曰黑種。曰紅種。此五種者。其初智力本不相遠。其後進化有遲速。於是優者勝。劣者敗。故棕紅黑三種。

淪 籌 蹈 轍 兆 渙 徒 趨 誼

日淪於衰亡。惟黃白二種。在世界成對峙之局。而白種尤強。吾人。黃種也。鑑於棕紅黑三種之衰亡。將速籌自振之策乎。抑甘蹈其覆轍乎。

第八課　我國之民族

我國人民。約四百兆。最多者為漢族。而滿蒙回藏各族次之。往昔各族渙散。漢族居國之東南部。滿族居東北部。蒙古族居北部。回族散居西北等地。西藏族居西部。文字政教。亦各不同。然歷年既久。彼此移徙。漸趨同化。而情誼亦漸

叔 舅 姨 妻 嫂 娣

親矣。

第九課　親屬（一）

生我者為父。母。父之父。母。為祖父。母。母之父。母。為外祖父。母。父之兄弟。為伯父。叔父。父之姊妹。為姑母。母之兄弟。為舅父。母之姊妹。為姨母。男子。先生為兄。後生為弟。女子。先生為姊。後生為妹。伯叔父之子女。男為堂兄弟。女為堂姊妹。姑母舅父姨母之子女。男為表兄弟。女為表姊妹。兄之妻為嫂。弟之妻為娣。

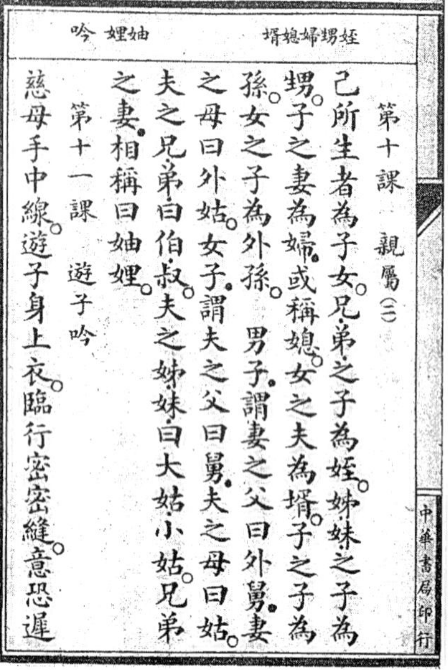
姪甥婦媳壻 妯娌 吟

第十課 親屬(三)

己所生者為子女。兄弟之子為姪。姊妹之子為甥。子之妻為婦。或稱媳。女之夫為壻。子之子為孫。女之子為外孫。 男子謂妻之父曰外舅。妻之母曰外姑。女子謂夫之父曰舅。夫之母曰姑。夫之兄弟曰伯叔。夫之姊妹曰大姑小姑。兄弟之妻。相稱曰妯娌。

第十一課 遊子吟

慈母手中線。遊子身上衣。臨行密密縫。意恐遲

中華書局印行

暉 恤 辰 獻 涕泣悲赤惻 愜

遲歸。誰言寸草心。報得三春暉。

第十二課 恤貧

母與女銀幣一圓。曰。明朝為祖母壽辰。汝以此買花獻之。必得祖母歡也。

明晨。女出買花。過小巷。聞涕泣聲甚悲。就詢之。則一老婦患病。而家又赤貧。無資就醫也。女惻然。探懷出幣與之。 及返家。親朋咸集。各有所獻。女獨默然。母怪問之。乃述前事。祖母喜曰。汝能恤貧。深愜我意。勝於獻物多矣。

新式國民學校國文教科書 第七冊 六 春季始業用

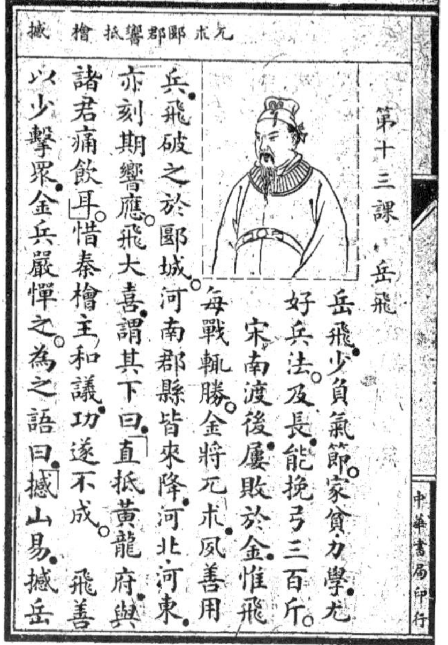
兀朮 郾 郡 嚮 抵 檜 撼

第十三課 岳飛

岳飛。少負氣節。家貧力學。尤好兵法。及長。能挽弓三百斤。 宋南渡後。屢敗於金。惟飛每戰輒勝。金將兀朮夙善用兵。飛破之於郾城。河南郡縣皆來降。河北河東。亦刻期嚮應。飛大喜。謂其下曰。直抵黃龍府。與諸君痛飲耳。惜秦檜主和議。功遂不成。 飛善以少擊衆。金兵嚴憚之。為之語曰。撼山易。撼岳

中華書局印行

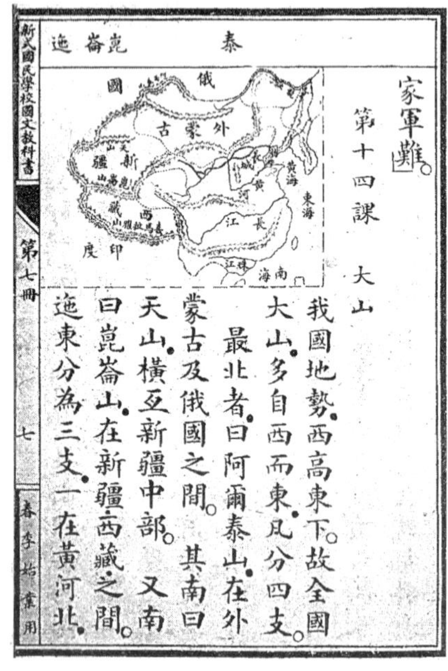

泰 崑崙 迤

家軍難。

第十四課 大山

我國地勢。西高東下。故全國大山。多自西而東。凡分四支。最北者曰阿爾泰山。在外蒙古及俄國之間。 其南曰天山。橫亙新疆中部。 又南曰崑崙山。在新疆西藏之間。迤東分為三支。一在黃河北。

新式國民學校國文教科書 第七冊 七 春季始業用

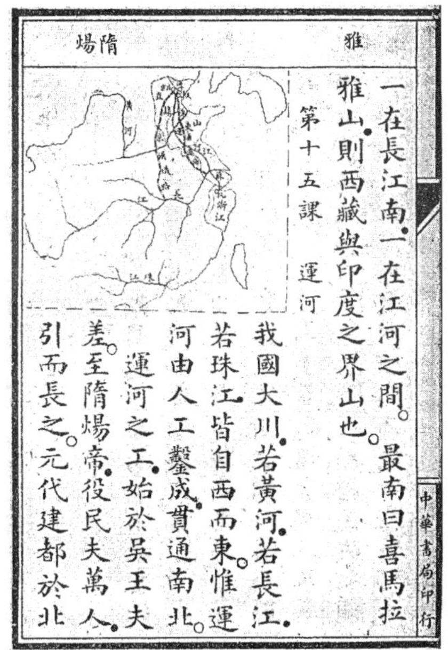

一在長江南，一在江河之間。最南曰喜馬拉雅山，則西藏與印度之界山也。

第十五課　運河

我國大川，若黃河，若長江，若珠江，皆自西而東。惟運河由人工鑿成，貫通南北。

運河之工，始於吳王夫差。至隋煬帝，役民夫萬人，引而長之。元代建都於北

雅　隋煬

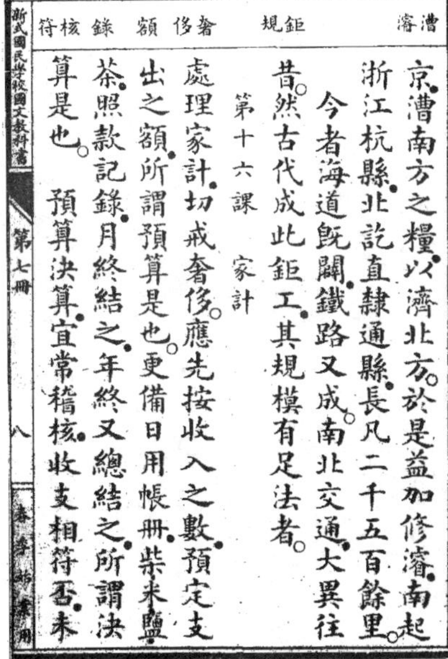

京。漕南方之糧，以濟北方。於是益加修濬。南起浙江杭縣，北訖直隸通縣，長凡二千五百餘里。

今者海道既闢，鐵路又成，南北交通，大異往昔。然古代成此鉅工，其規模有足法者。

第十六課　家計

處理家計，切戒奢侈。應先按收入之數，預定支出之額，所謂預算是也。更備日用帳冊，柴米鹽茶，照款記錄。月終結之，年終又總結之，所謂決算是也。

預算決算，宜常稽核，收支相符否，未逾預算之額否，支出外有餘存否。有餘，則貯蓄之。不足，則減省用度以彌補之。庶免竭蹶之憂也。

漕　濬　鉅規　奢侈　額　錄　核符

預算表式

某年度家計預算表（照通例以銀圓計，凡非銀圓均折合之，以圓為單位）

收入項下	
田租（四十畝，每畝三元）	一二〇
房租（每月五元五角）	六六
存款利息	九六.五
薪水	四八〇
其他生利事業	一二〇
合計	八八二.五

支出項下	
租稅	二四
伙食（每人每月三元七人計算）	二五二
燈火（每月三元）	三六
教育費	六〇
祭祀費	一二
儲費（每月二元）	二四
修理費（居屋及器物）	五〇
衣服費	一二〇
酬應費	六〇
醫藥費	三〇
雜費	二四
臨時費（即預備費）	三六
合計	七二八

出入兩抵餘銀一百五十四圓五角整

彌蹶憂

第十七課　儲蓄

人不能不用財也，然用財而欲有餘，則儲蓄尚矣。儲蓄之道，或貯臨時收入之款，或省平日支出之項，務使財力有餘，庶可以備不時之需。

蓋尋常用款，雖可預算，而酬應醫藥等費，恆有溢出預算者。嫁娶喪葬等費，有非尋常預算所能賅括者。又或不幸而遭水火盜賊，則損失

娶賅遭盜賊

尤鉅。惟夙有儲蓄者。乃能有備無患耳。

第十八課　戒吝

村農某。築室於野。繞以竹籬。有門通焉。門忽壞。牲畜出入弗能禁也。或勸修之。而某性吝。卒不果。　一日某外出。傭人飼牛於欄。妻烘衣。女煮飯。均在廚下。豕忽逸出。兒童噪逐之。傭人聞聲。急越籬追豕。傷其足。妻子爭出。不暇問。豕急舁傷者入。而衣熾於爐。飯焦於釜。懊喪久之。　夫惜區區之小費。而所失之鉅如是。皆吝之為害

也。故君子必戒吝。

第十九課　裁縫

製絲結線。造花刺繡。皆女工也。而女工之尤切要者。則莫如裁縫。　裁縫者。購取布帛。先裁而後縫之也。或為衣。或為褲。或為袷。或為棉。章身御寒。胥賴此焉。　一家之人。無論長幼。歲必製衣。且時有補綴等事。苟必假手於縫工。非惟多費。且實不便。故女子必習裁縫。

第二十課　國體政體

國體之別。可分為二。其元首由後嗣承襲者。曰君主國體。其元首由公舉者。曰民主國體。　政體之別。亦可分為二。主權攬於一人。或少數人者。曰專制政體。訂定憲法。分設立法行政司法各機關。曰立憲政體。　今世文明各國。或君主。或民主。雖因其國情而異。要無不為立憲政體者。

第二十一課　地方自治

地方自治者。以地方之人。治理地方之事也。若

學務。若衛生。若水利。若道路工程。若慈善事業。皆在自治範圍以內。其經費。則就地方籌之。　國家分土設官。原以推行庶政。然官吏有限。耳目難周。奚若地方紳民。感情深。利害切乎。是以近世各國。恆注重地方自治。

第二十二課　賦稅

國家置軍行政。所以為人民謀樂利。故其費用。當由人民供給之。於是有依據法律。徵收賦稅之舉。　凡治安之國。政事必繁。費用必夥。人民

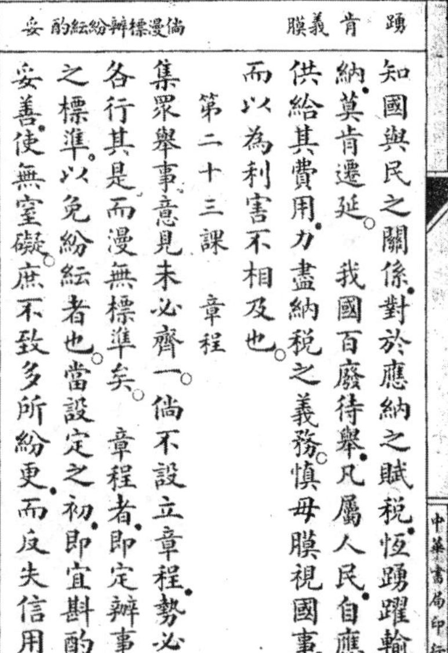

踴 肯 義 膜 倘 漫 標 辨 紛 紜 酌 妥

知國與民之關係，對於應納之賦稅，恆踴躍輸納，莫肯遷延。我國百廢待舉，凡屬人民，自應供給其費用，力盡納稅之義務，慎毋膜視國事，而以為利害不相及也。

第二十三課 章程

集眾舉事，意見未必齊一，倘不設立章程，勢必各行其是，而漫無標準矣。章程者，即定辨事之標準，以免紛紜者也。當設定之初，即宜斟酌妥善，使無窒礙，庶不致多所紛更，而反失信用

也。然此就設定章程時言之，若章程既定，則宜共同遵守，不可任意違犯，或輕議變更。

章程式

兒童圖書館閱覽章程

第一條 本館開放時間，每日上午八時起，下午四時半止，除上課時間外，本校兒童均得入覽。

第二條 日曜日下午，停止閱覽。

第三條 每日設值館生二人，司收發及保管，由各級兒童選任之。

第四條 借書須填具借書單，交值館生，憑單發書，並須即日交還。

第五條 每次借書，以一本為限，並不得攜出門外。

第六條 還書須交值館生收管，同時取還借書單。

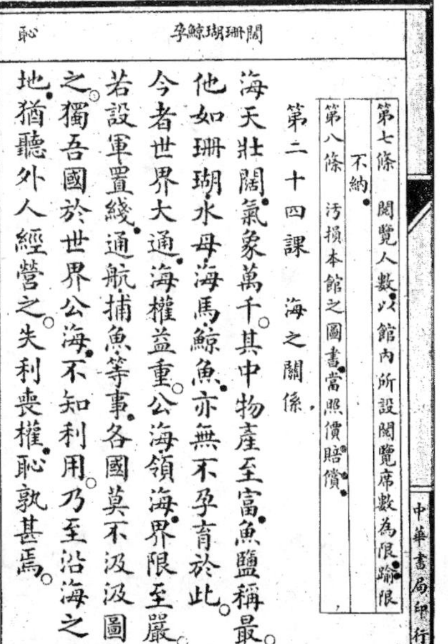

閱 珊 瑚 鯨 孕 恥

第七條 閱覽人數，以館內所設閱覽席數為限，踰限不納。

第八條 污損本館之圖書，當照價賠償。

第二十四課 海之關係

海天壯闊，氣象萬千。其中物產至富，魚鹽稱最。他如珊瑚、水母、海馬、鯨魚，亦無不孕育於此。今者世界大通，海權益重。公海領海，界限至嚴。若設軍置綫，通航捕魚等事，各國莫不汲汲圖之。獨吾國於世界公海，不知利用，乃至沿海之地，猶聽外人經營之。失利喪權，恥孰甚焉。

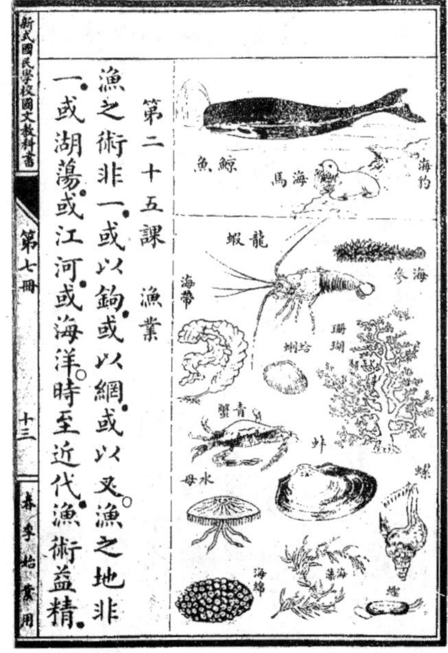

第二十五課 漁業

漁之術非一，或以鉤，或以網，或以叉。漁之地非一，或湖蕩，或江河，或海洋。時至近代，漁術益精，

揖 窳 陋 罟 拙 瀆 鹹

利益愈巨。我國漁業自昔稱盛，然舟楫窳陋，網罟拙劣，難與人競，故自通商以來，外國水產輸入，而我之漁業漸衰。以我國海岸之長，川瀆之多。誠能加意講求，改良漁術，又精研蓄殖藏製販運之方，則水產之大利，固不難有興起之望也。

第二十六課 鹽

鹽味鹹，色白，用途甚廣，而和味為尤要。強筋骨，清血液，皆鹽之效也。　產鹽之地，恆在海濱，以海水含有鹽質也。內地巨浸，無洩水之口者，其中鹽質亦多。製鹽者取其水，或煎或曬，則水氣蒸發，而鹽成矣。　鹽又有產於巖石中者，曰巖鹽。地中泉脈，通過巖鹽，掘井取之，則曰井鹽。其功用與海鹽無異。

第二十七課 元代之強盛

元起漠北，以游牧為生計，長於騎射。　及太祖興，統一諸部，兵力強盛，所至無敵。數傳至世祖，滅南宋，入主中夏。於是亞洲全部，幾於盡隸版圖，兼奄有歐洲東部。歐人被其蹂躪，稱曰黃禍，至今猶傳述不忘。　惜當時轄境遼闊，統馭無方，不及百年，遂成瓦解之局。然其發揚東亞之威光，固史蹟之有榮譽者也。

浸 巖 版

兼奄 蹂躪 轄 遼 馭 蹟 譽 鄭 懾

第二十八課 鄭和

明成祖時，鄭和奉命造大船，抵南洋，以次及非洲印度海岸。凡經歷三十餘國，有不服者懾之以兵。諸國咸震懼，聽命，遣使入貢。　當是時也，未有汽船，又未精航海術，遠涉及此，已非易事。且自是中國人民，託國家威力，多移居海外。南洋羣島，遂為僑民根據地，以迄於今。則和之功烈，為不可沒矣。

第二十九課 僑民

我國人民僑居國外者，以南洋一帶為多，美洲非洲次之，歐洲最少。　其始往也，大抵冒險孤行，勞力自給，終乃有以勤儉致富者。其人雖樓

僑 孫

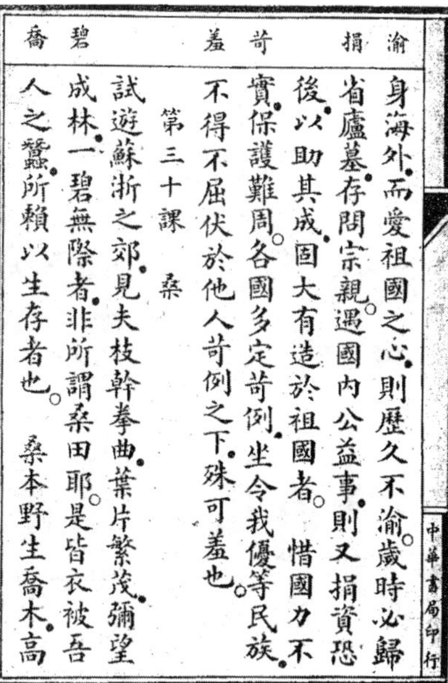

渝 捐 苛 羞 碧 喬

身海外，而愛祖國之心，則歷久不渝。歲時必歸省廬墓，存問宗親，遇國內公益事，則又捐資恐後，以助其成。固大有造於祖國者。 惜國力不實，保護難周，各國多定苛例，坐令我優等民族，不得不屈伏於他人苛例之下，殊可羞也。

第三十課 桑

試遊蘇浙之郊，見夫枝幹拳曲，葉片繁茂，彌望成林，一碧無際者，非所謂桑田耶。是皆衣被吾人之蠶，所賴以生存者也。 桑本野生喬木，高

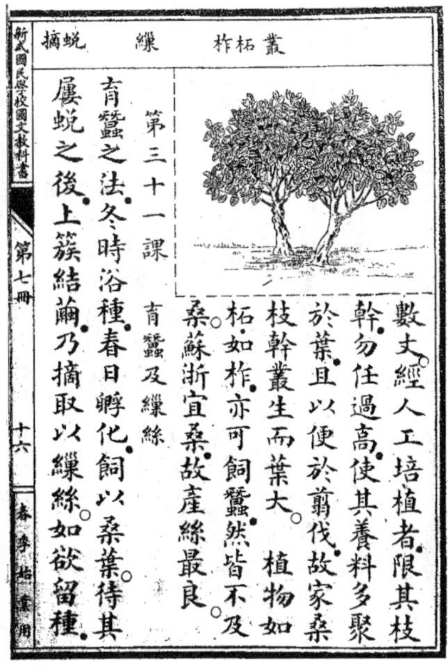

叢 柘 柞 繅 蛻 摘

數丈，經人工培植者，限其枝幹勿任過高，使其養料多聚於葉，且以便於翦伐。故家桑枝幹叢生而葉大。 植物如柘，如柞，亦可飼蠶，然皆不及桑。蘇浙宜桑，故產絲最良。

第三十一課 育蠶及繅絲

育蠶之法，冬時浴種，春日孵化，飼以桑葉。待其屢蛻之後，上簇結繭，乃摘取以繅絲。如欲留種，

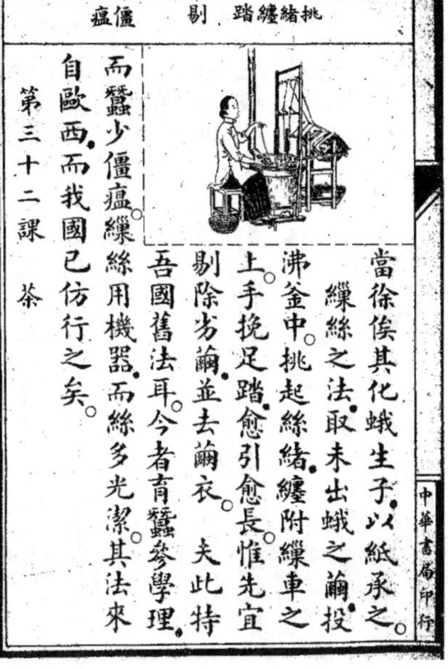

挑 緒 纏 踏 剔 僵 瘟

當俟其化蛾生子，以紙承之。

繅絲之法，取未出蛾之繭，投沸釜中，挑起絲緒，纏附繅車之上，手挽足踏，愈引愈長。惟先宜剔除劣繭，並去繭衣。 夫此特吾國舊法耳。今者育蠶參學理，而蠶少僵瘟；繅絲用機器，而絲多光潔。其法來自歐西，而我國已仿行之矣。

第三十二課 茶

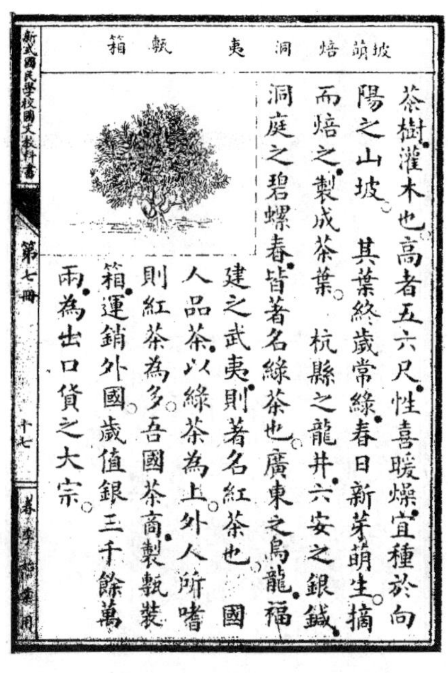

坡 萌 焙 洞 夷 甎 箱

茶樹，灌木也，高者五六尺，性喜暖燥，宜種於向陽之山坡。 其葉終歲常綠，春日新芽萌生，摘而焙之，製成茶葉。 杭縣之龍井，六安之銀鍼，洞庭之碧螺春，皆著名綠茶也。廣東之烏龍，福建之武夷，則著名紅茶也。 國人品茶，以綠茶為上，外人所嗜則紅茶為多。吾國茶商製甎裝箱，運銷外國，歲值銀三千餘萬兩，為出口貨之大宗。

爛挹闌纍擷　梨葡萄榛　澀

第三十三課　果樹

栽培果樹。利益無窮。當其花也。紅紫燦爛。芳香可挹。及花事闌珊。則結果纍纍。皆供吾人之採擷者也。

果樹種類。大別為四。梅。桃。李。棗。果肉豐肥。內有堅核。是謂核果。梨。橘有仁。而無堅核。是謂仁果。葡萄之屬。多含液汁。是謂漿果。榛。栗之屬。液少質堅。是謂乾果。　凡此諸果。採而食之。有助消化解口渴之效。惟未熟者。味猶酸澀。或含毒質。皆不可食耳。

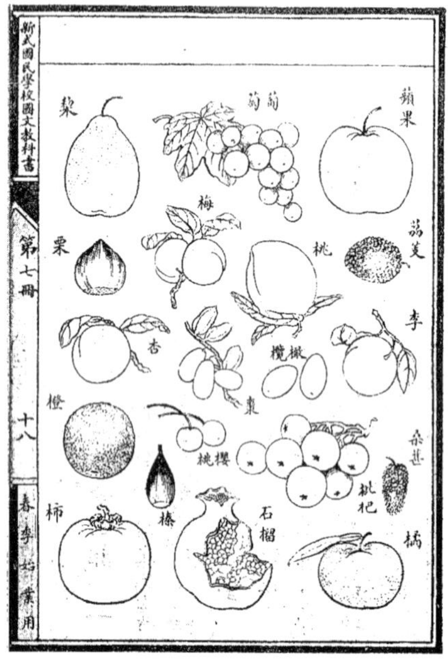

腰腑肝膽

第三十四課　人體

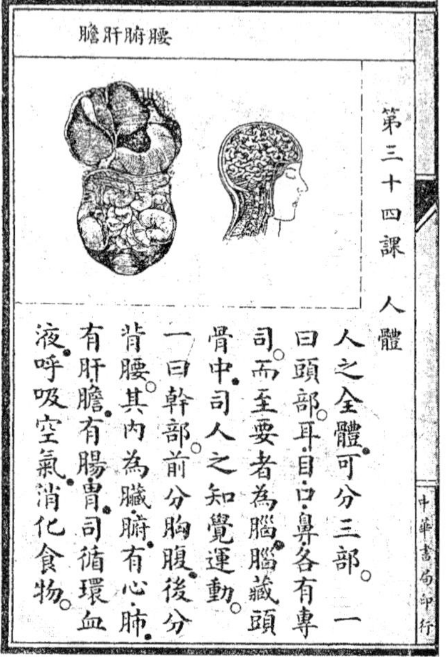

人之全體。可分三部。一曰頭部。耳。目。口。鼻。各有專司。而至要者為腦。腦藏頭骨中。司人之知覺運動。一曰幹部。前分胸腹。後分背腰。其內為臟腑。有心。肺。有肝。膽。有腸。胃。司循環血液。呼吸空氣。消化食物。

聾聵瘋癲危戕　痘　癥　稀　揀　迨　抗

一曰肢部。即手足是也。手司操作。足司運行。人體各部。不容損傷。彼致聾聵瘋癲諸疾者。大半皆輕蹈危機。以自戕賊者也。

第三十五課　種痘

痘。俗稱天花。亦傳染病之一種也。患之者。勢甚危險。即有愈者。亦癥痕滿面。自種痘法行。患者乃漸稀。

種痘需用痘漿。製漿之法。揀壯健之牛。種以痘毒。俟其出痘。取其漿。藏玻璃管中。迨種痘時。即以其漿移種人身。藉其力以抗毒。可

摶　冶　鏤　緻　姿　逼　肖　斥

免出痘惟其效不過數年故一人終身須種至數次

第三十六課　工業

天產之物未必適合於用也必假人力以濟之於是乎有工　工之大者摶土伐木冶金鑿石製為器具以利民生細者或雕鏤或髹漆工緻絕倫人物姿態無不逼肖　但工業之發達實用為主美觀次之處今外貨充斥之世固有者改良之外來者仿造之庶幾國貨日新人皆樂

擴　屆　迺　窘　梗　饒　券　誇

購可以漸塞漏卮也

第三十七課　商業

世界各國水陸異勢氣候不齊出產之物千差萬別惟彼此互易有無相通則各得其利故商業盛者人民必富文明各國講求商業擴張國外貿易無遠弗屆者胥是道也　迺者我國商業日益窘困則以工藝不振商學不講皆足為之大梗耳不然以我國天產之豐饒制勝於商戰之場可操左券非誇論也

組　虧　宣　拘

第三十八課　公司

欲振興實業必賴有雄厚之資本然一人之力或不能濟於是有組織公司之法　出資營公司之事業者其責任有有限無限之分凡遇業有虧折盡公司之所有不能償還而業主仍負補償之責者曰無限公司但就公司之所有以為償還者曰有限公司　惟有限公司之資本若虧折過半即應宣告破產而無限公司則不拘此例也

普　妙　遐

股票式

阜裕磨麪廠股份有限公司股票

本公司定名阜裕磨麪廠專營機器磨麪及發行事業股本上海通用銀圓拾萬圓整分作貳千股每股伍拾圓今收到邱銘卿君名下股本壹萬圓計貳百股自總號第肆百陸拾伍號起至陸百陸拾肆號止合給股票為憑

阜裕麪粉廠股份有限公司　印

總經理　費壬覲　印

年　月　日給

第　號

第三十九課　廣告

廣告者普告眾人之妙術也凡人有事欲使遐

貼 衢 惹

通周知。惟廣告為最便捷。故商家營業。尤重視之。撰廣告者。必舉事之緣起。一一說明。若關於商務。則貨品如何。價格如何。以及用途何在。發行何地。皆當以簡要之文字達之。至推行之法。則或登報紙。或發傳單。或貼通衢。因所廣告之事而異。務易惹人注目而已。

廣告式

削 縑

第四十課 造紙

古時無紙。削竹簡以書字。繼乃更用縑帛。竹簡

蔡 敝 蹶 苧

若其重。縑帛若其貴。自後漢蔡倫用樹膚麻頭及敝布魚網造紙。用者便之。新法造紙。則精選原料。而成以機器。色既潔白。質又堅韌。故吾國近日印刷書報。大都取給於是。惟多從外國輸入。吾國舊紙業。勢將一蹶不振。亟宜改良仿造。力籌挽救焉。

第四十一課 麻

麻有多種。用途最廣者為大麻與苧麻。刈莖而取其皮。抽之為縷。可以織布。大麻春日播種。

苴 枲 糙 紋 掀

葉歧如掌。面背俱綠。花分雌雄。生雌花者為苴。生雄花者為枲。苧麻隨地自生。葉不分裂。背白而粗糙。雌花雄花。同生於一株上。我國夏布。即用麻縷織成。而江西所產。尤為著名。其精美者。有光澤。有花紋。幾與絲織品無異。

第四十二課 汽機

英人瓦特。幼嘗煮水。見水沸時。壺蓋掀動。因悟

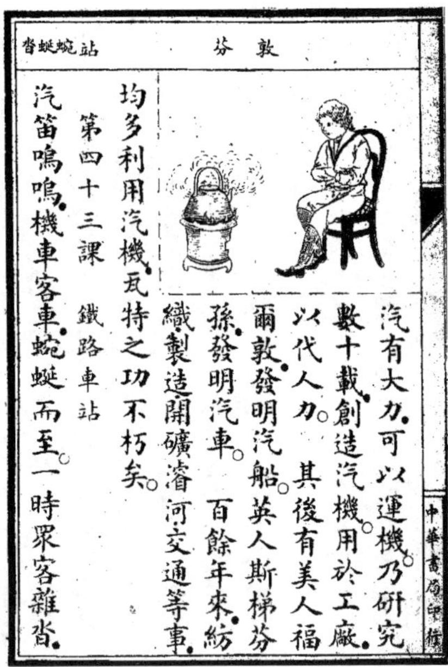
敦 芬 站 蜿蜒 沓

汽有大力。可以運機。乃研究數十載。創造汽機。用於工廠。以代人力。其後有美人福爾敦。發明汽船。英人斯梯芬孫。發明汽車。百餘年來。紡織製造開礦濬河交通等事。均多利用汽機。瓦特之功不朽矣。

第四十三課 鐵路車站

汽笛嗚嗚。機車客車。蜿蜒而至。一時衆客雜沓。

駢 轆 悵

有下車者。有上車者。月台之上。又有送往迎來者。相與駢肩而立。 售票處有人持錢購票。驗票處有人持票請驗。車站之外。有人手挈皮包。飛奔而至。 已而汽笛一聲。車輪轆轆。汽車開矣。後至者不及乘車。悵然而返。 夫汽車開行。有定時也。既至定時。雖分秒不能待。故欲乘車者。必先時至站焉。

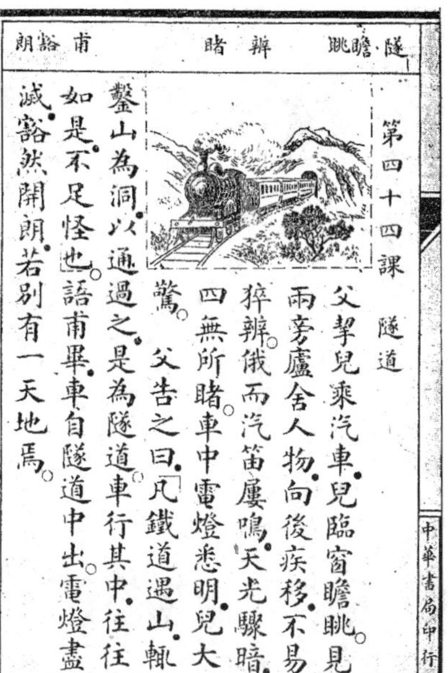
隧 瞻 眺 辨 睹 甫 豁 朗

第四十四課 隧道

父挈兒乘汽車。兒臨窗瞻眺。見兩旁廬舍人物。向後疾移。不易猝辨。俄而汽笛屢鳴。天光驟暗。四無所睹。車中電燈悉明。兒大驚。 父告之曰。「凡鐵道遇山。輒鑿山為洞。以通過之。是為隧道。車行其中。往往如是。不足怪也。」語甫畢。車自隧道中出。電燈盡滅。豁然開朗。若別有一天地焉。

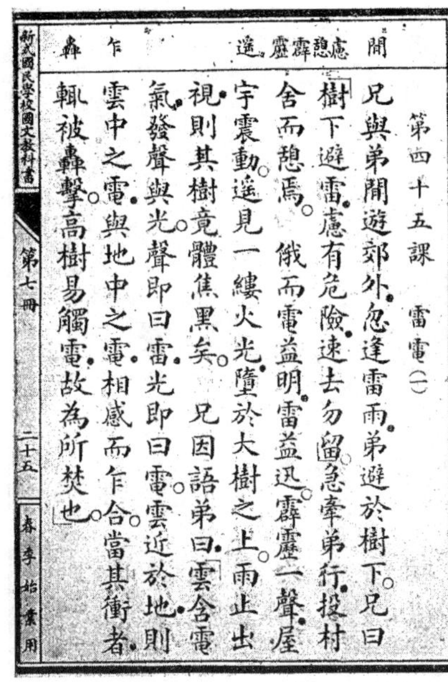
閒 慮 憩 霹 靂 遥 乍 轟

第四十五課 雷電(一)

兄與弟閒遊郊外。忽逢雷雨。弟避於樹下。兄曰。「樹下避雷。慮有危險。速去勿留。」急牽弟行。投村舍而憩焉。 俄而電益明。雷益迅。霹靂一聲。屋宇震動。遥見一縷火光。墮於大樹之上。雨止出視。則其樹竟體焦黑矣。 兄因語弟曰。「雲含電氣。發聲與光。聲即曰雷。光即曰電。雲近於地。則雲中之電。與地中之電。相感而乍合。當其衝者。輒被轟擊。高樹易觸電。故為所焚也。」

歟　牖　針　鍍

第四十六課　雷電（二）

弟曰欲避雷有法歟。兄曰「有當雷雨之時。勿著溼衣。勿開牖戶。勿立水中。勿居樹下。勿持金屬之器。絕其引電之道。自無雷擊之患。　至建築物之高者。宜設避雷針。取金屬製為桿。上端尖銳如針。以白金或黃金鍍於其上。裝置於屋頂。下端以銅絲通於地中。則電氣緣之而下。立即消散。不致成災矣」

第四十七課　遊歷

鄉　妍　奇　跨　遷　余

人居鄉里中。見聞至有限也。出門縱眺。則妍麗之風景。新奇之事物。皆接觸於耳目。故欲廣見聞。必須遊歷。　近者交通日便。遠遊甚易。環球七萬里。雖難徒步周遊。然試從上海乘汽船東渡太平洋。易汽車跨美洲大陸。更渡大西洋。登歐洲西岸。遷乘汽車。橫貫歐亞。更返上海。費時僅四十餘日耳。

第四十八課　國內遊歷（一）

南京某君。遊歷全國而歸。告其友曰「余之始出

駛　狼　徜徉　甬　鄞　閩　澳

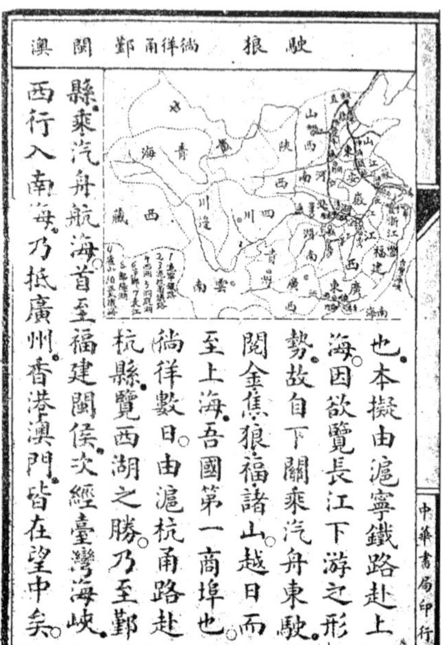

也。本擬由滬寧鐵路赴上海。因欲覽長江下游之形勢。故自下關乘汽舟東駛。閱金焦狼福諸山。越日而至上海。吾國第一商埠也。徜徉數日。由滬杭甬路赴杭縣。覽西湖之勝。乃至鄞縣。乘汽舟航海。首至福建閩侯。次經臺灣海峽。西行入南海。乃抵廣州。香港澳門。皆在望中矣。

湖　崎嶇　湍　萍　袁　鄱　脣

第四十九課　國內遊歷（二）

由廣州溯西江。至廣西。遊歷雲南貴州。乃入四川。其間叢山險阻。道路崎嶇。及泛舟三峽。順流東下。則又水勢湍急。驚心駭目。至湖北之宜昌。改乘汽舟。安航而東。至岳陽。泛洞庭湖。達長沙。改乘汽車。至江西萍鄉。觀察煤礦。又泛袁江東下。經南昌。泛鄱陽湖。達九江。暢遊廬山。溯江復入湖北。武昌漢口漢陽。夾江鼎峙。如脣齒之相依。固形勝之地也。

句　鎖鑰　陝　肅　隅

第五十課　國內遊歷(三)

從漢口乘京漢車北上。河南之開封。直隸之正定。皆小作勾留。並由正太車至山西陽曲。一遊。乃由此遄赴北京。國都所在。鐵道四通。其東南天津。為北京鎖鑰。吾乘京奉車抵此。即改乘津浦車南下。中經山東安徽。止於浦口。渡江而歸。

吾國疆域遼闊。此行僅及於本部。而陝西甘肅。尚未暇往。他如滿洲。蒙古。新疆。青海。西藏等處。地在邊隅。更未能徧遊也。

附課一　遊戲

有甲乙丙三個學生。約定分別扮做聾。啞。瞎三個人。做一種遊戲。三人要連着一塊兒。只用四隻腳跑路。跑的時候。還要吹喇叭。打銅鼓。唱軍歌。三個人想了一霎。有了個好法兒。就是做個騎馬的遊戲。甲扮啞子。做馬頭。打銅鼓。乙扮瞎子。做馬身。唱軍歌。丙扮聾子。做將官。騎在馬上。口吹喇叭。

附課二　戒作偽

做人的道理。第一要誠實。切忌狡詐。說誑話。哄騙人。做假事。朦混人。都是萬萬不可的。為甚麼緣故呢。大凡說誑話做假事的人。別人沒有不識破的。被人識破了。以後人就不信服他了。就是真話實事。人也有些疑惑他。到了這個時候。沒人放心。和他共事。他自己就喫了大虧。這不是欺人的。反自己欺負了自己嗎。

附課三　孝親

夏天的時候。喫過了晚飯。洗過了澡。一家的人。都到院子裏乘涼。那一天剛剛天陰。星月沒有光亮。兒愁爺娘走跌了。便說道。爹呀。你攙住我的手腕。媽呀。你扶着我的肩頭。我做爺娘的拐杖兒。慢慢的走。走到院子裏面。請爺娘坐在籐榻上面。自己搬張小椅子坐了。又愁蚊蟲咬他爺娘。就拏一把芭蕉扇。替爺娘打蚊蟲。談談故事。唱唱歌。真是快樂無比啊。

附課四　迷信無益

CHUNG HWA CHINESE RE
FOR PRIMARY SCHOOLS
CHUNG HWA BOOK COM

民國五年二月印刷
民國五年三月發行
民國八年八月廿五版

（春季始業用）新式國民學校國文教科書（全八冊）
一冊 中國毛邊紙印每冊定價銀圓一角

有著作權 不准翻印

編輯者 桐鄉陸費逵 京山李步青 武進沈頤 杭縣戴克敦 如皋姚銘恩
閱訂者 吳縣沈恩孚 湘陰范源廉 大興劉寶慈
發行者 中華書局
印刷者 中華書局
印刷所 上海靜安寺路一九二號 中華書局
總發行所 上海棋盤街中華書局
分發行所 中華書局

我國人民的舊習慣。迷信的事情很多。遇疑難事。就求籤問卜。遇人有病。就以為有鬼神作祟。要請些巫人打醮。或者到廟裏燒香許願。求神保佑。遇有喪事。又請些僧尼諷經拜懺。以為可贖死者的罪惡。這種迷信的事。費掉許多錢。全沒有一點用處。真正癡愚可笑。現在的人民。知識進步。也曉得吉凶的事。由人自作。佞佛媚神。都是沒用。那些迷信的事情。也漸漸少了。

中華書局印行

第八册

新式

國民學校用

國文教科書

第八冊

上海中華書局印行

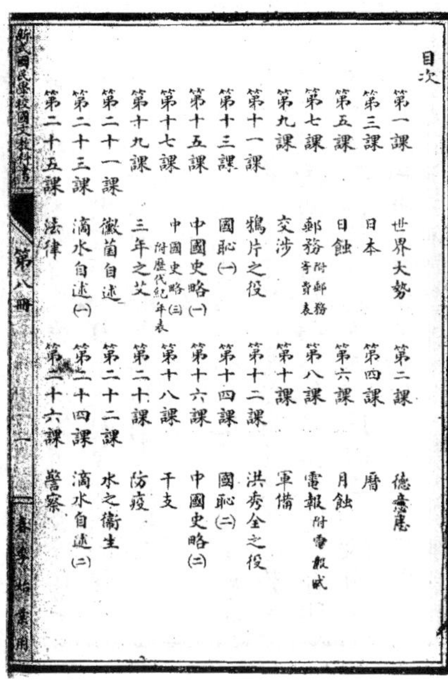

目次

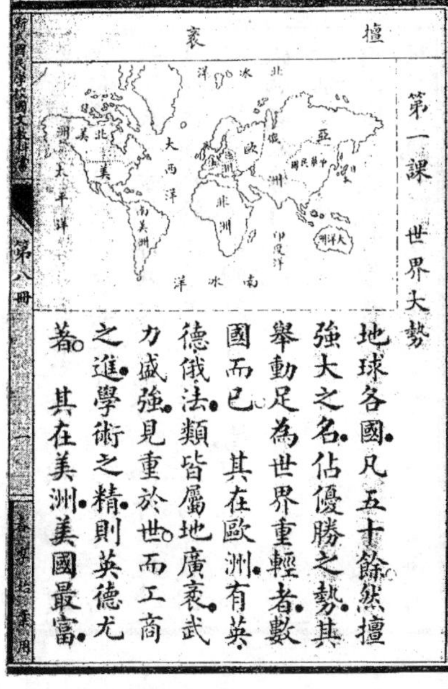

擅　衰

第一課　世界大勢

地球各國。凡五十餘。然擅強大之名。佔優勝之勢。其舉動足為世界重輕者。數國而已。其在歐洲。有英德俄法。類皆屬地廣袤。武力盛強。見重於世。而工商之進。學術之精。則英德尤著。其在美洲。美國最富。

們　躋　邦奧盟侵陵　協

實業發展。國勢日盛。惟素抱門羅主義。近始東向爭雄。　其在亞洲。日本後起。今亦躋於強國之林。此外非澳二洲。大都強國之屬地也。

第二課　德意志

德意志聯邦者。其初本以奧地利為盟主。威廉第一登普魯士王位。以昔受奧法之侵陵。於是整軍經武。期雪國恥。初勝奧。繼勝法。遂聯合德意志諸邦。為德意志帝國。　民國三年。歐洲大戰。德奧同盟。英法俄協約。併力相爭。既而助協

抗　維　琉　吞

約者日多。在歐有意國。在美有美國。在亞有日本與我國。德不能抗。因議和焉。

第三課　日本

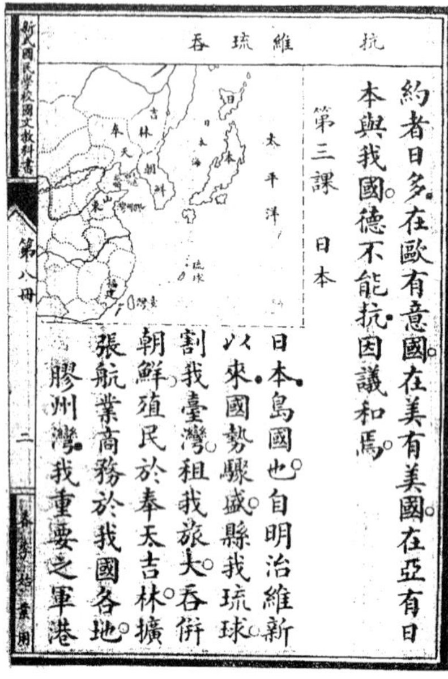

日本。島國也。自明治維新以來。國勢驟盛。縣我琉球。割我臺灣。租我旅大。吞併朝鮮。殖民於奉天吉林。擴張航業商務於我國各地。膠州灣。我重要之軍港

奪　索　認　丸　的　伺　餒　曆

也。昔租於德。日本乘歐戰而奪之。旋復向我國強索權利。我國以力弱。未可與戰。乃隱忍承認之。　夫日本以彈丸之國。朝野上下。并力經營。日以我國為的。伺隙而動。蓋利我之弱耳。我國之人。苟能自強。則國恥有時而雪。國威有時而張。願國人毋自餒也。

第四課　曆

曆以定時成歲。有陰曆陽曆之別。　陽曆者。以地繞太陽一週為一年。凡三百六十五日。分為

閏　淨　掩　訝

十二月。大月三十一日。一・三・五・七・八・十・十二等月是也。小月三十日。四・六・九・十一等月是也。惟二月二十八日。每四年置閏一日。則為二十九日。　陰曆者。以月繞地球一週為一月。大月三十日。小月二十九日。積十二月為一年。遇閏則加一月。

第五課　日蝕

天光明淨。四顧無雲。忽有黑圓形。進逼日面。未幾。日光盡掩。久之漸露。弟見而訝之。問故於兄。

瞽　障

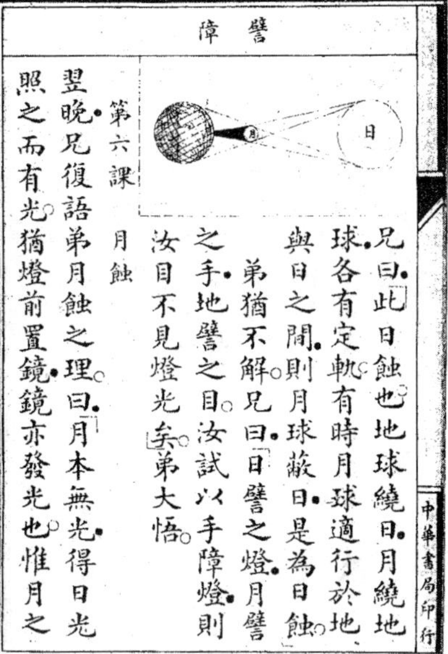

兄曰。「此日蝕也。地球繞日。月繞地球。各有定軌。有時月球適行於地與日之間。則月球蔽日。是為日蝕。」弟猶不解。兄曰「日譬之燈。月譬之手。地譬之目。汝試以手障燈。則汝目不見燈光矣。」弟大悟。

第六課　月蝕

翌晚。兄復語弟月蝕之理。曰「月本無光。得日光照之而有光。猶燈前置鏡。鏡亦發光也。惟月之

晦　朔　恰　遮　姜

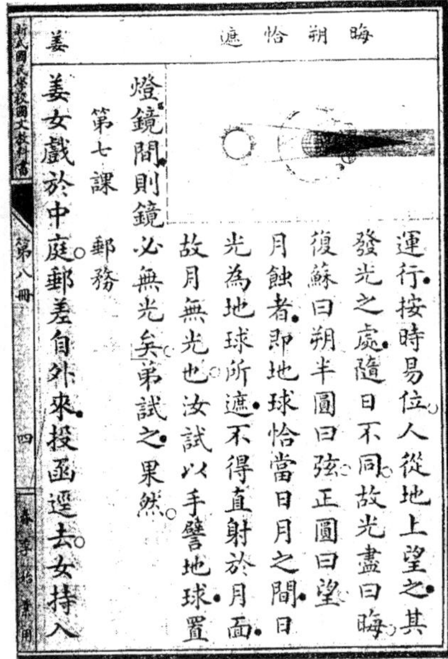

運行。按時易位。人從地上望之。其發光之處。隨日不同。故光盡曰晦。復蘇曰朔。半圓曰弦。正圓曰望。月蝕者。即地球恰當日月之間。日光為地球所遮。不得直射於月面。故月無光也。汝試以手譬地球。置燈鏡間。則鏡必無光矣。」弟試之果然。

第七課　郵務

姜女戲於中庭。郵差自外來。投函遝去。女持入

呈　姆　裹

呈父。且曰「彼胡為不索酬。」父曰「郵務局為國家所設。寄信者。向局購票。黏貼信面。即以代信資者也。」女曰「以票代資。有差等乎。」父曰「有。每信重量在二十格蘭姆以下者。國內三分。本地一分。過此遞加。明信片本地一分。異地加半分。此外掛號信快信另須加費。若寄報紙書籍貨樣包裹銀錢。又別有規定。按表求之。朗若列眉也。」

郵務寄費表　郵務所用分量以格蘭姆（即公分）計算。一格蘭姆合庫平二分六釐八毫。

種類	重量（以格蘭姆計）	各局界內	本國境內	郵會各國	日本朝鮮關東日本租界	香港澳門威海衛靑島
信函	二十	一分	三分	一角	十五格蘭姆三分	四分
明信片	單	一分	一分半	四分	一分半	一分半　一分
	雙	二分	三分	八分	三分	三分　二分
新聞紙	一百	半分			七十五格蘭姆半分	五十格蘭姆二分
	五十		半分	二分		
書籍印刷物貿易契等類	一百	半分	一分	五十格蘭姆二分　惟貿易契自二百五十格蘭姆以下均以一角起算過此每五十格蘭姆加二分	一百二十格蘭姆二分	五十格蘭姆二分　惟貿易契自二百五十格蘭姆以下均以一角起算過此每五十格蘭姆加二分
	二百五十	一分	二分半			
	五百	二分	五分			
	一千	四分	七分半			
	二千	七分半	一角半			
傳單	百張	一角	一角　另加印刷費			
貨樣	一百	一分	二分	五十格蘭姆二分　自一百格蘭姆以下均以四分起算過此每五十格蘭姆加二分	一百二十格蘭姆二分	五十格蘭姆二分　自一百格蘭姆以下均以四分起算過此每五十格蘭姆加二分
	二百五十	二分	五分			
	三百五十	四分	一角			
單掛號	除寄遞郵資外每件另加	五分	五分	一角	七分	一角
雙掛號		一角	一角	二角	一角	二角
快遞		一角	一角	一角二分	一角二分	
保險	值每圓	一分　自十圓以內均以一角起算過此每圓加一分	一分　自十圓以內均以一角起算過此每圓加一分	蒙古新疆西藏各項郵件另有專章		
匯兌	每圓	二分	另加匯水費二分			
包裹	五千	一角	按路途分段收收一二三五六信限純費等算純費起碼二有遞加一角			
	一萬	二角				

緊

第八課　電報

遇緊急之事。以電通信。是曰電報。有有線無線

儘 繳 譯

之別。又有明碼暗碼之殊。 電報之費。按字計算。每字本省六分。外省一角二分。如欲提前儘先發報。則繳費三倍。名曰急電。故除住址姓名外。敘事貴於簡要。 寄法。取電報新編。按字譯出號碼。送往電局。幷付報費。則電局為之發遞。收信者不更出費。惟距局過五里者。酌給送力而已。

1	2	3
4	5	6
7	8	9

電報式

北	〇五五四
京	〇〇七九
西	六〇〇七
斜	二四三八
街	五八九四
文	二四二九
淵	八六七三
閣	七〇四一
潘	三五八二
偉	〇二五一
才	二〇八八
庚	一六四九
臣	五二五六
六	〇三六二
日	二四八〇
赴	六三八四
都	六七五七
寅	一三七七

揖遜雍睦彰 踐 綦

第九課 交涉

列國往來。日益繁密。彼此關係之事亦日多。於是交涉生焉。 交涉與交際不同。交際主和平。揖遜雍容。正以彰其親睦。交涉則有關國家權利。不容輕易退讓。如將條約訂定。彼此即須實踐。縱有損失。不能翻悔也。 交涉之得失。恆視國力之強弱。吾國勢處積弱。交涉紛至。辦理綦難。多數國民。盍預儲實力。為交涉之後援乎。

第十課 軍備

劇 鞏 殘 練

圖輿之上。立國數十。競爭劇烈。如欲鞏固其國。不受侵陵。必有賴於軍備。 文明國之制。男子既達成年。苟非殘廢及被刑者。皆有當兵之義務。訓練純熟。紀律修明。進可以戰。退可以守。古人所謂有勇知方。庶幾近之。 兵隊之用於陸戰者。曰陸軍。用於海戰者。曰海軍。二者功用不同。而彼此相輔。皆所以衛國保民者也。

第十一課 鴉片之役

清嘉慶以後。鴉片盛行。及道光時。林則徐奉命

克 退 罷 廷 弛 秀 餞 召 黨

至廣東查辦。盡收外商鴉片。焚之於虎門。有不服者。絕其貿易。 英人怒。率兵來擾。以則徐防範嚴。不克逞。乃分兵擾閩浙沿海地。侵入長江。清廷大震。乃罷則徐。訂和約於南京。割地償銀。並開商埠。煙禁遂弛。 近始與英人議定。止印土進口。禁絕始有望矣。

第十二課 洪秀全之役

清道光三十年。兩廣大饑。廣東人洪秀全。號召徒黨。起兵於廣西之金田村。建國號曰太平天

柄 帥 曾 餉 挈 填 基

國。由湖南出長江。取南京。都之。號曰天京。秀全自稱天王。兵力所及。達十六省。會起事諸人。互奪政柄。自相攻殺。勢漸不支。清帥曾國藩。悉力規取南京。且分兵攻克江浙。絕其餉道。幷牽掣其援師。秀全仰藥死。南京破。子福瑱亦被執。洪氏遂亡。

第十三課 國恥(一)

凡人固有之基業。保守之。光大之。榮也。否則辱也。一家然。一國亦然。 吾國對外交涉。清代失

丑 緬 甸 委 澎

敗最甚。類而舉之。一曰賠款。自道光二十二年。至光緒二十七年。凡五次。而馬關條約。辛丑和約。銀數尤鉅。一為二萬萬三千萬兩。一為四萬萬五千萬兩。 一曰失藩。英滅緬甸。法占安南。日本取琉球。併朝鮮。上國主權。委棄盡矣。

第十四課 國恥(二)

一曰讓與地。雲南邊境。讓與英法。臺灣澎湖。讓與日本。黑龍江以北。烏蘇里江以東之地。讓與俄國。而南方沿海。更有香港澳門。讓與英葡。

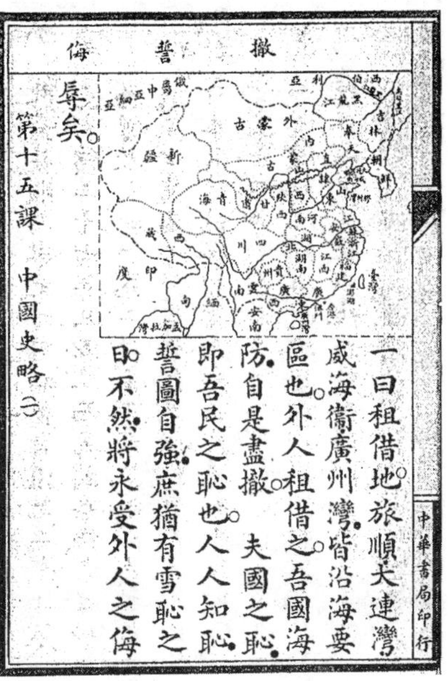

撤 晉 侮

一曰租借地。旅順大連灣。威海衛廣州灣。皆沿海要區也。外人租借之。吾國海防。自是盡撤。 夫國之恥。即吾民之恥也。人人知恥。晉圖自強。庶猶有雪恥之日。不然。將永受外人之侮辱矣。

第十五課 中國史略(一)

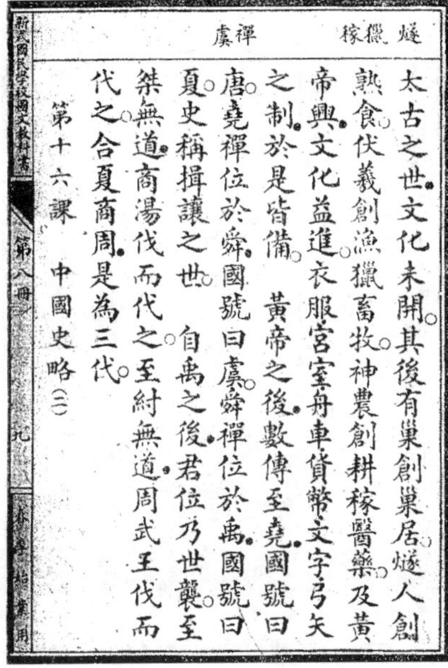

燧 獵 稼 禪 虞

太古之世。文化未開。其後有巢創巢居。燧人創熟食。伏羲創漁獵畜牧。神農創耕稼醫藥。及黃帝興。文化益進。衣服宮室舟車貨幣文字弓矢之制。於是皆備。 黃帝之後。數傳至堯。國號曰唐。堯禪位於舜。國號曰虞。舜禪位於禹。國號曰夏。史稱揖讓之世。 自禹之後。君位乃世襲。至桀無道。商湯伐而代之。至紂無道。周武王伐而代之。合夏商周。是為三代。

第十六課 中國史略(二)

霸 迭 豪 莽 篡 晉 拓

周平王東遷。霸者迭興。為春秋之世。其後秦楚齊燕趙韓魏七國爭長。又為戰國之世。秦并六國。政治暴虐。豪傑並起。漢高祖代為天子。傳至武帝。疆域大闢。及王莽篡位。亂者羣起。光武中興。是為東漢。及其季世。裂為魏蜀吳三國。至晉乃合於一。未幾。五胡亂作。晉室東徙。紛紜百餘年。又分為南北朝。至隋。始統一之。

第十七課 中國史略（三）

繼隋者為唐。唐太宗用兵四方。疆域日拓。中葉

跋 扈 寖 偏 偪 蹙 亥 革 詔

以後。藩鎮跋扈。分為五代十國。宋室繼起。統一中國。而北方遼金元迭興。宋遂寖衰。成偏安之局。元人起於漠北。遣將西征。又滅金滅宋。幾混一歐亞。然不久分裂。明起。滅之。明之季世。滿洲漸強。乘流寇之亂。入主中國。國號曰清。當其全盛。師徒所向。罔敢不服。近百年來。朝多敝政。外侮日偪。疆土日蹙。辛亥之秋。革命軍興。清帝不得已。下詔遜位。乃改建中華民國。

歷代紀年表

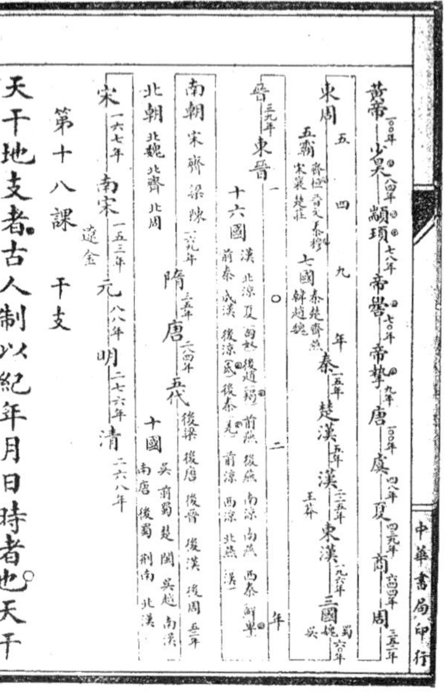

黃帝 一〇〇年 少昊 八四年 顓頊 七八年 帝嚳 七〇年 帝摯 九年 唐 一〇〇年 虞 四八年 夏 四三九年 商 六四四年 周 三五二年

東周 五四九年 五霸（齊桓 晉文 秦穆 宋襄 楚莊） 七國（秦 楚 齊 燕 韓 趙 魏） 秦 一五年 楚漢 五年 漢 二三五年 王莽 東漢 一九六年 三國（魏 蜀 吳） 六〇年

晉 三九年 東晉 一〇二年 十六國（漢 北涼 夏 前秦 成漢 後涼 後趙 後秦 前燕 前涼 後燕 西涼 南涼 北燕 南燕 西秦）

南朝（宋 齊 梁 陳）一六九年 北朝（北魏 北齊 北周） 隋 三五年 唐 二八九年 五代（後梁 後唐 後晉 後漢 後周）五三年 十國（吳 前蜀 楚 閩 吳越 南漢 南唐 後蜀 荊南 北漢）

宋 一六七年 南宋 一五三年 遼 金 元 八八年 明 二七六年 清 二六八年

第十八課 干支

天干地支者。古人制以紀年月日時者也。天干

戊 癸 卯 戌 咎 剋 夭 諛 斃 胎 艾

凡十。甲乙丙丁戊己庚辛壬癸是。地支凡十二。子丑寅卯辰巳午未申酉戌亥是。後世星命者流。附會其說。謂人生時之干支。有關終身之休咎。談五行八字。論生剋衝合。以定人之窮通夭壽。大抵非漫作諛詞。即故為危語耳。使所言而足徵也。則命之夭者。可坐以待斃。命之壽者。可病不延醫。且世間每有同時生。同胎生者。其干支同。其窮通夭壽。亦必無不同矣。有是事歟。

第十九課 三年之艾

有患病者。藥餌雜投。皆無效。乃聘良醫診視。醫曰「是症今尚無害。然非得三年之艾灸之。終不可為也。」病者從之。購諸市肆。不得。訪諸戚友。又不得。適其友來問疾。病者以告。友曰「某地艾叢生。及今採而蓄之。越三年。則可用矣。」病者不聽。惟時遣其家人。四出覓藏艾者。歲月易逝。忽屆三年。而已陳之艾。終不可得。病亦日劇不救。始悔向時蓄艾之不早也。彼有可為之時。而蹉跎自誤者。何異於斯。

第二十課　防疫

疫有多種。傳染極速。初發於一二人。繼徧及於一鄉一市。不久且遠播他處。　文明各國。防疫至嚴。平時講求公眾衞生。偶有發疫之處。必阻斷交通。俟疫淨。然後開放。船舶至埠。必檢查。患疫者不許登岸。於病者之居室服物。皆須消毒。薰以硫磺。灑以藥水。甚或焚燬之。故疫不蔓延。

吾國不求防疫之道。遇疫。則建壇設醮。爭事禳解。徒以曠時日。致傳播耳。愚孰甚焉。

第二十一課　黴菌自述

「吾黴菌也。體甚小。苟得養料。生殖至易且繁。汚穢之處。及糞穀糕餌之腐敗者。則吾曹聚焉。且以之為媒介。乘人不備。傳寄於人體中。以殺人為業。人患傷寒霍亂鼠疫肺癆痘瘡喉痧赤痢瘧疾等症。以至於死。皆吾曹所為也。　吾曹所畏。惟醫生及衞生之人。蓋彼等有預防消毒諸法。通以空氣。曬以日光。煮以沸水。薰以硫磺。足令吾曹就斃。無從繁殖也。」

第二十二課　水之衞生

某村居人。多患腹疾。及癬疥。求治於醫。　醫曰「此殆近村之水。不潔所致也。不潔之水。常含病菌。用以沐浴。則害肌革。用為飲料。則傷腸胃。」村人曰「吾輩新汲之水。必投明礬而攪之。使汚質沈澱。可謂潔矣。」　醫曰「未善。宜以炭屑砂礫。層疊相間。鋪於器中。濾水使清。尤必煮之使沸。殺其病菌。然後用之。庶無害也。」

第二十三課　滴水自述(一)

僑　漂　滯　億　悶　鬱　漾　怡　壞

余滴水也。體至微。族至繁。小而溪澗。大而海洋。皆吾儕漂流所至也。　吾儕能溉田。善載舟。又喜蓄養鱗介之族。以供人取求。　性活潑。好流動。恐滯塞。因之不善自晦。恆以取禍。嘗出遊。遇一童子。臨池而汲。急趨避。已入桶矣。吾儕之相率而入者。蓋億萬焉。桶既滿。童子擔而歸。

第二十四課　滴水自述（二）

歸則傾於釜。覆以蓋。光明驟蔽。悶鬱異常。視向之臨風漾日。怡然自得者。相去天壤矣。　有頃。

譁　擠　盪　揭　私　訴　訟

童子燃以薪。處釜底者。苦熱而大譁。俄焉在下者騰躍而上。在上者擠壓而下。上下相觸。鼓盪成聲。為蓋所阻。欲出不得。　忽聞童子聲曰。「沸矣。可揭蓋矣。」余乃化汽乘風。破空而去。惜在下者未能偕行也。」

第二十五課　法律

法律有公私之別。公法之中。憲法規定國權。行政等法。皆由是出。一國根本法也。刑法刑事訴訟法。所以定犯罪人之關係。及其訴訟程序。至

慣　警

民事訴訟法。則為私人訴訟程序。然以其關係言之。亦屬公法。　若私法。則民法定私人之交涉。商法定商人之行為。皆保護私權者也。　此外有國際法。則為各國間條約及慣例。或由列國公議遵守之者。因其無強制之權力。故與國內法不同。

第二十六課　警察

警察之設。所以預防危害。而維持治安也。危害之發生。或屬於人。或屬於物。警察因防止之故。

弭　奸　幕　幻

對於與有關係者。得限制其自由。其限制之者。正以保護之也。故衛生。弭災。捕盜。詰奸等事。皆警察掌之。　我國都會。近已設置警察。將來必以次推及全國。任警職者。宜依據法令。勉盡職務。吾人亦宜知警察奉法而行。勿以其干涉為病也。

第二十七課　影戲

父挈兒往觀影戲。既入座。但見張一布幕。他無所覩。忽焉燈燭盡滅。幕上見幻像。作樹木人物

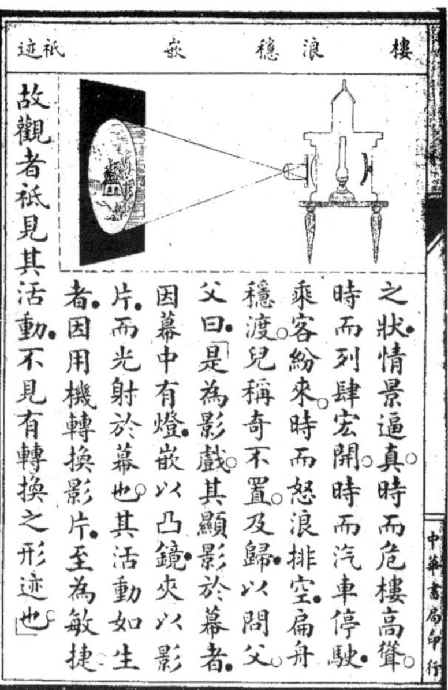

樓 浪 穩 嵌 祇 迹

之狀。情景逼真。時而危樓高聳。時而列肆宏開。時而汽車停駛。乘客紛來。時而怒浪排空。扁舟穩渡。兒稱奇不置。及歸。以問父。父曰。是為影戲。其顯影於幕者。因幕中有燈。嵌以凸鏡。夾以影片。而光射於幕也。其活動如生者。因用機轉換影片。至為敏捷。故觀者祇見其活動。不見有轉換之形迹也。

中華書局印行

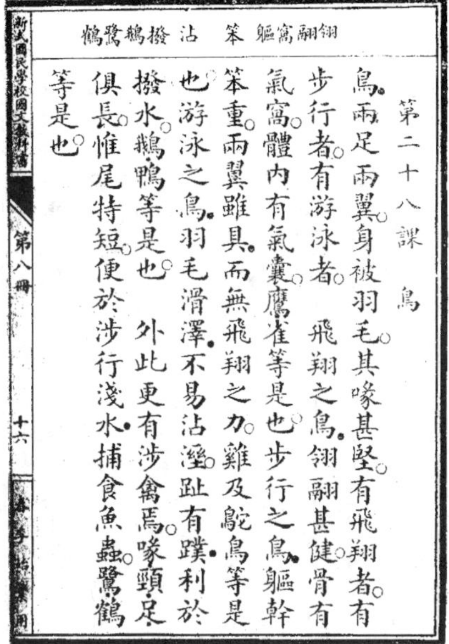

新式國民學校國文教科書 第八冊 十六

翎翮 窩 軀 笨 沾 撥 鵝 鷺 鶴

第二十八課 鳥

鳥。兩足兩翼。身被羽毛。其喙甚堅。有飛翔者。有步行者。有游泳者。 飛翔之鳥。翎翮甚健。骨有氣窩。體內有氣囊。鷹雀等是也。步行之鳥。軀幹笨重。兩翼雖具。而無飛翔之力。雞及駝鳥等是也。游泳之鳥。羽毛滑澤。不易沾溼。趾有蹼。利於撥水。鵝鴨等是也。 外此更有涉禽焉。喙頸足俱長。惟尾特短。便於涉行淺水。捕食魚蟲。鷺鶴等是也。

中華書局印行

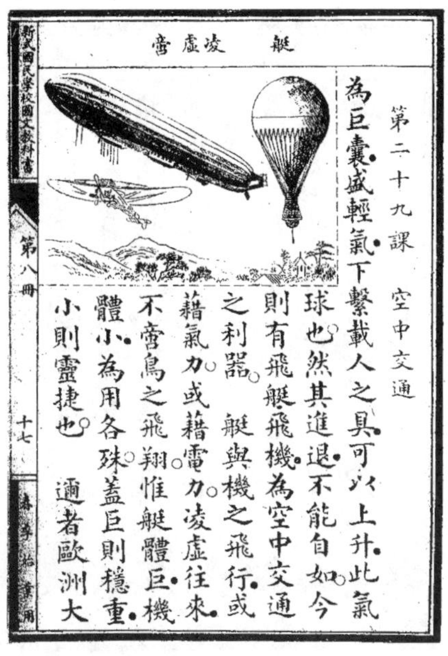

新式國民學校國文教科書 第八冊 十七

艇 凌 虛 啻

第二十九課 空中交通

為巨囊。盛輕氣。下繫載人之具。可以上升。此氣球也。然其進退。不能自如。今則有飛艇飛機。為空中交通之利器。 艇與機之飛行。或藉氣力。或藉電力。凌虛往來。不啻鳥之飛翔。惟艇體巨。機體小。為用各殊。蓋巨則穩重。小則靈捷也。 通者歐洲大

匯 話

戰用諸軍事。施攻擊。偵敵情。收效殊神。吾國近日亦創建航空學校。訓練飛行隊。異時空中之交通。當與海陸無殊也。

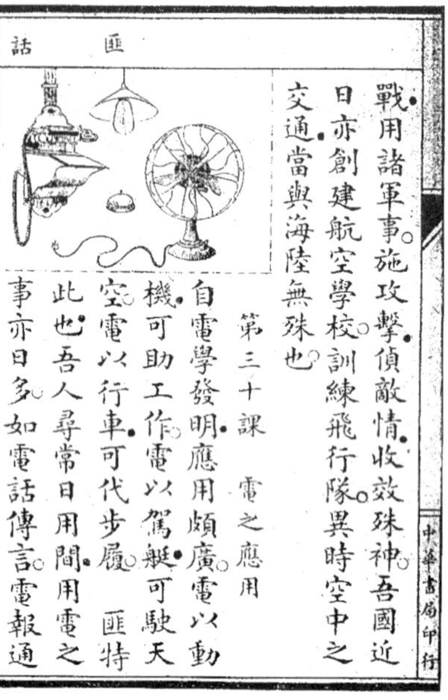

第三十課 電之應用

自電學發明。應用頗廣。電以動機。可助工作。電以駕艇。可駛天空。電以行車。可代步履。 匪特此也。吾人尋常日用。間用電之事亦日多。如電話傳言。電報通

鈴 喚 療 誣 債 募

信。電鈴喚人。電鍍飾器。電燈照夜。電扇生風。電帶療病。電爐供炊。不勝枚舉。此外則軍旅之事。或以攻擊。或以防禦。資於電者亦多。 說者謂時至今日。將由用汽之世界。進為用電之世界。觀於電學應用之廣。洵不誣也。

第三十一課 國債

國家遇有要需。得發行債票。募集國債。募於本國者曰內債。募於外國者曰外債。 募債必與以息。內債息歸國民。外債息歸外人。故民力富

購 寳 簽

厚之國。苟有要需。恆募集內債。 然或一時民力未足。則藉外債以濟急需。亦事勢所不容已。惟能用於生利之途。則償還本息。尚有贏餘。庶能收外債之益。而免其害也。

第三十二課 契約

寳兒之父。經營工業。 一日。寳兒見父簽名於紙上。問之曰。「此為何物。有何用。」父曰。「是名契約。凡客有定造器物者。必將程式之高下。價值之多寡。期限之長短。先期訂定。簽名其上。以為憑信。

兒曰。「兒見家中租屋。必立租據。是亦契約之類歟。」父曰。「豈獨租屋為然。凡合股營業者。出資購產者。皆有契約。或曰議據。或曰合同。或曰契券。使彼此遵守。不可改悔也。」

契約式一（承印據）

立承印據中華書局今由
倪旭東君託排印學生寳鑑壹部。約二百頁。言明用七十磅西洋
紙四開式洋裝布面金字。每部收回工本銀陸角。整共印三千部。
計銀壹千捌百圓。當收定銀玖百圓。訂明自立據日起三箇月交
書。收銀玖百圓。恐後無憑。立此據存照。

印花税票

年 月 日 立承印據中華書局經理人 押

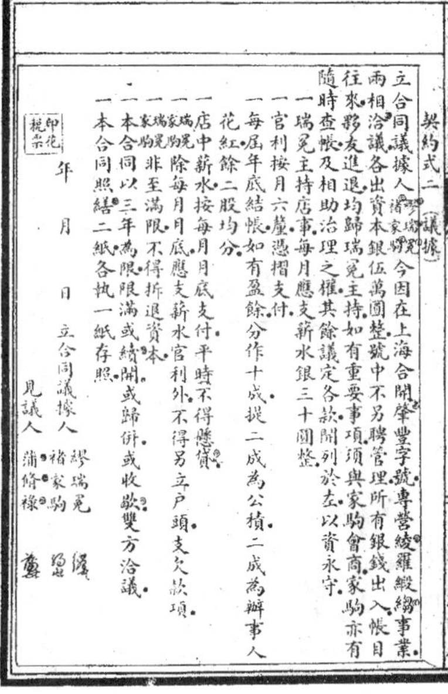

契約式二（議據）

立合同議據人繆瑞冕、褚家駒，今因在上海合開肇豐字號，專營綾羅緞綢事業。兩相洽議，各出資本銀伍萬圓整。號中不另聘管理，所有銀錢出入、帳目往來、夥友進退，均歸瑞冕主持。如有重要事項，須與家駒會商。家駒亦有隨時查帳及相助治理之權。其餘議定各款，開列於左，以資永守。

一 瑞冕主持店事，每月應支薪水銀三十圓整。

一 官利按月六釐，憑摺支付。

一 每屆年底結帳，如有盈餘，分作十成，提二成為公積，二成為辦事人花紅，餘二股均分。

一 店中薪水，按每月月底支付，平時不得懸貸。

一 瑞冕、家駒除每月月底應支薪水官利外，不得另立戶頭，支欠款項。

一 瑞冕、家駒非至滿限，不得拆退資本。

一 本合同以三年為限，限滿或續開，或歸併，或收歇，雙方洽議。

一 本合同照繕二紙，各執一紙存照。

印花稅票

年　月　日　立合同議據人　繆瑞冕　押　褚家駒　押

見議人　蒲脩祿　押

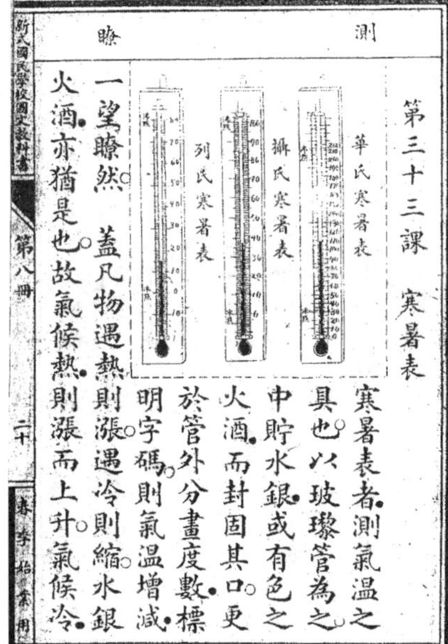

第三十三課　寒暑表

寒暑表者，測氣溫之具也。以玻璃管為之，中貯水銀，或有色之火酒，而封固其口。更於管外分畫度數，標明字碼，則氣溫增減，一望瞭然。蓋凡物遇熱則漲，遇冷則縮。水銀火酒，亦猶是也。故氣候熱，則漲而上升；氣候冷，

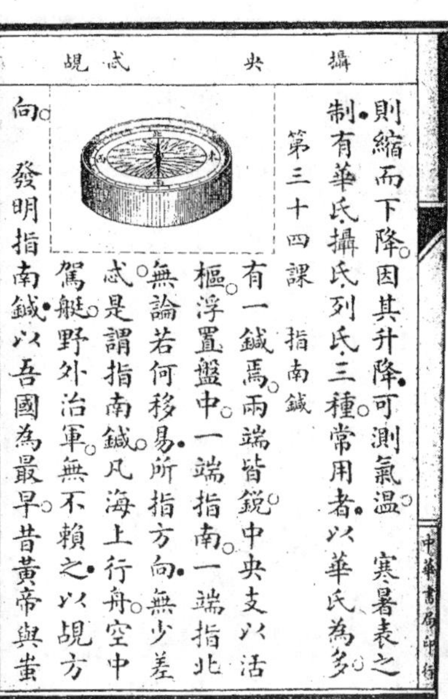

則縮而下降。因其升降，可測氣溫。寒暑表之制，有華氏、攝氏、列氏三種。常用者，以華氏為多。

第三十四課　指南鍼

有一鍼焉，兩端皆銳，中央支以活樞，浮置盤中。一端指南，一端指北。無論若何移易，所指方向，無少差忒。是謂指南鍼。凡海上行舟，空中駕艇，野外治軍，無不賴之以覘方向。發明指南鍼，以吾國為最早。昔黃帝與蚩

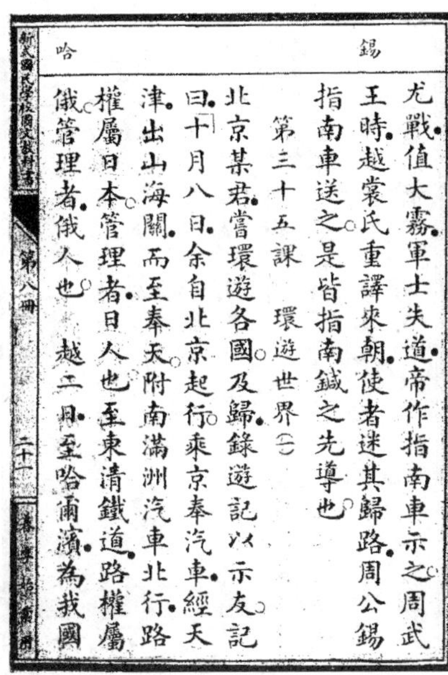

尤戰，值大霧，軍士失道。帝作指南車示之。周武王時，越裳氏重譯來朝，使者迷其歸路，周公錫指南車送之。是皆指南鍼之先導也。

第三十五課　環遊世界（一）

北京某君，嘗環遊各國。及歸，錄遊記以示友。記曰：「十月八日，余自北京起行，乘京奉汽車。經天津，出山海關，而至奉天。附南滿洲汽車北行。路權屬日本，管理者日人也。至東清鐵道，路權屬俄，管理者俄人也。越二日，至哈爾濱，為我國

勒　柏　物　遨

東北巨埠。然市場為俄人所經營。主權不完矣。

翌日。乘西伯利亞汽車西行。由亞入歐。路約二萬里。凡十二日。抵俄京彼得格勒。

第三十六課　環遊世界(二)

自彼得格勒西南行。二日至柏林。學校林立。世界最嚴整之都會也。復乘汽車。西赴巴黎。街市美麗。世界最繁華之都會也。　再西北越英吉利海峽。至倫敦。貨物充牣。世界商業之中心也。

余在歐洲。遨遊所至。北及丹麥、荷比等國。荷

紐　頓

京海牙。萬國和平會在焉。南及意奧等國。意京羅馬。美術古蹟。咸萃於是。至於其他諸國。則未暇往也。

第三十七課　環遊世界(三)

由歐返國。其途有二。一由地中海。紅海。渡印度洋。一渡大西洋。越美洲。渡太平洋。　余欲遊美日。遂航行大西洋中。八日抵美國紐約。西半球第一商埠也。美京華盛頓在其南。更乘汽車。五日抵舊金山。為美國大埠。華僑居此約二十餘

阪　迫　涖　蹤　逮

萬。自此更渡太平洋。十四日至日本橫濱。舍舟而陸。徧遊東西京、大阪、神戶。乃由長崎登舟。二日至上海。復返北京。

第三十八課　環遊世界(四)

余此遊。限於旅費。迫於時日。亞、歐、美三洲。既多未涖之國。而非洲、大洋洲。更為遊蹤所未逮。然世界現勢。已略有所覩。如法之文物。俄之疆土。英之海權商業。美之農工富力。德之學術軍事。皆各有特點。而日之取法歐美。以成望國。亦

毯　衾　鬃　氈

足並稱。至於教育。則現今強國。類皆發達。惟俄為稍遜耳。

第三十九課　廢物利用

物之無用者。通稱之為廢物。更以廢物製成有用之品。是為廢物利用。　破布。敗絮。廢物也。腐而製之。則成紙。松桐之炱。廢物也。範而乾之。則成墨。推之鴨毯。可實衾枕。豬鬃可製刷帚。羊毛可織氈呢。是皆廢物利用之類也。而染料、肥料。每出於廢物。更無論矣。　故製造之技術愈精。

唾 摩 臭 燐 側

則廢物之用途愈廣。未可以無用而遽棄之也。

第四十課 火柴

某兒夜間取火柴一。蘸以唾。向掌中摩之。閃閃有光。樂甚。適為父見。戒之曰。「火柴有毒。不可近口。」兒亟棄去。因問父曰。「火柴為常用之品。何故有毒。」父曰。「火柴燃時。則發惡臭。蓋其端黏有藥粉也。其藥粉以燐硫為主。二者皆毒質。何可入口。且燐硫混合之火柴。感熱即能自燃。危險特甚。惟黑頭火柴。黏硫於木條。塗燐於匣側。必兩

后 穡 審

兩相擦。始能發火。較為安全也。」

第四十一課 農業

中國。古農國也。自后稷教民稼穡。民生賴之。特數千年來。拘守舊法。致少進步耳。 欲興農業。當重農學。農必相天時。則氣象學宜講也。農必辨土宜。則土壤學宜講也。農必審物性。則植物學宜講也。農必施糞壅。則肥料學宜講也。他若驅除害蟲。興修水利。亦莫不有學。 數者既備。復益以勤於耕作。毋怠毋荒。庶幾農事克舉也。

糴 樵 拜 廛 夢 稗 穟 耒 耜 俾 潦

第四十二課 糴米

糴米買束薪。百物資之市。不緣耕樵得。飽食殊少味。再拜請邦君。願受一廛地。知非笑昨夢。食力免內愧。春秧幾時花。夏稗忽已穟。悵焉撫耒耜。誰復識此意。

第四十三課 植樹

山巔水涯。通衢曠野。皆可植樹。茂密成林。則風景清佳。爽人心目。 且樹林之作用。可以調和氣候。俾免旱潦。而樹根盤結。泥沙自固。又免河

隄 潰 拿 窄

隄潰決之患。其木材。或供建築。或成舟楫。或造器具。或備燃料。利益尤溥。 文明各國。多勤事樹藝。我國則到處有童山曠地。水旱之災。既連年見告。而木材輸入。又成絕大漏卮。彼此相形。利害顯著。植林顧可緩耶。

第四十四課 巴拿馬運河

南北美洲。以地峽相連。其最窄狹之處。曰巴拿馬。介於太平大西兩洋之間。 西曆一千九百零四年。美人籌集巨資。就此開鑿運河。溯工事

徑

之始。迄於全河通航。凡十二年。誠巨工也。夫行旅往來。必趨捷徑。自今以往。吾知世界商貨。必將爭出是途。吾國在太平洋西岸。受斯河之影響必鉅。誠欲振起工商。時哉不可失矣。

中華書局印行

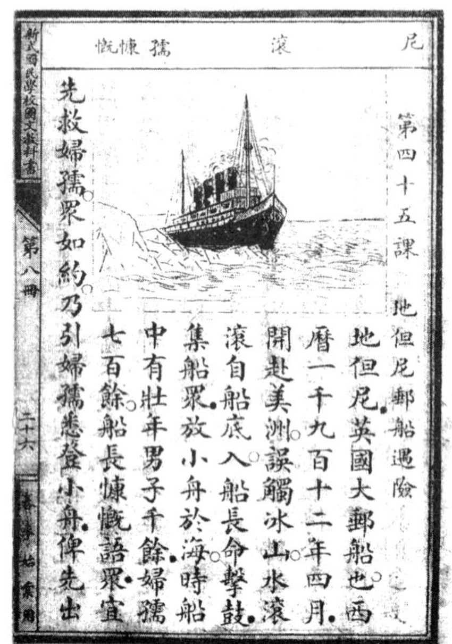

尼 滾 孺 慷慨

第四十五課 地但尼郵船遇險

地但尼。英國大郵船也。西曆一千九百十二年四月。開赴美洲。誤觸冰山。水滾滾自船底入。船長命擊鼓。集船眾。放小舟於海。時船中有壯年男子千餘。婦孺七百餘。船長慷慨語眾。宜先救婦孺。眾如約。乃引婦孺悉登小舟。俾先出

新式國民學校國文教科書 第八冊 二十六 春季始業用

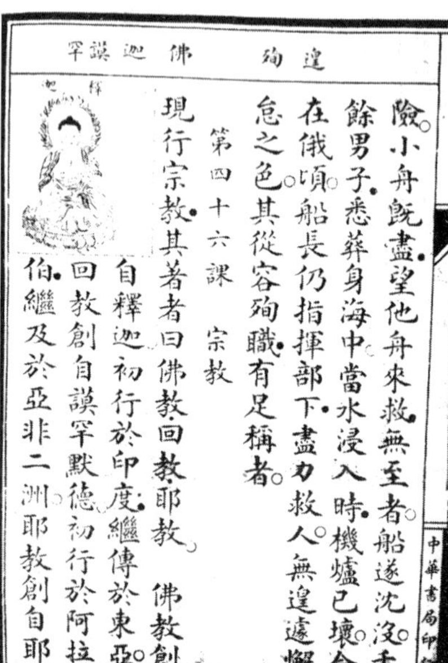

遑 殉 佛 迦 謨罕

險。小舟既盡。望他舟來救。無至者。船遂沈沒。千餘男子。悉葬身海中。當水浸入時。機爐已壞。命在俄頃。船長仍指揮部下。盡力救人。無遑遽慴怠之色。其從容殉職。有足稱者。

第四十六課 宗教

現行宗教。其著者曰佛教。回教。耶教。

佛教創自釋迦。初行於印度。繼傳於東亞。回教創自謨罕默德。初行於阿拉伯。繼及於亞非二洲。耶教創自耶

中華書局印行

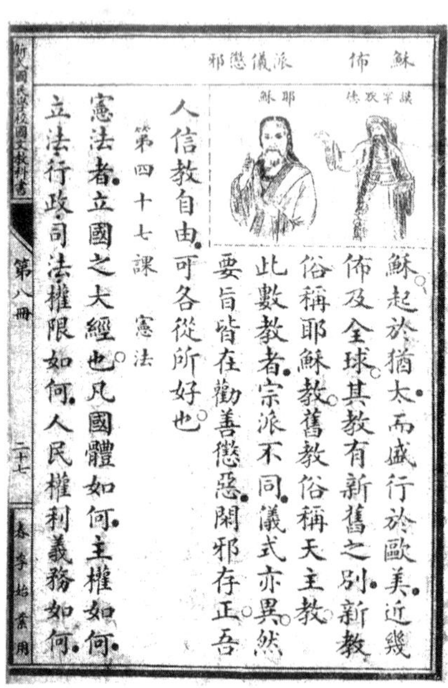

穌 佈 派 儀 懲 邪

穌。起於猶太。而盛行於歐美。近幾佈及全球。其教有新舊之別。新教俗稱耶穌教。舊教俗稱天主教。此數教者。宗派不同。儀式亦異。然要旨皆在勸善懲惡。闢邪存正。吾人信教自由。可各從所好也。

第四十七課 憲法

憲法者。立國之大經也。凡國體如何。主權如何。立法。行政。司法。權限如何。人民權利義務如何。

新式國民學校國文教科書 第八冊 二十七 春季始業用

皆以憲法明定之。今世文明諸國。靡不根據民意規定憲法。及其既定。則全國上下。一致遵行。決無輕易更張者。我中華民國。係新造之邦。憲法猶未訂定。然有約法。其性質與憲法相同。其效力與憲法相埒。即謂為暫行之憲法可也。

第四十八課 無字薦書

某商欲得一人。助理肆務。揭廣告招之。應選者皆挾薦書往。一少年獨無之。既而餘人皆見屏。

少年獨中選。或造商人。叩其故。商人曰。「彼有無字之薦書。非他人所能及也。彼之來見也。未入。先拭履。既入。即閉戶。予知其能自治矣。坐。必後長者行。必讓同列。予知其能敬老且愛羣矣。地有遺物。拾而置之。予知其細心且惜物矣。彼雖無薦書。不較有薦書者更足取乎。」

第四十九課 介紹入學

臧女瑤貞。某校畢業生也。其戚有女已屆學齡。肄業於某私塾。逾年矣。因其寡效。欲擇良校而

遷焉。訪諸瑤貞。瑤貞以某校對。且曰。「吾母校也。肄業數載。獲益良多。」其戚欣然。倩女為介紹。并詢入校章程。女以事冗不暇親往。乃操筆作書。俾其戚持往自詢之。

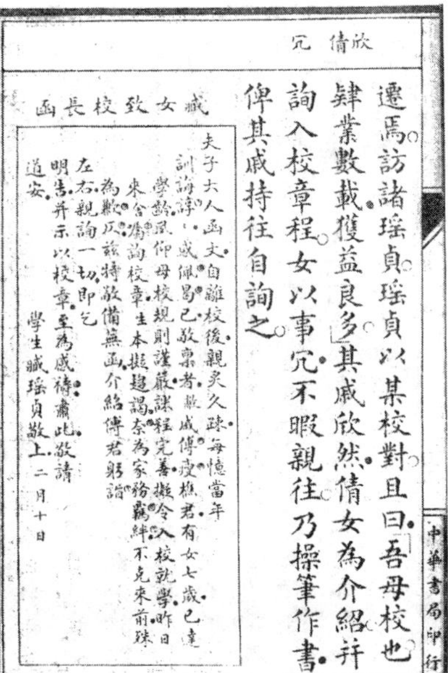

臧女致校長函

夫子大人函丈。自離校後。親炙久疎。每憶當年訓誨諄諄。感佩曷已。敬稟者。敝戚傅君有女七歲。已達學齡。夙仰母校規則謹嚴。課程完善。擬令入校就學。昨日來舍。囑詢校章。生本擬趨謁。奈為家務羈絆。不克來前。殊為歉仄。茲特敬備蕪函。介紹傅君躬詣左右。親詢一切。即乞明告。并示以校章。至為感禱。肅此。敬請道安。

學生臧瑤貞敬上 二月十日

第五十課 畢業

學校授課。皆按照等第。立為定程。學生肄業。既達定程。則為畢業。其及格者。可得證書。以證明其所學。雖然。學問一事。初無止境。普通以應用為主。專門以深造為歸。今日國民學校畢業。不過學之始基耳。其能否應用。或更求深造。皆視後此之自為。孔子曰。「譬如為山。未成一簣。止。吾止也。譬如平地。雖覆一簣。進。吾往也。」山已垂成。猶不可止。矧為平地之一簣乎。

附課一　教員訓詞

「今天是諸生行畢業式的日子。回想這四年之內、諸生身體上、品行上、學業上、都有長進。可喜可喜。嗣後諸生對這三項事體、務必要始終的注意。我當時常訪問諸生的狀況、諸生將來能夠比在本校的時候格外長進、那我心裏就更加歡喜了。諸生中再入學校的、應該要用功求學、不必贅說。就是出去就業、不再上學的、將來要應用的學問、如國文算術之類、也還要自習。倘有不懂、還可問問我們、或者自己來校、或者通信。我們都是

項歡迎的。至於為人的道理、要曉得自己所處的地位。守自己的本分、立定腳根、踏著實地。切不可好高騖遠。做事的道理、要有得責任心。切不可隨意敷衍。諸生能夠照這個樣子、真真實實的做去。將來必定能夠受社會上的人、個個稱贊、個個歡迎。那就不愧為學校裏的畢業生了。前程遠大、大家努力自愛啊。」

附課二　來賓演說

「今天到貴校來參觀畢業的儀式。看諸位小友的成績。頗好。足見諸位小友、平時用功、和諸位先生、熱心教育

的效驗。敬佩、敬佩。鄙人今有一言、奉贈與我諸位小友。就是『為人要立志有恆心。』俗說的『小時沒志氣、長大不成器。』所以人從小時候、就要立定志向、恆心做去。後來纔能成功立業。好比那學射箭的、必定先要豎起一個靶子來、然後拏着弓箭、照着靶子、經心着意的射去。慢慢練習、日子長久了、工夫純熟了、不會不中的。『有志者、事竟成。』這句話真是不錯、願諸位小友聽了。」

附課三　學生家族謝詞

「古人說的、『玉不琢、不成器。人不學、不知道。』鄙人等送孩

子們到校裏來就學。煩勞諸位先生、苦口婆心、教訓了四年。孩子們字也認得了不少。文也會做了幾句。也會得算算帳目。舉止行動、都覺得上了規矩。這總是諸位先生琢玉成器的功勞。鄙人等十分感謝。現在孩子們已經畢業、不能常常在學校裏面、受諸位先生的教訓了。但是將來還望彼此聯絡、常常往來、不要生疏客氣。小孩子年紀幼稚、知識淺薄、離校以後、還要仰仗諸位先生監督教導、孩子們恭敬先生、服從教訓、比那在校裏的時候、應當格外親熱的。」

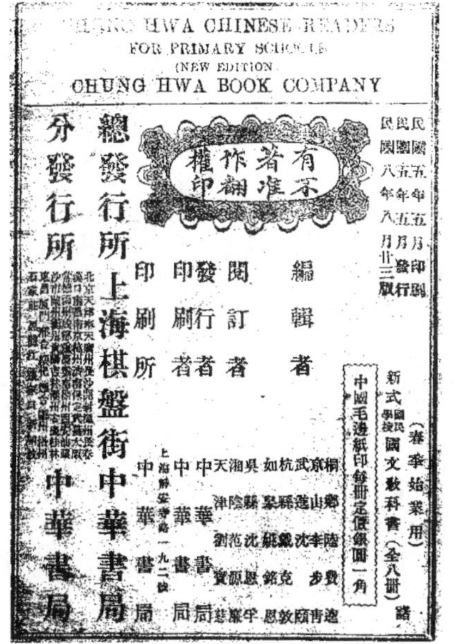

CHUNG HWA CHINESE READERS
FOR PRIMARY SCHOOLS
(NEW EDITION
CHUNG HWA BOOK COMPANY

民國五年五月印刷
民國五年五月發行
民國八年八月廿三版

新式國民學校國文教科書（全八冊）（春季始業用）

中國毛邊紙印每冊定價銀圓一角

有著作權不准翻印

編輯者　閱訂者
桐鄉陸費逵　京山李步青　武進沈頤　杭縣戴克敦　如皋[illegible]銘恩　吳縣沈恩孚　湘陰范源廉　天津劉寶慧

發行者　中華書局
印刷者　中華書局
印刷所　上海靜安寺路一九二號　中華書局

總發行所　上海棋盤街中華書局
分發行所　中華書局

附課四　學生答詞

「學生等來校上學。不覺匆匆的已經四年了。承蒙諸位師長教育。受的益處很多。生我的人是父母。教我的人是師長。師長的恩情。同父母的恩情一樣。俱是天高地厚。終身報答不盡的。學生等自己慚愧愚鈍。沒有法子報答諸位師長。惟有拿師長教訓我們的事情。大家牢記在心。終身不忘。出校以後。勉力上進。希冀能夠自立。不辜負諸位師長的期望。同諸位來賓先生。諸位家長。今天的教訓。」

中華書局印行

新小學國語文學讀本

（初級）

《新小學國語文學讀本》（初級），全八册，新學制適用，教育部審定。中華書局 **1925** 年 **9** 月至 **1927** 年 **6** 月先後出版。

目　　録

第一册

編輯大意

一 本書八冊、供新學制初級小學四年之用。

一 本書編輯根據二大原則、一、取兒童教材、以適合學習心理；二、取文學陶冶、以達到教育目的。

一 本書選字凡二千三百餘、皆普通必用之字。其出見次第、或依兒童語研究之層次、或依教材性質之層次、循序漸進、極合兒童心理。

一 本書用語、一本純正國語、且完全兒童化。課文成後、編者令兒童試讀、修正不合其口味之語句、故全書無一句一語一字有稍感累贅之處。

一 本書選材、一以讀的兒童文學為準。兒歌、童話、民話、謎語、諧談、寓言、故事、傳記、小說、劇本等各體皆備。實質方面、根據小學兒童之心理作用及人事經歷、寫對象由幻想而現實、漸進於理想、寫人生意味、由個人漸進於社會國家問題。課文結構、表以寫實、運以神秘、務期如詩之意境悠遠、如短篇小說之能產生單一感想、以激發兒童之情感及思想。

一 本書分量、較一般之國語讀本為多、并多反覆與變化、以期兒童獲益。

一 本書按冊另編教授書、以供教員之用。

來ㄌㄞ 跑ㄆㄠ 啊ㄚ 不ㄅㄨ 跳ㄊㄧㄠ

來 來 來 跑

跑 啊 不 來 不 來

來 來 來 跳

跳 啊 來 來 來 來

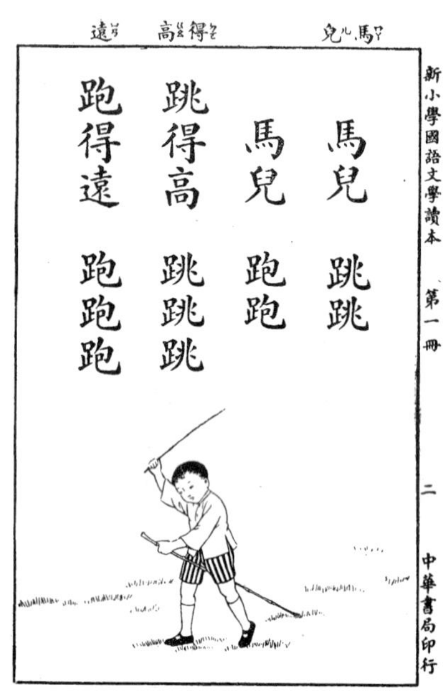

馬兒 得 高 遠

馬兒

馬兒

跳得高

跑得遠

跳跳

跑跑

跳跳跳

跑跑跑

新小學國語文學讀本 第一冊 二 中華書局印行

了 小 轉 傘 回 去

來了 來了

馬來了

馬跑來了

小兒轉轉傘

馬跑回去了

新小學國語文學讀本 第一冊 三 中華書局印行

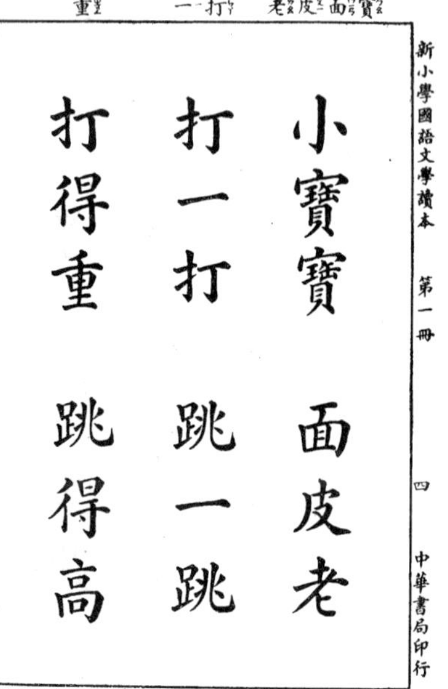

寶 面 皮 老 打 一 重

小寶寶 面皮老

打一打 跳一跳

打得重 跳得高

新小學國語文學讀本 第一冊 四 中華書局印行

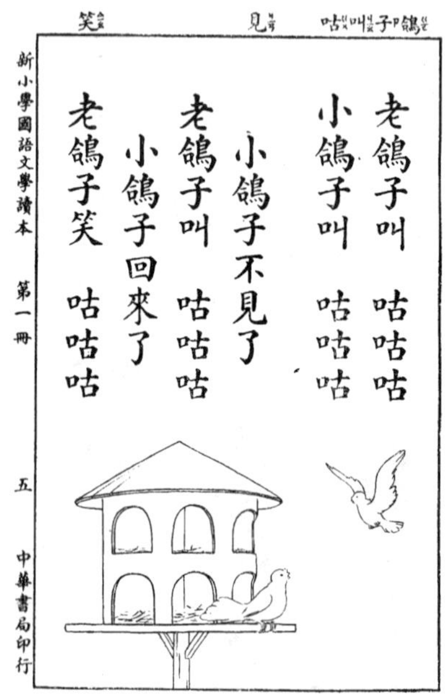

鴿 子 叫 咕 見 笑

老鴿子叫 咕咕咕

小鴿子叫 咕咕咕

小鴿子不見了

老鴿子叫 咕咕咕

小鴿子回來了

老鴿子笑 咕咕咕

新小學國語文學讀本 第一冊 五 中華書局印行

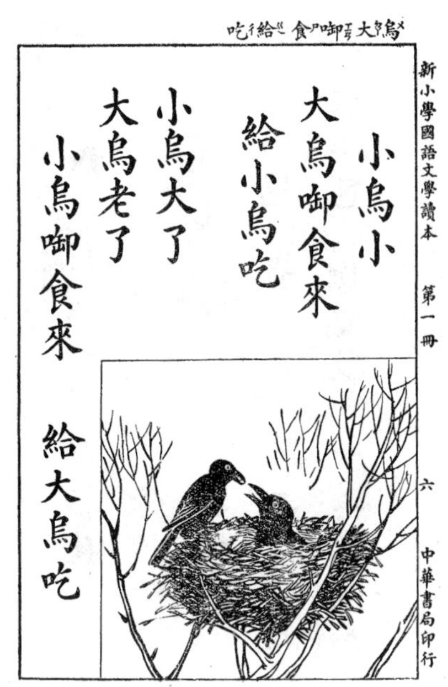
烏 大 啣 食 給 吃

小烏小
大烏啣食來
給小烏吃
小烏大了
大烏老了
小烏啣食來 給大烏吃

新小學國語文學讀本 第一冊 六 中華書局印行

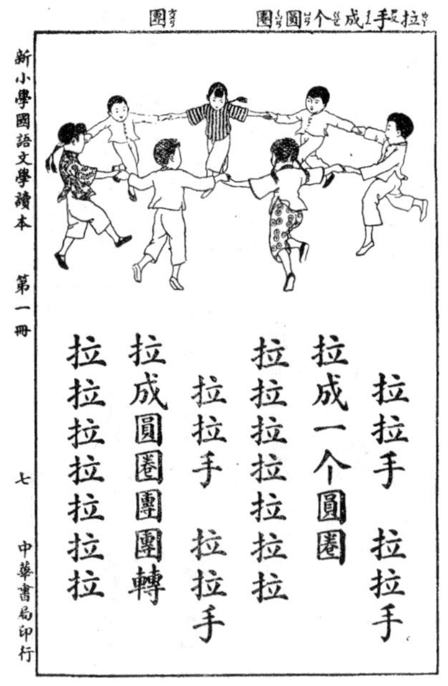
拉 手 成 个 圓 圈 團

拉拉手 拉拉手
拉成一个圓圈
拉拉拉拉拉拉
拉拉手 拉拉手
拉成圓圈團團轉
拉拉拉拉拉拉

新小學國語文學讀本 第一冊 七 中華書局印行

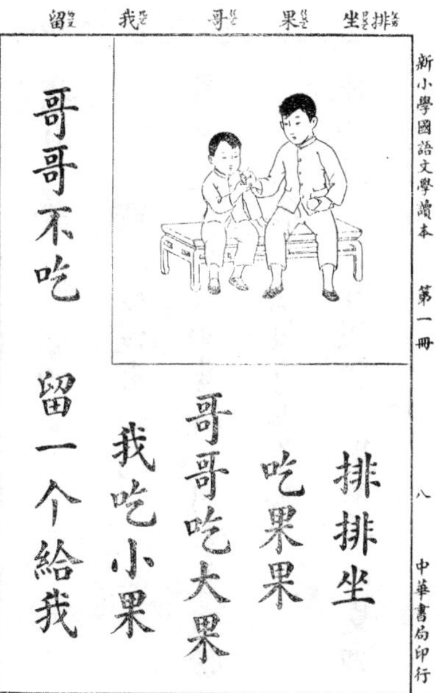
排 坐 果 哥 我 留

排排坐
吃果果
哥哥吃大果
我吃小果
哥哥不吃 留一个給我

新小學國語文學讀本 第一冊 八 中華書局印行

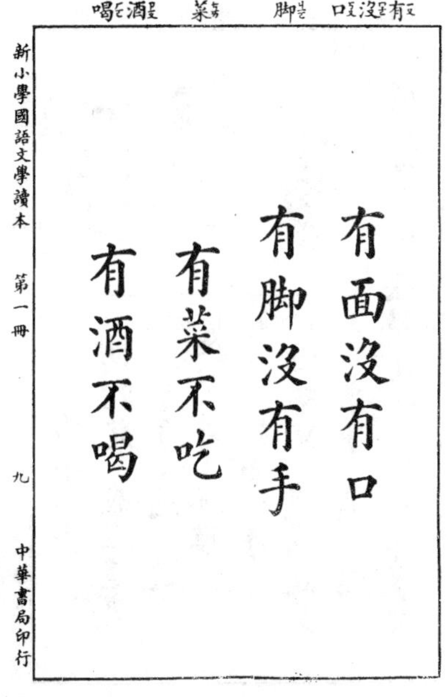
有 沒 口 脚 菜 酒 喝

有面沒有口
有脚沒有手
有菜不吃
有酒不喝

新小學國語文學讀本 第一冊 九 中華書局印行

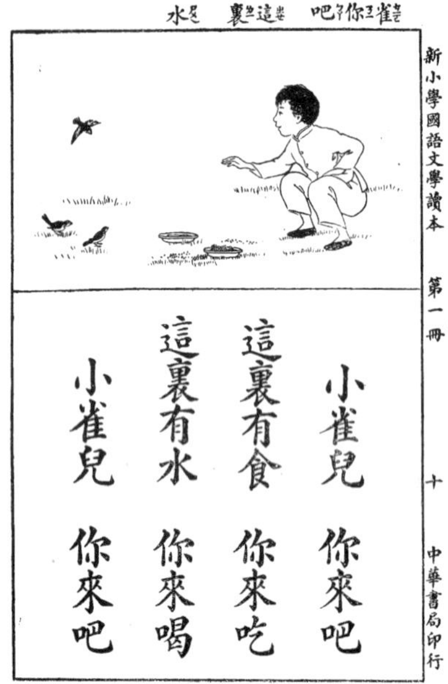

小雀兒 你來吧
這裏有食 你來吃
這裏有水 你來喝
小雀兒 你來吧

拍拍毬
你拍拍
我拍拍
你拍毬 我記數 一二三四五
我拍毬 你記數 一二三四五

拍手拍手
摸瞎兒 我在這裏
來了 逃 逃
摸不着 再摸
拍手拍手
摸瞎兒 我在這裏
來了 逃 逃
摸着了 你往那裏逃 你往那裏逃

雀有翅膀 貓有四隻脚
貓怎麼沒有翅膀
哥哥說 貓有四隻脚 用不着翅膀
雀怎麼沒有四隻脚
哥哥說 雀有翅膀 用不着四隻脚

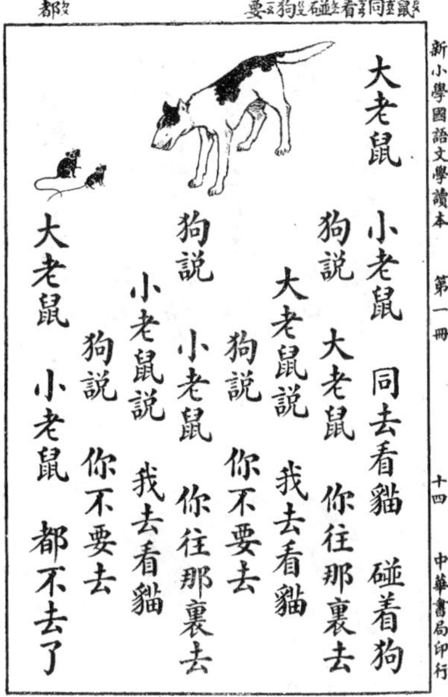

鼠 同 看 碰 狗 要 都

大老鼠 小老鼠 同去看貓 碰着狗

狗說 大老鼠 你往那裏去

大老鼠說 我去看貓

狗說 你不要去

狗說 小老鼠 你往那裏去

小老鼠說 我去看貓

狗說 你不要去

大老鼠 小老鼠 都不去了

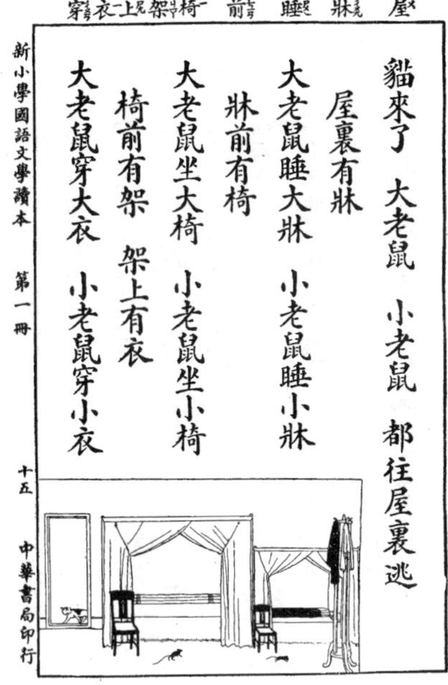

屋 牀 睡 前 椅 架 上 衣 穿

貓來了 大老鼠 小老鼠 都往屋裏逃

屋裏有牀

大老鼠睡大牀 小老鼠睡小牀

牀前有椅

大老鼠坐大椅 小老鼠坐小椅

椅前有架 架上有衣

大老鼠穿大衣 小老鼠穿小衣

捉 躲 追 到 也

貓捉大老鼠 大老鼠逃去 躲在大牀上

貓捉小老鼠 小老鼠逃去 躲在小牀上

貓追到大牀上 大老鼠逃去 躲在大椅上

貓追到小牀上 小老鼠逃去 躲在小椅上

貓追到大椅上

大老鼠跑到架上 穿着大衣 不見了

貓追到小椅上

小老鼠跑到架上 穿着小衣 也不見了

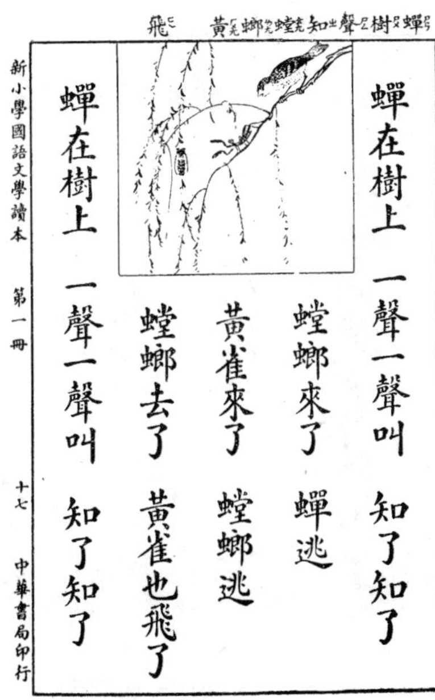

蟬 樹 聲 知 螳 螂 黃 雀 飛

蟬在樹上 一聲一聲叫 知了知了

螳螂來了 蟬逃

黃雀來了 螳螂逃

螳螂去了 黃雀也飛了

蟬在樹上 一聲一聲叫 知了知了

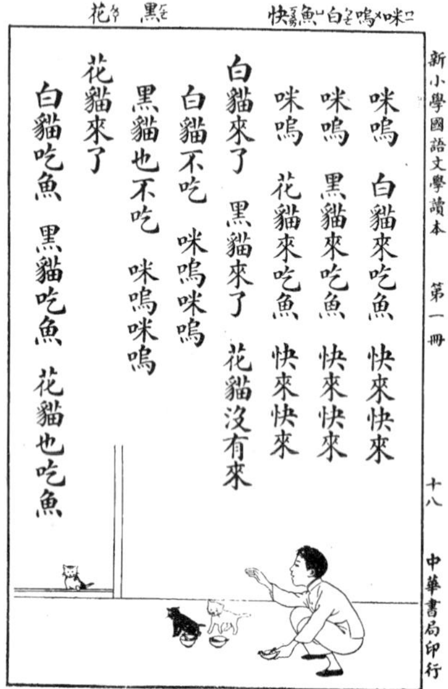

咪 嗚 白 魚 快 黑 花

咪嗚　白貓來吃魚　快來快來

咪嗚　黑貓來吃魚　快來快來

咪嗚　花貓來吃魚　快來快來

白貓來了　黑貓來了　花貓沒有來

白貓不吃　咪嗚咪嗚

黑貓也不吃　咪嗚咪嗚

花貓來了

白貓吃魚　黑貓吃魚　花貓也吃魚

新小學國語文學讀本　第一冊　十八　中華書局印行

地 伸 出 舌 頭 舐 爪 擦

白貓吃了魚　坐在地上

伸出舌頭　舐舐面

伸出前脚爪　擦擦面

黑貓吃了魚　花貓吃了魚　也坐在地上

伸出舌頭　舐舐面

伸出前脚爪　擦擦面

新小學國語文學讀本　第一冊　十九　中華書局印行

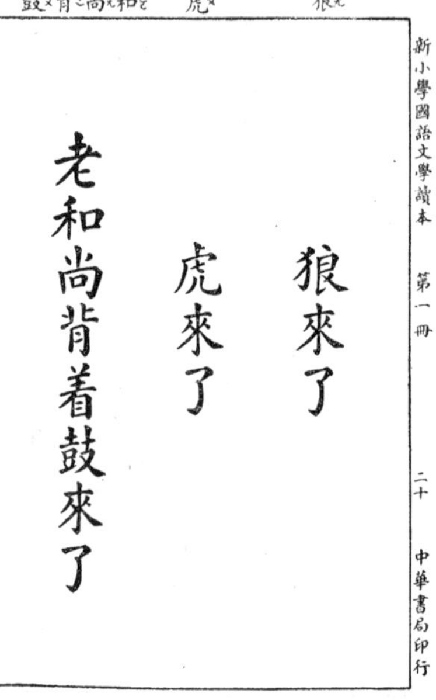

狼 虎 和 尚 背 鼓

狼來了

虎來了

老和尚背着鼓來了

新小學國語文學讀本　第一冊　二十　中華書局印行

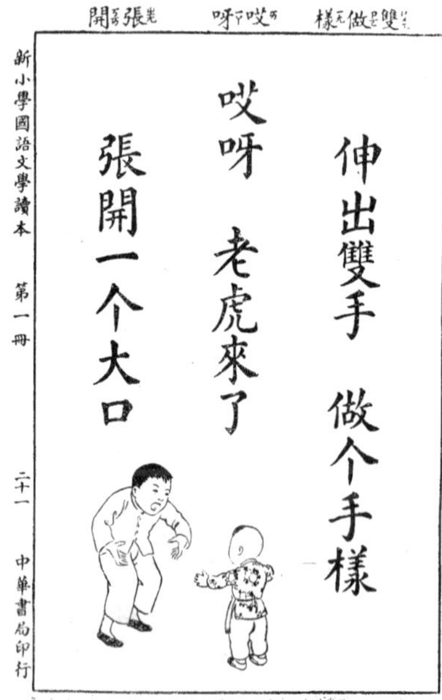

雙 做 樣 哎 呀 張 開

伸出雙手　做个手樣

哎呀　老虎來了

張開一个大口

新小學國語文學讀本　第一冊　二十一　中華書局印行

風 雨 姐 起 停 咦 們 門

風來了 雨來了
姐姐說 風呀 你不要起
雨呀 你停停吧
咦 風不起了 咦 雨也停了
風不起了 雨也停了 我們出門吧

落 葉 浪 縫 窗 的 呼 噓

風來了 風來了
風在那裏 風在樹上 樹上落了葉
風在那裏 風在水上 水上起了浪
風在那裏 風在門縫裏 風在窗縫裏
風起的大 呼呼呼 風起的小 噓噓噓

公 雞 喔 天 亮 籠 唱 早 歌

公雞叫 喔喔喔 喔喔喔
喔喔喔 天快要亮
喔喔喔 天亮了
天亮了 鴿子要出籠 咕咕咕
天亮了 雀兒都起來 同唱早歌

月 下 走 別 處 光 照 好

月亮高高
下來下來
走到這裏來
月亮不下來
走到這裏 別處也要走去
月亮光光 下來下來 照到這裏來
月亮不下來 照到這裏 別處也要照去
好月亮 到處走走 到處照照

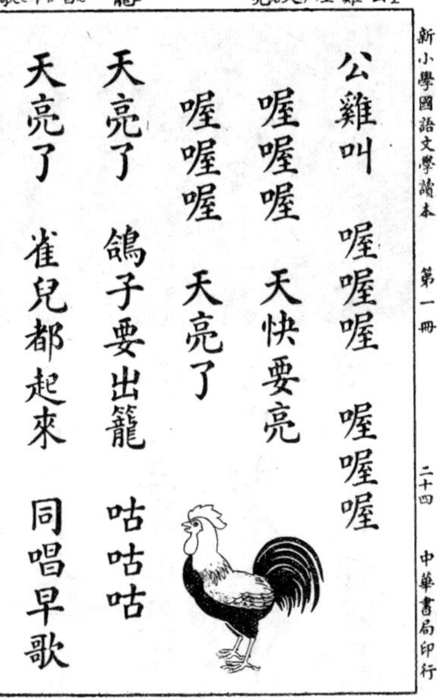

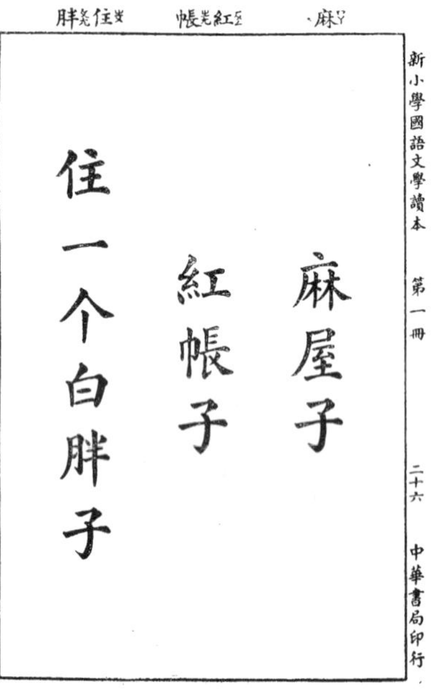

麻 紅 帳 住 胖

麻屋子
紅帳子
住一个白胖子

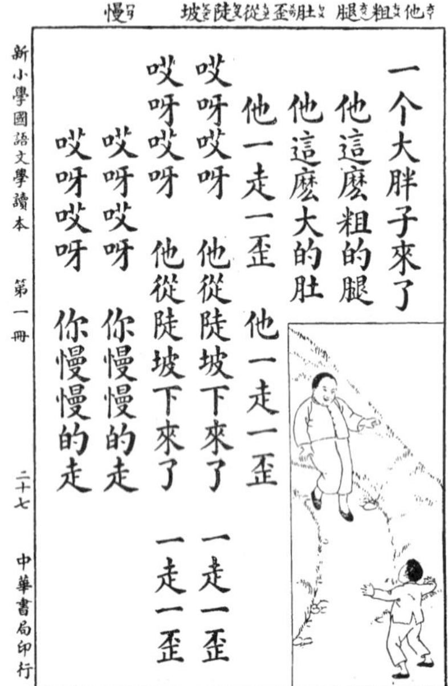

他 粗 腿 肚 歪 從 陡 坡 慢

一个大胖子來了
他這麼粗的腿
他這麼大的肚
他一走一歪 他一走一歪
哎呀哎呀 他從陡坡下來了 一走一歪
哎呀哎呀 他從陡坡下來了 一走一歪
哎呀哎呀 你慢慢的走
哎呀哎呀 你慢慢的走

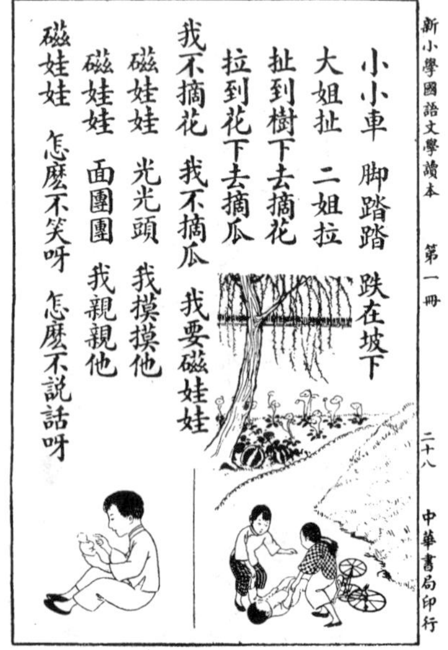

車 踏 跌 扯 摘 瓜 磁 娃 親 話

小小車 脚踏踏 跌在坡下
大姐扯 二姐拉
扯到樹下去摘花
拉到花下去摘瓜
我不摘花 我不摘瓜 我要磁娃娃
磁娃娃 光光頭 我摸摸他
磁娃娃 面團團 我親親他
磁娃娃 怎麼不笑呀 怎麼不說話呀

片 又 六 七 八 九 入 蘆

一片一片又一片
二片三片四五片
六片七片八九片
飛入蘆花都不見

兩　十　指　頭　套　加　是　脫　減

兩隻手　有十个指頭
兩隻手套　也有十个指頭
手套套在手上　十个加十个
是十个
手套脫下來　十个減十个
也是十个

國民政府大學院審定　十七年六月十一日執照第四十二號

NEW EDUCATIONAL SYSTEM
SELECTED READINGS IN CHINESE NATIONAL LANGUAGE
FOR LOWER PRIMARY SCHOOLS
CHUNG HWA BOOK COMPANY LTD.

民國十六年六月發行
民國十七年四月再版
新小學教科書國語文學讀本初級（全八冊）
○第一冊定價銀一角（外埠酌加郵匯費）

編者　京山　李步青
校者　桐鄉　陸費逵　杭縣　戴克敦
發行者　中華書局
印刷者　上海靜安寺路哈同路口　中華書局
印刷所　上海　中華書局
總發行所　上海棋盤街　中華書局
分發行所　北平　天津　張家口　石家莊　邢台　保定　濟南　青島　太原　開封　鄭州　西安　蘭州　成都　重慶　長沙　常德　衡州　漢口　南昌　九江　安慶　蕪湖　南京　徐州　杭州　溫州　福州　廈門　廣州　汕頭　潮州　梧州　雲南　遵義　吉林　長春　哈爾濱　香港　新加坡　中華書局

（三九九六）

第二册

目次

河窄橋羊過對中退讓

一　兩隻羊過橋

河上有窄橋，
白羊過去，黑羊過來。
兩隻羊對面走，在橋中碰着了；
白羊過不去，黑羊過不來。
黑羊說：「我退回，讓你過去。」
白羊說：「我退回，讓你過來。」
白羊退回；黑羊過來了，白羊也過去。

放喊道實鄉人趕哈真 把 哭

二 狼來了

放羊兒喊道：「狼來了，狼來了。」實在沒有狼；鄉人都趕來，放羊兒哈哈大笑。

狼真來了；放羊兒喊道：「狼來了，狼來了。」鄉人都不來，狼把羊吃了；放羊兒跑回去，嗚嗚的哭。

廟破補請飯鼕客借 偷

三 破鼓

廟裏一个破鼓，老虎來補。

老虎請和尚吃飯；鼕鼕鼕，菜有了，飯也有了。

和尚請客，借老虎的鼓；鼕鼕鼕，菜有了，飯也有了。

有客來偷鼓；鼕鼕鼕，跳出一个老虎。

餅爭猴替分咬 完

四 猴子分餅

兩个餅，一个大，一个小。兩个貓爭餅，猴子說：「你們不要爭，我替你們分。」猴子咬大餅一口，說道：「大餅小了，小餅又大了。」猴子咬小餅一口，說道：「小餅小了，大餅又大了。」咬了又咬，把餅都吃完了。

鐵晚剪刀送 歇 家學

五 兒歌

早打鐵，晚打鐵；
打把剪刀送姐姐。
姐姐留我歇，我不歇；
我要回家學打鐵。

頂　角　殼　條　肉

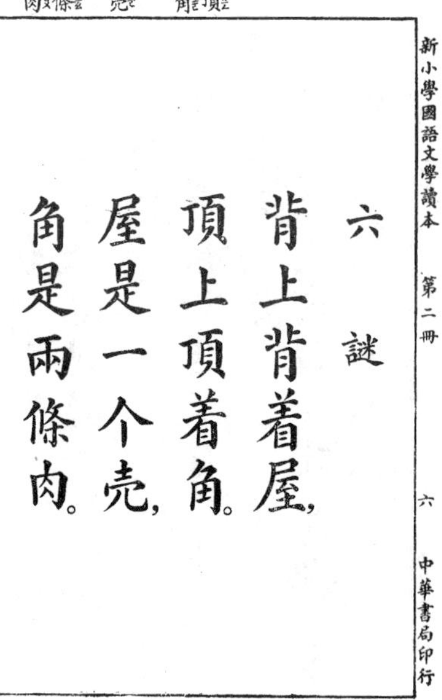

六　謎

背上背着屋，
頂上頂着角。
屋是一个殼，
角是兩條肉。

蜘　蛛　網　吐　絲　牽　吹　斷　飄

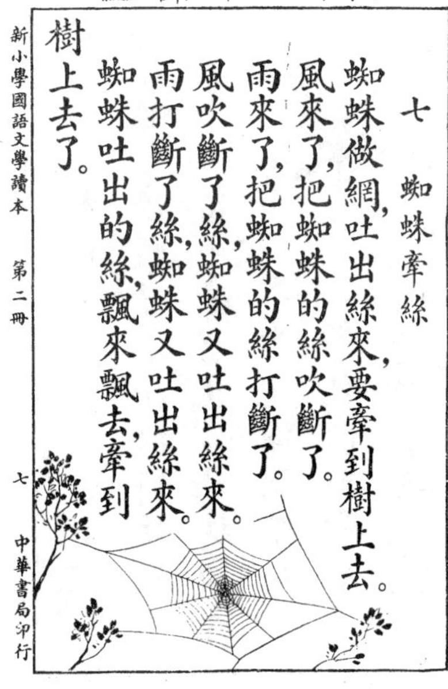

七　蜘蛛牽絲

蜘蛛做網，吐出絲來，要牽到樹上去。風來了，把蜘蛛的絲吹斷了。雨來了，把蜘蛛的絲打斷了。風吹斷了絲，蜘蛛又吐出絲來。雨打斷了絲，蜘蛛又吐出絲來。蜘蛛吐出的絲，飄來飄去，牽到樹上去了。

蒼　蠅　被　黏　蚊　刺　蜻　蜓　銜

八　蛛網

蜘蛛吐出絲來，做成一个網。

蒼蠅要咬破他的網，飛到網上，被絲黏住了。

蚊子要刺破他的網，飛到網上，被絲黏住了。

蜻蜓要銜破他的網，飛到網上，被絲黏住了。

拾　粉　桃　鴨　蛋　搶　活　貝

九　搶毬

貓拾了一个皮毬。小狗看見了，說是粉團，要貓給他；貓不給。猴子看見了，說是桃子，要貓給他；貓不給。鴨子看見了，說是鴨蛋，要貓給他；貓不給。小狗搶毬，猴子搶毬，鴨子也搶毬，把毬搶落了。毬一落一起，都喊道：「活寶貝跳起來了。」

推 穀 磨 半 邊 枕 板 堂

十 餅餅

推穀子，磨穀子，磨个餅餅娃娃吃。吃半邊，留半邊，留在娃娃枕頭邊。
貓兒偷到踏板上，
狗兒偷到堂前，
老烏偷去飛上天。

新小學國語文學讀本 第二冊 十 中華書局印行

園 誰 玩 呢 豬 嗎 髒 愛 吵 鬧

十一 誰和我玩

一个小雞，跑到園裏，說道：「誰來和我玩呢。」
豬說：「我來和你玩，好嗎。」小雞說：「你髒，我不要你。」
鴨子說：「我來和你玩，好嗎。」小雞說：「你愛吵鬧，我不要你。」

新小學國語文學讀本 第二冊 十一 中華書局印行

貓說：「我來和你玩，好嗎。」小雞說：「你吃我，我不要你。」
小雀說：「我不髒，我不吵鬧，我不吃你，我來我來。」
小雞說：「你不吵鬧，請你唱唱歌；你不髒，請你喝喝水；你不吃我，請你吃吃食。」

新小學國語文學讀本 第二冊 十二 中華書局印行

新小學國語文學讀本 第二冊 十三 中華書局印行

蝴　蝶　房　可　以　進

十二　蝴蝶躲雨

花園的花，有紅花，白花，黃花。

飛的蝴蝶，有紅蝴蝶，白蝴蝶，黃蝴蝶。

雨來了，蝴蝶要躲雨。

對紅花說：「你放開花房，讓我們躲躲雨吧。」紅花說：「紅蝴蝶可以進來。」

黃蝴蝶飛去，白蝴蝶飛去，紅蝴蝶也飛去。

對白花說：「你放開花房，讓我們躲躲雨吧。」白

太　陽

花說：「白蝴蝶可以進來。」

紅蝴蝶飛去，黃蝴蝶飛去，白蝴蝶也飛去。

對黃花說：「你放開花房，讓我們躲躲雨吧。」黃花說：「黃蝴蝶可以進來。」

白蝴蝶飛去，紅蝴蝶飛去，黃蝴蝶也飛去。

太陽出來了；紅蝴蝶，白蝴蝶，黃蝴蝶，都拍拍翅膀，飛來飛去——看看紅花，看看白花，看看黃花。

齊　蜜　蜂　采　吸　汁　嗅　香

十三　花園裏

花園裏，真好看，
紅花白花一齊開。
花園裏，真好玩，
蝴蝶蜜蜂一齊來。

蜜蜂來采花，吸吸花的汁，飛來又飛去。

蝴蝶來采花，嗅嗅花的香，飛去又飛來。

晴　弟　箏　幾　長　蜈　蚣　西　東　響

十四　放風箏

晴天有風，姐姐弟弟同去放風箏。

姐姐放的花蝴蝶。　花蝴蝶，飛一飛，跌幾跌。

弟弟放的紅蜻蜓。　紅蜻蜓，高高飛，遠遠送。

我放的長蜈蚣。　長蜈蚣，飛到西，飛到東。

蝴蝶飛上天，風箏響嗚嗚。

蜻蜓飛上天，風箏響嗚嗚。

蜈蚣飛上天，風箏響嗚嗚。

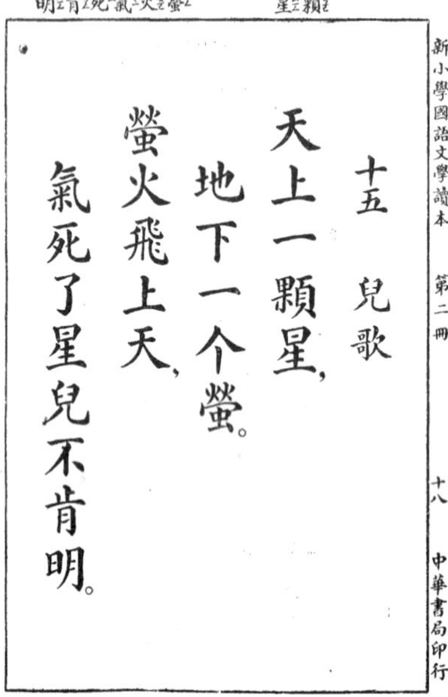

顆 星 螢 火 氣 死 肯 明

十五 兒歌

天上一顆星，
地下一个螢。
螢火飛上天，
氣死了星兒不肯明。

像 豆 裝 盤 取 盒 珠 戴 帽

十六 星

星兒，你像顆顆豆子；我要摘幾顆來，裝在盤裏。

星兒，你像小小餅兒；我要取幾个來，裝在盒裏。

星兒，你像顆顆明珠；我要摘一顆來，戴在帽上。

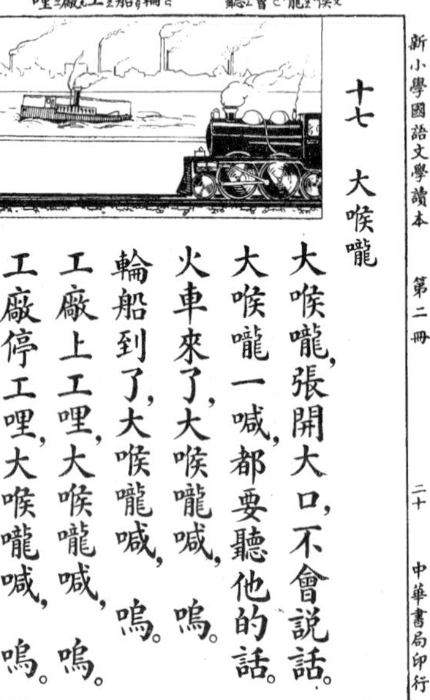

喉 嚨 會 聽 輪 船 工 廠 哩

十七 大喉嚨

大喉嚨，張開大口，不會說話。
大喉嚨一喊，都要聽他的話。
火車來了，大喉嚨喊，嗚。
輪船到了，大喉嚨喊，嗚。
工廠上工哩，大喉嚨喊，嗚。
工廠停工哩，大喉嚨喊，嗚。

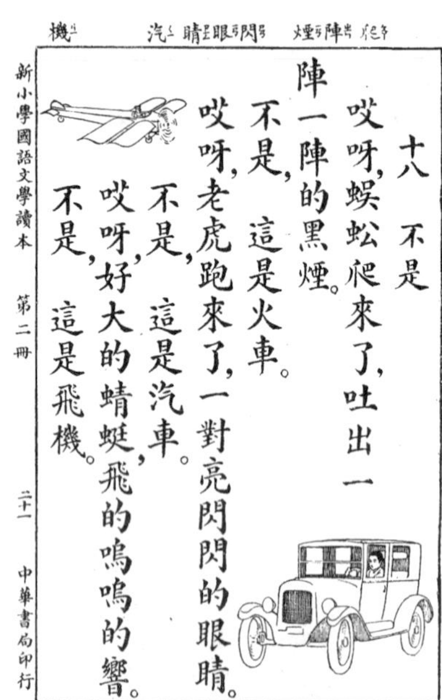

陣 煙 閃 眼 睛 汽 機

十八 不是

哎呀，蜈蚣爬來了，吐出一陣一陣的黑煙。
不是，這是火車。
哎呀，老虎跑來了，一對亮閃閃的眼睛。
不是，這是汽車。
哎呀，好大的蜻蜓飛的嗚嗚的響。
不是，這是飛機。

孩 乖 點 能 母 兔

十九　老虎叫門

（老虎唱）小孩子乖乖，把門兒開開；
快點兒開開，我要進來。
（小孩唱）不開不開，不能開；
母親不回來，誰也不開。
（老虎唱）小兔子乖乖，把門兒開開；
快點兒開開，我要進來。
（小兔唱）不開不開，不能開；

螃 蟹 就 憐 此

母親不回來，誰也不開。
（老虎唱）小羊兒乖乖，把門兒開開；
快點兒開開，我要進來。
（小羊唱）不開不開，不能開；
母親不回來，誰也不開。
（老虎唱）小螃蟹乖乖，把門兒開開；
快點兒開開，我要進來。
（小蟹唱）就開就開，我就開。
（小孩唱）可憐小螃蟹，從此不回來。

跛 拿 葫 搖 騎 匹 燈

二十　跛老人

跛老人拿一个葫蘆，一走一跛。
跛老人過河，把葫蘆一搖，河上有橋了。
跛老人要騎馬，把葫蘆一搖，一匹白馬來了。
天下雨了，把葫蘆一搖，跛老人有傘了。
天晚了，把葫蘆一搖，跛老人有燈了。
跛老人餓了，把葫蘆一搖，吃的東西都有了。
跛老人要睡，跳到葫蘆裏，跛老人不見了。

祖 生 日 買 甚 金 最 貴 杯 甜

二十一　小白花（一）

祖母生日，買甚麼送給祖母。
哥哥說「金最貴，我去買金杯。」
弟弟說「蜜最甜，我去買蜜；」
我說「哥哥買金杯，金最貴，弟弟買蜜，蜜最甜。——我買甚麼。」

二十二　小白花（二）

小白花最可愛，我去采小白花。

何 山 女 站 灑 曬 漸

小白花，何處有。山裏有小白花嗎。小女孩走到山裏，見花沒有開，站在花下說道：「風呀，你吹開小白花吧。」風來了，吹，吹，吹，風吹不開。小女孩說：「雨呀，你灑開小白花吧。」雨來了，灑，灑，灑，雨灑不開。小女孩又說：「太陽呀，你曬開小白花吧。」太陽出來了，小白花漸漸開了。

哪

二十三　小麻雀

小弟弟，捉一个小麻雀，放在籠裏。小麻雀，叫，叫，叫。

姐姐說：「小麻雀放在籠裏可憐哪，放他去吧。」

幾个小麻雀來了，看見籠裏小麻雀，叫，叫，叫。

找 父 路

姐姐說：「他的哥哥姐姐來了，來找妹妹的；可憐哪，放他去吧。」

兩个老麻雀來了，看見籠裏小麻雀，叫，叫，叫。

姐姐說：「他的父親母親來了，來找女兒的；可憐哪，放他去吧。」

弟弟放了小麻雀。老麻雀，叫，叫，叫；小麻雀，叫，叫，叫。一路飛去了。

玻 璃 撒 米 喚 時 嘴 敲

二十四　我和黃雀

我在玻璃窗裏看見一个黃雀，歇在樹上。

黃雀在樹上叫，我來樹下聽。

黃雀天天來叫，我天天來聽。

黃雀叫了，我拍手，黃雀跳上跳下。我撒一把米，喚黃雀來吃；黃雀飛下來，跳跳走，吃吃米。

我去，黃雀不來；我來，黃雀不去。有時我沒有來，黃雀的小嘴，敲着玻璃窗，叫，叫，叫。

斫 柴 石 布 鄰 滿 外 噴 身 擠 還 收

二十五　石磨

斫柴的人，得了一个石磨。

斫柴的人要米，石磨磨出米來。

斫柴的人要布，石磨磨出布來。

鄰人偷了石磨，要石磨磨酒肉；石磨磨出酒肉，裝滿了屋。鄰人往外走，石磨往外追；酒噴在他身上，肉擠在他身上。

鄰人還了石磨；石磨停了，酒肉也收了。

賣 燒 未 熟 尾 巴 焦 盛 盌 吱

二十六　兒歌

搖搖搖，搖到賣魚橋；
買條魚來燒，
頭未熟，尾巴焦；
盛在盌裏吱吱叫，吃在肚裏跳三跳，
跳啊跳，還是跳到賣魚橋。

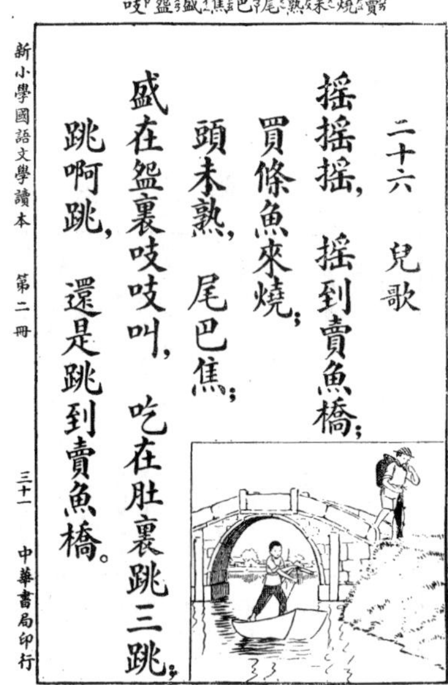

識 銅 後 鐘 啦 蠟 燭 油 瓶

二十七　瞎子和太陽

瞎子不識太陽。

有人說：「太陽的樣子，像銅盤。」

瞎子敲銅盤，有聲；後來聽到鐘聲，說道：「這是太陽啦。」

又有人說：「太陽的光，像蠟燭。」

瞎子摸蠟燭，有油；後來碰着油瓶，說道：「這是太陽啦。」

元 街 栗 想 核 枇 杷 麥 芒 冠

二十八　紅冠雞

雞兒早起，拾了幾个銅元，上街去買東西。

街上有栗子；他想栗子有壳，不買栗子。

街上有桃子；他想桃子有核，不買桃子。

街上有枇杷；他想枇杷有皮，不買枇杷。

街上有麥子；他想麥子有芒，不買麥子。

他買去買來，看見一頂紅帽子，真是好看。

雞兒買一頂紅帽子，戴在頭上，就成了紅冠雞公哩。

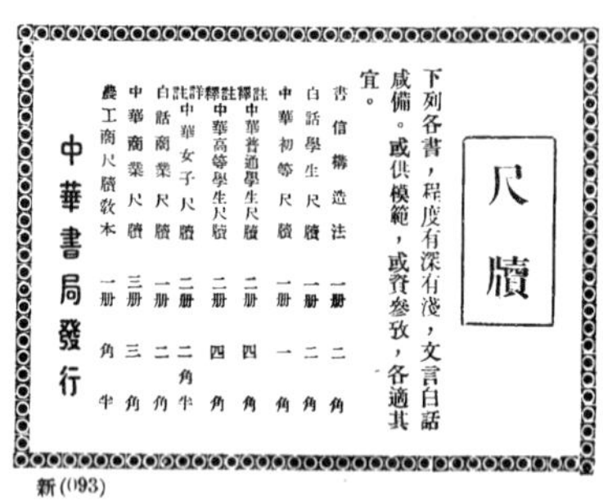

新(093)

國民政府大學院審定 十七年六月十一日執照第四十二號

NEW EDUCATIONAL SYSTEM
SELECTED READINGS IN CHINESE NATIONAL LANGUAGE
FOR LOWER PRIMARY SCHOOLS
CHUNG HWA BOOK COMPANY LTD.

民國十六年六月發行
民國十七年四月再版
新小學教科書國語文學讀本初級（全八册）
○第二册定價銀一角 外埠酌加郵匯費

編者 京山李步青
校者 桐鄉陸費逵 杭縣戴克敦
發行者 中華書局
印刷者 中華書局
印刷所 上海靜安寺路哈同路口 中華書局
總發行所 上海棋盤街 中華書局
分發行所 北平 天津 張家口 石家莊 邢台 保定 濟南 青島 太原 開封 鄭州 西安 蘭州 成都 重慶 長沙 常德 衡州 漢口 南昌 九江 安慶 蕪湖 南京 徐州 杭州 溫州 福州 廈門 廣州 汕頭 潮州 梧州 雲南 遼寧 吉林 長春 哈爾濱 香港 新加坡 中華書局

※有著作權不准翻印※

（四〇四三）

小學生最適用的

國語字典詞典

國語學生字典 陸衣言 馬俊如 編

並裝一册 六角 特價 三角半
精裝一册 一元二角 特價 七角

本書採字八千餘，字義詳備，全用國語注釋，並附例語、詞類、成語等。字音用字母，附聲調，另加貼音或反切。排列清楚，極便檢查。

國語普通詞典 馬國英 後覺 編

精裝一册 一元

本書選普通詞兒一萬左右。例語、例句，有三四千。註釋淺明，注音明晰。各詞注音上都有聲調表明，極便檢查。

中華國語注音字典

一册 四角

中華書局發行

(742)

第三册

目次

棵　斧　倒　熱　乘　涼

一　一棵大樹

一棵大樹，長在路邊。一天，有一个工人，拿着斧頭走來，想斫倒他。

大樹說「請你不要斫我，我不是沒用的東西啊。」工人就不斫了。

過了幾天，天熱起來了，工人就在那樹下乘涼。

二　小螃蟹

橫 撞 鉗 駭 蝦 根 直 竿 擋

小螃蟹在水裏橫爬，說道：「我有兩把剪刀，誰撞我，我就鉗他。」

魚撞着小螃蟹，小螃蟹鉗他，魚駭得逃了。

蝦撞着小螃蟹，小螃蟹鉗他，蝦駭得跳走了。

一根直下的竿子，擋住小螃蟹的路；小

極 倉 稻 斗 升 舂 鵝 願 意

螃蟹氣極了，鉗着竿子不放。

呀，竿子起來，小螃蟹被捉了。

三 白雞做餅

倉裏一石稻子，白雞分了一斗五升，要拿來做餅。

白雞說：「誰來舂米。」

鵝說：「我不願意。」

鴨子說：「我不願意。」

自 己 簸 糠

白雞自己舂米。

米舂熟了，

白雞說：「誰來簸糠。」

鵝說：「我不願意。」

鴨子說：「我不願意。」

白雞自己簸糠。

糠簸完了，

白雞說：「誰來磨粉。」

鵝說：「我不願意。」

鴨子說：「我不願意。」

白雞自己磨粉。

粉磨好了，

白雞說：「誰來做餅。」

鵝說：「我不願意。」

鴨子說：「我不願意。」

白雞自己做餅。

蒸ㄓㄥ

餅做成了，
白雞說：「誰來蒸餅。」
鵝說：「我不願意。」
鴨子說：「我不願意。」
白雞自己蒸餅。
餅蒸熟了，
鵝說：「我要吃。」
鴨子說：「我要吃。」

配ㄆㄟˋ 只ㄓ 養ㄧㄤˇ 怕ㄆㄚˋ 冷ㄌㄥˇ 伏ㄈㄨˊ 懷ㄏㄨㄞˊ 樂ㄌㄜˋ 引ㄧㄣˇ 鷹ㄧㄥ 豎ㄕㄨˋ 毛ㄇㄠˊ

白雞說：「你們不配吃，只有我好吃。」

四 小雞的母親

一个大母雞，養了幾个小雞。
他怕小雞冷，把小雞伏在懷裏。
他怕小雞不樂，引小雞出去走走。
有食，引小雞去吃。
有貓有鷹，喚小雞逃走。
有人到小雞面前，他豎起頂毛，張着嘴，

啄ㄓㄨㄛˊ 喇ㄌㄚˇ 叭ㄅㄚ 列ㄌㄧㄝˋ

就要去啄。

五 吹喇叭

吹喇叭，列拉，列拉，
列列拉，拉拉列。
列列拉，拉拉列，吹到花園裏；紅
花白花開出來；開出來，來聽我吹喇
叭。
列列拉，拉拉列，吹到山頂上；猴

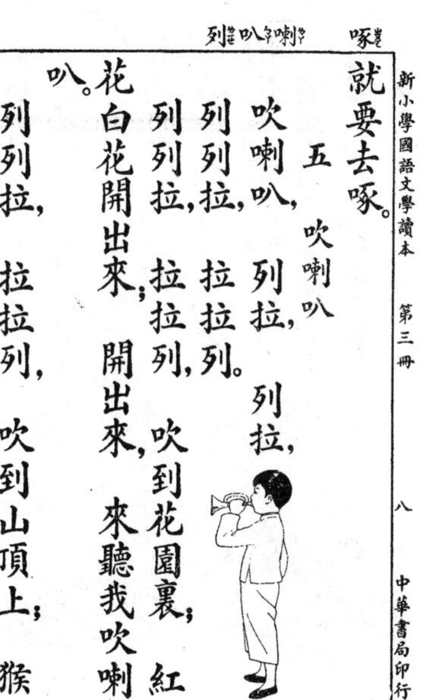

游ㄧㄡˊ

子兔子跑出來；跑出來，來聽我吹喇
叭。
列列拉，拉拉列，吹到大河邊；水
裏魚蝦出來游；出來游，來聽我吹喇
叭。
吹，吹，吹，列拉，列拉，列列拉，
拉拉列。

六 駱駝和羊

駱 駝 遊 矮 林 仰 牆

駱駝和羊，同去遊玩。

駱駝說：「高的最好。」

羊說：「矮的最好。」

駱駝和羊，走到樹林裏。駱駝仰着頭，吃樹上的葉子；羊吃不着。

駱駝說：「你看哪，還是高的好。」

駱駝和羊，走到高牆的園外。羊從小門

低 草 字 接 封 書 信 先 鏡

進去，低着頭吃草；駱駝走不進去，吃不着。

羊說：「你看哪，還是矮的好。」

駱駝說：「高有高的用處。」

羊說：「矮有矮的用處。」

七 怎樣識字

鄉人不識字。

接了一封書信，請老先生看；老先生看書信，要戴老光眼鏡。

帖 近 認 驢 本 事 方

接了一張請帖，請學生看；學生看請帖，要戴近光眼鏡。

鄉人去買眼鏡。

戴老光眼鏡看字，不認識字。

戴近光眼鏡看字，也不認識字。

鄉人說：「我要買識字的眼鏡啦。」

八 驢子的本事

沒有驢子的地方，來了一个驢子，大家

很 奇 怪 體 敢 常 多 慣 惹

都很奇怪。

老虎來看驢子，見他的身體很大，不敢近他，常躲在樹林裏看。

驢子大叫一聲，老虎怕他來咬，趕快跑了。

驢子叫了多回，老虎聽慣了，不跑也不惹他。

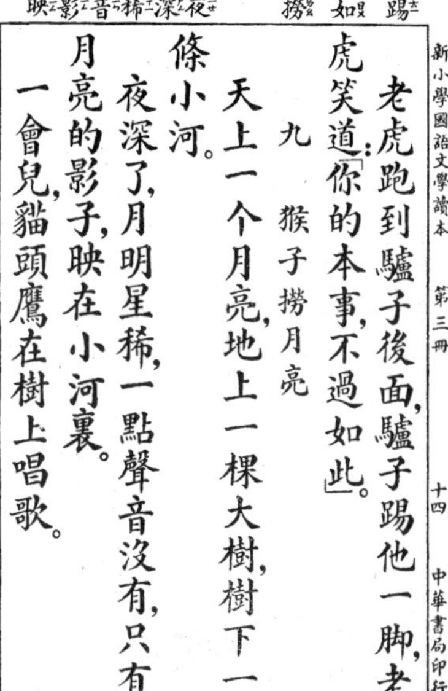

踢 如 撈 夜 深 稀 音 影 映

老虎跑到驢子後面，驢子踢他一脚，老虎笑道：「你的本事，不過如此。」

九 猴子撈月亮

天上一个月亮，地上一棵大樹，樹下一條小河。

夜深了，月明星稀，一點聲音沒有，只有月亮的影子，映在小河裏。

一會兒，貓頭鷹在樹上唱歌。

新小學國語文學讀本 第三冊 十四 中華書局印行

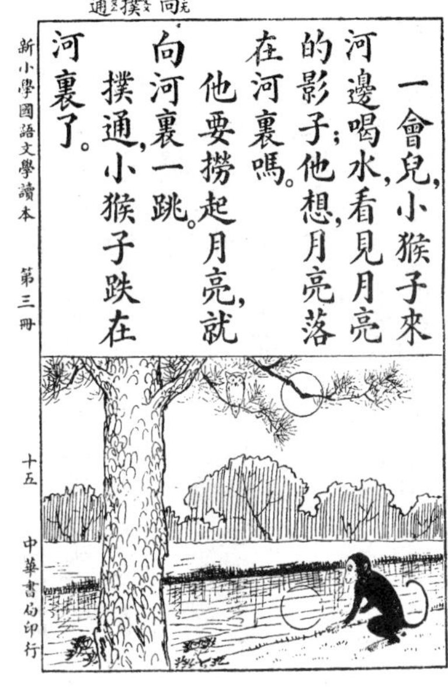

向 撲 通

一會兒，小猴子來河邊喝水，看見月亮的影子；他想月亮落在河裏嗎。

他要撈起月亮，就向河裏一跳。

撲通，小猴子跌在河裏了。

新小學國語文學讀本 第三冊 十五 中華書局印行

鞋 拳 痛 理 繡 針 挑 瘤 已

貓頭鷹聽着聲音，歌也不唱了。

十 謎

一个黑人，黑鞋黑衣，拳打不痛，脚踢不理，繡花針也挑不起。

十一 瘤老人

瘤老人在山裏斫柴，回家時天已晚了，

遇 妖 舞 喜 割 掉 約 朋 友 添 敏

遇見妖怪跳舞，被他們捉去。

瘤老人會打拳，老妖喜，割掉他的瘤子，約他明夜再來。

他的瘤子朋友，想去割掉瘤子，替他去。這人不會打拳，老妖不喜，把瘤子還他。呀，他的朋友，添上一个瘤子了。

十二 小敏兒

婆 藍 衫

小敏兒的外婆走到山裏，被狼吃了。

狼穿了他的藍布衫，走到小敏兒家裏，說道：「外婆來了。」

小敏兒說：「外婆，你的眼睛，怎麼這樣大。」狼說：「眼睛大，好看你呀。」

小敏兒說：「外婆，你的手，怎麼這樣大。」狼說：「手

抱 害 樓 梯

大，好抱你呀。」

小敏兒說：「外婆，你的口，怎麼這樣大。」狼說：「口大，好吃你。」

小敏兒很害怕，快快跑到樓上，狼也追上去。

狼不會爬；小敏兒把梯子一推，梯子倒了，狼跌下去，就跌死了。

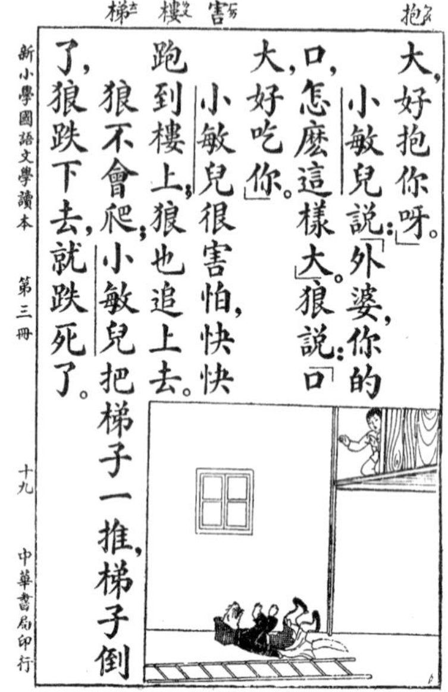

智 慧 美 聰 勤 姑 朵 問 校

十三 智慧花

慧生的妹妹，生得極美，又聰明，又勤學。他的姑母說：「這个小女孩，是一朵智慧花。」

慧生要找智慧花，去問他的母親；母親說：「你到學校裏去找。」

慧生到學校裏找不着智慧花，去問先生。

容 易 耳 心 讀

先生說：「你要找智慧花嗎。那是很容易的。

你的耳，用心去聽，智慧花在你的耳朵裏。

你的眼，用心去看，智慧花在你的眼睛裏。

你的口，用心去讀，智慧花在你的口裏。

你的手，用心去做，智慧花在你的手裏。」

鷸 蚌 灘 合 攏 今 必 相 漁 狐 騙

十四 鷸和蚌

蚌爬到灘上，張開他的殼，向着太陽。鷸來啄他，蚌殼合攏，把鷸的嘴鉗住了。

蚌說：「今日雨，明日雨，必有死鷸。」

鷸說：「今日晴，明日晴，必有死蚌。」

鷸和蚌，兩不相讓，都被漁人捉去了。

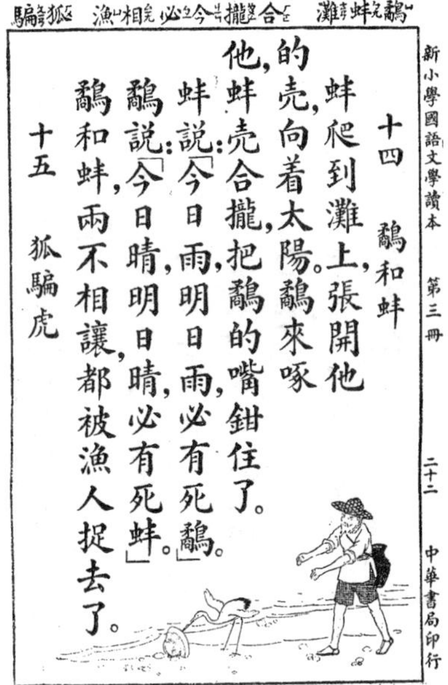

十五 狐騙虎

獸 王 各 然

狐遇虎，虎要吃他。狐說：「我是獸王，你不能吃我。」

虎說：「各獸都怕你嗎？」

狐說：「各獸見了我，都要逃的；你同我走一走，就知道了。」

虎同狐走，各獸果然逃去。

各獸是怕虎，不是怕狐，虎被狐騙了。

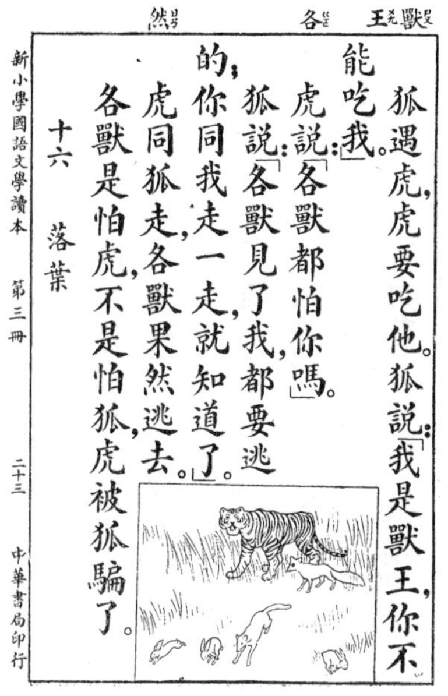

十六 落葉

簌 柄 當 作 扇 溝 螞 蟻 藏 底 燕 細 語

樹葉落下，簌簌的響，片片的飛。

樹葉落在山裏，猴子拾來，拿着葉柄，把他當作扇子。

樹葉落在溝裏，螞蟻上來，坐在當中，把他當作船。

樹葉落在河裏，小魚游來，藏在底下，把他當作傘。

樹葉落在園裏，燕子啣來，低聲細語，說

催 南 撐 篙 划 槳 岸 篷

道：「家信來了，催我們回南啦。」

十七 小小船

（一）

小小船，撐撐篙，撐到河當中，撐，撐，撐。

小小船，划划槳，划到對岸去，划，划，划。

小小船，扯扯篷，扯

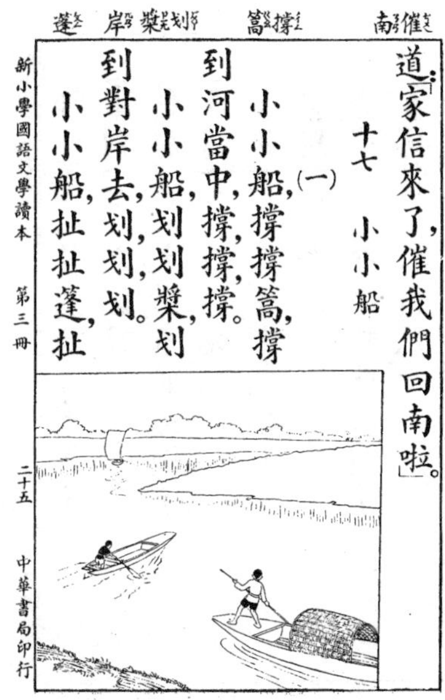

順　鳥　湖　荷　綠

起走順風,扯,扯,扯。
小小船,慢慢走,好像魚兒游。
小小船,快快走,好像鳥兒飛。

(二)

划,划,划,划到湖裏去采荷。荷花香,采荷花;荷葉綠,采荷葉。
划,划,划,划到湖裏

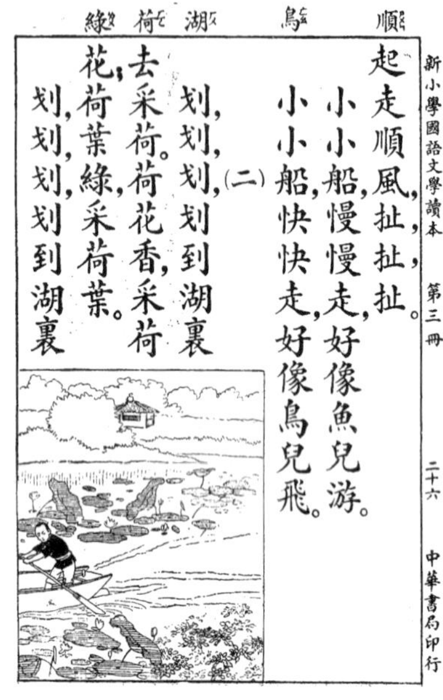

餓　嫩　嘗　告　審　判　官　狀　糖　拖

采菱角。菱角嫩,采來嘗;菱角老,可吃飽。

十八　被告人呢

(告狀人)　審判官,我要告个狀。
(審判官)　你告甚麼狀。
(告狀人)　老鼠偷我的果果糖。
(審判官)　老鼠呢。
(告狀人)　老鼠,花貓拖去了。
(審判官)　花貓呢。

木匠　鋸　洞

(告狀人)　花貓,跑上大樹了。
(審判官)　大樹呢。
(告狀人)　大樹,木匠鋸倒了。
(審判官)　木匠呢。
(告狀人)　木匠,老虎拖去了。
(審判官)　老虎呢。
(告狀人)　老虎,逃進山洞了。
(審判官)　山洞呢。

潮　淹　乾　雲　遮　散

(告狀人)　山洞,潮水淹沒了。
(審判官)　潮水呢。
(告狀人)　潮水,太陽晒乾了。
(審判官)　太陽呢。
(告狀人)　太陽,烏雲遮住了。
(審判官)　烏雲呢。
(告狀人)　烏雲,大風吹散了。
(審判官)　大風呢。

息　獵　鹿　叉　象　鼻

（告狀人）大風息了。

十九　你拾着大尾巴嗎

狐有一條大尾巴，被獵狗咬斷了。

他去找尾巴，碰着鹿，問道：「你拾着大尾巴嗎？」鹿說：「我有分叉角，不要大尾巴。」

碰着象，問道：「你拾着大尾巴嗎？」象說：「我有長鼻子，

脊　鶴　頸項　扁

不要大尾巴。」

碰着駱駝，問道：「你拾着大尾巴嗎？」駱駝說：「我有高背脊，不要大尾巴。」

碰着鶴，問道：「你拾着大尾巴嗎？」鶴說：「我有長頸項，不要大尾巴。」

碰着鴨子，問道：「你拾着大尾巴嗎？」鴨子說：「我有扁嘴殼，不要大尾巴。」

莫　稱　秤

狐找不着大尾巴，嗚嗚的哭。

猴子說：「莫哭莫哭，我也沒有尾巴啦。」

二十　象怎麼稱呢

象是很重的，要稱他一稱，沒有那麼大的秤。

一个小兒說：「把象牽到船上，就可以稱了。」

他的父親說：「那怎麼稱呢？」

號　運　等　平

小兒說：「象上了船，看水升到那裏，做一个記號，就知道了。」

他的父親說：「那怎麼知道呢？」

小兒說：「把象牽上岸來，再運東西上船，等到水升起來和記號一樣的平，就知道了。」

他的父親說：「那怎麼知道呢？」

小兒說：「把運在船上的東西一樣一樣

的稱，那東西共有多少斤，就是象的重量了。

二十一　學人的猴子

猴子走到田裏，看見種田的人，把豆子撒在土裏；他想，這是做甚麼。

猴子再到田裏，看見豆子發了芽，長成苗了。

他再去看，苗生了細藤；藤上的紫花，好

像蝴蝶。

他再去看，藤上生了莢；莢莢中的豆子，和撒的豆子一樣。

猴子見一顆豆，長了一个苗；一个苗，生許多豆子，他歡喜極了。

他把糖人拿去埋在土裏。他再去看，糖人沒有了。

他把皮毬拿去，埋在土裏。他再去看，皮毬壞了。

他把銅元拿去，埋在土裏。他再去看，銅元生了鏽。

他想，我種的東西，都不生長，這是怎麼一回事。

二十二　追兔子

一隻兔子，跑到平原裏；看羊的小孩，放

了羊，去追兔子。

兔子跑到路上；背書包的學生，放了書包，去追兔子。

兔子跑到河邊；釣魚的漁翁，放了魚籃，去追兔子。

兔子跑到田裏；耕田的農夫，放了牛，去追兔子。

兔子逃走了，看羊的小孩，背書包的學生，釣魚的漁翁，耕田的農夫，都追不上。

小孩回到平原裏找羊，

羊被狼吃了。

學生回到路上找書包，

書被風吹散了。

漁翁回到河邊找魚籃，

魚被貓拖去了。

蠢　炒　鹽　醋　醬　孫

農夫回到田裏找牛，

牛把苗吃了。

二十三　蠢孩子

老婆婆炒菜，有了油鹽，沒有醋和醬油。他的孫子來了，老婆婆說：「好孩子，你拿兩个盌去，買一个銅元醋，一个銅元醬油。」

小孩去了一會，回來問道：「婆婆，那一个銅元買醋，那一个銅元買醬油。」

惱　嚇

老婆婆說：「都可以。」

小孩去了一會，又回來問道：「婆婆，那一个盌裝醋，那一个盌裝醬油。」

老婆婆說：「都可以。」

小孩去了一會，又回來問道：「婆婆，那一隻手拿醋盌，那一隻手拿醬油盌」

老婆婆惱極了，喝道：「不要你買了。——嚇，蠢孩子。」

夢　行　空　宮　輛　姨

二十四　夢中飛行

一个小孩，生了兩个翅膀，和鳥一樣，向空中飛去。

小孩飛到月宮裏，月亮姐送他一輛飛車。

小孩飛到日宮裏，太陽哥送他一雙飛鞋。

小孩飛到風宮裏，風姨送他一把飛刀。

娘　擎　狂　折　醒

小孩飛到雲宮裏，雲姑娘送他一把飛傘。

小孩回家——穿着飛鞋，騎着飛車，拿着飛刀，擎着飛傘。

呀，狂風來了；小孩跌下地來，哭道：「我的翅膀折斷了」。

他的母親喚道：「兒呀，你說夢話嗎。醒來醒來。」

器　件　具　按　關　紙　墨　筆　硯　線

二十五　怪機器

飛行家飛行空中，遇見一个怪人，送他一件機器。——這件機器，用處很多。

小孩要做玩具，按玩具的機關，就做成各樣的玩具。

學生要做校具，按校具的機關，甚麼紙，墨，筆，硯，石板，書包……都有了。

工人們按着機關，拿布和線來，甚麼衣

服　竹

服都有了。拿竹木來，甚麼竹器木器都有了。拿銅鐵來，甚麼銅器鐵器都有了。

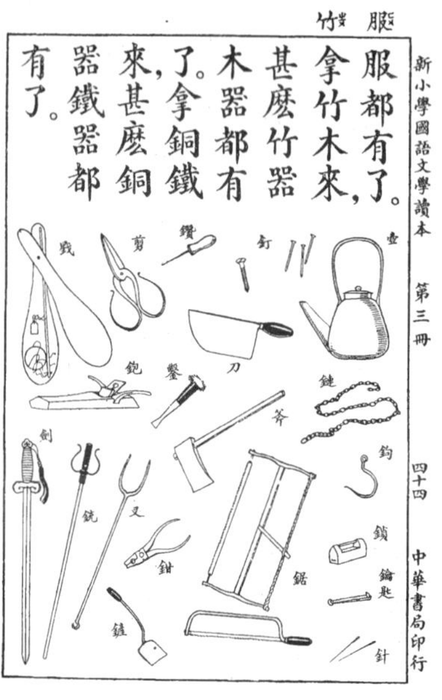

服用類圖　(附件)衩　領　襠　袋　襟　袖　紐扣

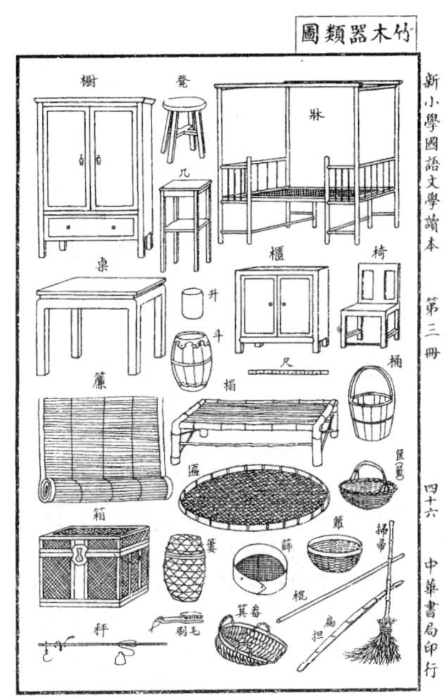

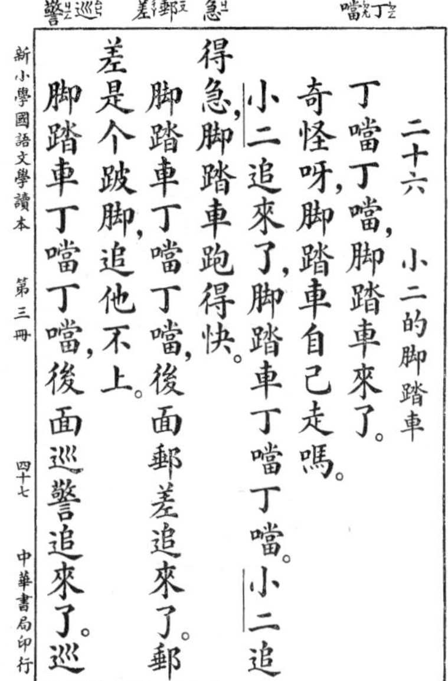

二十六 小二的脚踏車

丁噹丁噹，脚踏車來了。

奇怪呀，脚踏車自己走嗎。

小二追來了，脚踏車丁噹丁噹。小二追得急，脚踏車跑得快。

脚踏車丁噹丁噹，後面郵差追來了。郵差是个跛脚，追他不上。

脚踏車丁噹丁噹，後面巡警追來了。巡

警是个大胖子，追他不上。

汽車追來了，汽車砰砰砰，脚踏車丁噹丁噹。汽車追得越急，脚踏車跑得越

快，汽車也追不上。

小二哭道：「脚踏車，你不要逃走呀。親愛的脚踏車，你回來吧。」

丁噹丁噹，脚踏車轉過來了。

小二轉來，郵差轉來，巡警轉來，汽車也轉來。

到了小二的家，丁噹丁噹，脚踏車停了。

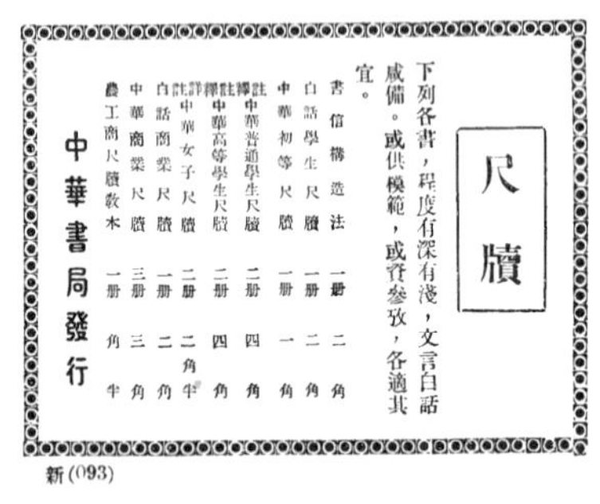

國民政府大學院審定 十七年六月十一日執照第四十二號

民國十六年六月發行
民國十七年四月再版

新小學教科書國語文學讀本初級（全八冊）
○第三冊定價銀一角 外埠酌加郵匯費

NEW EDUCATIONAL SYSTEM
SELECTED READINGS IN CHINESE NATIONAL LANGUAGE
FOR LOWER PRIMARY SCHOOLS
CHUNG HWA BOOK COMPANY LTD.

編者 京山李步青
校者 桐鄉陸費逵 杭縣戴克敦
發行者 中華書局
印刷者 中華書局
印刷所 上海靜安寺路哈同路口 中華書局
總發行所 上海棋盤街 中華書局
分發行所 北平 天津 張家口 石家莊 邢台 保定 濟南 青島 太原 開封 鄭州 西安 蘭州 成都 重慶 長沙 常德 衡州 漢口 南昌 九江 安慶 蕪湖 南京 徐州 杭州 溫州 福州 廈門 廣州 汕頭 潮州 梧州 雲南 遼寧 吉林 長春 哈爾濱 香港 新加坡 中華書局

第四册

目次

勢力　比些　塊

一　石匠

石匠替人做工，是沒有勢力的人。他想勢力最大的，只有太陽；他要做太陽。石匠做了太陽；雲起來了，遮住了太陽。他想雲的勢力，比太陽大些；他要做雲。石匠做了雲；風起來了，吹散了雲。他想風的勢力，比雲大些；他要做風。石匠做了風，吹到山邊，被一塊石頭擋住了。

鑿 靠 窮 富 挖 仙 變 受

他想石頭的勢力，比風大些；他要做石頭。石匠做了石頭，來了一个石匠，把石頭鑿斷了。

他想勢力靠不住，還是做石匠吧。

二 金子和手

一个窮人，見富人的金子多，他想去挖金子。

窮人走到山裏，遇見一个仙人。仙人把石頭一摸，變成金子，送給窮人；窮人不受。

換 桌 筷

窮人說：「我不要你的金子，我要你的手，請你把手換給我吧。」

窮人換了手，回到家裏，用手摸房屋，房屋變成金的。用手摸桌椅，桌椅變成金的。——窮人大喜。

窮人吃飯，用手拿筷子，筷子變成金的。用手拿飯盌，飯和盌變成金的。再摸衣服，衣服也變成金的。

窮人哭道：「仙人哪，仙人哪，我不要金子了，

鍋 慳 吝 求 省 便 第 晨

請你把手還我吧。」

三 借鍋

慳吝的老婆婆，住在仙女山下；他是常求仙女的。

一天，仙女向他借鍋。他想，家裏的破鍋，仙女拿去補了，可省六个銅元；便把這个破鍋，借給仙女。

第二天早晨，看見這个破鍋，放在他的門前，果然補好了。

廚具圖

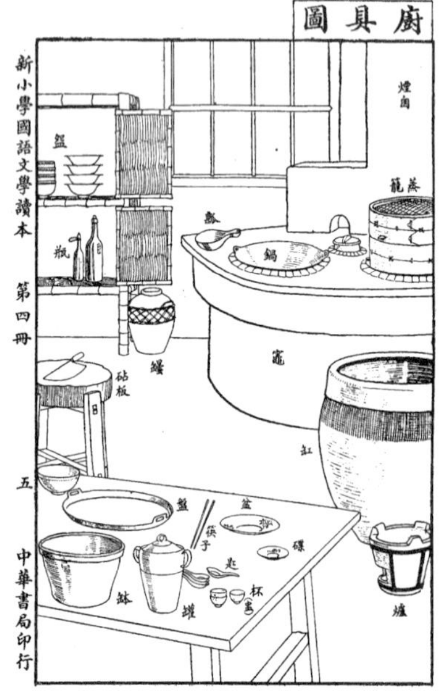

煎 忽 正 驚 疑 春

他拿去煎餅，餅焦了一个；忽有聲音說道：「這是兩个銅元。」

他留心去看，又焦了一个；又有聲音說道：「這是四个銅元。」

他正在驚疑，又焦了一个；又有聲音說道：「你省的六个銅元，都已完了。」以後鍋便好了。

四 春風

（一）

春風來了，春風來了。

野 發 蟲 泥 沙

桃樹怎能開花。春風催了他。

野草怎能發芽。春風吹了他。

燕子怎能回家。春風喚了他。

小蟲怎能爬出泥沙。春風引了他。

（二）

春風，春風。

你能催樹開花，

你能吹草發芽，

你能喚燕子回家，

柳 枝 垂 披 髮 鞠 躬

你能引小蟲爬出泥沙。

可愛的春風，可愛的春風。

五 柳

柳葉片片，像人的眼；柳枝垂下，像女孩披的頭髮。

風來了，枝搖搖，葉也搖搖，柳樹點點頭。

風來了，枝搖搖，葉也搖搖，柳樹鞠鞠躬。

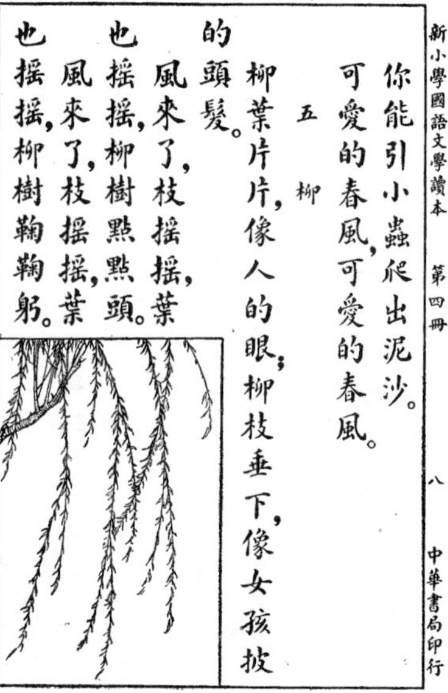

擺 隨 輕 絮 紛 黏 圍 巾 楊

風來了，枝搖搖，葉也搖搖，柳樹擺擺手。風來了，枝搖搖，葉也搖搖；還有許多小花，隨風飄飄。

柳花像輕毬，忽上忽下，散在空中飛。柳花像白絮，紛紛撲下。黏在人的衣上。

六 小燕子

（一）

小燕子，身穿烏衣，頸上圍着紅巾；飛到河邊，歇在綠楊樹上。

彈丸傷　軟扶淺洗血

小燕子正在唱歌，忽飛來一顆彈丸，把他打傷了。他跌下地來，哭道：「母親呀，兒受了傷，你在那裏呀。」

綠楊樹說道：「小燕子，你可憐，你的母親在那裏。要不是我的手軟，早扶你起來了。」

河水說道：「小燕子，你可憐，你的母親在那裏。要不是我的水淺，早替你洗去血了。」

捧帶　尋　消舊窠躺

(二)

小姑娘走來，把小燕子捧起，帶回家去，給水他喝，給食他吃。

小燕子的傷好了，叫道：

「我的母親在那裏。他在山頭尋我，他在水邊尋我。我在這裏，誰替我送个消息。

我的母親在那裏。我要回舊窠裏，我要躺在他懷裏。誰替我送个消息。」

老燕子來了，親親小燕子的嘴，叫道：

謝　避簷造所

「兒呀，你幾時到這裏。我在山頭尋你，我在水邊尋你。你幾時到這裏。

兒呀，你同我回去，回到舊窠裏，躺在我懷裏。

小姑娘，謝謝你。我同小燕兒，天天來看你。」

七　燕語

(一)

我要借你的屋，避避風，躲躲雨。

我去啣泥啣草，到你家的屋簷角，造一所

擾保護

小屋子。

我在你家裏，輕輕飛，細細語，不擾你。

我在你園裏，捉害蟲，保護花和果。

(二)

謝謝你，你把你的屋，借我避風躲雨。

謝謝你，你家的屋簷角，許我啣泥啣草，造一所小屋子。

謝謝你，你家裏許我飛，許我語。

謝謝你，你許我在園裏，捉蟲，看花和果。

預備年候珊瑚

我預備回南了，到了明年，把春的消息，早早送給你。

我來的時候，把紅的白的珊瑚，大大小小的貝殼，帶來送給你。謝謝你。

附 房屋類詞

堂 廳 院 室 齋 館 樓 閣

軒 亭 塔 廂房 廚房 廊

樑 柱 椽 桷 簷 窗 門框

門檻 闌干 梯 廟 寺 菴 觀

海婦間茅色訴寬

八 海中人

老漁翁和漁婦，住在一間茅屋裏。

漁翁到海邊釣魚，釣了一尾金色魚。魚說：「你放我去；你要甚麼，喚海中人三聲，我就送東西來。」

漁翁放了魚，回到家裏，把魚的話，告訴漁婦。

漁婦說：「我要寬大的房屋，你去說吧。」

漁翁到海邊，喚道：「海中人，海中人，海中人。」

海中人說：「你要甚麼。」

漁翁說：「我要寬大的房屋。」

海中人說：「寬大的房屋有了，你回去吧。」

漁翁回家來，見寬大的房屋有了。

漁婦說：「我要住在

城周

城裏，你去說吧。」

漁翁到海邊，喚海中人來，說道：「我要住在城裏。」

海中人說：「房屋周圍，已有城了，你回去吧。」

漁翁回家來，見房屋周圍，已有城了。

兵　守　衛

漁婦說：「我要護兵守衛，你去說吧。」

漁翁到海邊，喚海中人來，說道：「我要護兵。」

海中人說：「護兵有了，你回去吧。」

漁翁回家來，見護兵有了。

國　歸　管

漁婦說：「我要一國的事，都歸我管，你去說吧。」

漁翁再到海邊，海中人說：「你還來要甚麼，回你的茅屋裏去吧。」

漁翁回家來，見寬大的房屋，周圍的城，

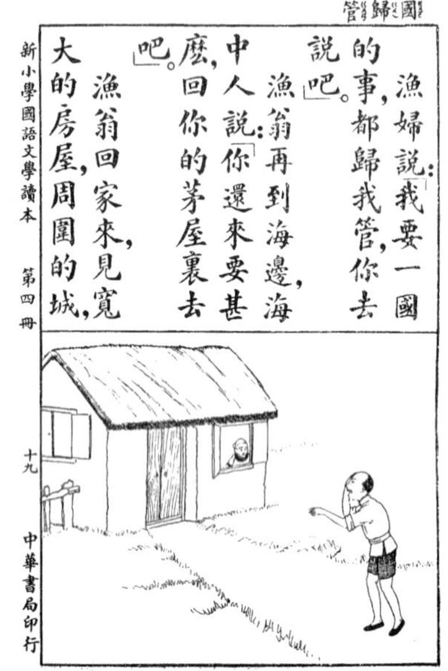

假　講　究　誠　錢　設　織

守衛的兵，都沒有了；只有漁婦，還是住在茅屋裏。

九　假

從前有一國王，最講究穿衣服。

有兩個騙子，自稱會做衣服，來見國王，說道：「我們做的衣服，不誠實的人和不聰明的人，都看不見的。」

國王大喜，給他們許多的錢。他們回家，設了兩架織布機，假做織衣料的樣子。

命　臣　顏　僕

國王命大臣去看——大臣的聰明，是人人稱道的。

大臣來看，只見兩架空機。他想，「我不聰明嗎，怎麼看不見。」只好假說道：「這件衣料，花樣好，顏色好，織工也好。」

國王命老僕去看——老僕的誠實，是人人稱道的。

老僕來看，只見兩架空機。他想，「我不誠實嗎，怎麼看不見。」只好假說道：「這件衣料，花樣

新

好，顏色好，織工也好」。

過了幾天，騙子說衣服已經做好，請國王來穿；他們假作樣子，披在國王身上。國王想，「我不誠實嗎，不聰明嗎，怎麼看不見。」只好假說道：「這件新衣，花樣好，顏色好，織工也好。」

騙子請國王到街上遊玩，給大家看新衣。街上的人，也只好假說道：「這件新衣，花樣好，顏色好，織工也好。」

一个小孩說：「國王沒有穿新衣。」他的父親

嚷 拇 般 名

說：「你不要說。」小孩說：「國王沒有穿新衣，怎麼不要說。」——大家都嚷道：「真的國王沒有穿新衣，國王沒有穿新衣。」

十 大拇指

老夫婦二人，生一个孩兒。他的身體，只有拇指一般大，就名大拇指。

大拇指穿的衣，是一个老鼠的皮；大拇指坐的車，是用兩个老鼠拖的。

臺 麵 糊 缸 翻 潑 沉 吞 剖

大拇指的家，住在河邊。

一天，他爬到窗臺上，落在麵糊缸裏。

狗踏翻了麵糊缸，潑到河裏，大拇指就沉在水底了。

河裏的魚，把大拇指吞到肚裏。

漁翁得了一尾魚，剖開

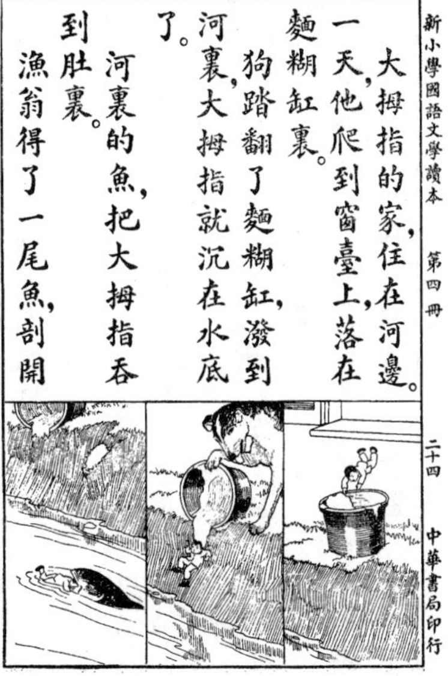

掛 動

魚肚，大拇指跳出來了。

國王知道了，要看大拇指，漁人送他到宮裏。

大拇指會說會笑，國王歡喜他，把他放在籠裏。

籠掛在窗臺上，老鷹來了，啣了籠去。老鷹飛了三天，啣不動了；籠落下來，落在他自家的屋頂上。

安ㄢ 跟ㄍ 蝨ㄕ

老夫婦二人看見了，取下籠來，大拇指平平安安，回家來了。

十一 老實的弟弟

哥哥和弟弟，共分一隻牛。

哥哥說：「你拉牛的尾巴，我拉牛的頭，看牛跟誰走，這牛就是誰的。」

弟弟拉不住牛，把尾巴上的蝨子，拉下了一個。

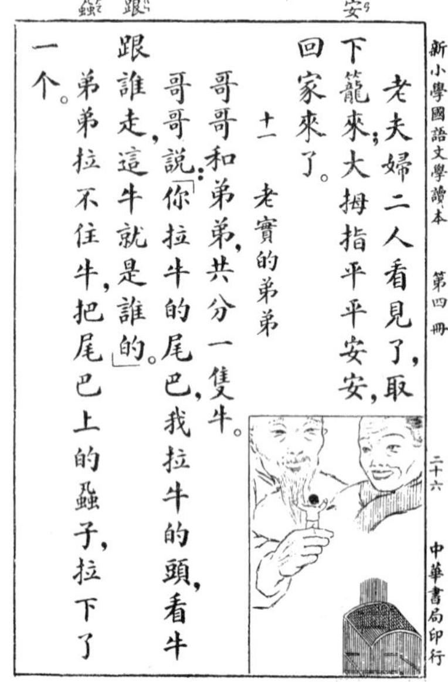

伯ㄅ 賠ㄆ 叔ㄕ 犂ㄌ 抛ㄆ

弟弟捉着蝨子，走到伯伯家裏；公雞跑來，啄去了蝨子。弟弟大哭。伯伯說：「你不要哭，我把公雞賠你。」

弟弟捉着公雞，走到叔叔家裏；黃狗跑來，咬死了公雞；弟弟大哭。叔叔說：「你不要哭，我把黃狗賠你。」

弟弟牽了黃狗，到田裏耕田；一隻手扶着犂，一隻手抛飯團。

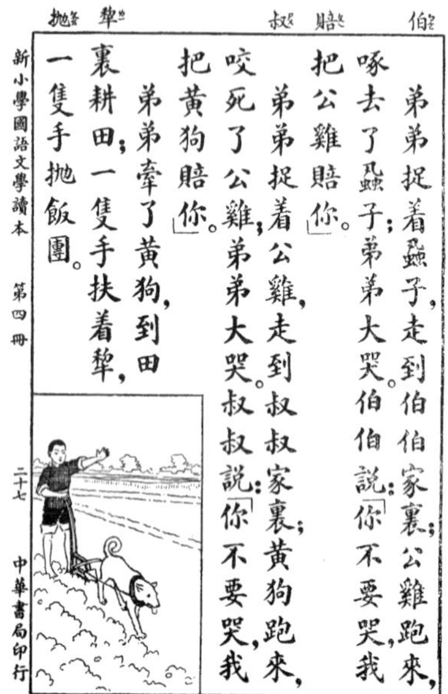

墳ㄈ 銀ㄧ

黃狗搶飯團吃，背着犂走，田就耕好了。

哥哥見黃狗耕田，把牛賣了，向弟弟借狗耕田。

哥哥不抛飯團，狗不背着犂走；他就打死黃狗，埋在田裏。

弟弟去哭黃狗，見黃狗的墳上，長了一棵樹。他把樹一摇，落下許多金銀來，就拾了金銀回去。

哥哥看見了，也到墳上去哭。他把樹一摇，

蛇ㄕ 商ㄕ 某ㄇ 非ㄈ 搭ㄉ 提ㄊ

許多蛇和黃蜂，都來咬他。

附 人倫類詞

父 爺 爹 爸爸 母 媽 娘 子

女 夫 妻 婦 兄 哥 弟 姊 姐

妹 伯 叔 妯 娌 嬸 姑 姨

娣 嫂 祖 孫 舅 婿 姪 甥

十二 商人的狗

某商人養一隻狗，非常愛他。一日，商人要去搭船，手提錢包，騎着馬去，狗也跟去。

喘 匆 汪 主 蹄 瘋 槍

商人走到山上，天氣正熱，馬喘，狗也喘，便到樹林裏歇息。

歇息後，商人匆匆上馬，走得不遠，狗汪汪的叫。商人見沒有甚麼，不理。狗見主人不理，便咬馬蹄。商人想道：「狗熱得要發瘋嗎？」引狗去喝水，狗不喝。

商人又向前走，狗又咬馬蹄。商人舉槍打狗，狗受了傷，躺在地上，汪汪的叫。

商人上船的時候，知道錢包落了，向原路

流 旁 抖 纔

去找，走到打狗的地方，見血流滿地，狗已不見了。

後來到樹林裏，見錢包在地上，狗躺在旁邊，痛得發抖。

商人抱着狗，摸他的傷。狗舐舐錢包，舐舐主人的手，纔躺在地上死了。

誇 初 世 期 厭 煩 連 聚

十三 誇口的小白兔

初出世的小白兔，很是害怕。

小白兔害怕了一天，害怕了一星期，害怕了一月，害怕了一年，也害怕得厭煩了。他便誇口說：「我誰也不怕。」

兔母說：「你連狼也不怕嗎？」

這誇口的小白兔說：「不怕。我遇見狼，就吃了他。」

兔兒兔孫們，都聚攏來，聽了他說的話，用

掩 興 堆 演 法 現

前脚掩着小嘴，大笑起來；引得兔母也笑了。

這誇口的小白兔，更高興起來，走到土堆上演說，說道：「你們害怕嗎？聽我告訴你們一个法子……」說到這裏，他忽然停住了。原來一个餓狼，在近處嗅了一嗅，現在走進來了。

別的兔子,見狼來了,都向洞裏逃去。小白兔駭急了,向前一縱,從狼背上滾下來;狼吃了一驚,也走了。

別的兔子,慢慢出來,見狼走了,都說道:「狼是小白兔駭走的。」

這誇口的小白兔,從狼背上滾下後,跑到樹下,就

駭昏了。

別的兔子找着他,說道:「你在這裏嗎,狼被你駭走了。」

這誇口的小白兔,慢慢起來,擺出自大的樣子,說道:「你們真膽小,都跑到那裏去了。」

從這天起,這誇口的小白兔,纔自信誰也不怕了。

十四 一尺長的下顎

漢武帝的下顎,有一寸多長。

一个相面的人,對武帝說:「下顎長到一寸多的,可以活一百歲。」東方朔在旁,哈哈大笑。

武帝說:「東方朔,你笑甚麼。」

東方朔說:「我想彭祖的下顎,真是好笑。」

武帝說:「彭祖的下顎,是甚麼樣兒。」

東方朔說:「他的下顎,有一尺多長。」

武帝說:「人的下顎,那有一尺多長呢。」

東方朔說:「活一百歲的人,下顎有一寸多長;彭祖活了八百歲,不應該有一尺多長嗎。」

十五 月亮歌

新月彎彎,好像弓;弓是漸漸彎,不會圓。

滿月團團,好像盤;盤缺了,補不完。

月亮漸漸缺,漸漸圓;

圓了又缺,缺了又圓;

年年這樣缺,年年這樣圓。

十六 誰說的話對呢

兩个兒童相爭,有人來問道:「你們爭甚麼。」

一兒說:「我說早晨的日,離地近,正午遠他

說不對。」

一兒說：「我說正午的日，離地近，早晨遠；他說不對。」

這人說：「你們不要爭，各把理由說給我聽。」

一兒說：「人看遠處的東西，越遠越小；看早晨的日，比正午大，可見早晨的日近。」

一兒說：「熱是愈近愈熱；正午的日，比早晨熱，可見正午的日近。」

一說早晨近，一說正午近，誰說的話對呢。

十七 日近呢外國近呢

有客從外國來；一个聰明的小兒，同他的父親陪客。

他的父親問道：「日近呢，外國近呢。」

小兒說：「外國近——但聞人從外國來，不聞人從日邊來。」

次日，又有客從外國來；他的父親問道：「日近呢，外國近呢。」

小兒說：「日近。」

他的父親說：「你怎麼說，昨日不是說外國近嗎。」

小兒說：「日近——舉頭見日，不見外國。」

十八 盤古

上古時候，天地不分，像整个的雞蛋——沒有日月，沒有山水草木。

最初的一人，名叫盤古，生在大雞蛋裏；過了一萬八千年，大雞蛋裂開了，盤古纔出世。

大雞蛋裂為兩半：輕清的上升為天，重濁的下沉為地；盤古站在中間，一天九變。

每天天高一丈，地厚一丈，盤古每天也長一丈。又過了一萬八千年，天高極了，地厚極了。

後來盤古死了，他的頭化為東岳，腹化為中岳，左臂化為南岳，右臂化為北岳，脚化為西岳；一雙眼睛，化為日月；身上的血，流成江河的水：——世界是這樣造成的。

十九 女媧補天

擎 柱 位 鬪 塌 漫 鰲 止 洪 煉 震

古時的天，聽說是一大塊青石板，四方有擎天的柱子。

共工要得帝位，和旁人爭鬪，把天柱撞斷了。

天塌下一塊，地裂了縫，水漫到地面；鰲魚作怪，水流不止，從西北到東南，都成了洪水世界。

女媧出世，煉一塊五色石，補天的缺；又斫斷鰲魚的脚，把天擎住。現在地震，有人說是

肩 故 刮 慌 喪 臉

鰲魚換肩哩。

二十 野獸逃命

小兔聽說故事，聽到古時天塌下來，地裂了縫，他很害怕。

一天，小兔到樹林裏，被風刮下的樹葉，打着耳朵；他哎呀一聲，跳起來就跑。

小兔跑得很慌，碰着老兔。小兔哭喪着臉，說：「天塌下來了，我不是跑得快，早沒有命了。」老兔害怕，就跟着他跑。

狸 豹 獅

小兔，老兔，跑得很慌，碰着狐狸。老兔喊道：「天塌下來了，快逃命啊。」狐狸害怕，就跟着他們跑。

小兔，老兔，狐狸，跑得很慌，碰着豹子。狐狸喊道：「天塌下來了，快逃命啊。」豹子害怕，就跟着他們跑。

小兔，老兔，狐狸，豹子，跑得很慌，碰着獅子。豹子喊道：「天塌下來了，快逃命啊。」獅子害怕，就跟着他們跑。

猩

許多野獸，看見他們跑得很慌，也跟着跑。

猩猩看見了，問道：「你們怎麽這樣慌？」他們同聲喊道：「天塌下來了，我們逃命哩。」

猩猩說：「誰看見的？」獅子說：「是豹子說的。」豹子說：「是狐狸說的。」狐狸說：「是老兔說的。」老兔說：「是小兔看見的。」

猩猩說：「你們不要跑，同去看看。」

小兔引路，走到樹林旁邊，只見樹上的葉，被風刮下來，一片一片的飛。野獸們看了一

獸類圖

看，望着小兔，喝道：「好糊塗的東西」。猩猩說：「你們也未免太鹵莽啦。」

二十一 甚麼難題

姊妹兩个，一个會說，一个會駁。

姐姐說：「我有幾个難題，是不容易駁的。」

妹妹說：「甚麼難題，請說給我聽。」

姐姐說：「世上的東西，沒有比地還厚。」

妹妹說：「你量過嗎。」

姐姐說：「世上的東西，沒有比光還薄。」

妹妹說：「你摸過嗎。」

姐姐說：「世上的東西，沒有比煙還輕。」

妹妹說：「你稱過嗎。」

姐姐說：「世上的東西，沒有比海水還深。」

妹妹說：「你下去過嗎。」

姐姐說一句，妹妹駁一句，姐姐不說了。

二十二 小梧桐子

三顆小梧桐子，好像三姊妹，坐成一排；穿着綠衣，住在綠屋裏；四圍的帳棚，都是綠色。

屋有了縫，他們看見天上有月，有星，有雲；空中的小鳥，飛來飛去；他們想出去遊玩。他們的母親說：「你們出去，要等秋涼的時候；現在身體還小啦。」

天氣漸漸涼了，綠色的帳棚，也漸漸黃了。他們換了褐色的衣，趁着風勢，搖了幾搖，就跌在地上了。

一个女孩走來，拾着一顆小梧桐子，帶回家去。

溼　袍　形狀

小梧桐子說：「我的姐姐妹妹，那裏去了，請你告訴我吧。」女孩不應，把他放在窗臺上。

小麻雀來了，啣着小梧桐子，飛到野外。

小梧桐子說：「我的姐姐妹妹在那裏，請你送我回家吧。」麻雀把口一張，他掉在泥中了。

他住在泥中，身體漸漸溼了，脫了褐色的衣，穿一件新袍，比從前的衣還綠。

他漸漸長大了，像母親那樣高，形狀也是一樣；小鳥飛來，常歇在他的身上。

思念　託　探　伴

他思念母親，思念姐姐妹妹，託燕子去探消息。

燕子回來說：「你的母親，身體很好；現在又添了許多妹妹，和他作伴。你從前的姐姐妹妹，早已離家，現在都有了孩子哩。」

國民政府大學院審定　十七年六月十一日執照第四十二號

NEW EDUCATIONAL SYSTEM
SELECTED READINGS IN CHINESE NATIONAL LANGUAGE
FOR LOWER PRIMARY SCHOOLS
CHUNG HWA BOOK COMPANY LTD.

民國十六年六月發行
民國十七年四月再版
新小學敎科書國語文學讀本初級（全八冊）
○第四冊定價銀一角（外埠酌加郵滙費）

編者　京山李步青
校者　桐鄉陸費逵　杭縣戴克敦
發行者　中華書局
印刷者　上海靜安寺路哈同路口中華書局
印刷所　上海靜安寺路哈同路口中華書局
總發行所　上海棋盤街中華書局
分發行所　北平　天津　張家口　石家莊　邢台　保定　濟南　青島　太原　開封　鄭州　西安　蘭州　成都　重慶　長沙　常德　衡州　漢口　南昌　九江　安慶　蕪湖　南京　徐州　杭州　溫州　紹興　廈門　廣州　汕頭　潮州　梧州　雲南　遼寧　吉林　長春　哈爾濱　香港　新加坡　中華書局

（四三五一）

第五册

目次

一　回聲

弟弟和哥哥,同到山中遊逛;見山凹的棗樹,結了許多棗子。

弟弟下去打棗子。他喊道:「好棗子,我要天天來打。」忽有大聲應道:「好棗子,我要天天來打。」他又喊道:「你是誰,來打我的棗子。」也應道:「你是誰,來打我的棗子。」他又喊道:「我不准你打。」也應道:「我不准你打。」

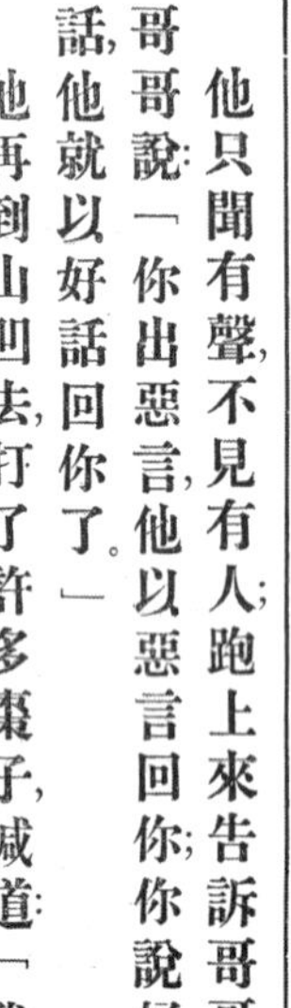

他只聞有聲，不見有人；跑上來告訴哥哥。哥哥說：「你出惡言，他以惡言回你；你說好話，他就以好話回你了。」

他再到山凹去，打了許多棗子，喊道：「我打的棗子，請你來吃吧。」就有大聲應道：「我打的棗子，請你來吃吧。」

他想，我出惡言，他以惡言回我；我說好話，他就以好話回我：——哥哥說的話，眞是不錯。

果類圖

二 兩个和一个

天生我們口和耳，
口是一个，
耳是兩个。
這个理由，我們要知道：——
就是教我們要說得少，聽得多。

天生我們口和眼，
爲甚麼口是單的，眼要成雙，
我們要明白呀：——

看的要面面都到；
說出來的話，不要兩樣。

天生我們口和手，
爲甚麼口是一張，手是一對。
我們要明白呀：——
作工用的，
比吃飯用的，要加一倍。

[附] 身體類詞

頭 腦 髮 額 眉 目(眼) 耳 顴

頰 鼻 口(嘴) 唇 牙齒 喉嚨 嘐 鬚
頸項 肩 腋 臂 肘 腕 手 掌
拳 指 胸 肋 腰 肚腹 臍 背
臀 腿 股 膝 脛 足(脚) 踵 趾
心 肺 肝 胃 脾 腸 腎 筋
肉 血 骨

三 對山歌

「甚麼蟲，夏天像燈光；
甚麼花，夏天開在池中央：

我唱一个歌，請你想一想。」
「螢火像燈光，荷花開在池中央：
我猜你的歌，你說像不像。」

＊ ＊ ＊ ＊

「我也唱个歌，請你猜猜去：
甚麼蟲，夏天最可惡；
甚麼花，夏天開得紅滿樹。」
「我猜你的歌，不要費思慮：
蒼蠅最可惡，石榴花開紅滿樹。」

四 愛媛

愛媛生不滿一歲，就伶俐可愛。

他家後面靠山，山上小花小草，紅綠相間。從山上流下來的泉水，繞屋一周。屋的四面開窗，太陽的光，整天照到屋裏。

愛媛看見山上的花，就跳；看見太陽的光，就笑；聽泉水流的聲音，就靜默的張着耳朵。花哪，太陽哪，泉水哪，他都很歡喜的。

他滿週歲的生日，各家送賀禮來：帽子哪，

鞋子哪，金鎖哪，銀圈哪，百家環哪；還有帽上的首飾，甚麼長命富貴哪，十八羅漢哪，樣樣都全。

太陽神看見了，和花神水神說道：「愛媛伶俐可愛，天天和我們一塊兒逛，我們送甚麼給他呢。」

花神說：「花有的是美麗；我把美麗收來，送給他。」

水神說：「水有的是活潑；我把活潑收來，

送給他。」

太陽神說：「太陽有的是光明；我把光明收來，送給他。」

從此以後，愛媛更可愛了。——他的顏色美麗，和鮮花一般；他的精神活潑，和流水一般；他親愛衆人，和太陽的光明一般。

五　花的跳舞

愛媛說：「我昨晚到花園裏，看見樹上只有葉，一朵花也沒有。」

他的姐姐說：「花呀，他們昨晚開跳舞會，都去跳舞哩。」

愛媛說：「你看見花跳舞嗎。」

姐姐說：「沒有。——我到客廳的時候，風姨來了，他們都散了；我還嗅着花香哩。」

愛媛說：「花能走嗎。」

姐姐說：「花從梗上跳下來，把花瓣當作翅膀；好像蝴蝶似的飛去了。」

愛媛說：「花懂話嗎。」

姐姐說：「花不說話，却做種種樣子；他前後搖動，就和傳話一樣。」

愛媛到花園裏，拾了許多落花，放在搖牀上，和泥人同睡。

愛媛睡時，想着姐姐的話，要去看花的跳舞，又怕看不到，躊躇了一會，便模模糊糊睡着了。

愛媛夢見落花，一朵一朵的，變成了美人，許多仙女來請他們，同去跳舞。泥人也同去

了。

那些仙女，頸上圍着佩巾，腰繫長裙。有的穿單衫，有的穿夾襖，有的披外褂，——顏色式樣，沒有一个同的。

跳舞完了，彷彿落花對泥人說：「這幾天風很大，吹得我們好冷，我們要找个避風的處所呢。」

愛媛醒後，便裱糊一个紙盒，裝着落花，好好的埋在花園裏。

六 沒主意的老人

有个老人和他的兒子,同到街上,買了一匹驢子,牽着回去。

一个跛脚人,見了他們,自言自語說:「咦,放着驢子不騎。」老人聽了,叫兒子騎上去,自己跟在後面走。

走了一會,一个扶杖老人,見了他們,自言自語說:「哼,年輕人騎驢子,年老人倒跟在後面走。」老人聽了,叫兒子下來走,自己騎

上去。

又走了一會,一个餧乳的婦人,見了他們,自言自語說:「嚇,老人騎驢子,倒叫兒子走。」老人聽了,叫兒子也騎上來。

又走了一會,青年會的會員,見了他們,自言自語說:「兩人騎一个驢子,不怕驢子壓死嗎。」老人聽了,趕快同兒子下來。

他們沒法了,用繩和槓子,擡着驢子走。剛剛走到橋上,驢子拚命掙脫。呀,他們支持不

住,都跌在河裏了。

七 今天纔生的小蚊子

今天纔生的小蚊子,四面張望,伸出針尖的小嘴,說道:「好啊,這樣的好花,這樣的好草,——一切都是我的。」

他振一振翅膀,兩隻小脚擦了一擦,飛到

小草裏,歇在花上,舐那甜的花汁,嗡嗡的說:「這是我的飲料。」

土蜂飛來了,嘶嘶的喊道:「誰喝我的花汁,我來刺他。」

他怕土蜂來刺,回到小草裏,翹起黏着花汁的小脚,舐了又舐,嗡嗡的說:「土蜂眞無禮。小草和小花,實在都是我的。」

一條毛毛蟲,沿着梗爬上來了,嚷道:「不,——都是我的。」

他看毛毛蟲很遲鈍，高聲說道：「毛毛蟲，你不能和我爭。」

毛毛蟲說：「甚麼是你的。你是臭水裏生長的，你只配喝臭水。現在我要爬上小草，嚼小草了；爬上小花，嚼小花了。」

他有些明白了，知道他喜歡的東西，還有土蜂和毛毛蟲，也要來爭的。

他向前飛去，有些別的蚊子，在水面上玩耍，喚他去玩，同做圓柱戲。他轉了幾个回旋，

把土蜂和毛毛蟲的事，都忘記了。

他們玩了一會，到岸上歇息；忽然一个蜻蜓飛來，吃了許多蚊子去了。

他和別的蚊子，躲到深草裏；又來了一个蛙，也吃了許多蚊子。——他怕起來了。

另有一个小蚊子，也是新生的，伸出頭來，張開兩旁的複眼看着，嗡嗡的說：「好啊，好花好草，——一切都是我的。」

他說：「不，——還有土蜂和毛毛蟲，還有

蛙和蜻蜓。」

八 月宮的故事

(一)相傳上古時候，十日同出，禾苗都晒枯了。有个大力的國王，射中了九日，有九个金烏，落在地上，天氣就溫和了。

後來這个國王，得了長生仙丹。他的妻名叫嫦娥，偷吃了仙丹，逃到空中，遇着玉兔，引到月宮裏去。這个玉兔，是在月宮裏搗藥的。

月宮裏有一棵桂樹，高五百丈。有个仙人，拿着一柄斧，夜夜斫這桂樹，隨斫隨長。現在我們看見的月中黑影，就是仙人斫樹的影子。

(二)據外國傳說，古時有个樵夫，他的妻要他斫柴，預備星期日煮飯。他很懶惰，走到山裏，

沒有斫柴，便睡着了。到星期日早晨，他醒來，斫了一捆柴，背着回去。

忽然空中有聲音喝道：「把柴放下來。」

樵夫說：「這柴是我自己斫的，讓我背回去吧。」

空中聲音說：「你昨日做甚麼去了；星期日斫的柴，不許背回去。」

樵夫說：「體恤我吧。沒有柴，我妻不能煮飯。」

空中聲音說：「你不放下柴來，你就永遠背着啦。」

樵夫正在為難，忽然身體上升，升到月宮裏去了。

月宮裏的人說：「你就住在這裏，斫一世的柴吧。」

九 游藝會歌

校旗飄飄，
琴音嫋嫋，

來賓先後到；
看我們手工，圖畫，
算術，體操，
作文，談話，
做得好不好．
我們入學無多日，
成績很少，
工夫不高，
請諸位先生莫笑。

十 吹胰子泡

(一)我和弟弟，在院子裏吹胰子泡。吹起來的胰子泡，有的大，有的小，有的高，有的低。有的吹得太大，就脹破了。

弟弟說：「他是白日裏的螢火蟲，一會兒見，一會兒不見。」

我說：「他是緬人毯，上面有仙女畫花。你看：——紅的，綠的，青的，白的，多麼好看。可惜仙女命短，一會兒就不見了。」

我們想吹一个大泡，要畫花的仙女，一層一層住在上面。我同弟弟就慢慢的吹，慢慢的換氣，手拿麥管，一動也不敢動。那泡像乒乓毬，像網毬，像小妹妹的大皮毬，漸漸的大了。——我們樂極了。

（二）

泡大了，花漸漸增多了，仙女也住滿了。那泡輕輕的動，好像發抖的樣子。我想，嬌嫩的

仙女，擠在一處，有點受不住嗎，抱小妹妹的奶媽，站在旁邊說道：「好了，再吹要破了。」

我的嘴唇輕輕離開麥管口，那泡便脫離麥管，飄在空中；我吹，弟弟也吹，奶媽道：「你們的口，要裝成小圓筒兒，向上吹去，直吹就要破了。」

我們照樣吹去，那空中的仙人毬，搖搖擺擺，上上下下，在太陽光裏溜着。——好像一盞五朵燈，又像一个大花蝴蝶，眞巧，眞妙，眞

有趣。——我們樂極了，小妹妹也樂極了。他伸出一雙小手想去抓毬，沒有抓着，只是望着毬兒喊。毬近了，他喊一聲，咦；毬遠了，他喊一聲，呀。

嚇，一隻小燕兒，從屋上起來；那快飛上天的毬兒，被他一撞——甚

麼畫哪，仙女哪，燈哪，蝴蝶哪，都不見了。我蹬着脚說「破了；」弟弟幾乎哭出來。

十一 毽子和獨樂

（一）

毽子和獨樂，都是小孩們的玩具。

毽子細細的腰，長長的髮。不動時坐得很穩重；動時跳得很靈活，從低處跳到高處，從這邊跳到那邊，都隨小孩

們的意思。小孩踢他一下，他輕輕答應一聲。

獨樂肚大腰肥，形狀醜陋。小孩轉他一下，他就亂滾亂叫。他動得高興，就團團的轉；他不動，就躺在地上睡覺。

一个長方抽屜，是小孩裝玩具的，毽子和獨樂，同住在裏面。獨樂恃强，歪着身子，對毽子說：「你這瘦弱的身體，能陪我遊嗎。」毽子不作聲。這時候，一个老鼠跳過去，碰動抽屜；他就滾起來，把毽子絆倒了，毽子也不作

聲；他得意極了。

（二）

小孩畫完了圖，拿出獨樂來，塗上顏料，再放在抽屜裏。他亂滾亂碰，自鳴得意的說道：「我的强壯，是無庸說的；現在我的美，又誰也比不上了。」

一天，小孩們遊戲，分成兩組：一組玩毽子，一組玩獨樂。獨樂見毽子跳得很高，在空中不住的跳，小孩都拍手；他心中不服，就想跳

到空中，和毽子比賽，爭一个輸贏。

有一个小孩，好像明白他的意思，把他向空中抛去，他得意極了。不料抛得太高，落在石階上，把塗色的大肚，裂成幾片。從此以後，獨樂一轉也不能轉動；那裝玩具的抽屜，再不許他住了。

十二 小松樹

小小松樹，從老樹旁邊，發生出來，蓬蓬勃勃，長得二三尺高了。他的葉子，二葉一束，三

葉一束，五葉一束，常常是碧綠的顏色。

他的周圍，花木很多。只有他的葉子，形狀和針一樣，他覺得不美。

他望見園中芭蕉，那寬大葉子，能遮蔽日光，他想：「我的葉子，長得和芭蕉葉一樣，我纔快樂。」

風來了，芭蕉葉吹得折斷了。他想：「芭蕉葉容易折斷，不要那樣的葉子。」

他望見田裏稻葉,扁而且長,迎風搖擺。他想:「我的葉子,長得和稻葉一樣,我纔快樂。」

牛羊來了,把稻葉吃了。他想:「稻葉要被牛羊吃的,不要那樣的葉子。」

他望見池中荷葉,光滑潔淨,像一把綠傘,撐在水面。他想:「我的葉子,長得和荷葉一樣,我纔快樂。」

池水乾了,荷葉都枯了。他想:「荷葉沒有

水就枯,不要那樣的葉子。」

他望見門前梧桐,枝頭伸出幾片葉子,連在細細的葉柄上,像一把小團扇,拍拍的響。他想:「我的葉子,長得和梧桐葉一樣,我纔快樂。」

天冷時,梧桐葉漸漸黃了,一片一片的落下;松葉還是綠的。他醒悟了,知道風吹呀,雨打呀,霜雪摧殘呀,都損壞他不了;這針形的葉子,是很適宜的。——從此,不羨慕別的花

木了。

[附] 木類詞

楊柳 梧桐 楓 梓 楡 槐 樟 檀

漆 柏 桑 椿 橡 欖 檜 栗

松 柏 杉 柘 枸杞

十三 給他一半魚價

從前有一貴人,爲兒子訂婚,請客陪媒。連日大風,沒有上市的魚。客都到了,忽僕人來說:「門前有一漁翁,

送來兩尾大魚,只是價錢太貴一點。」

貴人聽了,便同衆客出來看魚,問道:「這兩尾魚,賣多少錢呢。」

漁翁說:「撻我一百鞭,就把魚給你。」

貴人說:「你不要這樣說,我不賒欠就是。」

漁翁說:「我的話是眞的,如果缺少一鞭,這魚就不賣了。」

貴人要魚心切,叫家人輕輕下鞭。鞭了五

十下，漁翁說：「稍停。——我已得了五十鞭，請留五十鞭，撻我的同伴。」

貴人說：「誰是你的同伴。」

漁翁說：「就是你的僕人。——我送魚來，他不許我進門，要我答應將魚價的一半分給他，纔許我進門哩。」

貴人向漁翁道謝，仍把魚價給他；一面重鞭僕人五十下，立刻辭退了。

十四 不留一个

兩个旅客，一是老翁，一是少年，夜間步行山中，找不着宿處。遠望坡下，隱約有火光。兩人向火光尋去，見山莊一所；扣門進去，兩夫婦正在吃飯，便請他們同吃。這時候，老翁見壁上掛着槍刀，有些疑懼。

飯後，到樓上安歇。他們行了一天的路，十分疲倦。少年倒頭便睡；老翁却心裏害怕，整

夜沒有睡着。

天將亮的時候，樓下有人說話，和磨刀聲相應。老翁偏着頭去聽。只聽主人說：「兩个都殺嗎。」他的婦人說：「不留一个。」老翁大駭。

過了一會，上梯的聲，踏樓板的聲，腳步聲漸漸近了。老翁從門縫裏望去，只見婦人拿燈，主人拿刀。老翁駭極，慌忙躲在牀下。

主人開門時，對他的婦人說：「不要說話，

驚醒他們啦。」老翁駭得戰戰兢兢，四肢都顫動了。只見主人走到牀前，把架上的肉，割了一塊，便去了。那少年還鼾鼾沈睡。

老翁驚疑不定。又過了一會，天已亮了，同少年下樓，見早飯已備，盤中裝野雞一个。主人說道：「這是我昨天打獵得的，請兩位嘗嘗野味。已留下一个，預備帶到路上去吃。」老翁纔知主人是个獵戶，昨夜說兩个都殺，是殺雞不是殺人哩。

十五　沒字的薦書

恆昌印刷公司招收學徒，來投考的，多帶有薦書。

經理取了一个學徒，有人說：「他沒有薦書哩。」

經理說：「他的薦書很多。他將進屋時，輕輕敲門，這是懂規矩的薦書。他坐在椅上，見老年人進來，趕快讓坐，這是謙遜有禮的薦書。他見報紙落下，趕快拾起，這是小心謹慎

的薦書。我問他的話，他答應得很敏捷，這是有口才的薦書。

他的品行才幹，都是薦書，怎麽說沒有薦書呢。不過別人的薦書，都是有字的；他的薦書，是沒字的。這沒字的薦書，纔是可靠。」

十六　擠出的小石子

一條馬路，純是碎石砌成的；却鋪得凹凹凸凸，不甚平坦。當大車碾過時，有一塊小石子，碰着車輪，就擠出來了。他說道：「和這些

同伴，住在一處，被人踐踏，太貶人格啦。」

小孩拾着石子，抛來抛去。他說：「我打算旅行，現在機會來了。」小孩忽把拾的石子，對一所屋裏抛去。他說：「我要飛行，現在果然飛行了。」

石子擋在玻璃窗上，玻璃破了，喝道：「無賴的東西，幹甚麽，快賠償我的損失。」他說：「我最恨礙我路的，誰教你不早避開呢。」

石子落在軟墊上，他說：「我飛行得乏了，

且在這裏休息一會。」

僕人來打掃房屋，把石子拾起，向窗外丟去，石子還是落在馬路上。他對同伴說：「諸位石兄，我們暫別了。方纔我到那大屋裏，坐在軟墊上。但是我鄙薄貴族，願和平民同住，所以又回來了。」

十七　會一半的賬

掃街的窮人，走到一家商店門前，見懸的招牌，是包辦滿漢筵席，兼賣英法大菜，葷素

點心，糖酥乾果，樣樣俱全。

窮人走過時，嗅着烤肉的香味，站住不動。廚子扭住窮人，說道：「本館菜價，每份一元；你嗅着香味，要會一半的賬。」

窮人說：「你不要欺我；我未吃菜，不能給

錢。」

兩人正在吵鬧，拿木棍的巡警來了，問明原委，對窮人說：「你帶錢嗎。」

窮人說：「我沒有鈔票，只有銀元一元，但是不能給他的。」

巡警說：「你把錢拿出來，在石階上一擲，我就替你斷案。」

窮人依巡警的話。巡警對廚子說：「案已完結，不要再吵了。」

廚子說：「他未付賬，怎麼案就完結了。」

巡警說：「你的肉味，他以鼻嗅；他的錢聲，你以耳聽。我斷這案，還不公平嗎。」

十八　一百頭牛

（一）

古時百牛村裏，住一个老頭子，和一个老婆婆。他們夫婦二人，是很和睦的。

老頭子家裏，養了兩頭牛。他想買一輛車，就拉兩頭牛去賣。他走到街上，向車舖的人

說：

「我把兩頭牛，換一輛車，好嗎。」

車舖的人說：

「可以。」

老頭子換了一輛車，自己拉回去；走得不遠，就拉不動了。他歇的地方，有一个人在那裏放羊。老頭子說：

「我把一輛車，換一隻羊，好嗎。」

放羊的人說：

「可以。」

老頭子換了一隻羊，又往前走，遇見一个販雜貨的人，掛着一个香囊，很是精緻。老頭子說：

「我把一隻羊，換一个香囊，好嗎。」

販雜貨的人說：

「可以。」

老頭子換了一个香囊，又往前走，走到河邊，上了渡船；船到了岸，老頭子要上岸去，划

船的人說：

「你給我船錢啦。」

老頭子沒有錢，就把香囊折了船錢。

(二)

老頭子空手回去，遇見一个財主，問道：

「你從那裏來的。」

老頭子說：

「我上街回來的。」

「你上街做甚麼。」

「我賣牛買了車的。」

「你的車呢。」

「換了一隻羊。」

「你的羊呢。」

「換了一个香囊。」

「你的香囊呢。」

「折了船錢。」

「你這獃子，吃了虧啦。你回家去，不怕老婆和你鬧嗎。」

「這是沒有的事；我的老婆，從來沒和我鬧過。」

「不鬧嗎，我不信；你能和我賭嗎。」

「可以。——但是我沒有甚麼東西。」

「果眞不鬧，我是很慷慨的，願送你一百頭牛。」

(三)

財主同老頭子走，走到他家的門前，財主說：

「你進去，我站在這裏聽。」

老頭子進門，他的老婆高聲問道：

「你把牛賣了嗎。」

老頭子說：

「換了一輛車。」

「車拉回來嗎。」

「換了一隻羊。」

「羊在那裏。」

「換了一个香囊。」

「香囊拿來看看。」

「折了船錢。——現在牛也沒有了。」

「有牛沒有牛，不要緊；你平平安安回來，就很好啊。你太辛苦了，去休息吧。」

財主聽了，趕快進來，說道：

「你們這樣和睦，我從來沒有見過的。我的一百頭牛，都送給你就是了。」

因此，遠近的人，傳述這段故事，稱他們住的村莊爲百牛村。

十九　江上的丈人

伍員的父兄，都被楚王殺了。伍員要替父兄報仇，就逃往吳國去。

長江爲吳楚兩國疆界。伍員逃到江邊，追兵已相離不遠，他看見一个漁翁，划着一隻船，逆流上去，叫道：「老丈渡我，老丈渡我。」漁翁渡他過去。他問漁翁的姓名，漁翁不答。

伍員上岸時，解下身上的寶劍，說道：「此劍價値千金，現在送給老丈吧。」漁翁不受，

說道：「楚王的命令：誰捉到伍員，封公，賞米萬石。我不捉伍員，要千金劍何用。」

伍員拜謝去了。

伍員到了吳國，吳王很重用他。他思念漁翁，派人到江邊尋訪，總找不着；每逢吃飯時候，總要紀念一聲「江上的丈人。」

（終）

尺牘

下列各書，程度有深有淺，文言白話咸備。或供模範，或資參考，各適其宜。

書信構造法 一册 二角
白話學生尺牘 一册 二角
中華初等尺牘 一册 一角
註釋中華普通學生尺牘 二册 四角
註釋中華高等學生尺牘 二册 四角
詳註中華女子尺牘 二册 二角半
白話商業尺牘 一册 二角
中華商業尺牘 三册 三角
農工商尺牘教本 一册 角半

中華書局發行

新(093)

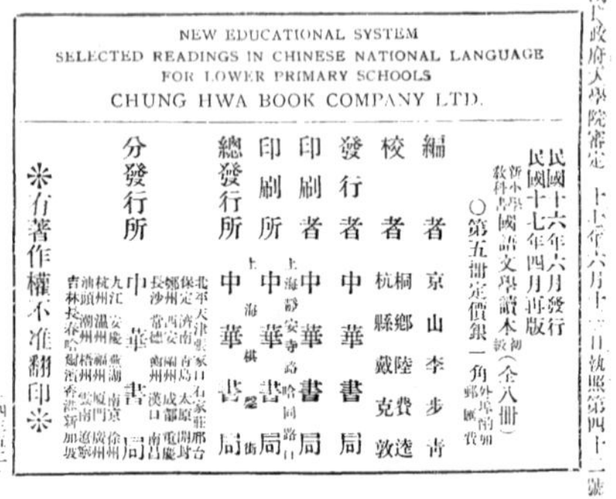

NEW EDUCATIONAL SYSTEM
SELECTED READINGS IN CHINESE NATIONAL LANGUAGE
FOR LOWER PRIMARY SCHOOLS
CHUNG HWA BOOK COMPANY LTD.

民國十六年六月發行
民國十七年四月再版
新小學教科書國語文學讀本初級（全八册）
〇第五册定價銀一角（外埠酌加郵匯費）

編者 京山李步青
校者 桐鄉陸費逵 杭縣戴克敦
發行者 中華書局
印刷者 上海靜安寺路哈同路口 中華書局
印刷所 上海 中華書局
總發行所 上海棋盤街 中華書局
分發行所 北平 天津 張家口 石家莊 邢台 保定 濟南 青島 太原 開封 鄭州 西安 蘭州 成都 重慶 長沙 常德 衢州 漢口 南昌 九江 安慶 蕪湖 南京 徐州 杭州 溫州 福州 廈門 廣州 汕頭 潮州 梧州 雲南 遼寧 吉林 長春 哈爾濱 香港 新加坡 中華書局

※有著作權不准翻印※

國民政府大學院審定 十七年六月十二日執照第四十一號

四三五二

兒童常識叢書

全世界的小孩子 六集 每集一角

本書分爲六集，全用極有趣的國語文，敍述全世界的史地自然等常識，可作補助讀本。兒童閱讀之，可略知全世界的狀況。

象的故事 四集 每集八分

本書共分四集，詳述一切關於象的事情，如象的生活、象的戲技、象的戰爭，以至鬭象、捕象、獵象等事，無不應有盡有，詳舉無遺。書中包涵有生理、歷史、進化、動物、畜養、風俗……等常識，兒童看了，又有趣，又有益。

中華書局發行

(1862)

第六册

目次

一 爲你

小小樹枝,生着米顆大的嫩芽.
有霜花跳來說:「讓我踏了吧。」
樹枝發着抖說:「請你留下,
更請你慢慢的等着我,
我要在綠葉裏開好花。」

* * * *

幾片綠葉,托着鮮豔的花,
有鳥兒飛來說:「讓我啄了吧。」

樹葉護着花說：「請你留下，
更請你慢慢的等着我，
我要結个果子甜而大。」

＊　＊　＊　＊

枝頭果子大如瓜，
小孩笑哈哈。
樹枝低下頭來，藉風傳句話：
「請你吃吧。
現在，你一定可以知道，

不爲你，我爲甚麼要結他。」

二　風雨

(一)

春日春風有時好，
春日春風有時惡。
不得春風花不開，
花開又被風吹落。

(二)

草木與五穀，

得雨始發萌。
無雨望雨來，
雨來又望晴。

三　紀昌學射

古時的武藝，射箭是很重要的。紀昌是一个會射的人。他怎樣學的。

他聽說飛衛會射，要拜飛衛爲老師。他收拾行李，往飛衛家裏去，

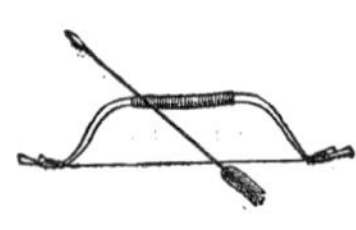

走了十天十夜纔到；打算學成後回家。

他見了飛衛，行弟子禮。飛衛望他一望，笑道：「你眞要學射，請回去練習眼睛；等練習得不閃了，再來見我。」

他空走一回，怏怏回家。每天蹲在織布機旁邊，看那梭子轉動；練習了二年，就是用錐子刺來，眼皮一動也不動。他高興極了，以爲這次再去，一定可以學成的。

他去見飛衛，把自己的工夫，很得意的向

飛衛說。飛衛望他一望，說道：「不行。——你的眼睛雖不閃，但是極小的東西，還看不清楚。你再回去練習，等極小的東西，看得見了，再來見我。」

他又空走一回，怏怏回家。捉住一个蝨子，用一根頭髮繫着脚，掛在窗前，每天對着望去，漸漸離遠；練習了三年，就是離數十丈遠，也看得清楚了。於是拿起弓箭，試射一箭；這箭剛穿過蝨子中心，那根頭髮，還沒有斷。

他又去見飛衛，把這樣情形說了。飛衛很是高興，說道：「好了，你已經學會了。」

他學成以後，想道：「我歷盡艱難辛苦，方纔學成。究竟飛衛的技能，比我何如。」一天，他在野外，見飛衛來了，他拿出一枝箭來，對準飛衛射去。飛衛也還射一箭。兩枝箭頭相碰，同時落在地上。

這時候，飛衛沒有箭了，拿出一个針來，等他又射一箭，箭頭剛碰到針尖上，就落下去

了。

這纔曉得飛衛的技能，他沒有學完。

四 不怕死的老麻雀

我同父親回來，我的狗在前面跑。那時候正刮着大風，樹枝搖動的聲音，門窗碰撞的聲音，一陣一陣的，送到耳朵裏來。

剛走到花園旁邊，狗忽然走慢了，輕輕躡近牆邊，欲進不進，好像要撲甚麽的樣子。我向牆邊看去，看見一隻小麻雀，嘴連頭

都是黃色，落在地上，拍着沒有長成的翅膀，微微的叫。

狗慢慢的走近去，忽有一隻老麻雀，豎起全身的毛，從樹上飛下來，一直衝到狗的嘴邊。——身體發抖，叫聲急促，便暈倒在地上了。

在麻雀看來，這隻狗，是怎樣可怕的大惡魔。他不高高歇在樹上，却冒着危險，對狗衝來，毫不膽怯，這是何等的精神。

狗立刻站住了,退回了。他這銜下來的意思,好像狗也明白了,也被他感動了。

他對狗銜來,必有不怕死的決心,纔表現這樣的精神。這樣的精神,就是愛力引導出來的。

愛力眞大啊,老麻雀眞可敬啊。

五 油菜和黄菊花

花園的菊將發芽。園外一坵田畝,滿種油菜,開着黄花,把紫色的梗,綠色的葉,都遮蓋

了。

油菜說:「菊姐,聽說你開的花,和我一樣顏色,現在怎不開花呢。」

菊說:「我開花的時候,還沒有到呢。我開的花,比你的十字形好看啦。」

油菜說:「人們是要實用的。——你看,我的嫩葉,他們摘去吃。我結的子,他們取去榨

油,渣滓就做肥料。菜梗還拿去燒。我開的花,是沒有人采去玩的。」

菊說:「怎樣纔是實用呢。我開了花,家家房裏,廳裏,院裏,都要供着;還要栽在磁盆裏哩。你在田裏,多寂寞啦。」

油菜說:「我愛農家生活,寂寞不寂寞,是沒有關係的;你開的好花,是供富貴人看的。」

菊說:「我們植物界,都是平等的。開花是

我的本分;富貴人也好來看,貧窮人也好來看。」

油菜說:「但是,世界上沒有你,不要緊的,沒有我,便缺了許多實用的東西。」

[附] 菜類詞

葱 蒜 韭 芥菜 莧菜 芹菜 茄子 瓠子

萵苣 葫蘆 芋 薯 藕 茭笋 藜蒿 菠菜

薑 胡椒

六 白蝴蝶和花蝴蝶

一隻白蝴蝶，在田野裏穿來穿去的飛着。他偶然一回頭，看見一叢野薔薇上，停着幾隻花蝴蝶，他們都有五彩斑爛的翅膀，十分美麗。白蝴蝶覺得自己的顏色，無論如何，總比不過他們。

白蝴蝶便獨自歎着氣道：「唉，天生萬物，誰也都是平等的，怎麼我們蝴蝶，却有美麗和不美麗的分別呢？」

旁邊一叢油菜花，聽了他的話，便向他笑

了一笑道：「白姐姐，請你不要貪慕這種虛榮。要知道，我們生活在世界上，第一須講求實在，那身上顏色的美麗不美麗，有什麼關係呢。」

白蝴蝶氣憤憤的道：「哼，怎說沒有關係。——你不看見那些花蝴蝶們，終日展開翅膀，很驕傲的在花叢中飛舞着，誰不羨慕他們的美麗，甚至於人們的跳舞，也仿着他們的顏色，做了舞衣。只有我，因為顏色不美麗，

人們從來不拿正眼向我瞧一瞧。你想，這是使我多少難堪。」

油菜花正想回答他，忽聽得前面一陣笑聲，立刻跑過幾个頑皮的孩子來。他們看見了那些蝴蝶，便一齊唱起歌來道：

「花蝴蝶，眞好看。
白蝴蝶，太討厭。
白蝴蝶，快快飛開去。
花蝴蝶，來和我們玩。」

白蝴蝶愈加不自在起來了。他輕輕的對油菜花說：「你聽，不是連那些孩子們，也都在討厭我嗎。」

油菜花沒話好說，只有仍舊竭力安慰他。不料正在這時候，那些孩子們，早已跑到那叢野薔薇旁邊，將幾隻花蝴蝶捉住了。他們用手指緊緊捏着那美麗的翅膀，幾隻花蝴蝶，痛苦得幾乎要哭出來了。

油菜花很悲傷的對白蝴蝶說道：「現在，

你瞧見了嗎。這就是美麗的翅膀害了他們啊。」

七 燈蛾

(一)

諸君見過燈蛾嗎。他比蒼蠅大，比蝴蝶小，喜光明，惡黑暗。

當太陽落下，天色黃昏，地上各物，被黑暗籠罩住了。只有幾點燈火，疎疎密密，從窗縫裏，微微透出光來。

燈蛾要找光明，繞着燈火飛。飛得太近，或撲得太猛，不是死在火裏，就是燒着翅膀。這个燒死了，那个還是飛來。飛的時候，還要細聲唱歌。他們唱的歌，是：——

親愛的同伴啊，
飛啊飛，
飛着不要停。
我們不怕夜，
夜裏有明燈。

飛啊飛，
向着燈。
願向光明死，
不在黑暗生。

(二)

他們燒死的太多了，一个聰明燈蛾，倡議向太陽神求救；大衆推他爲代表。他不能推諉，飛到太陽宮裏，對太陽神說：「仁愛的太陽神，請你夜間放點光明，救我們同胞吧。」

太陽神說：「不行。——我夜間出來，那怕熱怕光的生物，都要滅種了。世界沒有黑暗，誰努力去找光明呢。」

他再三請求，太陽神說：「慈愛山上，有个慈愛仙姑，他會想法子，我介紹你去吧。」

他飛到慈愛山上，把求太陽神的話，向仙姑述了一遍。火神在旁，說道：「燈蛾向光，只爲一種娛樂；他又是稻的害蟲，應該被火燒死的。」仙姑說：「燈蛾向光明的勇氣，總是難得。你這發光的燈火，也應該改良了。」——

——只是不用火燒的光，到那裏去找呢。

好了，天下雨了，黑雲裏閃出電光來了。慈愛仙姑看見電光，看見不用火燒的光了。說道：「燈蛾，電燈發明了，那豆油煤油的燈，漸漸廢除；你們求的光明，就沒有危險了。」

(三)

燈蛾回來，見道旁的木竿，安白色燈泡一个。一條裏橡皮的銅絲，牽到竿上，與燈泡相

接。泡內金絲，透出一縷紅光，格外明朗。他們向光撲去，並不觸電。——樂極了，同唱一个新歌：——

親愛的同伴啊，
飛啊飛，
飛向電燈。
光明是我們的生命，
電燈是我們的光明。
飛啊飛，

飛着不要停。

＊　＊　＊　＊

飛啊飛，
飛向電燈。
電燈是夜裏太陽神，
不傷我們的生命。
只候電燈照遍世界，
我們求的光明，
自能永遠和平。

同伴啊，
飛啊飛，
飛着不要停。

八　火

(一)

有二位老人，一位白鬚，一位黑鬚，披着獸皮，在大樹上架木爲巢。

黑鬚老人說：「我們住在樹上，可以避風雨，可以避猛獸，有巢氏眞是聖人啦。」

白鬚老人說：「你昨日打的鳥獸，捉的魚鼈螺蛤，拿出來吃吧。」

黑鬚老人說：「鳥獸的肉，魚鼈螺蛤的肉，這樣的吃，腥臊得很，眞難下咽啦。」

白鬚老人說：「可不是嗎。我吃了，常常停滯，常常膨脹，連腸胃都吃病了。」

黑鬚老人說：「你看，來的那位少年，不是聰明的少頭目嗎。」

這位少年，披着虎皮，手執石矛。二老人下

來迎接，問道：「我親愛的少頭目，你往那裏去。」

少年說：「聽說遂明國有棵大樹，根盤數百里，樹陰遮天，日月都照不到；我要去看看，你們願意同去嗎。」

白鬚老人忽喊肚痛，便倒在地上了。

黑鬚老人說：「我也肚痛，剛纔吃過腥臊的肉，就生了病。」

少年說：「哦，吃腥臊的肉，要生病啦。」

(二)

少年去後，不久就回來了。衆人要聽外國故事，少年便訂期開會報告，說道：「我在遂明國裏，看見有鳥啄樹，冒出火來。現在我用樹木磨擦，擦出火來，給你們看。」

圍看的人，檢取樹枝，引着了火，烤肉來吃。那烤熟的肉，比生的好吃，又沒有腥臊氣味，衆人大喜。從此，煎哪，炒哪，熬哪，煮哪，煨哪，蒸哪，炸哪，忙個不了，生肉生菜，都吃熟的。水也

熬成湯，樹木也燒成炭。凡是早食，午膳，晚餐，因吃生冷得病的，就很少了。

小孩望見火光，跑來看火。他手裏拿一塊鐵，落在火裏，也燒紅了。

少年取出鐵來，用石塊鎚了幾下，知道鐵用火燒，可以融化，哈哈笑道：「我又發明新法了。」

把鐵鎚成長條，鎚成薄片，鎚成尖角，那最需用的刀和錐子，就創造出來了。於是各樣

鐵器,可以造了。錫和鉛,也可以做器皿了。並且用鐵錐去鑽木取火,也比較便利些。

少年是有巢的嫡嗣,號稱燧人。那時候沒有姓號,這个稱呼,是後人定的,就是表揚他取火之功。

九 蠶

相傳古時有个大人,領兵到外國打仗,留下公馬一匹,交給他的女兒。

大人前次打仗,是騎這匹馬去的。這次出

門很久,他的女兒,頗思念他。一日去餵馬,口中念道:「我的父親在那裏。」馬聽了,便嘶嘶的叫。

他的女兒笑道:「馬呀,你懂我的意思嗎。你能接回我的父親,我就嫁你。」

馬聽了,脫了繮跑出去,尋到大人那裏,嘶嘶的叫。大人想道:「馬決不是無故跑來的,我家有事嗎。」——就騎馬回家。

大人回家後,餵馬的食,馬不吃,只嘶嘶的

叫。他的女兒屢次出來,馬見了,就亂踢亂跳,嘶嘶的狂叫。

大人覺得很怪,問明原委,就拴住了馬,用箭射死,把皮剝掉。忽然馬皮起來,把他的女兒捲走了。

過了數日,有人來說,他的女兒和馬皮,都在大樹枝上。村人去看,只見滿樹的蠶,嫩的吃樹上葉子,老的吐絲做繭。

這一村的人,采取樹上的蠶繭,繅出絲來;

從此種桑養蠶,成了人民的職業,並且稱蠶神爲馬頭娘。

十 桑樹的話

園裏一棵桑樹,枝幹屈曲,長了許多肥嫩的桑葉。

李樹說:「你不開美麗的花,誰瞧你。」

桑樹說:「我的美,含在葉裏。你看哪,那些美麗女子,都是來采桑葉的。」

李樹說:「花可以戴,葉有甚麼用處呢。」

桑樹說「女子采去餵蠶，蠶就吐出很美的絲來。」

螞蟻說：「初生的蠶，不是和我一樣嗎。」

桑樹說「你沒有長進啦。蠶吃了桑葉，漸漸長大，變成灰白色，再要成蛹成蛾的。」

尺蠖說「我也脫皮四次，做繭變蛹，又破蛹皮變蛾，和蠶一樣；你怎麼獨恭維蠶呢。」

桑樹說「你做的繭無用，只白吃我的桑葉罷了；就使變成的形狀，和桑枝一樣，變成

的顏色，和桑葉一樣，人們還是要驅逐你的。」

李樹說：「蠶做的繭，有甚麼用，怎樣的美。」

桑樹說「蠶的繭，人們繅出絲來，製成衣服，既光華，又柔軟，又暖和，比棉麻葛等布疋都好。你看綾羅綢緞絹，那一種不是絲織的。」

李樹說「蠶做了繭，又怎樣呢。」

桑樹說「他到繅絲的時候，就犧牲自己，死在繭中了。」

李樹說「蠶犧牲自己，為誰呢。」

桑樹說「他不為誰。——天給他吐絲的能力，他便儘能力去做；不像尺蠖做繭，蜘蛛做網，專為自己，不做有用的東西；所以我要長肥嫩的葉，供給他吃。」

十一 神農

古時姜水地方，生一異人，三日能說話，五

日能走路，七日牙齒齊全。三歲時遊戲，常把草的種子，果子的核，栽在土裏，生長許多好草好樹。

當時人民飲食，采樹木的果實，食鳥獸的肉，多有害病中毒死的。並且人民漸漸加多，果實和鳥獸，也不夠吃。這位異人，見草木生了又枯，枯了又生，便想找出可吃的東西，作為種子。

他聽說天有九門，有一位老人，出現南方，能辨別藥性。他去訪問老人，老人賜他一个赭鞭。他用赭鞭鞭百草，草性寒的，温的，燥的，下瀉的，有毒的，解毒的，都知道了。相傳本草一書，就是他傳下來的。

他辨別了草性，就造作犂耙，察看土地，選種子栽培。試種了數次，知道春季應種甚麼，秋季應種甚麼，水田應種甚麼，旱田應種甚麼，有的只下種的，有的還要分栽的。種子粳

的糯的，也分別出來。日常充飢的食物，都用米煮粥，蒸飯，磨粉，調羹。人民見下種少，收穫多，很有利益，於是家家耕種，以農爲業；——稱他爲神農。

北方土地乾燥，不宜水稻。一天大雨，雨中都是粟子。他得了天賜的種子，種在土裏；就是土多沙礫，天久不雨，也易生長。所以北方的粟米，現今還是糧食的大宗。

十二 農神和麥

農神有六个兒子：——老大名稻，老二名麥，老三名豆，老四名粱，老五名黍，老六名稷。老大和老二的子孫，最發達，在我國生產尤多。

老大和老二兩人，模樣很是相似，但是老大愛水，老二愛陸；子孫生產的時期，也不相同。

老大最富，他易生病，又常招惹害蟲，所以農神最歡喜老二。

老二初生時，和小草一樣，比小草柔嫩些。他出世不久，氣候就冷了。

農神說：「雪神，你快來吧，把麥田的土，凍得鬆鬆的吧。」

雪霏霏的下，溼氣透到土裏，黃土和綠苗，都染白了。

天漸暖了，他的稈節節生長，附着單葉，窄而且長。稈和葉到極茂盛時，便吐穗開花了。

農神說：「風神，你快來吧，把麥穗的雄蕊

花粉,吹到雌蕊上吧。」

風神說「那柔嫩的空心稈,不怕風折斷嗎」

農神說「稈的外皮硬,長得快;裏面柔軟,長得慢。他到空心的時候,外皮很堅固的。他的空心,是節省養料,供結子用的。」

風嘘嘘的吹,麥穗搖搖,花粉都勻配了。

麥穗結子,周圍長很長的芒,比針還細。

小鳥們,小蟲們,要吃麥子,碰着芒,退回叫道「麥呀,你不要長芒,我們要餓死了。」

麥穗熟了,映着太陽,都現出金黃色。風把小蟲小鳥的話,傳送過來,麥穗聽了,只是搖頭不語。

十三 布穀

從前有個農夫,篤實儉樸,作工又勤,他的田是種得很好的。

當農事忙的時候,家家要僱幫工,這位農

夫,幫人家的忙,倒把自己的田忘了。

他幫了這家的忙,又去幫那家的忙,離家已數百里。他記起自己的田,還未耕種;要回來耕種,那插秧的期限,早已過了。

他誤了插秧期限,把自己的田荒了,天天愁悶,不久就生病死了。

他死後,想起自己的事,要叫醒種田的人,不可躭誤期限,就變成一隻小鳥,每年到插秧時節,從天明叫到夜晚,直到口裏叫出血

鳥類圖

來，纔去休息，——人們呼他爲布穀。他叫的是：——

割麥插禾，
家家插禾，
各插各个。

十四 穀的一段話

當耕種開始時候，一切穀種，各歸各類，依時種在開闢的田裏，一行一行的，長成靑苗。——從雨水吸收養分，從太陽受着和光，發

展他本來的能力。

路旁小草見了，喚道：「穀兄，從前未分家時，我們並不疏遠。你現在尊貴了，把好地方都占盡了，就不提拔我嗎。」

穀種說：「人們用不着你，我也沒法。」

野花見了，喚道：「我是你的姑表姊妹。當你姑母出嫁後，生了我們這些美麗兒女，誰不誇獎我們。怎麽人們選種，倒把我們遺漏了。——你也該提醒一句。」

穀種說：「你們誠然美麗，但是人們現在用不着，你們且等着。」

紫蘇薄荷見了，喚道：「神農嘗百草的時候，我們曾有被采用的資格；怎麽挑選種子，把我們忘了呢。」

穀種說：「你們不是日常食物，在山野自生自長，人們儘夠用了。」

稗聽了這些話，想假冒穀的招牌，均分土地，就混在穀種裏了。

穀種說：「你不要混在這裏，妨礙我們生長。」

稗說：「土地誰也不應私有的。那些食苗害蟲，像蝗蟲那樣橫暴，蚜蟲那樣貪汚，你倒容得他們；我還是你遠房兄弟，怎麽容不得我呢。」

穀種說：「害蟲總要除的。我們分占地方，吸取養料，都依各个的能力。你表面做的好看，實際一點沒有用，還要剝奪我們的利益。

——你是光棍，你是游民。」

稗照常生長，穀無奈他何。他初生時，混在穀裏，一般的人，不易分別。到長成以後，莨莠根本不同，情形畢露，人們厭惡極了，就連根拔去了。但是細心的老農，當他萌

芽初生時，早已看出來了。

十五　不辱國的外交家

有一次，齊國的國君，派遣晏嬰出使楚國。楚國的君臣，因爲晏嬰的身體很矮小，他們要借此侮辱他一番。所以當晏嬰到了楚國的城下，正要向城門裏走進去的時候，那幾个楚王派來迎接的人，便攔阻道：「慢着，請你不要向這裏走。」

晏嬰詫異道：「不向這裏，向那裏走。」

迎接的人，却指着城門邊一个和狗洞一樣的小門，說道：「請從這裏進去。」

晏嬰一時憤恨交迸，當即正色責問道：「你們雖是一个强大的國家，但是對於鄰國的使臣，可以這樣侮辱的嗎。」

迎接的人却又强辯道：「請你原諒，這是敝國的規矩：凡是大人，應走大門，小人却走小洞。先生既然這樣矮小，自然只得走小洞了。」

晏嬰笑道：「原來是這樣的嗎。那麼敝國倒也有一个規矩，就是出使狗國的時候，應該照他們的習慣，從小洞裏鑽進去。楚國如果是狗國，我當然可以照辦。」

迎接的人，沒話可以反駁他，只得讓他從城門裏大搖大擺的進去。

後來，晏嬰到了楚王的宮中，楚王便召他相見。那知楚王只向他瞧了一眼，便哈哈大笑道：「你就是齊國的使臣嗎。」

晏嬰道：「是的，我就是堂堂的齊國使臣晏嬰。」

楚王又問道：「你們齊國沒有人了嗎。」

晏嬰道：「笑話，我們齊國，只要每人把袖子障起來，就可以遮蔽青天；每人滴一點汗，就同下雨一般；人多得很，怎麼說沒有人。」

楚王道：「那麼，爲甚麼不派別的偉大人物來，却派你這沒用的矮子來呢。」

晏嬰道：「這因爲敝國有一个規矩，凡是

偉大的人物，都出使到偉大的國家去；沒用的人，纔出使到平庸的國家去。——像我，自然是一个沒用的人，所以只配出使到楚國來。」

這時候，忽然有幾个衛士，牽了一个犯人，從殿下走過，楚王便又指着道：「這是一个犯了盜案的罪人，却也是一个齊國人——怎麼貴國人都這樣不知自愛呢。」

晏嬰假意吃驚道：「哦，是齊國人嗎，這眞

奇怪極了：怎麼他們在本國都是好好的，一到楚國，就做起强盜來了。——這大約楚國是个强盜國，所以好好的齊國人，一到楚國，看了榜樣，不知不覺的也變成强盜了。」

十六 聰明的織工

(一)

各國的邊塞，都是有人鎮守的。某國守邊塞的某大將，一日，正在營裏宴會，忽有外國人闖進營來，見了大將，並不行禮。有人問他

到敝國何事，也不答話。只在大將的坐位四周，畫了一个圈子，他便在圈外坐下。

大家看他的服裝，是鄰國的人。這鄰國是他們的仇敵，交涉早已斷絕。這人的舉動，是何用意，大將命官員人等猜度，限三日內呈報明白，違者處罰。

第一天第二天已過去了，沒有一人猜着。第三天有二位軍官，到處探聽消息，看見一家牆外，晒了一蓆麥子，上面有根木棒，從牆

裏伸出來,不住的擺動,鳥雀見了,就不來吃麥。——他們覺得很奇怪。

他們走進屋裏,只見搖籃裏睡着小孩,沒有人來推動,却各得各得在那裏搖來搖去。——他們更摸不着頭緒了。

忽聽得地下有聲,他們找着地洞,慢慢下去;只見一个織工,坐在機上織布。

他們問道:「你在地下織布,怎麼上面的木棒,會自己擺動,搖籃會自己搖動呢。」織

工說:「嗄,這个理由,很簡單的。我妻不幸前月死了,我織布以外,還要晒麥子,照護小孩;所以我想一个法子,把木棒連着搖籃,搖籃連着織布機,聯絡處都有樞紐;織布機一動,那搖籃和木棒,就都動起來了。」

他們同聲叫道,「這樣聰明人,那个深奧的啞謎,他一定猜得出了。」於是把外國人的舉動,告訴織工,請他去見大將。

(二)

織工到了營裏,外國人還坐在地上。他看了一看,對大將說:「這外國人的意思,是說他國裏的軍隊,要來圍困大將。」

他說完這話,請大將吩咐衛兵,拿幾種玩具來,摔給這外國人。——這个譬喻,是說我國和你們打仗,譬如哄小孩子一樣。

那外國人見了,從他的荷包裏,抓出一把穀子,撒在地上。——這个譬喻,是誇奬他國裏的兵多。

他請大將吩咐衛兵,捉一隻小雞來,放在地上,把穀子都吃完了。——這个譬喻,是說我用一个人,可以殺你們許多人。

那外國人無法難他,立起身來,向大將拱一拱手,便回去了。大將派人偵探,那外國出發的軍隊,都撤回了。

十七 瓜和果子

梨樹的果子說:「我們的樹,長得挺直,枝葉四面張開,我們懸在上面,假使發出光來,

比電燈還好看哪。」

柿樹的果子說：「像我這樣紅的顏色，燈籠式的面孔，纔有好看的光采。」

蜜柑說：「我和甘蔗，荔枝，都是生在熱的地方；光要從熱處發出來的。」

瓜說：「我們結的瓜，多麼大。那小小的果子，却掛在高處，不羞嗎。」

果子說：「你們向上生長的力，是很弱的。你們的藤，要纏繞在樹木上，還配講話嗎。」

西瓜說：「我生在田裏，藤很短，不必攀着甚麽，自能長很大的瓜。我的瓤味清甜，誰也比不上的。」

南瓜說：「我熟的時候，長成一个大扁圓形，和衙署的大燈籠差不多。我的藤，雖然要攀樹木，却是長有細刺，蟲蟻不敢逗遛的。」

芋在田裏說：「不是我誹謗你們，我雖然屬於根的一類，形狀及

用處和你們一樣，却是從來不肯招搖，在外面炫耀的。薯，藕，荸薺，是我的同輩，都可以證明我的話。」

竹筍說：「芋謙遜極了。我雖然現出頭角，總是裏着籜葉，不肯露面的。」

橘子，蘋果聽了，藏在枝下，把綠葉遮住身體，一聲不響。瓠子和葫蘆，聽了芋的話，就向下伸長了。

國民政府大學院審定 十七年六月十一日執照第四十二號

NEW EDUCATIONAL SYSTEM
SELECTED READINGS IN CHINESE NATIONAL LANGUAGE
FOR LOWER PRIMARY SCHOOLS
CHUNG HWA BOOK COMPANY LTD.

民國十六年六月發行
民國十七年四月再版
新小學教科書國語文學讀本初級（全八冊）
○第六冊定價銀一角（外埠酌加郵匯費）

編者 京山 李步青
校者 桐鄉 陸費逵 杭縣 戴克敦
發行者 中華書局
印刷者 中華書局（上海靜安寺路哈同路口）
印刷所 中華書局（上海棋盤街）
總發行所 中華書局
分發行所 中華書局（北平 天津 張家口 石家莊 邢台 保定 濟南 青島 太原 開封 鄭州 西安 蘭州 成都 重慶 長沙 常德 衡州 漢口 南昌 九江 安慶 蕪湖 南京 徐州 杭州 溫州 蘭州 福州 厦門 廣州 汕頭 潮州 梧州 雲南 遼寧 吉林 長春 哈爾濱 香港 新加坡）

（四三五七）

第七册

目次

一　愚公移山

北山愚公,年已九十。他的住宅前面,被大山堵塞,出入必須繞道。因與家人商議,誓欲剗平土石,開通道路。遂率子孫三人,挖土鑿石,運往海邊。鄰家寡婦之子,年尚少,亦來相助。他們挖的挖,鑿的鑿,挑的挑,不分晝夜寒暑,都無間斷。

河曲智叟見了,笑道:「嚇,你眞迂拙。你這麼大的年紀,連山上一根毛也毀不了,還能剷平嗎。」

愚公說「我力量雖不大，志氣却很堅定。我死有子，子又生孫，孫又生子，子子孫孫，沒有窮盡；日日挖鑿挑運，並不停止。山雖大，不會增加，何愁不平。」

山神聽了，告訴天帝。天帝感他的誠心，命夸娥氏二子，背着大山，移往他處。從此，愚公的住宅附近，地勢平坦，沒有崇山峻嶺了。

一　蟲之樂隊(二)

半夜月明中，
花影重重，
樹影重重，
平原草色綠無縫。
唧唧復唧唧，
金鈴復金鈴，
咭嘎咭嘎，
嚶嗡嚶嗡。——
我們秋蟲，

是天然的樂隊，
這般歌舞有誰同。

三　蟲之樂隊(二)

（大金鈴蟲說）今晚月色眞好，我們在這裏唱歌跳舞，這種快樂，誰能領略啊。

（小金鈴蟲說）我們的歌聲，多麼好聽。你聽那些蟲聲，眞嘈雜啦。

（又一个小金鈴蟲說）我們是叫蟲的首領。——這秋夜月光，這些花草，都是我們

的；世界上一切東西，都是爲我們生長的。——我們來歌舞吧。

香飄桂蕊，
露滴梧桐，
月光如水夜方中。
金鈴蟲，
一唱三疊，
徐引淸風入草叢。
是叫蟲的首領，

是樂譜的正宗，
清歌誰與共。

四 蟲之樂隊（三）

金鈴太驕誇，
目無琵琶。
同伴們來呀，
與他談判一下。

（二个琵琶蟲不服，同去見金鈴蟲，不自然的說道）金鈴姐，你好。

（大金鈴蟲很驚異的答道）琵琶姐，你好。我們久違了。今晚甚風吹來的，有甚麼事情啊。

（大琵琶蟲說）剛纔聽姐姐的歌，抹煞一切，自稱首領。你這樣說，我呢。

（小金鈴蟲說）首領不是我們，還有誰呢。你配嗎。

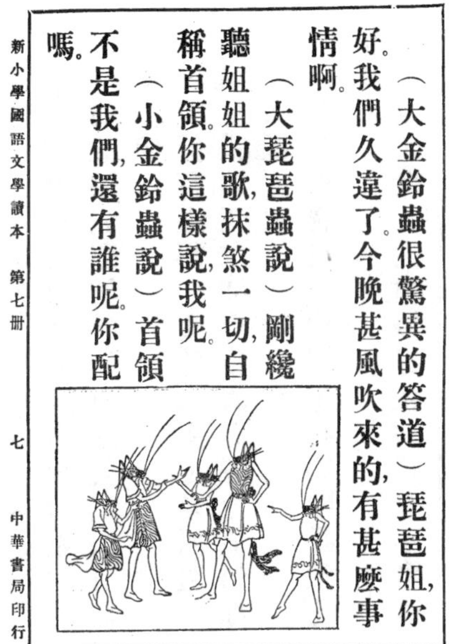

（小琵琶蟲說）配不配，誰也不能說這話。你的話，說得太過分了。

（又一个小金鈴蟲說）首領只有我們配當的；就是一正一副，也輪不到你們。叫蟲很多，請他們大家批評吧。

（大琵琶蟲說）好，好，請他們大家批評。

（大聲喊道）各位姐姐，請都到這裏來。

五 蟲之樂隊（四）

螽斯嗡嗡，

蟋蟀咭嘎咭嘎，
紡織娘喞喞。
這時候月朗星稀，
人聲寂寂，
我們正好遊戲。
嚇，琵琶姐呼喚何事，
且同去一敘。

（螽斯蟋蟀紡織娘同聲說）我們請琵琶姐的

安。——哦，金鈴姐也在這裏，請金鈴姐的安。

（紡織娘先問道）姐姐喚我們來，有甚麼事情呢。

（大琵琶蟲說）金鈴姐說，他是叫蟲的首領，樂譜的正宗。究竟我的歌聲，比他何如，請大家批評吧。

（大金鈴蟲說）你們想，我的歌聲，誰比得上啊。

（螽斯說）誰的最好，我的確分不出優

劣來。

（蟋蟀想了一會說道）都好，不要爭吧。

（紡織娘不高興的說）原來請我們來，是爲你們爭首領的事。我只催人紡織，別的事情，我不參加意見。

（二个小金鈴蟲同聲說）首領當然是我們，你們儘管批評，不要怕琵琶姐見怪呀。

（小琵琶蟲說）你聽他的話，多麼討厭。

六 蟲之樂隊（五）

（兔來問道）各位姐姐，爭甚麼。

（螽斯說）金鈴姐和琵琶姐，各誇唱的聲調，爭甚麼首領；我們沒法勸解；兔兄，你來得恰好。

（兔說）哦，原來如此，待我來說。——唱道：

你看明月在天，
紅葉滿林，
花草尤映得分明。

這樣佳景，
描繪不出，
玩賞不盡。
問我們一年中，
能幾回神會心領。
等秋天完了，
你們都沒有存在的生命。
何苦爲這點虛榮心，
起無謂爭論，

辜負那可愛的光陰。

（琵琶蟲同聲說）承老兄的教訓，佩服極了。感謝感謝。

（金鈴蟲同聲說）慚愧得很，我們再不爭了。

（蟋蟀蚤斯紡織娘同聲說）都不爭了。

我們同來歌舞吧，請兔兄聽聽。

半夜月明中，
花影重重，

樹影重重，
平原草色綠無縫。
唧唧復唧唧，
金鈴復金鈴，
咭嘎咭嘎，
嚶嗡嚶嗡。——
我們秋蟲，
是天然的樂隊，
這般歌舞有誰同。

七 中山狼

趙簡子在中山打獵，射了許多野獸，只有一隻狼逃了。

東郭先生騎着驢子，帶了一个書袋，走到山裏，遇着逃命的狼，伏地求救。先生想了一會，取出書袋的書，把狼裝在袋裏。簡子尋不着狼，便下山去了。

狼伏在袋裏，是很悶的，聽說簡子走了，請先生放他出來。

先生放了狼，狼張牙舞爪，要吃先生。先生說：「古人有言，疑事問三老。如果問了三老，都說你該吃我，我就是死得寃枉，也無怨恨。」

狼想，這位先生，橫豎是口邊的食；便依他的話，同向前走，看見一棵老杏樹。

狼說：「這樹也是老的，可以問他。」先生說：「草木無知，問他何益。」狼見先生不肯，就要吃他。先生沒法，把救狼和狼要吃他的話，詳細說了一遍，請老杏樹公斷。

老杏樹說：「種我的人，不過費了一粒小核。第三年，我就結果子。他吃了果子三十多年，現在我老了，他要斫做木料。照此看來，狼應該吃你的。」

狼聽了老杏樹的話，得意極了，就要來吃。先生說：「我們有約在先，今只問過一老，你不能就吃。」

狼同先生前走，看見一頭老牛，

狼說：「這是二老了，你可再問。」先生明知牛是獸類，問他無益；無奈狼逼着要問，迫不得已，把前話述了一遍，請老牛公斷。

老牛說：「我替主人耕田，駕車，馱貨物，一刻沒有閒過。現在我老了，他要賣給屠戶，剝我的皮，食我的肉。照此看來，狼應該吃你的。」

狼聽了老牛的話，又要吃他。先生再三懇求。狼想老杏老牛，都說該吃的，索性再問一

次也好。又同他前走。忽見一个老人，鬚髮全白，迎面而來。先生大喜，把前話述了一遍，求老人作主。

老人對狼說：「先生的話，是一面之辭，你怎麼說呢。」

狼說：「他是僞君子。他裝我在袋裏，是想悶死我的，不是眞心救我，所以我要吃他。」

老人說：「你在袋裏，究竟悶不悶，我沒有看見。必須這位先生，再用書袋，把你裝進去，

等我看了，再說。」

狼不知是計，就請先生照辦。狼進了袋，老人紮住袋口，一面取出刀來，罵道：「你這忘恩負義的畜生。」

八 國旗的談話

一面國旗，升在空中，飄呀，飄呀，多麼美麗。一隻小鳥飛過，便停下來問他道：「請教請教，你叫什麼名字。」

國旗說：「我叫青天白日滿地紅旗——

就是中華民國的國旗。」

小鳥又問道：「你身上那些顏色，是什麼意思呢。」

國旗道：「你不知道嗎，自由，平等和博愛，是世界革命的三大目的：我身上的青色，就是代表自由；白色，就是代表平等；紅色，就是代表博愛的。」

小鳥道：「那麼，你左上角綴着的圖案，又是什麼意思呢。」

國旗道：「這是青天白日，隱含着正大光明的意思；至於這白日四週的十二个尖角，就是太陽的光芒。」

小鳥道：「爲什麼太陽的光芒，恰好是十二道呢。」

國旗道：「這也有个道理，他和地球自轉十二時成一日，是相符的。」

小鳥道：「哦，原來如此，不過，我還要問你一問，你的來歷是怎樣的。」

國旗道：「我嗎，我是革命烈士陸皓東先生創製的；只是起先並沒有滿地紅，直到辛亥革命的時候，孫中山先生纔把我改成了現在的式樣。」

小鳥很恭敬的道：「這樣說來，你一定曾經跟着志士們，出入戰場，見過不少悲壯的故事吧。」

國旗道：「是的，我曾經親眼瞧着志士們奮勇殺敵；更瞧見他們，流過許多博愛的熱

血。」

小鳥正想再往下問去，忽然一陣軍號聲，嗚嗚的響起來了；接着便走過一大隊步兵，那些軍士們，都向國旗立正行禮，態度非常恭敬。

小鳥看到這種情形，纔知道國旗的尊嚴，他也向國旗鞠了一躬，轉身飛去。

九　利己的長人

（一）

每天下午,小學生們放學回去,從長人園前經過,便爬上門闌進去,到園裏遊逛。

長人園裏,滿鋪綠草地毯,草間好花,四季不斷。還有許多果樹,鳥兒坐在枝頭,唱好聽的歌。小孩們到園裏逛,是何等快樂啊。

長人在廬山頂上,修築一所住宅,每到夏季,要去避暑。現在天氣已涼,他回來了。走進園裏,見有許多小孩,坐在草地上,也有爬樹的;他怒極了,大喝一聲,小孩們就飛跑了。

他說:「我的園子,除我自己以外,誰也不許進來逛。」因此,做了兩塊虎頭牌,掛在門前:

花園重地

禁止閒人

春來了,到處有小花小鳥,只有長人園裏,仍是冬天景象:雪用大白外套蓋上了草;霜把所有的樹木都點成銀色;北風整天嗚嗚的吹;雹轟轟的鬧,把屋頂上的瓦,樹上的枝,

都打壞了。這時候,長人踱來踱去,也覺得孤單無聊了。

一朵好看的花,披着輪齒的綠衣,從草中鑽出頭來;見沒有小孩,仍舊折回地下去睡,立刻就謝了。長人躺在絨毯上,嘆道:「春怎麼這樣遲呢。」可是,春總不來,夏也不來;秋把黃金色的果子,送給別的園子;冬天的梅花,也不開一朵了。小鳥飛到門前,看見牌示,都不進去,叫道:「利己的長人。」

(二)

一天早晨,雹不跳動了,北風也不咆哮了。他在屋裏,嗅着花香,從牀上跳起來,推開窗戶,向園中望去。只見園牆崩倒處,小孩們爬進來了。每一棵樹上,坐着一个小孩,花笑得開了,地上的草也喜得發綠了。只有西北角的樹,一个最小的小孩,爬不上去,那裏還是冬天光景。

長人自語道:「哦,春爲甚麽不來,我知道

了。我現在願開放園子，作兒童的公園了。」

他走到園裏，小孩們看見他，都駭跑了。立刻花閉着眼，草低着頭，又變成冬天景象了。只有最小的小孩，沒有看見長人，還在那裏爬樹。樹枝漸漸彎下來，快接着小孩了。長人輕輕走去，把小孩抱到樹上，樹上的花就開了。小孩挽住長人的手臂，吻他的手。別的小孩看見了，回到園裏，春又隨他們來了。

長人說：「我以前太利己了，天眞爛漫的

小朋友啊，望你們原諒；以後請天天來逛吧。」

他領着小孩們遊逛，拿許多酥糖，水果，請他們吃，意思是很慇懃的。一个年長的小孩說：「八點鐘快到了，再遲要曠課了。」就都向長人告辭。

從此，長人園裏，花木一年比一年繁盛。雖是到了冬天，春早交卸，仍有許多樹兒，搖動長青枝葉；許多花兒，在雪裏開放。每天午後，園中的毬聲，歌聲，歡笑聲，一種青春的精神，彷彿把温度增加。長人到老的時候，猶隨着小孩們，叫喊跳舞，不覺寒冷。

十　荷花

洪水既平以後，有个少年，遊牧各處，有一天，夢見在遠遠地方，遇着一位紅衣女郎，妝

束華美，肩披霞帔，頭戴鳳冠；冠上垂纓，當中嵌一顆寶星，金光閃閃。

女郎走到少年身旁，說道：「我住在星上，離地很遠。望見地上各物，山哪，水哪，花草哪，鳥雀哪，覺得快樂。現在離了星上的家，想到温暖地方，找个住處。」

少年同女郎遊歷，走到高山上。見山峯高聳，蒼松翠柏，迎風招呼；玫瑰也含笑容：好像歡迎來賓的樣子。

少年說：「住在這裏，好嗎。」女郎說：「山多巖石，我不願住。」

又走到平野，見小花小草，無拘束，無罣礙，逍遙自在，不爭界限。

少年說：「住在這裏，好嗎。」女郎說：「這裏多牛羊，怕受踐踏，又有毒蛇傷人，我不願住。」

又越沙漠，走到海島上，見銀浪滾滾，一望渺茫。

少年說：「住在這裏，好嗎。」女郎說：「這裏水太深，味又鹹，且有礁石和颶風，我不願住。」

末了，走到中國內地，見清水一池，照見女郎的小影。女郎輕聲說道：「我找得住處要休息了。」

他停頓一會，俯身跳入水中。他肌膚白嫩的脚，變成潔白的節節嫩根，不染於泥，他的衣服，變成花瓣。冠，變成花蕊。垂纓，變成花鬚。

花類圖

一陣陣發出幽香，十分可愛。——但那少年却不識這是什麼花。

十一 雪中遇險

（一）

申子鵬進了山口，見前面一片高山。當大雪之後，石是青的，雪是白的，樹枝是黃的，又有許多松柏是綠的。他騎在驢上，玩着山景，正在出神，只聽得売脫一聲，覺得腿膕裏一軟，身子一搖，竟滾下山澗去了。

子鵬一路滾着,那薄冰一路破着,像在有彈簧的褥子上打滾。滾了幾步,一塊大石,將他攔住。他連忙扶着石頭,立起身來,一毫沒有碰傷,倒把雪戳了兩个窟窿,約有一尺多深。看驢子在上面,兩隻前脚,已經立起;兩隻後脚,還陷在路旁雪裏,不得動彈。

子鵬陷在雪中,下面人固上不去,上面人也下不來。車夫們想了半天,把綑行李的繩子,解下兩根,接續起來,將一頭放下去;子鵬

自己繫在腰裏,車夫們齊力收繩,方纔把他吊上來。他把身上的雪,撲了一撲,重復騎上驢子,慢慢的走。

（二）

走到一條橫澗邊,一道小瀑布,冬天雖然乾了,那沖的一條小溝,尚有三丈多深,二丈多寬,當面隔住。路旁山如刀削,下臨深潭。溝間架一條石橋,不過一尺一二寸寬。石上又有一層冰,滑溜滑溜的。

子鵬說道:「可駭煞我了,這橋怎麽過法,一滑脚就是死,我眞沒有這个膽子走。」車夫們看了,一个人道:「我先走一躺試試。」遂跳竄跳竄的走過去了。嘴裏還喊着說:「好走好走」立刻又走回來說:「車子却沒法推,我們四个人擡一輛,作兩躺擡過去吧。」

子鵬道:「車子擡得過去,我却走不過去。那驢子又怎樣呢。」車夫道:「不怕的,我們先把你扶過去,別的你就不用管了。」

子鵬說:「就是有人扶着,我也是不敢走。告訴你吧,我兩條腿已經軟了,那裏還能走路呢。」車夫說:「也有辦法。你睡下來,我們兩个人擡頭,兩个人擡脚,把你擡過去,何如。」子鵬說:「不妥不妥。」

又一个車夫說:「還是這樣吧。解根繩子,你拴在腰裏;我們夥計,一个在前頭,挽着一个繩頭,一个在後頭,挽着一个繩頭,這樣走,你膽子一壯,腿就不軟了。」子鵬說:「只好

這樣。」於是先把子鵬扶過去，隨後把兩輛車擡過去。倒是一个驢子，死不肯走，費了許多力，仍是把他眼睛蒙上，一个人牽，一个人打，纔混了過去。

（三）

再向前走，走了三四十步，聽得嗚嗚的兩聲，車夫慌忙說道：「虎叫虎叫，你別騎驢子，快下來吧。那虎越叫越近了，我們避一避吧。」子鵬下來，車夫把驢子的繮繩，拴在小松

樹上，車子放在驢子旁邊。子鵬藏在石壁縫裏。一个車夫，爬上大樹，盤在高枝上；其餘的躲在大石脚下，用雪遮住身子。這時候月亮已出，樹影滿地；本來沒有一點的風，却聽得樹枝呼呼的響，殘葉簌簌落地。衆人又是怕，又是冷，止不住格格的亂抖，早已駭得魂飛魄散了。

過了許久，那樹上的車夫下來，喊道：「出來吧，虎去遠了。」車夫們出來，從石壁縫裏，

把子鵬拉出，已經駭呆了。過了半晌，方能開口說話，問道：「我們是死的，還是活的哪。」車夫道：「虎過去了。」

子鵬道：「虎怎樣過去的，一个人沒有傷嗎。」那從樹上下來的車夫道：「我看他從澗西過來，只是一竄，就到了這邊。他落脚的地方，比我盤的樹梢，還高七八丈。落下來後，又是一縱，就到了嶺上；嗚的一聲，向東去了。」

子鵬聽了，方纔放心，說道：「我這兩隻脚，還是稀軟稀軟，立不起來，怎樣是好。」車夫們道：「你不是站在這裏嗎。」子鵬低頭一看，纔知道自己並沒有坐，也笑了，說道：「我這身子，眞不聽我調度了。」

十二　武松打虎

（一）

武松在酒店喝了酒，拖着手棒，向景陽岡走去，店夥攔阻不住。他乘着酒興，走上岡來，

見山神廟前，貼一張告示，上面寫道：

陽　穀　縣　示

為景陽岡上新有一虎傷害人命現今限各鄉里正並獵戶人等往捕倘未捕獲如有過往客商人等務在巳午未三時結伴過岡切勿自誤各宜知悉

政和　年　月　日

武松看了告示，想了一會，自說道：「怕甚麼，且上去看怎的。」

武松正走，漸漸酒湧上來，便把氈笠兒掀在脊梁上，將手棒綰在肋下，一步一步上那岡來。回頭看那日色，漸漸落下去了。自言自語道：「那裏有甚麼虎，人自怕了，不敢上山。」

武松走了一會，酒力發作，焦熱起來。一隻手提着手棒，一隻手把胸膛前袒開，直奔過亂樹林來。見一塊光溜溜的大青石，他把手棒倚在一邊，放翻身體，待要睡去，只見發起

一陣狂風；那一陣風過了，又聽得亂樹背後，撲的一聲響，跳出一隻吊睛白額虎來。

武松見了，叫聲「啊呀」，從青石上翻下來，便拿那條手棒在手裏，閃在青石旁邊。那虎又飢又渴，把兩隻爪在地下略按一按，和身望上一撲，從半空裏竄下來。武松吃了一驚，酒都做冷汗出了。

（二）

武松見老虎撲來，只一閃，閃在老虎背後。

老虎背後看人最難，便把前爪搭在地下，把腰胯一跨，就掀起來；武松又一閃，閃在一邊。虎見掀他不着，大吼一聲，卻似半天裏起個霹靂，震得山岡也動；把鐵棒般的虎尾，倒豎起來一剪；武松卻又閃在一邊。那虎又剪不着，再吼一聲，一兜就兜回來。

武松見虎翻身回來，雙手舉起手棒，使盡平生氣力，從半空中劈下來；只聽得簌簌的響，將樹連枝帶葉，劈臉打下來。定睛看時，原

來打急了,正打在枯樹上。那條手棒,折做兩截,只拿得一半在手裏。

那虎咆哮性發,翻身又只一撲,武松又只一跳,却退了十餘步遠。那虎的兩隻前爪,恰搭在武松面前。武松將半截棒丢在一邊,兩隻手就勢揪住虎的頂花皮,一

按,就按下來。那虎急要掙扎,被武松儘氣力捺定,把隻脚望虎的面門上,眼睛上,只顧亂踢。

那虎咆哮起來,把身底下爬起兩堆黃泥,做了一个土坑。武松把虎的嘴,直按下黃泥坑裏去,左手緊緊揪住頂花皮,偷出右手來,提起拳頭,儘平生之力,只顧打。

打到五六十拳,那虎的眼裏,口裏,鼻子裏,耳朵裏,都迸出鮮血來,更動彈不得,只剩口

裏氣喘。武松放了手,眼見氣都沒了,方纔下岡。

十三 三个大力士

世上大力士,只有三个。

第一个大力士,來無形影,去無痕跡,但是不肯靜默的。他不動氣時,嘘嘘的唱歌;花哪,葉哪,搖搖擺擺的,和他跳舞。他動了氣,非常凶惡,連大樹的根,也要拔起來。

他的弟弟,通體透明,性質活潑,就是第二

个大力士。

這个大力士,世上的東西,多半是靠他搬運的。他把穀哪,鋼鐵哪,煤炭哪,木料哪,一噸一噸的背上了,到河裏江裏海裏;非走到盡頭,是不休息的。

他和哥哥不相融洽,會面便打;發起狂來,各逞威風,就是輪船也要鬧翻的。他安靜時,小孩是可以和他玩的。要是不懂玩的方法,頃刻之間,就被他吞進去,等小孩死了以後,

纔吐出來。

他娶的一位紅衣仙女，性情極烈。仙女親近他時，他的熱度，便漸漸增高；到高到極點，他跳哪滾哪沸得燙人。這時候，他的兒子出世了。

他的兒子，勇猛極了，就是第三个大力士。這个大力士，他的癖性，是不喜人關閉的。如果關閉他，他跳起來，總要把門撞破了，纔肯罷休。有人想出方法，安置妥當；他就收斂

了，也不洩氣，終日拚命的作工。

他一進一退，駛動機器，能團團的轉，又能向前直跑；在水上拖輪船，在平地拖火車，都走得很快。他走的時候，大聲一喊，比伯父的聲音還大。但是他極孝順，離開了父母就一步不走。

這三个大力士，我們都見過的。

十四　蘭花

（一）

一个小花園內，栽許多貴重的花。園外一道土隄，雜草叢生，有蘭草藏在中間。暖和的太陽，照在他的莖上，同照園裏的花一樣，所以他也開出花來。

他開的花，雖不豔麗，却甚雅致。因為長在草中，無人看見；但是他不受束縛，很滿足的。風吻他，雨餧他，太陽照他；鳥在空中唱歌給他聽。

花園內的花，牡丹哪，玫瑰哪，茶花哪，分區

栽培。桃花哪，杏花哪，站在高處，炫耀他們的美麗。園外的小花，他們是不肯放在眼裏的。

他看見園中這樣繁華，他們這樣貴重，想空中小鳥一定要去拜會的；自己住址相距很近，只好站在旁邊，看看熱鬧。

咦，空中一隻百靈鳥，嗅着他的清香了；不到園中去，却飛到這裏來，用嘴吻他，唱宛轉的歌給他聽。他托在長莖上，望見園中的花，他們臉都脹紅了。

過了一會,守園的人來,把樹上的花,一枝枝斫下;草上的花,一朵朵摘下;都拿去裝在磁瓶裏,供人玩賞。

他默默的想,想到風雨和太陽,就感謝造物的慈惠。想到百靈鳥剛纔的事,覺得人們不睬,不一定是可賤的。想到園中被摘的花,覺得人們所貴重的,就是可以被玩弄的。他這樣想,周圍的青草,被風吹動,點點頭,好像對他表同情。

他想了一會,合攏着花瓣睡覺,精神是很愉快的。天明了,那新鮮花瓣,正迎着太陽發笑,忽聽得園中鳥叫。他細細的聽,是百靈鳥的歌聲,是很悲哀的歌聲。咳,可憐的百靈鳥,被人們捉去,囚在籠裏了。他掛念鳥兒,就垂下頭來了。

(二)

一个小孩,拿一把小鏟,從園中出來,嗅着他的清香了,便走到他的旁邊,說道:「這方

草皮上,還有蘭草開花,眞香啊。」就鏟去鋪在籠裏了。他被鏟去,不久便要死的;但和鳥兒在一處,他很願意。

他會着百靈鳥了。見鳥兒時時啄那門閂,時時唱不自由的歌。他想說一句話,安慰鳥兒,總說不出來。百靈鳥嗅着清香,便來吻他;現在不唱歌,只有嘆息了。

園中的人出去,沒有給鳥兒的水,百靈鳥渴極了。他想:「我怎樣庇護他呢。」但是他

的花瓣,一片也不能移動,眞是抱憾極了。只有淡淡餘香,環繞百靈鳥周圍,尚未全散。——整天的光陰,就這樣過去了。

天晚了,還沒有人來。百靈鳥支持不住,喉也叫乾了,頭漸漸低下來,並不縮在翅膀裏睡覺;兩眼對着花呆看,哭泣不成聲了。花也不能像昨晚一樣,合攏花瓣睡了;那綠衣紫朵,暗淡無色,快要枯槁了。

明天早晨,小孩們到園裏來,見蘭花旁邊,

躺着一隻鳥兒，哭道：「百靈鳥死了。」就拿一个雕花紅木匣來裝着鳥兒，埋在人們墳墓的旁邊。當鳥兒活着時，忘了他，使他受苦；現在他死了，纔來尊敬他，哀悼他，奠他，弔他。只是草皮和蘭草，抛在路上。那蘭花一片赤心，有誰知道啊。

十五　竹王

（一）

古時豚水河邊，住着一个女子，賢慧貞靜。

一天，在河邊洗衣，看見一條三節長的竹竿，從水面漂浮過來。

他用洗衣棒推開去，不一會又漂回來了。他推不動，打了一下，只聽得呱呱呱，像是小兒哭聲。

他把竹竿撈起來，細細劈破，只見一个又胖又美的嬰兒，閉着眼睛，蹺着手足，睡在裏面，不住呱呱的哭。那散在地上的竹片，忽然生枝長葉，高聳數丈，成了叢林。

他非常驚訝，抱嬰兒回家，放在牀上，蓋着棉被。嬰兒睜開兩眼，眼珠黑漆漆發光；那兩隻白嫩的小手，不住的掀動棉被。他喜極了，就取名竹兒。

鄰人都來看，一个駝背深眶的老巫，板着面孔，說：「這怕是个妖精變作小孩，來吃人啦。」一个慈善的老太太，正色駁道：「他積福修德，也許是天賜佳兒哩。」

竹兒七八歲時，相貌魁偉，身體強健。一天，

領衆兒到野外遊戲。他們摘些高粱葉子，編成王冠，給竹兒戴上；又編些盔甲，各自披戴；手裏各拿一條樹枝，當作長槍，分站兩旁。

竹兒指揮衆兒，口發號令，說道：「你拿這把葉刀去，把石獅子的頭砍掉。」一个小孩奉令去砍，嘩拉一聲，石

獅子的頭,果然掉下來了。從此小朋友們,都尊他爲英雄,爲豪傑。

(二)

竹兒年紀漸大了,瞞着母親,到本鄉以外去逛。走到海邊,看見小小的竹片,浮在水面。他說道「小竹片,你變成一隻船,渡我過去吧。」

奇怪呀,小小的竹片,果然變成船了。竹兒跳到船上,順水流下。那船沒有櫓,沒有舵,沒

有帆,沒有縴,竟如飛的走了。

一天,船忽然走慢了。竹兒仔細看時,自己乘的,並不是船,仍是小小的竹片。——他有點恐懼了。

好了,竹片泊近海岸了。他見男男女女,站在岸上,望着他拜。他跳上岸來,回頭看時,那竹片已經沈了。

竹兒見衆人拜他,問道:「你們爲甚麽拜我呢。」衆人跪在地上,不敢作聲。他連問數

聲,一个年紀最老的人,合掌說道:「你是天神,我們求你做國王哩。」

竹兒聽了,不知如何回答。衆人見他不語,以爲他已允許了。於是八个轎夫,擡一乘呢轎來,幾个老者,扶他上轎。執事人等,皆頭戴紅纓帽,手拖馬蹄袖,站在兩旁。轎前四个童子,捧着香爐。還有戴皂帽的差弁,扛着肅靜迴避的牌。鳴鑼開道,儀仗整齊。轎後一人,撑着黃傘。擁擁擠擠的,擡往城內皇宮去了。

第二天,文武百官慶祝國王,請他出城打獵。他們同到森林裏,打了一天的獵,衆人口渴,沒有水喝。他抽出寶劍,在一塊大石上,砍了一下,石縫裏便湧出泉水。衆人喊道:「我們的國王,眞是天神。」這國的土地人民,從此永遠歸他管轄,自稱竹王。國人崇拜他,信仰他,到極頂了;於是訂一个契約,文曰「皇帝神聖不可侵犯;」大衆對天盟誓,公同簽押,定爲子孫世世遵守的憲法。

十六 蒼蠅

（一）

原始動物，皆雜居聚處，自各族繁殖以後，蒼蠅徒耗糧食，一無所事；到人們興了宮室，不許蒼蠅升堂入室，只得寄宿廁所，或遷居汙池泥溝等處。

蒼蠅在污穢地方，住得太久，養成了最不清潔的習慣，屢次遇着人們，必遭嫌惡。他想：「人們嫌我髒嗎？我有毛刷的脚，很容易擦

得乾乾淨淨。」就用第一對脚互擦，漸漸擦到背部。第一對脚擦完，第二對脚又擦，最後用第三對脚，擦翅和胸腹。他想：「這樣擦洗，比貓還好，人們是要誇獎我的。」

他飛到馬槽吃食，很得意的，細聲訴說他清潔的成績。適逢馬下了糞，他停止在馬糞上，表演擦洗的動作。人們即刻撵他出去，馬也用尾巴亂刷。他受了這番打擊，憤怒極了：飛起時，振動薄膜的兩翅，發出很大的怒聲；

把一對複眼，鼓得和毬一樣。

（二）

他只知道擦洗身體，他的習慣，終改革不了。人們仍拒絕他，他恨極了，從此與人爲仇，把在糞坑，死尸，痰盂，垃圾桶，所食的穢物，帶到人們的家裏，翻出來再嚼；或在門簾上，門幔上，或在屏風上，或在天花板上，或在玻璃窗上，留些唾涎，黏液，並把脚毛上黏的微生物，寄放在人們的飲食中。所以人們的瘟症，

多半由他傳染的。

他頭上有黑色觸角一對，是感覺和嗅覺的機關。只要人家有點齷齪，就成羣飛來。若是嗅着香甜氣味，無論何處，必鑽營進去，不嘗到滋味，決不罷休。

人們見他種類太繁，驅逐不盡，常取些膠質，參和香甜食物，引誘他來。他貪得無厭，只戀着美味，圖一時快樂，僥倖脫去，還要再來；直到陷身膠質上，掙脫不了，還放聲哭道：「

我取的不多，是很廉潔的：把夜間的世界，讓給蚊蟲，是很光明的。」——他的同輩如此，他的子孫如此。——呸，執迷不悟的蒼蠅。呸，至死不悔的蒼蠅。

十七　女王國

女王國不大。國內人民，至多不過五萬，分爲三級：一爲王，只有一人；次爲王僕，少的一百，多的二千；其餘都是勞工。他們最愛的是花，時常往來郊外，不喜住居城鎮。

王是女的，身體長大，人民都比他小。他統治全國，監督一切事務，人民沒有不服從的。勿論到甚麼地方，王僕和勞工，都隨他去。

人民雖多，能傳種的，只有女王一人。他懷了孕，每天可生一百餘个，一年可生數萬个。

王僕是男的，舉動遲緩。他們的職務，專伺候女王，飽食安居，不做勞動的事。到天冷時，勞工怕糧食不數支配，就刺死他們，不留一个過冬。

勞工都是女的。他們自衛，有防身利器：鞘內藏一个刺針，旁有倒鈎，和毒囊相連，刺敵人時，即注射毒汁。他們的職務分四股：一、建築工程，二、采辦糧食，三、當保姆，四、防禦外侮。——都是分工做事，互相替代，互相協助，分配得很平均的。

他們的人口，每年加倍。若是新出一个女王，舊女王引一羣出來，圍繞舊國二三匝，然後離開國境，另闢新國，名爲分封；新女王就

爲舊國的王。第二次以後分封，也是這樣。

女王國內，沒有法律，沒有官紳，沒有盜賊土匪，沒有犯罪的人。但是他的行政，他的自治，他的內部組織，他的社會風俗，都是絲毫不紊亂的。

女王國的勞工，常在各處采辦原料。他們做的糖食，我們也吃過的。小朋友們，要到女王國考察制度嗎。

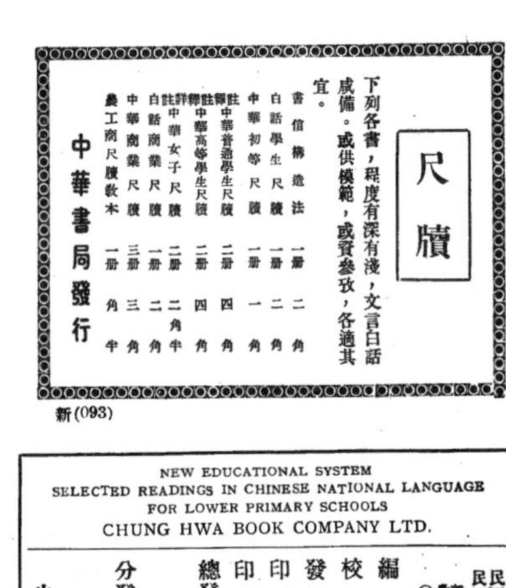

新(093)

國民政府大學院審定 十七年六月十一日執照第四十二號

NEW EDUCATIONAL SYSTEM
SELECTED READINGS IN CHINESE NATIONAL LANGUAGE
FOR LOWER PRIMARY SCHOOLS
CHUNG HWA BOOK COMPANY LTD.

民國十六年六月發行
民國十七年四月再版
新小學教科書國語文學讀本初級（全八冊）
○第七冊定價銀一角五 外埠酌加郵匯費

編者 京山李步青
校者 桐鄉陸費逵 杭縣戴克敦
發行者 中華書局
印刷者 中華書局
印刷所 上海靜安寺路哈同路口 中華書局
總發行所 上海棋盤街 中華書局
分發行所 中華書局 北平 天津 張家口 石家莊 邢台 保定 濟南 青島 太原 開封 鄭州 西安 蘭州 成都 重慶 長沙 常德 衡州 漢口 南昌 九江 安慶 蕪湖 南京 徐州 杭州 溫州 福州 廈門 廣州 汕頭 潮州 梧州 雲南 遼寧 吉林 長春 哈爾濱 香港 新加坡

（四六九八）

(370)

第八册

目次

頁數

一 早雪

(一)

有幾隻欲飛不飛雀,
有幾樹將黃未黃葉.
密雲疊,旋風急,萬物皆無色.
一片一片飛,一點一點溼.
我說是瓊花瑤枝;
又那知野外農家,說是玉粒.

(二)

雀何事，不離窩；葉何事，紛紛落。雲漫漫兮如墨，風飄飄兮如梭。日易過，長夜多，慢消磨。寒到君邊寒到我。試看啊——富人家，擁煖爐，倚繡座。又那知——

狹路旁，窮檐下，無衣無食奈寒何。

二 星孩兒

（一）

兩个樵夫，從樹林中出來，見一个逃難的女人，顏色憔悴，走的很慌，眼圈像是哭腫了的。

一二，一二，勦匪司令的大兵到了。兩个樵夫，

躲在樹林裏偷瞧，見軍隊過去了。一个說：「匪去兵來，匪搶掠，兵騷擾，我們小百姓，怎能安居樂業啊。」另一个說：「小心着，他們聽見了，要帶到師部旅部裏辦的。」

這時正是冬天，雪深數尺。樵夫們挑着柴擔，身上冷得發抖。

狼把尾巴夾在腿裏，哼哼的向樹林中去了。

蟋蟀躲在土裏，一聲不響。

老烏從巢中伸出頭來，叫道：「苦呀，苦呀，苦呀。」

只有貓頭鷹，毛都凍硬了，卻轉着大黃眼睛，叫道：「吐唔吐味，吐唔吐味，這天氣多麽好啊。」

樵夫們踏着雪塊，且走且說。忽然眼中一亮，地上現出金晃晃的東西，好像天上一顆星兒，掉在雪裏了。

這个樵夫，拾起那東西，解開來看，喊道：「

這是誰丟下的孩兒。」那个樵夫說：「丟了他，走我們的路吧。」這个樵夫說：「丟了他，太忍心啦。」

樵夫抱孩兒回去。他的婦人很慈愛，撫養這孩兒和自己兒女一樣，——取名星孩兒。

（二）

星孩兒大了，長得美極了。他小時的事情，曾聽樵夫說過。他自恃貌美，非常驕傲；常對旁人說，他是天上掉下的星兒。同玩的孩子，愈親近他，他愈輕視他們。他見跛子，瞎子，聾子，啞叭，乞食的人，必戲弄他們；待動物更是殘酷。

一天，來了一个女人，蓬頭破衣，脚走破了皮，快要潰爛了。忽然在他門前休息，兩眼直瞧着他。他惱極了，拾起石頭來打；樵夫很責

備他。

他蹬脚說道：「我不是你的兒子，你管我嗎。」

樵夫說：「我從樹林裏拾你回來，養到你十歲，錯待你嗎。」

女人聽着這話，顏色陡變，問道：「你拾這孩兒時，不是用金緞大衣裹着嗎。」樵夫答道：「不錯。」他的婦人，便取出金緞大衣，給女人看。女人哭着說：「這孩兒，是我逃難丟

下的；我爲找他，走遍世界啦。」

樵夫高聲喚道：「星孩兒，你的母親來了，快來快來。」

他瞪着眼說：「誰是我的母親。」

女人說：「我便是。」

他氣忿忿的說：「你配嗎，你是女叫化子。」

女人說：「你是我逃

難丟下的；我爲找你，走遍世界哩。」

他不理，女人大哭。樵夫勸他，樵夫的婦人勸他，他總是不理；女人就含着眼淚走了。

（三）

女人走後，他無論走到那裏，人都不理他了。他對鏡一照，他的臉上，他的身上，都生了癬，生了瘡，生了癩；他哭了。樵夫的小女兒來說：

「這有甚麽要緊，你只要找个人醫治就得了。」

他哭着說：「我忤逆了我的母親，我現在懊悔了。這是要母親給我醫治的，我要去找母親了；就是走遍世界，我也要去找的。」

他向女人走去的路，往前去找；找了多日，沒有找着。

他看見狼，問道：「你看見我母親嗎。」狼說：「你用石頭，打傷我的腿；我現在走不動

了，怎能知道呢。」

他看見蟋蟀，問道：「你看見我母親嗎。」蟋蟀說：「我的氣囊，被你指頭戳傷了；我現在不能多說了。」

他看見貓頭鷹，問道：「你看見我母親嗎。」貓頭鷹說：「你刺我的眼睛取樂；我現在看不見了，怎能知道呢。」

他看見老鳥，問道：「你看見我母親嗎。」老鳥說：「你殺了我的兒子，你不要問我。」

他到處飄泊，沒有親近他的，沒有可憐他的。直到三年後，找着他的母親，替他洗刷醫治，他的瘡，癬，癩，纔醫好了，還了本來面目，依然是一个美少年了。他這時候，驕傲的性情，殘酷的習慣，也一點沒有了。

三 大將的兒子

（一）

大將的兒子,在結婚的前晚,侍役退出很早,他很舒暢,躺在牀上睡着了,就做了一个夢。

他在夢中,彷彿站在矮屋裏,看見好多男工,拿寶石鑲在牀簷上;許多女工,用金線繡禮服;都露出不願意的樣子,但是沒有懈怠的。

他對工人們說:「你們也該休息一會。」工人們答道:「主人要今晚完工,誰敢休息。

」他又說:「誰是你們的主人。」工人們歎氣說:「主人也是一个人。他有權柄脅迫我們,累得我們日夜作工,還不估價給錢哩。」他吃了一驚,醒了。房裏的電燈,還沒有息,他又睡着了。

他又做一个夢,彷彿在紡紗廠裏,看見許多男女工人,分派各處,年幼的不過十二三歲,有的壓棉子,有的彈棉花,有的紡紗,有的織布。早八點鐘進廠,夜十二點鐘回家。个个

顏色灰白,都是很疲倦的。

他看見幾个女工,衣上許多白點,像從大雪裏走來的,都站在門前,領昨天的工錢。只聽司事說:「你二十六个銅元,你三十二个銅元。」有个女工說:「每天做十四點鐘的工,工錢還不夠吃飯。廠裏的贏餘,是那裏來的。眞是不平哩。」

他驚醒了,房裏的電燈,還沒有息,他又睡着了。

他又做一个夢,彷彿在礦山上,看見許多工人,像螞蟻一般,爬上山去。有的挖煤,有的挑煤,滿身流汗,面和手都是黑的。

（二）

他正在窺探,細看礦山事務所的規則,忽有兩个人,奇形怪狀,從洞裏出來。一个說是死神,現出不可干犯褻瀆的樣子。一个說是貪吝神,現出貪鄙猥瑣的樣子。——都來瞧作工的人。

死神說:「把他們給我三分之一,讓我走吧。」

貪客神搖頭不肯,說道:「他們是我的奴僕。」

死神說:「你手裏拿的甚麼。」

貪客神說:「拿的三粒穀,你要怎樣。」

死神說:「給我一粒,我就走。」

貪客神說:「甚麼也不給你。」

死神笑了一笑,從袖裏拿出一个杯子,杯

中現出一个病魔,胸前掛着瘧疾神的徽章,跑到作工地方,嘔吐一下,工人們漸漸躺下了。

貪客神哭道:「我的奴僕,被你害了三分之一,你太苛虐了,快走吧。」

死神說:「你不給我一粒穀,我是不走的。」

貪客神說:「甚麼也不給你。」

死神笑了一笑,拾一塊石頭,拋到山上去。

熱病神穿着火焰衣,從樹林裏走出來,跑到作工的地方,咳嗽一聲,工人們漸漸躺下了。

貪客神嚷道:「我的奴僕,又被你害死了三分之一,你還不走嗎。」

死神說:「你一粒穀也不給我,我是不走的。」

貪客神說:「甚麼也不給你。你要挾我嗎。」

死神大笑,呼哨一聲,一个惡鬼,從空中來

了。自稱奉旨便宜行事,額上題着瘟疫司令,左手執印,右手執人名簿册一卷,早用硃筆點過。他展開翅膀,蓋着礦山,工人們魂飛魄散,一个人也沒有遺漏了。

貪客神逃走了,死神也去了。

(三)

他看見這樣情形,痛心極了,自己問道:「這些工人們,為誰犧牲呢。」背後忽有人答道:「這是大將的礦山,留給他的愛子享福的。」

他回頭一看，看見一个美女，丰姿態度，不像妖邪模樣，雙手捧着大鏡，站在背後。他問道：「大將的愛子是誰。」美女笑道：「向鏡裏看。」

他看見自己的像，驚醒了。太陽照到屋裏來，小鳥在花園裏，正在宛轉的唱歌。

他起來開門，男僕擡鑲寶石的牀，女僕捧金線禮服，都在門外等候。他記起夢來，說道：

「這些東西，浸透了窮人們的血汗，我用不着，請拿出去。」僕役們只向他笑。他把夢說了，並宣誓不用。大將說：「夢算甚麼，你不要想這些事吧。」

忽然街上喧鬧，許多的人，都拿着槍刀，擁進屋裏來了。大將和僕役們，都逃走了。

他從屋裏出來，大家看見了他，彷彿他的頭上，現出金光，天使在他的左右洒清涼水。大家只覺得眼裏光明，心中清爽，都丢了槍

刀，喊道：「這是慈愛之神。」

四 性情不同的鼠類

（一）

松鼠住在樹上，形體雖小，是很美的。他在樹上跳舞，和小鳥一樣；小鳥也和他做朋友。

樵夫到山上來，把樹斫盡了，松鼠沒有住的地方，就跑到村莊裏去。

這个村莊，從前老鼠成羣，咬壞村人的衣物。村人養了幾隻貓，最凶惡

的老鼠，有的被貓吃了，有的逃走了。

松鼠强悍有力，最能跳高。他雖是鼠類，但在高處歇息，尋樹枝草皮作糧食，絲毫無害於人們；不像那些老鼠，晝伏夜動，專偷人們的食物，損毀人們的器具，所以村人也不厭惡他。

老鼠漸漸安靜，村人不養貓了。那逃走的老鼠，復回村莊，又來擾人。

當收割田禾時，人們的糧食，還未裝在倉

裏。松鼠想糾正老鼠的短處,對他們說:「趁這時找些糧食,積蓄在洞裏,免得偷不到食,咬壞人們的器具吧。」這話雖有理,但是老鼠偷慣了食,反覺得忠言逆耳了。

(二)

當天色黃昏,老鼠都要出來,這時候,來了一个蝙蝠。這个蝙蝠,性極狡猾,巧於交際,專喜吮人的血。他吮血時,從容爬動,睡着的人,稍覺痛癢,不至驚醒。

所以蝙蝠爲害,人們不甚覺得。

蝙蝠迎合老鼠的意思,鼓起他的翅膀,發出急促的聲音,對老鼠說道:「諸位族兄,我們也要吃飯,人們私有的糧食,儘管結隊去偷。只要能不勞而獲,甚麼也不必怕,甚麼也不必顧啦。」老鼠本想偷食,經他再三鼓動,愈加大膽了。

村人從此家家養貓,老鼠出來偷食,就被貓咬死了。可是蝙蝠最會趨避,每日還在空

中,自由的飛來飛去。人們要捉他,他就靠着屋簷,抓住不動。他看見貓追老鼠,還笑老鼠懦弱,不能抵抗,說他沒有奮鬭的能力。

幾个小老鼠,逃出村莊,鑽進一个穴裏,遇見蝙蝠的同黨了。他是地鼠,前脚像鏟,拇指內有骨像鐮,扒土成洞。小老鼠暫住在穴裏,見地鼠暴躁橫蠻,食量又大,他們搶到食物,便相爭鬭,那裏還有餘糧,給小老鼠吃,於是跑出穴外,投

往別處去了。

小老鼠逃到樹下,見松鼠在上,便吱吱的叫。松鼠說:「照你們的性情,是和我們住不慣的,到樹窟裏住吧。」那樹窟被蝙蝠占住了,小老鼠要進去,蝙蝠說:「這樹是鳥管理的,現在,我和鳥是同族了,你不見我的翅膀嗎。」

五 看金魚(一)

水清塘小,

青苔圍繞，
沒半點浮萍薀藻。
有魚十餘條，
游來游去，
輕輕悄悄。
那身上的鱗甲，
映着太陽，
金光幾道。
這十餘條魚——

有紅頭，
有虎頭，
有翻腮，
有朝天眼，
每種一對；
最多的，是鳳眼龍尾。
他們游來游去，
何等的歡樂，
何等的美。

六 看金魚（二）

一條大金魚，
伸出頭來，
喁喁的語。
他說：
人們枉費心力，
只爲飯盌問題。
我們哪，
吃的蠕蠕，

穿的金紫，
住的水晶府。
每日搖頭擺尾，
多麼自由，
用不着智謀力取。

七 看金魚（三）

哈哈，
魚兒：
你不要得意。

你吃的住的，
雖然美麗，
都是主人給你的。
你有那樣美麗，
纔住在這裏。
魚兒：
你不見你的同類，
最著名的——
黃河的鯉魚，

武昌的鯿魚，
松江的鱸魚，
吉林松花江的白魚，
都是人們下酒下飯的美味。
你們的自由在那裏，
你不要得意。
魚兒聽了，
垂頭喪氣，
就沉下水底。

八　靖康遺事之斷片

（一）

金人爲禍中國，長江以北，都受蹂躪。凡金兵所到地方，劫掠一空，年輕的婦女，多有被擄的。自破了京城，徽欽二帝被擄，皇家婦女，大半爲金人擄去，少的爲妾，幼的爲婢。

時屆冬令，北風正起，兩个老農夫，從田裏回來，身上撲滿塵沙。那憂愁的形容，在這陰沉的天氣中，更顯得面無人色。

一个說：「麥苗長得很好，只要金兵不來，明年春季收成，是靠得住的。」

另一个說：「政府專用小人，把國送給外人；累得我們人民工商歇業，田地也大半荒了。聽說京城已破，二帝被擄，那位英明的康王，還要再質往金國去。」

兩人正說之間，見前面灰塵飛揚，他們想是軍隊來了，就伏在左近樹林裏。只見四个騎兵，穿過麥田而來，一直往本村去了。他們見騎兵往村裏去，也隨後回去。

這騎兵是監視康王的。——康王前在金國，與金太子同射，連中三箭。金太子疑爲將門子弟，並非皇子，金將斡離不也以爲然，令康王回國，換肅王來。後來大悔。現聞康王再來，因此派了數騎，沿途催促。不料康王中途逃了，所以追到這裏來。

他們的村莊，正當大路旁邊，在兵亂時候，只留老的小的，在家看守。有位李老太太，他

的兒子，做過侍郎。因金人侮辱二帝，逼換青衣，李侍郎大罵，爲金人所殺。這樣不媚外不怕死的大臣，鄉里中是很稱道的。李老太太爲一村的長輩，人又和氣，村裏有事，都要問他的。

騎兵到村裏搜索，李老太太慇懃款待。騎兵問道：「有位康王，曾由此地過去嗎。」李老太太說：「已過去兩日了。」騎兵舉鞭擊鞍道：「可惜，可惜，我們追不上了。」便上馬

回去。那兩个老農夫私自說道：「年老的人，說話到底有點恍惚了。這幾天誰也沒從這裏過去，那裏有甚麼康王呢。」

（二）

當追兵回去之時，離這村莊北七百餘里，有一崔府君廟，康王尙困在那裏。他在階上睡覺，忽有人喝道：「速起上馬，追兵快到了。」康王說：「無馬，奈何。」那人說：「馬已備好，速起加鞭。」康王見前面果有一馬，就一

躍上馬，一晝夜到了這村莊附近，馬忽然僵了。康王仔細一看，他騎的，乃是崔府君的泥馬。

康王下了馬，步行到村裏，又飢又渴，向村人索取飲食。他們見康王形色張皇，眉宇中却露出不凡氣概，問道：「客從那裏來。」康王說：「我是商人，所有財貨，路上被金兵搶刦盡了。」那兩个老農夫插嘴說：「是四个騎兵搶刦的嗎。我們中國這麼多的人，讓外

人在內地這般橫行，可恥可恥。」
李老太太撇開衆人，引康王到家裏去，備辦酒飯，低聲說道：「官人不是商人，莫是我大宋親王嗎。前數日有騎兵追到這裏，搜索康王，我已把騎兵誑回去了。——且放心吧。」康王據實說了，問李老太太的家世。李老太太說：「李若水是我的兒子。我兒爲國死了，我心是很安的。——國事尚可爲，願大王努力。」

兩个老農夫站在門外，一个說：「我想這位少年，必是李老太太的親戚，在外避難的。不然，他從來說話，那有不許人旁聽呢。」另一个說：「哦，我知道了，這位少年，莫非就是康王。要恢復我國，全仗他呀。」他們直等康王走出時，一面細細的看，一面猶說道：「政府果不聽小人之言，誠心對外，我們都願意報國啦。」

九　河伯娶婦

鄴縣常有水災。縣中小吏，串通女巫作弊，夥同分贓，誑言河伯爲災，每年勒索住戶捐款，爲河伯娶婦。這樣荒謬絕倫的事，人民不敢違拗，連困苦都無處控訴。

當娶婦時，先由女巫查看民家，見有美女，卽說當爲河伯婦。在河上設高宮，懸燈結綵，排設嫁妝。迎女住在宮裏，宴會十餘日，到了出嫁日期，扮作新娘裝，投到河裏。於是有女兒的民家，都遷往別處去了。

西門豹做鄴縣知事，訪問地方困苦，縣中父老，一一陳訴。到河伯娶婦日，小吏，女巫和父老等，皆來送女。人民來看的，有二三千人。西門豹率同職員衛兵，也到河上觀禮。

西門豹見女巫髮已半白，後隨女弟子十餘人。他對女巫說：「喚河伯婦來。」女巫扶女來前。他說：「這女子不美，煩大巫去告河伯，改日再送美女來。」卽對左右人說：「來，把大巫投到河裏去。」

過了一會，西門豹說：「大巫怎麼不回，煩女弟子去催吧。」即命左右投一女弟子入河。——接連又投了二人。

又過了一會，西門豹說：「老巫及弟子，都是女執事，不能向河伯說話；再煩男執事去說吧。」又把小吏一人，投到河裏。——他站在河上，很恭敬的守候回信。

其餘的小吏，戰戰兢兢，恐怕輪到自己，都叩頭哀求饒命。西門豹笑向衆人說：「他們

不回來，想是被河伯留住了。我們回去吧。」

從此，鄴縣地方，不敢再說河伯娶婦。

十 果然好靈驗的仙酒

漢武帝晚年好神仙。有个方外人，貢獻一瓶仙酒，說道：「這酒比仙膏仙丹還好。喝了這酒，能使人長生不老，歷劫不死；就是已經老了的人，也可以反老還童。」

武帝得了這酒，看得很珍貴的。那滑稽家東方朔，知道這事，就去偷喝了一半。

武帝查究出來，提東方朔來，嚴行審問。他大膽承認，毫不畏懼。武帝命侍衛綑綁了，推出宮門外斬首。

東方朔下殿時，哈哈大笑。

武帝問道：「你死已臨頭，不求饒恕，還笑甚麼」

東方朔道：「偷喝了半瓶酒，並沒犯殺頭的罪；皇上斬臣，這不是小題大做，濫用刑罰嗎。」

武帝怒道：「方外人貢獻的仙酒，不比凡品；喝了可以長生不老，歷劫不死的。你喝了仙酒，犯了欺君之罪，還不該殺嗎。」

東方朔用詼諧口吻，哈哈笑道：「原來是長生不老，歷劫不死的仙酒。哦，那我更不該殺了。」

武帝道：「怎麼說更不該殺呢。」

東方朔道：「我喝的仙酒，若同凡品一樣，那麼不過得一个盜竊的罪；果眞長生不老，

歷劫不死，殺也無用。如果殺了要死，這酒便不靈了。」

武帝聽了，命侍衛鬆他的綁，笑向東方朔道：「恕你無罪。這酒有歷劫不死之效，你相信嗎。」

東方朔道：「謝皇上的恩典，果然好靈驗的仙酒。」

十一 可憐的青年蝴蝶

（一）

太陽是普照無私的，每當夕陽將下，猶留着比虹還豔的霞光，返照地上，留戀不忍舍去。

這時候，烏鴉啞啞的叫，一羣羣歸林了；雞鴨嘈擾，要到籠裏歇息了；寒蟬也哭起來了；古廟的鐘，撞一下，歇一會，聲音也很淒涼的。——都像對於天色黃昏，表示悽慘的意思。

初生的兩隻蝴蝶，一隻黃蝴蝶，在山下看花；山的轉角濱海，一隻白蝴蝶，就在那裏看

水。他們翅膀上的斑點花紋，映在太陽光裏，華美極了。

太陽下落了，漸漸近西方最遠的山巔了。——咦，挨着山巔了。——咦，落到山後了。——咦，下去一半了。——呀，下去了一半，這一半一晃就不見了。——只有返照的霞光，現出淡紅的色采，光已稀薄了，天氣也漸漸涼了。

黃蝴蝶飛到海邊，霧漸漸罩起來了。白蝴

蝶喊道：「太陽沉到海裏去了。」

黃蝴蝶說：「不是，滾到西山底下去了。我聽鳥雀的叫聲，好像說沒有太陽，我們就活不成了。你聽那寒蟬也哭起來了。」

白蝴蝶說：「我們青年，要負整頓乾坤的責任，應該想一个法子纔是。你到西山那邊去，把太陽推起來；我到海那邊去，把太陽撈起來。」

草灘上有个老蟋蟀，閱歷較深，聽了青年

蝴蝶的話,咭嘎咭嘎的叫道:「太陽不會沒有的,暫時落下,一到明朝,又出來啦。」

白蝴蝶說:「也許是這樣的。——我們不讓太陽落下,豈不更好嗎。」

蟋蟀說:「這是做不到的事,不要妄想。」

黃蝴蝶很激烈的說:「你聽老蟋蟀的話,腦筋多麼頑固,思想多麼迂腐啦。」

白蝴蝶說:「他沒有志氣,不必理他。我們兩面進行,總有一面成功的。」

這兩隻蝴蝶,一隻沿海邊飛去,一隻向西山飛去了。這時候,返照的霞光,都消散了;海上的霧,漸漸濃密了;烏鴉已歸了林;雞鴨已進了籠;古廟的鐘,也沒有撞的聲音了;只有寒蟬不住的哭。

(二)

蛙從卑溼地方出來,聽了青年蝴蝶的話,他想:「夜間出了太陽,那樣的熱,還受得住嗎。」就跳到大樹底下,閣閣的叫道:「禍事

到了。」

貓頭鷹是守夜的官長,他的衙門,設在大樹上。長脚蜂是承啟官,專司傳達。蛙叫的時候,長脚蜂攔阻道:「官長還沒有起來,不要亂嚷啦。」蛙說:「我有秘密事報告,煩你上去稟明一聲。」

過了一會,貓頭鷹伸出頭來,問道:「甚麼

事,這樣驚慌。蚊子開會,有緊急臨時動議嗎。」

蛙說:「不是。——這時候人們睡着了,他們要去吮血,都緘口不言了;如果他們鬨鬧,我早吃掉他們了。」

貓頭鷹說:「蜜蜂罷工嗎。」

蛙說:「不是。——這事很緊要的。有兩隻膽大的蝴蝶,一隻沿海邊去,一隻向西山去,要請太陽夜間出來。」

貓頭鷹說:「哼,他們要請太陽夜間出來嗎。——蝙蝠速來。——有兩隻蝴蝶,一隻沿海邊去,一隻向西山去,密謀不軌。你去把奸細捉來,切切勿延。」

蝙蝠說:「遵命。」——他這一去,可憐的黃蝴蝶和白蝴蝶,竟慘被殘殺了。

過了幾天,有一大羣青年蝴蝶,爲這黃白二蝴蝶開追悼會。其中有个蝴蝶演說道:「夜間沒有太陽,黑暗得眞可怕。黃志士白志

士雖然死了,我們爲求光明起見,應得繼續努力,那些反革命的貓頭鷹和蝙蝠,更非打倒不可。」這時在會的青年蝴蝶,一个个拍着翅膀,表示他們贊成的意思。

十二 一撮土

(一)

河岸有一撮土,和平常的土一樣,但是他很自負的。他想一種物質,總有特別用處,機會一到,他的用處纔顯。

春天的陽光,在雨後撥開雲霧,照在地面;引出土中的生物,傾心向着陽光,都很滿意。——那樹木的新枝嫩葉,當春風吹來,搖搖擺擺,表示得意的樣子。花朵更欣欣然有喜色,迎着太陽,炫耀他們的美麗。

河中的水,在天氣暖和時候,趁解凍之後,與他的支流,歡歡喜喜,從河源滔滔流下,一刻不停。當經過商埠碼頭,在渾水中,轉幾个旋渦,自鳴得意。還用音樂腔調,告訴兩旁土

岸,說他脫了冰的監牢,從積雪山頂沖下來,作最大工作:——推動了工廠的水車,送去了江河的大船。

一撮土看見這樣光景,不言不語,只睡在他的牀上,以最大的希望,安慰自己。說道:「要是我的機會到了,我就離開此處,陳列美術館裏,供大衆觀覽;或是放在書畫家几案上,供名人玩賞。——我是要超出羣衆,表現特別用處的。

（二）

一个粗笨工人,拿一把鐵鍬來,把他挖去,和在泥水中,用手揑,用脚踹,他的身體安逸,比不上在河岸的時候了。他想:「專圖安逸,最大的希望,是達不到的;我怎能因循自誤呢。」

過了一天,窰匠把他揑了又揑,做成一个模型,放在竈裏,柴火烘烘的燒,比在河岸時,被夏天太陽晒着,還熱幾倍,這時候,眞難忍

耐了。他想:「要達到最大希望,任憑怎樣苦痛,都須得忍耐的。」

他燒成以後,被花匠買去,放在僻靜地方,塡些糞土,澆些冷水,是很難受的。這時候,他見自己形狀粗糙,覺得前途希望,沒有達到的機會,只有隨遇而安了。

他正歎息時,胸前忽然鬆動,好像搔癢一般,連肺腑肝臟,都蠢蠢欲動;不久就有兩片子葉,徐徐從心裏發出來了。他心中雖然快

樂,但是瞧着同伴,也是這樣,覺得自己的希望,能否達到,還沒有把握。

心中發出的子葉,漸漸長了莖。莖上分叉,每叉枝頭長一个桃子形的花苞。花的後面和左右,圍着扇子形的綠葉。那花和葉遮在上面,花匠天天又汲水灌漑,他很涼快的。他見同伴,都有花朶,也不覺得自己美麗。

花開了,人們到園裏來,都望着他。他很驚訝,細聲向同伴問道:「人們都向我看,這爲

甚麼。」同伴說:「你心裏開的花,是最美的牡丹花。這是很榮幸很有名譽的,你還不知道嗎。」他快樂極了,——他最大的希望,現在已達到了。

十三 一个不勞力的少年

（一）

不勞力的少年,父母只生他一个。他家有錢有勢,他又聰明,父母愛他,旁人也恭維他。他自小嬌養,每天和老媽,丫頭,僕役們,在

一塊兒逛。穿衣，吃飯，喝茶，都有人伺候。出門坐車，還要數人護隨。他到街上，看見甚麼，就買甚麼。買的東西，玩了一會，便毀去了。

他初入學校，各種功課，一教便會。他見同班小孩，都很愚蠢，時常取笑。家人們說：「貧窮人家的小孩，怎能比得少爺呢。」因此，校中工作，先生要他和同班合作，他總不肯，說道：「我是少爺。」

他的父母去世，他更揮霍無度。戚友有求

他施捨周濟的，他一概不理，只是這裏造樓房，那裏修花園。有人說：「你自奉太奢侈啦。」他說：「用的是我的錢。」

他開的商店，被管賬的人，用虧空了。有人說：「你要自己清理。」他說：「誰耐煩呢，好在我有的是錢。」

他聽說外國好，自備旅費，遊歷歐美各國。因此略懂外國語言，略知外國情形，便瞧不起本國了。

他從此服西裝，食西餐，交接外人，用費更大，又不理家事，不數年，家產便蕩盡了。老媽，丫頭，僕役們，都散去了。這時候，他窘極了，獨坐在一間空屋裏，想恢復他的闊綽生活；到口渴時候，還喊道：「倒茶來。」

（二）

一个欺騙的念頭，到了他的腦裏，他立刻去做投機事業。

一个朋友遇着他，對他稱贊一个有名的

文人。

他答道：「這人的文章，思想和見解，都去時代太遠了；你還稱贊他，你對於時代完全落後了。」

那个朋友很驚異，立刻和他同意。

另一个朋友說：「你看這本書，眞做得好。」

他狂笑的說：「這樣的書，還值得讀嗎。你對於時代完全落後了。」

這个朋友也很驚異,立刻和他同意。

第三个朋友說:「某人眞能辦事。」

他叱道:「某人是我素識的,他對於時代完全落後了。你太不曉事啦。」

這第三个朋友也很驚異,從此不信仰某人了。

勿論何人在他的面前,稱贊甚麼事情,他總是同樣回答。

朋友們覺得他的主張,與時代相合,開始

恭維他了。後來某校請他充教授,某新聞請他作時評,他照樣狂說,批評一切,批評一切的人。如果誰不恭維他,誰就對於時代完全落後了。

這時候,他又闊綽了,從前散去的僕役,又回來伺候他。

他在無知識的羣衆裏,有多好的機會啊。不過他投機的伎倆,不久就敗露了。

十四 中山先生的故事

(一)

中山先生姓孫,生在廣東香山縣翠亨村,是一个農家子。在他幼年時,一面幫助父親在田野間工作,一面就在村塾中讀書。塾中課本,只有一本三字經。教師唱一句,學生也跟着唱一句,天天是如此的。中山先生覺得沒有興味,有一天,他便站起來說道:「我一些不懂,天天這樣唱,有什麼意思呢,我讀他做什麼呢。」

塾師聽了這話,愕然站了起來,取了戒尺,在手中掂量,厲聲喝道:「怎麼你背叛經訓嗎。」

「不是,我並不反對經訓。我到這裏來,原是要老師教我的。我不懂書中意義,可否請老師講給我聽。」

塾師聽了,心就軟下來,說道:「是的,我教你吧。」

後來中山先生在塾中,不論讀什麼書,總

說：「這本書裏一定有道理的，我要找他出來。」

（二）

過了幾年，中山先生常到一个花園裏游玩。園主人是弟兄三个；他們很有錢，因此園子裏的構造布置，都很精美；有芬芳豔麗的花，有高大茂盛的樹，有魁偉莊嚴的大理石塑像，有點點珠璣，四面濺射的噴水泉。

一天，他正在園子裏玩，忽然來了幾个滿

淸官吏，帶着大隊兵士，把三弟兄拖出來，上了脚鐐手銬，捉去了。結果，三弟兄中，一个被殺，兩个囚在獄中。他們的房屋，園子和財產，都被那些如狼如虎的貪官汚吏占據去了。他們犯的什麼罪，誰都不知道。全村的人，對於這件事，都憤憤不平，可是敢怒而不敢言。

過了幾天，中山先生又走進這個園子裏來，他看了那種毀壞頹敗的樣子，心中正在感傷，忽有一个滿淸官吏，佩着刀，走出來，喝

問道：「你這小孩子是誰，來幹什麼。」

中山先生說：「我來游花園。——這園主人三弟兄，都是我父親的朋友，你爲什麼捉了他們去。」

那官吏怒喝道：「好，好大膽的小孩子。」一面喝着，一面已拔出刀來要刺他。中山先生只得退出園外。——可是，他很高興，因爲他對於這不公平的事情，已經提出抗議了。

（三）

在翠亨村中，有好幾家富豪，都是蓄着奴隸的。——這種奴隸，大概自幼從他們父母那裏買來，替主人服役，做種種勞苦的工作；要是有了些微過失，主人便可以狠命的鞭打他們。

中山先生年紀雖然還小，但是他覺得非常詫異。他想：「同是一个人，憑着甚麼道理，可以用別人來做奴隸呢。豈有小孩子生出來就應當吃苦的呢。」

更有一次,中山先生在外面,聽說中國的統治者,並不是中國人,他回來便問母親道:「中國人的統治者,不是中國人嗎。」

母親一點也不遲疑道:「是的,那是滿洲人。」

中山先生又問道:「這是爲了甚麽緣故呢。」

母親終於不能回答他。

我們瞧,中山先生的幼年時代,就充滿了

革命精神了;所以他後來經過了三十餘年的奮鬭,便造成了我們的中華民國。

十五 好戰的蟻

從東方來了兩个螞蟻,和路上同類的蟻,觸角相交;被觸的卽退回,互相傳遞:這是他們的傳話,——就是他們的警告。

他們的洞在西方。洞裏有坑道,有寢室,有儲藏室及保育室。那被觸的蟻,有一个最先回洞,和一个最大的蟻,觸角相交。這个大蟻,

腹部有六環節,胸部有翅兩對,是他們的首領。

首領和幾个較大的蟻,觸角相交。這幾个出去不久,就有許多細長的小蟻,結隊向東方去,駐在要道上。後面另有一隊小蟻,守護幼蟲,搬運漿果食物。

不久,東方來了大隊螞蟻,從前和他們是一族,現在却成仇敵了。

要道前面的空地,成了戰場。兩軍衝突,都

蟲類圖

蜘蛛 蝶 蚱蜢 蛾 蜂 蛤 螺 蝗 蟻 螳螂 蜈蚣 蛆 蟋蟀 蜻蜓 螢 蝸牛 蛙 蚯蚓 蛔

排成長陣。大蟻在旁指揮，小蟻向前攻擊。前鋒爭先，後援相救。咬的咬，捉的捉。他們不能持械，沒有槍礮，沒有干戈，惟噴出極臭的毒汁，互相注射。

戰了許久，那東方的蟻，得了大勝。西方的蟻敗了，他們的後面小隊，便搬運幼蟲，遷往他處去了。那最大的蟻，也同去了。他們有些力屈的，被東方的蟻，擄去爲奴，作苦工，餒食物，和亡國人民一樣。東方的蟻，雖得了勝，但

是死傷太多，元氣也大挫了。

螞蟻因爲好戰，養一種兵蟻。這兵蟻是寓工於兵的，並非召募的士卒，軍餉，軍需，皆自己采辦，並不設局卡，徵賦稅，抽釐金，供給他們的薪俸，比人們的模範軍，還要忠實。

螞蟻雖能合羣，但是酷好戰鬭，勝的遭忌，敗的力圖恢復，兵連禍結，死傷遍地。若不是種族繁盛，產卵又多，螞蟻早在世界上絕種了。——養兵好戰，總是不祥的事。

十六 努力奮鬭

（一）

努力奮鬭，
大家起來啊；
舊的破壞，新的建設，
青天白日放光華。
中山先生的遺教，
我們要發揚光大：
擁護三民主義，

實行五權憲法。

（二）

努力奮鬭，
革命要澈底；
結成團體，增加勇氣，
大家從頭再做起。
中山先生的遺囑，
我們切不可忘記：
「革命尙未成功，

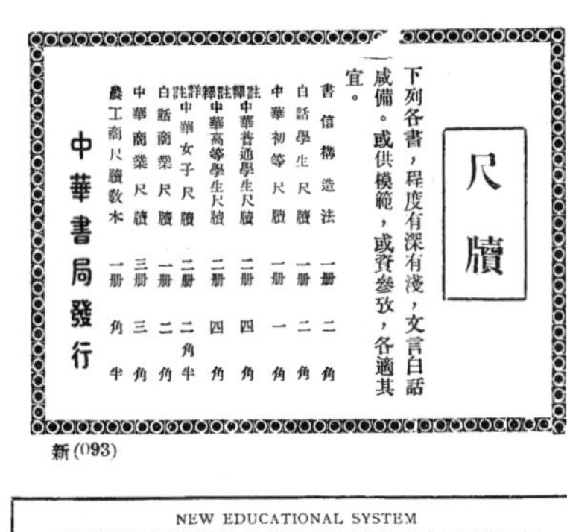

國民政府大學院審定 十七年六月十一日執照第四十二號

NEW EDUCATIONAL SYSTEM
SELECTED READINGS IN CHINESE NATIONAL LANGUAGE
FOR LOWER PRIMARY SCHOOLS
CHUNG HWA BOOK COMPANY LTD.

民國十六年六月發行
民國十七年四月再版

新小學教科書國語文學讀本初級（全八冊）
〇第八冊定價銀一角五分 外埠酌加郵匯費

編者 京山 李步青
校者 桐鄉 陸費逵 杭縣 戴克敦
發行者 中華書局
印刷者 上海靜安寺路哈同路口 中華書局
印刷所 中華書局
總發行所 上海棋盤街 中華書局
分發行所 北平 天津 張家口 石家莊 邢台 保定 濟南 青島 太原 開封 鄭州 西安 蘭州 成都 重慶 長沙 常德 衡州 漢口 南昌 九江 安慶 蕪湖 南京 徐州 杭州 溫州 福州 廈門 廣州 汕頭 潮州 梧州 雲南 遵義 吉林 長春 哈爾濱 香港 新加坡 中華書局

（四七五五）

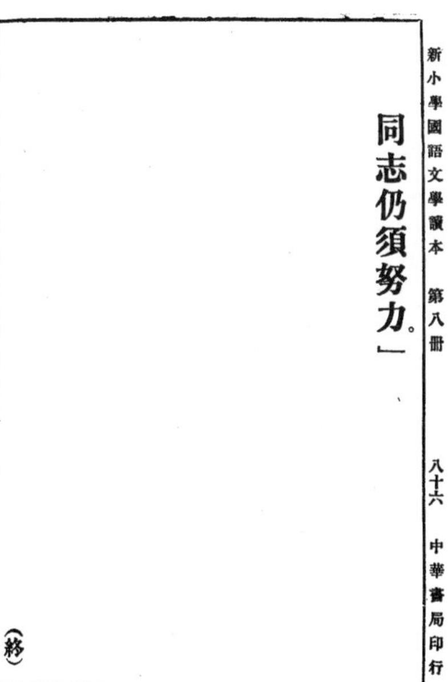

同志仍須努力。」

（終）